慶應義塾普通部

〈収録内容〉

2024 年度 …………………………………………… 算・

2023 年度 …………………………………………… 算・理・社・国
※国語の大問一は、問題に使用された作品の著作権者が二次使用の許可を出していないため、問題を掲載しておりません。

2022 年度 …………………………………………… 算・理・社・国

2021 年度 …………………………………………… 算・理・社・国

2020 年度 …………………………………………… 算・理・社・国

2019 年度 …………………………………………… 算・理・社・国

平成 30 年度 ………………………………………… 算・理・社・国
※国語の大問三は、問題に使用された作品の著作権者が二次使用の許可を出していないため、問題を掲載しておりません。

平成 29 年度 ………………………………………… 算・理・社・国

DL 平成 28 年度 ………………………………………… 算・理・社・国

DL 平成 27 年度 ………………………………………… 算・理・社・国

DL 平成 26 年度 ………………………………………… 算・理・社・国
※国語の大問一は、問題に使用された作品の著作権者が二次使用の許可を出していないため、問題を掲載しておりません。

DL 平成 25 年度 ………………………………………… 算・理・社・国

DL 平成 24 年度 ………………………………………… 算・理・社・国
※国語の大問一は、問題に使用された作品の著作権者が二次使用の許可を出していないため、問題を掲載しておりません。

便利な DL コンテンツは右の QR コードから

解答用紙

過去年度

国語の問題は
紙面に掲載

⇒

※データのダウンロードは 2025 年 3 月末日まで。
※データへのアクセスには、右記のパスワードの入力が必要となります。 ⇒ 317461

〈合格最低点〉

2024年度	222点

本書の特長

実戦力がつく入試過去問題集

- ▶ 問題 ……………… 実際の入試問題を見やすく再編集。
- ▶ 解答用紙 …… 実戦対応仕様で収録。
- ▶ 解答解説 …… 詳しくわかりやすい解説には、難易度の目安がわかる「基本・重要・やや難」の分類マークつき（下記参照）。各科末尾には合格へと導く「ワンポイントアドバイス」を配置。採点に便利な配点つき。

入試に役立つ分類マーク

基本 確実な得点源！
受験生の 90％以上が正解できるような基礎的、かつ平易な問題。
何度もくり返して学習し、ケアレスミスも防げるようにしておこう。

重要 受験生なら何としても正解したい！
入試では典型的な問題で、長年にわたり、多くの学校でよく出題される問題。
各単元の内容理解を深めるのにも役立てよう。

やや難 これが解ければ合格に近づく！
受験生にとっては、かなり手ごたえのある問題。
合格者の正解率が低い場合もあるので、あきらめずにじっくりと取り組んでみよう。

合格への対策、実力錬成のための内容が充実

- ▶ 各科目の出題傾向の分析、合否を分けた問題の確認で、入試対策を強化！
- ▶ その他、学校紹介、過去問の効果的な使い方など、学習意欲を高める要素が満載！

解答用紙ダウンロード 解答用紙はプリントアウトしてご利用いただけます。弊社ＨＰの商品詳細ページよりダウンロードしてください。トビラのＱＲコードからアクセス可。

famima PRINT 原本とほぼ同じサイズの解答用紙は、全国のファミリーマートに設置しているマルチコピー機のファミマプリントで購入いただけます。※一部の店舗で取り扱いがない場合がございます。詳細はファミマプリント（http://fp.famima.com/）をご確認ください。

UD FONT 見やすく読みまちがえにくいユニバーサルデザインフォントを採用しています。

慶應義塾 普通部

生徒数　711名
〒223-0062
神奈川県横浜市港北区
日吉本町 1-45-1
☎ 045-562-1181
東急東横線・目黒線・新横浜線・横浜市営地下鉄グリーンライン日吉駅　徒歩5分

大学までの一貫教育
「独立自尊」の校風と伝統の中
新たな時代を拓く人物を養成

URL	https://www.kf.keio.ac.jp/

プロフィール　伝統ある「独立自尊」の精神

慶應義塾は、1858（安政5）年に開かれた福澤諭吉の蘭学の私塾を母体とする。1868（慶應4）年、芝新銭座に移転すると同時に、時の年号にちなんで「慶應義塾」と命名された。三田に移転後の1873（明治6）年、慶應義塾開業願を東京府に提出、近代的な学校として再発足した。1898（明治31）年に幼稚舎、普通学科（翌年普通部と改称）、大学科という通算16年の一貫した教育体制が確立される。普通部は1951（昭和26）年、横浜市港北区の現在地に移転。この間に22年に行われた学制改革で、それまでの修業年限5年から3年の新制中学校となったが、伝統ある「普通部」の名称はそのまま受けついで現在に至っている。

福澤精神に則って、私学の特性と伝統を生かした独自の一貫教育を展開しており、自然科学から社会科学まで広い分野にまたがる「実学」を学び取り、社会でそれを生かすこと、「独立自尊」の気風を養うことを教育目的としている。

環境　広大な敷地にあらゆる施設が

普通部は、日吉の緑多い閑静な住宅街の一角に位置し、本館、4階建ての特別教室棟をはじめ、講堂兼体育館、

小体育館（武道館）や弓道場を完備するほか、校舎の西側には200mトラックを含む運動場、やや離れた所には専用テニスコート3面と野球場とラグビー場を兼ねた第2グラウンドもある。2015年、新校舎完成。また、日替りランチや麺類・パン等を提供する2つの食堂もある。

カリキュラム　一貫教育で深い学識の修得

幼稚舎から大学までの一貫教育を行っており、義塾内の各上級学校へはほとんど全員が無試験で進学できる。そのためどの教科もまんべんなく学ぶと共に慶應義塾大学への進学を前提に広く深い学識の修得を目指している。授業は、基礎基本を重視しつつもいたずらに詰め込み主義に陥らぬようにしており、実験や作業、レポート、調査発表、グループワークなども多い。3学期制を採用しており、各学期には期末試験も行われるが、成績には平常の活動も大きく加味される。また少人数で行う授業も多く、きめ細やかな指導が心がけられている。

土曜日の3・4時限目には、3年生は教科の枠にとらわれないユニークな科目や、より専門性の高い科目などの選択授業もある。

学校生活　深い人間交際《じんかんこうさい》の場

受験勉強に追われる、せわしない生活とは一線を画した中学生時代を送ることができる。普段の生活を、将来を通じて長く付き合いのできる仲間を見い出せる「人間交際（じんかんこうさい）」の場と考えており、部会（部）活動や様々な学校行事でもこのことが意識されている。

部会活動はほぼ全員が参加し、生徒の自主性を尊重しつつ、運動や研究を

楽しんでいる。大学生や社会人の卒業生がコーチとして指導している部会も少なくない。運動系は21、文化系には14のクラブがある。

普通部を特色づける学校行事として、生徒の独創性あふれる作品や研究論文を展示する「労作展」と様々な分野の第一線で活躍する卒業生を講師に招いて行う「目路はるか教室」の2つを挙げることができる。この他に運動会、校内（球技）大会、林間学校・自然学校、音楽会や希望参加の海浜学校、スキー学校、キャンプ教室などがあり、友人同士、また生徒と教員の人間交際の場となっている。

近年、フィンランドやオーストラリアの学校との相互交流を進めており、生徒に大きな刺激を与えている。

進路　ほぼ全員が慶應義塾大へ進学

生徒のほとんどは慶應義塾内の高校を経て慶應義塾大学へ進学する。普通部3年の課程を履修した者の中から、学力・人物等の面で適当と認められた者は、無試験で塾内の高校に進学することができる。高校から大学へも同様な方法で進学できる。この一貫教育によって、多くの生徒はのびやかに個性を伸ばし、しかも自らに厳しく成長していく。ここで学んだ多くの卒業生の活躍には目を見張るものがある。

2024年度入試要項

試験日　2/1
試験科目　国・算・理・社＋体育実技＋面接

募集定員	受験者数	合格者数	競争率
約180	526	195	2.7

過去問の効果的な使い方

① **はじめに**　ここでは，受験生のみなさんが，ご家庭で過去問を利用される場合の，一般的な活用法を説明していきます。もし，塾に通われていたり，家庭教師の指導のもとで学習されていたりする場合は，その先生方の指示にしたがって，過去問を活用してください。その理由は，通常，塾のカリキュラムや家庭教師の指導計画の中に過去問学習が含まれており，どの時期から，どのように過去問を活用するのか，という具体的な方法がそれぞれの場合で異なるからです。

② **目的**　言うまでもなく，志望校の入学試験に合格することが，過去問学習の第一の目的です。そのためには，それぞれの志望校の入試問題について，どのようなレベルのどのような分野の問題が何問，出題されているのかを確認し，近年の出題傾向を探り，合格点を得るための試行錯誤をして，各校の入学試験について自分なりの感触を得ることが必要になります。過去問学習は，このための重要な過程であり，合格に向けて，新たに実力を養成していく機会なのです。

③ **開始時期**　過去問との取り組みは，通常，全分野の学習が一通り終了した時期，すなわち6年生の7月から8月にかけて始まります。しかし，各分野の基本が身についていない場合や，反対に短期間で過去問学習をこなせるだけの実力がある場合は，9月以降が過去問学習の開始時期になります。

④ **活用法**　各年度の入試問題を全問マスターしよう，と思う必要はありません。完璧を目標にすると挫折しやすいものです。できるかぎり多くの問題を解けるにこしたことはありませんが，それよりも重要なのは，現実に各志望校に合格するために，どの問題が解けなければいけないか，どの問題は解けなくてもよいか，という眼力を養うことです。

算数

どの問題を解き，どの問題は解けなくてもよいのかを見極めるには相当の実力が必要になりますし，この段階にいきなり到達するのは容易ではないので，この前段階の一般的な過去問学習法，活用法を2つの場合に分けて説明します。

☆偏差値がほぼ55以上ある場合

掲載順の通り，新しい年度から順に年度ごとに3年度分以上，解いていきます。

ポイント1…問題集に直接書き込んで解くのではなく，各問題の計算法や解き方を，明快にわかるように意識してノートに書き記す。

ポイント2…答えの正誤を点検し，解けなかった問題に印をつける。特に，解説の 基本 重要 がついている問題で解けなかった問題をよく復習する。

ポイント3…1回目にできなかった問題を解き直す。同様に，2回目，3回目，…と解けなければいけない問題を解き直す。

ポイント4…難問を解く必要はなく，基本をおろそかにしないこと。

☆偏差値が50前後かそれ以下の場合

ポイント1～4以外に，志望校の出題内容で「計算問題・一行問題」の比重が大きい場合，これらの問題をまず優先してマスターするとか，例えば，大問2までをマスターしてしまうとよいでしょう。

理科

理科は[1]から順番に解くことにほとんど意味はありません。理科は，性格の違う4つの分野が合わさった科目です。また，同じ分野でも単なる知識問題なのか，あるいは実験や観察の考察問題なのかによってもかかる時間がずいぶんちがいます。記述，計算，描図など，出題形式もさまざまです。ですから，解く順番の上手，下手で，10点以上の差がつくこともあります。

過去問を解き始める時も，はじめに1回分の試験問題の全体を見通して，解く順番を決めましょう。得意分野から解くのもよいでしょう。短時間で解けそうな問題を見つけて手をつけるのも効果的です。くれぐれも，難問に時間を取られすぎないように，わからない問題はスキップして，早めに全体を解き終えることを意識しましょう。

社会

社会は[1]から順番に解いていってかまいません。ただし，時間のかかりそうな，「地形図の読み取り」，「統計の読み取り」，「計算が必要な問題」，「字数の多い論述問題」などは後回しにするのが賢明です。また，3分野（地理・歴史・政治）の中で極端に得意，不得意がある受験生は，得意分野から手をつけるべきです。

過去問を解くときは，試験時間を有効に活用できるよう，時間は常に意識しなければなりません。ただし，時間に追われて雑にならないようにする注意が必要です。“誤っているもの”を選ぶ設問なのに“正しいもの”を選んでしまった，“すべて選びなさい”という設問なのに一つしか選ばなかったなどが致命的なミスになってしまいます。問題文の“正しいもの”，“誤っているもの”，“一つ選び”，“すべて選び”などに下線を引いて，一つ一つ確認しながら問題を解くとよいでしょう。

過去問を解き終わったら，自己採点し，受験生自身でふり返りをしましょう。できなかった問題については，なぜできなかったのかについての分析が必要です。例えば，「知識が必要な問題」ができなかったのか，「問題文や資料から判断する問題」ができなかったのかで，これから取り組むべきことも大きく異なってくるはずです。また，正解できた問題も，「勘で解いた」，「確信が持てない」といったときはふり返りが必要です。問題集の解説を読んでも納得がいかないときは，塾の先生などに質問をして，理解するようにしましょう。

国語

過去問に取り組む一番の目的は，志望校の傾向をつかみ，本番でどのように入試問題と向かい合うべきか考えることです。素材文の傾向，設問の傾向，問題数の傾向など，十分に研究していきましょう。

取り組む際は，まず解答用紙を確認しましょう。漢字や語句問題の量，記述問題の種類や量などが，解答用紙を見て，わかります。次に，ページをめくり，問題用紙全体を確認しましょう。どのような問題配列になっているのか，問題の難度はどの程度か，などを確認して，どの問題から取り組むべきかを判断するとよいでしょう。

一般的に「漢字」→「語句問題」→「読解問題」という形で取り組むと，効率よく時間を使うことができます。

また，解答用紙は，必ず，実際の大きさのものを使用しましょう。字数指定のない記述問題などは，解答欄の大きさから，書く量を考えていきましょう。

慶應普通部の算数

——出題傾向と対策　合否を分けた問題の徹底分析——

出題傾向と内容

出題分野1　〈数と計算〉

「還元算」を含めて「四則計算」は，毎年，出題されている。他の分野では「数の性質」の出題率が高い。

2　〈図形〉

「平面図形」の問題は毎年，出題されており，「立体図形」もほぼ毎年，出題されている。

3　〈速さ〉

「速さの三公式と比」の問題も毎年，出題されている。特殊算では，「旅人算」・「流水算」のほかは，近年，出題されていない。

4　〈割合〉

「割合と比」の問題も毎年，出題されており，「概算」「倍数算・分配算」が出題されている。

5　〈推理〉

「論理・推理」の問題が，ほぼ毎年，出題されており，「場合の数・確からしさ」も，毎年，連続して出題されている。

6　〈その他〉

出題率はそれほど高くないが，「過不足算」・「平均算」・「鶴カメ算」・「消去算」などの出題があり，「年令算」・「植木算・方陣算」の分野は，近年，出題されていない。

出題率の高い分野

❶平面図形・面積　❷割合と比　❸速さの三公式と比　❹場合の数　❺立体図形

来年度の予想と対策

出題分野1　〈数と計算〉…計算問題で失点するわけにはいかない。出題される計算問題は，それほど複雑な問題ではないので過去問を利用して問題のレベルに慣れておこう。計算は，必ず，工夫できないかと考えて計算することがポイントである。

2　〈図形〉…「平面図形」・「立体図形」がよく出題されている。「図形や点の移動」・「相似」も出題されており，これらの標準問題・応用問題を練習しよう。「速さ・水量変化のグラフ」・「速さのグラフ」も重要である。

3　〈速さ〉…比を使って解く解法に注意し，「速さの鶴カメ算」も練習しよう。

4　〈割合〉…「速さの比」・「面積比」・「比の文章題」の標準問題・応用問題を練習しよう。「倍数算・分配算」・「仕事算・ニュートン算」のチェックも重要である。

5　〈推理〉…「論理・推理」・「場合の数」の問題を，応用レベルを中心に，徹底して練習しよう。

6　〈その他〉…出題率は高くないが，「平均算」・「鶴カメ算」・「和差算・過不足算・差集め算」・「年令算」・「植木算・方陣算」・「消去算」について，幅広く標準問題を中心に練習しよう。

学習のポイント

●大問数10題前後　小問数20題前後　　●試験時間40分　満点100点

●「図形」・「速さ」・「割合と比」を中心に幅広く，標準・応用問題を練習しよう。

年度別出題内容の分析表　算数

（よく出ている順に，☆◎○の3段階で示してあります。）

出題内容		27年	28年	29年	30年	2019年	2020年	2021年	2022年	2023年	2024年
数と計算	四則計算	○	○	○	○	○	○	○	○	○	○
	単位の換算	○	○	○	○	○	◎	○	○		
	演算記号・文字と式										
	数の性質	○	◎	◎	☆	○		◎	◎	○	☆
	概　数										
図形	平面図形・面積	☆	☆	☆	☆	☆	☆	☆	☆	☆	☆
	立体図形・体積と容積	○	○	○	☆	◎	○	◎	○	◎	○
	相似（縮図と拡大図）		○	○		☆	☆	☆		○	☆
	図形や点の移動・対称な図形	◎	◎		○				○	○	
	グラフ	◎	◎	◎	◎					◎	
速さ	速さの三公式と比	◎	◎	◎	◎	◎	◎	◎	◎	◎	☆
	旅人算	○		○	○	○				○	
	時計算										
	通過算										
	流水算			◎			◎				
割合	割合と比	○	◎	☆	◎	○	◎	☆	☆	☆	☆
	濃　度					○					
	売買算										
	相当算							○	○	○	
	倍数算・分配算										○
	仕事算・ニュートン算										
	比例と反比例・2量の関係										
推理	場合の数・確からしさ	☆	○	○	◎	☆	☆	○	○	○	○
	論理・推理・集合	○	○				◎	○			
	数列・規則性・N進法										○
	統計と表										
その他	和差算・過不足算・差集め算			○							
	鶴カメ算										○
	平均算										
	年令算										
	植木算・方陣算										
	消去算			○					◎		○

慶應義塾普通部

2024年度 慶應義塾普通部 合否を分けた問題 算数

7. 〈数の性質〉

「最小公倍数」の求め方を知っていれば，解ける問題である。
②「6個の整数で割り切れる整数のなかで2番目に小さい整数」が問題。

【問題】

2から5までの4個の整数のうち，ちょうど3個の整数で割り切れる整数のなかで最小の整数は12である。
では，2から9までの8個の整数のうち，ちょうど6個の整数で割り切れる整数のなかで，2番目に小さい整数はいくつか。

【考え方】

② 72…8×9
8の約数…1，2，4，8
9の約数…1，3，9
72の2～9までの整数…2，3，4，6，8，9
2～6までの整数の最小公倍数…60
60と8の最小公倍数…120
したがって，2番目に小さい整数は120

受験生に贈る「数の言葉」――――――――――「ガリヴァ旅行記のなかの数と図形」
作者　ジョナサン・スウィフト(1667～1745)
…アイルランド　ダブリン生まれの司祭

リリパット国…1699年11月，漂流の後に船医ガリヴァが流れ着いた南インド洋の島国
①人間の身長…約15cm未満　②タワーの高さ…約1.5m
③ガリヴァがつながれた足の鎖の長さ…約1.8m　④高木の高さ…約2.1m
⑤ガリヴァとリリパット国民の身長比…12：1　⑥ガリヴァとかれらの体積比…1728：1

ブロブディンナグ国…1703年6月，ガリヴァの船が行き着いた北米の国
①草丈…6m以上　②麦の高さ…約12m　③柵(さく)の高さ…36m以上
④ベッドの高さ…7.2m　⑤ネズミの尻尾(しっぽ)…約1.77m

北太平洋の島国…1707年，北緯46度西経177度に近い国
王宮内コース料理　①羊の肩肉…正三角形　②牛肉…菱形　③プディング…サイクロイド形
④パン…円錐形(コーン)・円柱形(シリンダ)・平行四辺形・その他

2023年度 慶應義塾普通部 合否を分けた問題 算数

4. 〈立体図形，くりぬきの問題〉

よく出題されるタイプの問題であり，ミスが出やすい問題である。
表面積が問題であり，考え方に注意して練習しよう。

【問題】

図1のような1辺が6cmの立方体があり，図2のようにABCDの面から垂直に円柱を3cmくりぬき，その後，図3のようにEFGHの面から垂直に直方体を3cmくりぬいた。残った立体の体積と表面積を求めなさい。

面を間違えてはいけない。

図1

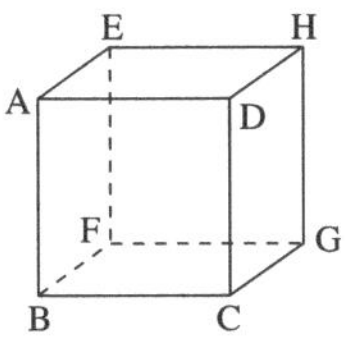

図2

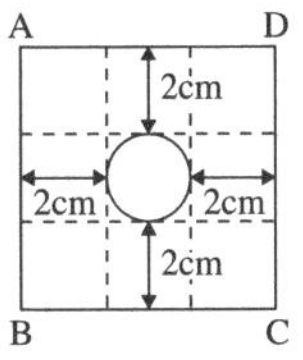

図3

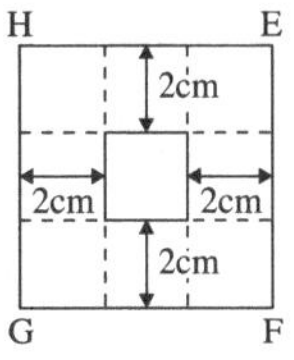

【考え方】

体積…$6\times6\times6-(1\times1\times3.14+2\times2)\times3=216-21.42=194.58$(cm^3)

表面積…右図より，$6\times6\times6-(1\times1\times3.14+2\times2)+(2\times4+2\times3.14)\times3+2\times2-1\times1\times3.14=216-7.14+42.84+0.86=252.56$(cm^2)

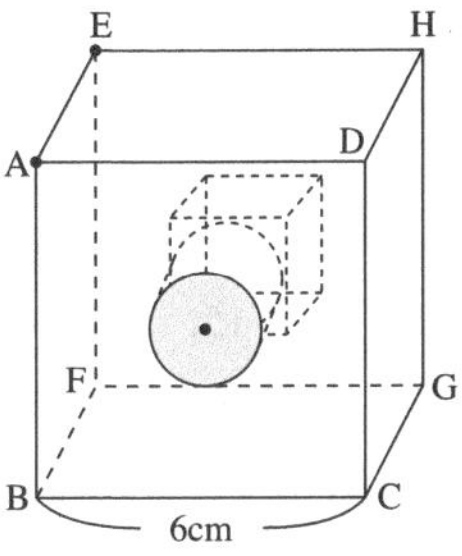

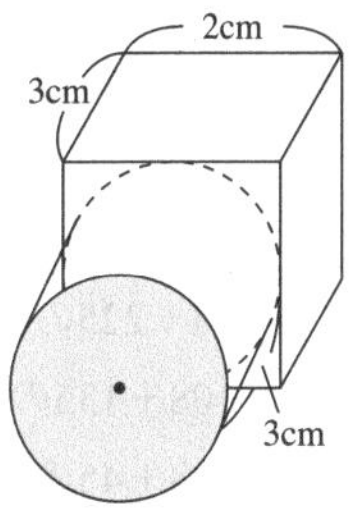

受験生に贈る「数の言葉」―――――――――― バートランド・ラッセル(1872～1970)が語るピュタゴラス(前582～496)とそのひとたちのようす(西洋哲学史)

①ピュタゴラス学派のひとたちは，地球が球状であることを発見した。

②ピュタゴラスが創った学会には，男性も女性も平等に入会を許された。
財産は共有され，生活は共同で行われた。科学や数学の発見も共同のものとみなされ，ピュタゴラスの死後でさえ，かれのために秘事とされた。

③だれでも知っているようにピュタゴラスは，すべては数である，といった。
かれは，音楽における数の重要性を発見し，設定した音楽と数学との間の関連が，数学用語である「調和平均」,「調和級数」のなかに生きている。

④五角星は，魔術で常に際立って用いられ，この配置は明らかにピュタゴラス学派のひとたちにもとづいており，かれらは，これを安寧とよび，学会員であることを知る象徴として，これを利用した。

⑤その筋の大家たちは以下の内容を信じ，かれの名前がついている定理をかれが発見した可能性が高いと考えており，それは，直角三角形において，直角に対する辺についての正方形の面積が，他の2辺についての正方形の面積の和に等しい，という内容である。
とにかく，きわめて早い年代に，この定理がピュタゴラス学派のひとたちに知られていた。かれらはまた，三角形の角の和が2直角であることも知っていた。

2022年度 慶應義塾普通部 合否を分けた問題 算数

8.〈数の性質，場合の数，消去算〉

> よく出題されるタイプの問題であり，考えかた自体は難しくはないが，
> ミスが出やすい問題である。注意して，練習しよう。

【問題】

あるお店で1個15円，18円，25円の3種類のお菓子を売っている。

どのお菓子も1個以上選び，合計金額が301円になるように買う。

①18円のお菓子を12個買うと，15円のお菓子と25円のお菓子はそれぞれ何個買えるか。

②お菓子の買い方は，全部で何通りあるか。

【考え方】

①$301-18\times12=85$(円)　15円のお菓子を□個，25円のお菓子を△個，買うとき，$15\times\square+25\times\triangle=85$より，$3\times\square+5\times\triangle=17$であり，15円のお菓子は4個，25円のお菓子は1個

… ①は確実に正解しよう。

②$301-(15+18+25)=243$(円)

$243=18+225$，$108(=18\times6)+135$，$198(=18\times11)+45$

$18+225$のとき… $225=15\times15$，$15\times10+25\times3$，$15\times5+25\times6$，25×9より，4通り

$108+135$のとき…$135=15\times9$，$15\times4+25\times3$より，2通り

$198+45$のとき…$45=15\times3$より，1通り

したがって，全部で7通り

例えば，$15\times\square+25\times\triangle=225$

$3\times\square+5\times\triangle=45$，$5\times\triangle=3\times(15-\square)$

この式を利用する

受験生に贈る「数の言葉」

数学者の回想　高木貞治1875～1960

数学は長い論理の連鎖だけに，それを丹念にたどってゆくことにすぐ飽いてしまう。論理はきびしいものである。例えば，1つの有機的な体系というか，それぞれみな連関して円満に各部が均衡を保って進んでゆかぬかぎり，完全なものにはならない。

ある1つの主題に取り組み，どこか間違っているらしいが，それがはっきり判明せず，もっぱらそればかりを探す。神経衰弱になりかかるぐらいまで検討するが，わからぬことも多い。夢で疑問が解けたと思って起きてやってみても，全然違っている。そうやって長く間違いばかりを探し続けると，その後，理論が出来ても全く自信がない。そんなことを多々経験するのである。(中略)

技術にせよ学問にせよ，その必要な部分だけがあればよいという制ちゅう（限定）を加えられては，絶対に進展ということはあり得ない。「必要」という考え方に，その必要な1部分ですらが他の多くの部分なくして成り立たぬことを理解しようとしないことがあれば，それは全く危険である。

慶應普通部の理科

――出題傾向と対策 合否を分けた問題の徹底分析――

出題傾向と内容

日常によく使われる道具や，身近に見られる現象をもとにして，そこから科学的な思考力を試すような問題が多く出題されている。そこで問われる内容は，かなり細かな観察力，注意力が要求されるものばかりであり，実験結果などのデータを考察する力も必要とされる。また，30分の制限時間に対して，問題数も多く，作図や，短い文ではあるが，理由などを記述させる問題もあるので，相当手際よく処理する能力がないと高得点は望めない。理科に対する幅広い関心，科学的なものの見方を身につけることが大切である。

生物的領域　2024年度はカブトムシとシロアリに関する大問が1題，2023年度はニボシに関する大問が1題，2022年度はスミレに関する大問が1題出題されている。過去数年を見ると，大問にして2～3題出題されることがめずらしくない。出題内容については見慣れない知識問題が多く，出題レベルが高いものも多いので，生物に関する学力は，理科の総得点に及ぼす影響が大きい。

地学的領域　2024年度は太陽と影に関する大問が1題，2023年度は地震によるゆれに関する大問が1題，2022年度は気温と湿度に関する大問が1問出題されている。過去数年を見ると，地学的領域からの出題がないことがあるが，出題された場合の難易度は高く，この領域の学習の手抜きは禁物である。

化学的領域　2024年度はたき火によるカレー作りに関する大問が1題，2023年度はプラスチックに関する大問が1題，2022年度はろうそくの燃焼に関する大問が1題出題されている。過去数年を見ると，化学的領域のいろいろな分野から出題され，特定の分野からの出題傾向にはない。身のまわりの生活領域に関連して出題されることが多い。実験・観察を題材にして，実験結果を予想させたり，現象の理由を記述させるなど，出題レベルは高い傾向にある。

物理的領域　2024年度は電熱線による発熱に関する大問が1題，2023年度は自転車のギアに関する大問が1題，2022年度は鏡の像に関する大問が1題出題されている。物理的領域のいろいろな分野から出題され，実験・観察を題材にした出題になることなど，化学的領域に関することと同様である。

学習のポイント

●生物・物理については，幅広く，深く学習しよう。

来年度の予想と対策

日常生活のいろいろな場面で，科学的に考え，それを論理的にまとめ，文章に表す総合的な力を養っておく必要がある。私達が普段からよく見かける生き物，身のまわりの道具，毎日何気なく使っている品々について，その特徴や性質について考えておくとよい。

また，天体や気象，動植物について，その年によく話題になった現象やことがらは，時事的な問題として取り上げられることが多いので，整理しておくとよい。そして，それらの1つ1つについて，科学的に自分なりのことばで説明ができるようにしておくことも大切である。

年度別出題内容の分析表　理科

（よく出ている順に，☆◎○の３段階で示してあります。）

出題内容		27年	28年	29年	30年	2019年	2020年	2021年	2022年	2023年	2024年
生物的領域	植物のなかま	☆	☆	☆	○	◎	☆		☆		
	植物のはたらき										
	昆虫・動物	☆		☆	☆	☆	☆	☆	☆	☆	☆
	人　体	☆									
	生態系					☆					
地学的領域	星と星座						☆				
	太陽と月			☆			☆				☆
	気　象					☆			☆		
	地層と岩石		☆			☆	○	☆			
	大地の活動					◎				☆	
化学的領域	物質の性質	◎								☆	
	状態変化										
	ものの溶け方				○	○	☆	○			
	水溶液の性質	○	☆	☆				☆			
	気体の性質		◎	☆				○	☆		
	燃　焼								☆		☆
物理的領域	熱の性質										
	光や音の性質					☆			☆		
	物体の運動					◎	☆				
	力のはたらき	☆	☆		☆			☆		☆	
	電流と回路				○						☆
	電気と磁石										
その他	実験と観察		◎	◎		◎	◎	◎	◎	◎	◎
	器具の使用法				☆					○	
	環　境	☆			○	○					
	時　事						☆	○			
	その他	◎									

慶應義塾普通部

2024年度 慶應義塾普通部 合否を分けた問題 理科

■この問題で，これだけ取ろう！

問1	電熱線による発熱	標準	1は，電気を熱に変える器具を選ぶ知識問題，2は，電流計の使い方に関する問題であった。また，3は，電熱線の長さと電流の大きさに関する問題，4は，電熱線の直径の大きさと電流の大きさに関する問題，5は，電熱線の直径の大きさと水の上昇温度に関する問題であった。さらに，6は，電熱線の直径の大きさと発泡ポリスチレンの板が切れる長さに関する記述問題であった。計算問題も含まれているが，本文に示された実験結果を読み取ることで，4問以上は解きたい。
問2	太陽と影	やや難	1は，春分の日・夏至の日・秋分の日・冬至の日のマイクの影の動きに関する問題であった。2は，マイクの影の大きさなどに関する問題，3は，方位磁針の向きに関する問題，4は，冬至の日の日の出の時刻や日の入りの時刻近くの空の明るさに関する思考力を試す問題であった。本文に示された図を読み取ることで，5問以上は解きたい。
問3	たき火によるカレー作り	やや難	1は，たき火をするときに火がつきやすい木を選ぶ問題であり，2は，火が集中するような薪の組み合わせに関する問題，3は，マッチの火の燃え方に関する問題，4は，タマネギの切り方に関する問題，5は，カレーの作り方に関して，ジャガイモを最後に入れる理由に関する記述問題，6は，なべの外側が黒くなる理由に関する問題，7は，灰に関する知識問題，8は，火を消すのに効果がない方法に関する問題であった。本文をしっかり読み取ることで，5問以上は解きたい。
問4	カブトムシとシロアリ	やや難	1は，成長過程がシロアリと同じ昆虫を選ぶ問題，2は，カブトムシの成虫の口の形や幼虫と成虫の口に関する問題，3は，カブトムシの成虫の頭だけが地面に落ちている理由に関する記述問題，4は，シロアリが人間にとって害虫である理由に関する記述問題，5は，女王アリ・兵隊アリ・はたらきアリの役割に関する記述問題，6は，シロアリが油性ボールペンの線の上だけを進むのと同じ現象に関する問題，7は，カブトムシの幼虫やシロアリが見られるようになった理由に関する記述問題であった。6問以上は解きたい。

■鍵になる問題は問4だ！

問4では，カブトムシとシロアリに関する問題であった。

1は，不完全変態であるシロアリの仲間を選ぶ知識問題であった。

2は，カブトムシの成虫の食べ物と口の形に関する知識問題と幼虫の食べ物に関する知識問題と幼虫の口を作図する問題であった。作図問題に対しても，十分に慣れておく必要があった。

3は，カブトムシの成虫の頭だけが地面に落ちている理由に関する記述問題であった。

4は，シロアリが人間にとって害虫である理由に関する記述問題であった。

5は，女王アリ・軍隊アリ・はたらきアリの役割に関する記述問題であった。

6は，シロアリが油性ボールペンの上だけをなぞる理由に関する問題であった。

7は，林の環境に関する記述問題であった。

いずれにしても，生物分野に関しては，特に，関心を持ち，多くの知識を身につける必要がある。

2023年度 慶應義塾普通部 合否を分けた問題 理科

■この大問で，これだけ取ろう！

問1	ニボシ	やや難	1は，ニボシが使われているおせち料理に関する知識問題であり，2～5は，カタクチイワシの体のつくりやえさの取り方などに関する問題であった。また，6は顕微鏡の使い方に関する問題であり，7は，カタクチイワシの胃の中に見られるプランクトンに関する知識問題であり，8はカタクチイワシの消化管の長さに関する問題であった。知識問題が中心であったが記述問題もあり，選択問題も複数選ぶ問題が多かったが，5問以上は解きたい。
問2	自転車のギア	やや難	1は，ハンドルと同じような「てこの原理」を利用した道具を選ぶ問題であった。2は，自転車の傾きとハンドルに関する問題，3はブレーキのかけ方に関する記述問題であり，4は，ギアと後輪の回転数に関する計算問題，5は，自転車の速さに関する計算問題であった。6と7は，ギアの組み合わせに関する問題であった。本文に示された条件を読み取ることで，5問以上は解きたい。
問3	プラスチック	やや難	1は，3Rに関する知識問題であり，2はプラスチックの原料に関する知識問題，3は，いろいろな種類のプラスチックがどのような製品に使われているのかに関する知識問題であった。また，4～6は，液体の密度と固体の浮き沈みに関する記述問題や計算問題であった。知識問題をしっかり解くことで9問以上は解きたい。
問4	地震によるゆれ	やや難	1は，地震による大きなゆれによる被害を減らす方法に関する記述問題であり，2は，津波が予想されるときの行動に関する問題であり，3は，緊急地震速報に関する知識問題であり，4は，地震のゆれに関する問題であり，5は，地震が発生した時刻に関する計算問題であり，6は緊急地震速報に関する問題であった。4問以上は解きたい。

■鍵になる問題は問4だ！

問4では，地震のゆれや緊急地震速報などに関する問題であった。

1は，大きなゆれに対しての備えに関する記述問題であった。日頃から，幅広い分野に関心を持ち，多くの知識を身につける必要がある。

2は，海岸地方で大きなゆれを感じたときの行動に関する問題であった。この場合は，津波がくることを予想して行動することを考える必要があった。

3は，緊急地震速報に関する知識問題であったが，津波警報とは直接には関係がないことを知っておく必要があった。

4は，観測地点と震央との距離とゆれ始めと最大のゆれまでの時間との関係に関する問題であった。この場合は，ゆれに関する観測結果を読み取ればよかった。

5は，地震が発生した時刻に関する計算問題であった。この場合も，震央からの距離とゆれ始めの時刻に関する結果を読み取ればよかった。

6は，緊急地震速報が発表された場所に関する思考力を試す問題であった。この場合，観測地点Aに，緊急地震速報が「ゆれ始めの前に通知される」のか，「ゆれ始めの後に通知される」のかについて，しっかり理解しておく必要があった。

2022年度 慶應義塾普通部 合否を分けた問題 理科

■この大問で，これだけ取ろう！

問 1	ろうそくの燃焼	標準	1 は，空気中に含まれている酸素の割合に関する知識問題，2 は，ロウソクが燃えたときに見られる現象に関して，空気の性質を問う問題であった。また，3 と 4 は，ロウソクが燃えるときに生じる物質に関する知識問題であった。さらに，5 は，ロウソクの火が消えるとビーカーの中の水面が高くなり始めることに関する思考力を試す問題であった。標準的な問題が多かったので，4 問は解きたい。
問 2	気温と湿度の変化	標準	1 は，雨の日のグラフを選ぶ問題，2 は，雨の日などにとるべき行動に関する問題，3 は，雨・雪・かみなり・あられに関する基本的な知識問題，4 は，前日発表の降水確率と当日降水があった日の割合に関するグラフ作成の問題および，降水確率が何％のときにかさを持って出かけるのかに関する思考力を試す記述問題であった。ここも標準的な問題が多かったので，6 問以上は解きたい。
問 3	鏡の像	やや難	1 は，鏡の反射に関する問題，2 は 90°の合わせ鏡に見える像の数に関する問題，3 は，鏡で 2 回反射してできる像に関する難度の高い作図に関する問題，4 は，棒の位置を移動したときに，合わせ鏡の中にできる 3 つの像に関する思考力を試す問題であった。また，5 は，120°の合わせ鏡にできる像のうち，1 つの像しか見えない位置を選ぶ難度の高い問題であった。6 は，像が見えない位置に関する思考力を試す問題，7 は，光の道筋を作図する問題であった。思考力を試す問題が多いが，4 問以上は解きたい。
問 4	スミレ	やや難	1 は，スミレの花びらに関して，2 は，スミレの花が咲く時期に咲く花に関して，3 は，スミレの葉に関して，4 は，スミレの葉を食べる昆虫に関して，5 は，スミレの仲間に関して，それぞれ知識問題が出された。また，6 は，花を開かずに種子をつける利点に関する思考力を試す記述問題であり，7 は，スミレの花がアリをおびき寄せる利点に関する思考力を試す記述問題が出された。また，8 と 9 は，アリとアブラムシの共生の関係に関する問題であった。全体的に，難度の高い知識問題が多いが，5 問以上は解きたい。

■鍵になる問題は問３だ！

問3の1では，光が鏡で反射されるときの道筋を作図する問題であった。次の①～③の手順で解くことに慣れておく必要があった。

① 鏡の中に像をかく。 ② 像と像を見る位置を直線で結ぶ。ただし，鏡の中は点線にする。

③ ②の直線と鏡が交わった点を反射点とする。

2～4では，90°の合わせ鏡にできる像に関する問題であった。この場合は，実物と3つの像を結ぶと長方形ができることを覚えておくとよい。また，両端にできる像は，鏡で光が1回だけ反射して見える左右が反対に見える像だが，中央に見える像は，鏡で光が2回反射するので，左右が同じ向きに見える。

5～7のように，合わせ鏡の角度が□°のときは，鏡の中にできる像の数＝(360°÷□°)－1の式で表されるので，□°が120°のときは，(360°÷120°)－1＝2(個) の像ができる。

慶應普通部の社会

――出題傾向と対策 合否を分けた問題の徹底分析――

出題傾向と内容

例年，大問は5～6題出題される。記号選択や用語記述の問題がバランスよく出題され，理由やことがらを問う1行程度の論述問題も数題出題される。今年もこのスタイルはほぼそのままである。

地理や歴史の問題とは別に新聞記事を題材にした問題や歴史的なできごとや場所について地理的な知識を組み合わせて考えさせる問題が定番となっているが，今年も同様のものが出されている。また，慶應系の学校では例年，福澤諭吉関連の問題が多いが，今年も幕末から明治についてのことをよく知らないと答えづらい問題は出されている。

地理は例年広い範囲から出題され，今年も同様ではある。今年も2)と3)が地理分野の問題となっており，2)は地形図，防災に関する内容，3)は東北地方と北海道の地形，気候，産業に関連する事柄について資料などを元に考えていくことが求められている。

歴史は，時代を横断して幅広く出題される。時代別，人物別にまとめられた多くの文章をもとにして出題されることが多く，政治史，社会経済史，文化史，外交史など満遍なく問われる。時代の並べ替え問題は定番となっている。今年度は4)と5)が歴史分野の問題となっている。4)ではさまざまな農作物に関する歴史の文章があり，そこから農作物，文中の語に関連するさまざまな問題が問われている。5)は福澤諭吉の『福翁自伝』の中に出てくる，幕末に福澤諭吉が幕府の使節団として欧米に行った際の記述から，その訪れた国やその際に目にしたもの，知ったことなどを考えていく問題である。

政治に関しては，地理や歴史と比べると出題されることは少ないが，中学入試の問題としてはやや異質の経済単元に関連する出題が多いのが特色である。今年度は1)で，2023年の広島サミット関連のことや，現在の世界の問題に関する事柄がだされている。

また6)では，社会の問題としてはやや異質だが正月に関する問題が出された。

学習のポイント

- ●分野の枠を超えた総合的な問題に触れよう！
- ●写真や図版などの資料を深く読み，さまざまな角度から考える習慣をつけよう！
- ●消費生活など経済問題にも強くなろう！

来年度の予想と対策

多様な角度から社会的な分析力を試そうとする問題に重点が置かれている。この傾向は，今後も大きく変化することはないと思われる。まずは，教科書レベルの基本的なことから確実に理解していくことが大切である。

地理は国土と自然，産業，地形図の見方を中心に学習する。必ず地図帳を開いて地名や位置を確認し各地方ごとの特色もまとめておくとよい。また，世界地理に関してもある程度の知識が求められるので，ニュースなどで目にする国の位置や，その周りの海や山などの名称も押さえておきたい。

歴史では，政治史を中心に学習し，それぞれの時代の特色や人物の業績を理解しておきたい。歴史的なできごとが起こった場所が問われることがあるので，これも地図帳で確認しておくこと。福澤諭吉に関係する問題はほぼ毎年出題されるので，よりていねいな対策が必要である。

政治では，日本国憲法，三権，国際政治の学習とともに，本校の特色の一つである経済問題についても深い理解が求められる。テレビや新聞に目を向け，経済問題に興味関心を持ってほしい。また，時事的なことについてもある程度の知識は必要である。

さまざまな知識を得ていくことが重要だが，極力その知識と関連することがらとの因果関係も含めて理解して覚えていくことが重要になる。また，各大問の本文をていねいに正確に読み解いていくことが，極めて重要であり，社会科とは言いながら国語の力がかなり高くないと高得点を取るのは難しいので，国語力のアップにも注意しておくことが必要である。

年度別出題内容の分析表 社会

（よく出ている順に，☆◎○の3段階で示してあります。）

出題内容				27年	28年	29年	30年	2019年	2020年	2021年	2022年	2023年	2024年
地理	日本の地理	テーマ別	地形図の見方				○		☆	○			◎
			日本の国土と自然	☆	☆	☆	☆	◎		☆	◎	☆	◎
			人口・都市	○		○	◎	◎	○	◎			◎
			農林水産業	☆	○	◎	◎		☆	○			☆
			工　業	○		○	○			◎			
			交通・通信		○	○				◎	○		
			資源・エネルギー問題		○							◎	
			貿　易					○	○		◎	◎	◎
		地方別	九州地方		☆								
			中国・四国地方			☆						◎	
			近畿地方										
			中部地方							◎			
			関東地方										
			東北地方										◎
			北海道地方										◎
	公害・環境問題										○		
	世界地理				○			☆	○		◎	◎	
日本の歴史	時代別	旧石器時代から弥生時代			○		○	◎	☆				◎
		古墳時代から平安時代		◎	◎	○	○	○	◎	○	☆	◎	◎
		鎌倉・室町時代		○	○	◎	○	◎		◎	◎		◎
		安土桃山・江戸時代		◎	◎	☆	◎	◎	◎	◎	☆	☆	☆
		明治時代から現代		◎	○	◎	☆	☆	○	☆	☆	☆	☆
	テーマ別	政治・法律		☆	☆	☆	◎	☆	◎	◎	☆	☆	☆
		経済・社会・技術		◎	○	○	☆	◎	☆	◎	◎	☆	☆
		文化・宗教・教育		◎		○	○	○	○	◎	◎	◎	◎
		外　交			☆	☆	○		○			◎	◎
政治	憲法の原理・基本的人権								☆				
	国の政治のしくみと働き						◎	○	○		☆		
	地方自治							○					
	国民生活と社会保障												
	財政・消費生活・経済一般					◎						◎	
	国際社会と平和												◎
時事問題				◎	○	◎	☆	○		○	◎		☆
その他				○	☆		◎	◎	☆	◎	◎	◎	◎

慶應義塾普通部

2024年度 慶應義塾普通部 合否を分けた問題 社会

4)，5)，6)

4)は歴史の問題だが，農作物の説明の短文を読んで，その作物が何かを考える問題，さらにその文章の中にある語を時代順に並べる整序問題，文章中の下線部の語が何時代のものかを答える問題，文章中の下線部の頃に起こったことを選択肢の中から選ぶ問題，弥生時代の登呂遺跡から出土したもので道具以外で答える問題，三内丸山遺跡を含む世界遺産の地域に関する問題，廃藩置県と領事裁判権撤廃のそれぞれの年に近い歴史上の出来事を選ぶ問題となっている。これらの中では，まず，最初の農作物が何かを判断するのが大変かもしれない。小麦や米などは比較的容易にわかったかもしれないが，そばや大豆，小豆，とうもろこしはわかりづらかったかもしれない。特に，とうもろこしは難問かもしれないが，もっともこれがとうもろこしであることがわからなくても特に，点数には影響しないので，気にせずに他の設問を解き進めていった方が無難である。この大問であとの難問は，5の登呂遺跡で出土したものであろうか。米に関連する出土品で，道具以外のものを2つ答えるもの。一般に弥生時代の稲作の証拠とされるもので石包丁や田下駄などがあるが，これらは道具なので除外。登呂遺跡で出てきたものとしては，ズバリ登呂遺跡を価値づけているものが水田跡なので，これを思い出すのは容易であろうが，もう一つとして高床式倉庫は思いつきにくいかもしれない。その用途として，穀物の貯蔵庫と考えられていること，銅鐸の表面に描かれているものもあるので，弥生時代のものとして認識しておいてほしい。登呂遺跡でもその柱の跡が見つかっている。

5)は慶應系の学校に頻出の福澤諭吉にちなんだ歴史の問題。福澤諭吉が残した『福翁自伝』にある，幕末に福澤諭吉が幕府の使節団の一員として欧米を訪れた際の記述にある訪れた国を答える問題，文章中の空欄補充問題，文中の言葉が差しているものを一般的に何というかを答える問題である。

訪れた国を答えるものは，国そのものはイギリス，フランス，アメリカといった国だが，文章中の表現からそれを考えるのは，ある程度知識が必要である。福澤の文章の中で，イギリスやアメリカを解答するには，政治についての知識がある程度は必要。イギリスに関しては，保守，自由という二つの勢力がしのぎを削って争っている，政治上の争いという内容で判断が必要。イギリスが二大政党制の国で，現在は保守党と労働党だが，かつては労働党ではなく自由党が二大政党の一つであったということを知っていればわかるが，そもそも空欄の補充問題で政党と議会を考えないといけないので，同時にこのことについても理解できないといけない。フランスについては，奇麗なること世界第一の都市が首都であり，その首都では幅の広い道路が放射状に伸びているということ，から判断する必要がある。フランスのパリが花の都と称される場所であること，凱旋門を中心に放射状に道路が広がっているということを知っていればわかるが，ここは結構厳しい。アメリカについては大統領，ワシントンという記述があるので比較的容易に判断できるとは思う。また文中の空欄補充では前出の議会，政党の他に新聞や地中海，内閣などを文脈から考えて答えないとならない。特に，地中海はその記述がスエズ運河の工事のことだとわかれば，地中海もわかるとは思うが，なかなか厳しいところではある。

6)は正月に関連する事柄に関する文章を読んで空欄補充で語を答えるものと，正月に関連する行事を選択肢から選ぶもの，日本の歴史上の外国との事柄に関する記述を読み，中国とポルトガルに関するものを選ぶ問題，「太平記」の内容の世紀がいつかを問う問題が出されている。空欄補充は滝廉太郎，大名行列，種子島を答えさせるが，種子島以外は結構悩んだ受験生が多かったのではなかろうか。特に，大名行列は文脈から判断して思いつくかどうかで，かなり厳しいところではある。また外国に関する記述はイギリス，ロシア，ポルトガル，アメリカ，中国に関する文章があり，ポルトガルとアメリカのものは割と容易にわかるとは思うが，他は悩むかもしれない。

ここで挙げた問題は時間をかければわかる問題も多いとは思うが，短時間で判断していくとなるとなかなか難儀である。

2023年度 慶應義塾普通部 合否を分けた問題 社会

2)，3)，6)

2)は日本の地理で川や湖，海など橋がある場所に関連した問題。小問は3あり，小問1，2は難しくはない。多少細かい知識も必要ではあるが，普通に中学入試の勉強をやっていれば，答えられない問題ではない。ここで，差がついたであろう問題は小問3。

高知県の四万十川にかかっている橋の写真を見て，その橋の特徴に触れながら，その橋がどのようなことを想定してかけられているのかを説明せよというもの。橋の写真を見て，ズバリ，この橋がどういうものなのかということがわかってしまう受験生もいるかもしれないが，多くの受験生にはなじみがないものだと思う。写真をよく見て，この橋には橋の両わきにある欄干が無いことに気づけるかどうかがカギである。沈下橋というタイプのもので，川の水量が増加して水位が高くなると水没することを想定し，その際に流れてくる流木などが橋に引っかかって流れをせき止めることが無いように，わざと欄干を無くしてあるということを書ければ正解。

3)は江戸時代以後の日本の貨幣経済の変化に関連する問題。本文中の空欄補充の問題は歴史分野のものが多いが，残りの小問は経済に関する内容。歴史の知識で推していけるものは難しくないが，2022年の急激な円安に関する対応で政府と日銀がとった為替介入の内容として「ドル売り円買い」を答えるものは中学受験の問題としては難しいであろう。為替の漢字の読みの「かわせ」や円の記号の￥を答えさせる問題は知っている受験生も多かったのではないだろうか。

6)は社会科の雑学的な問題。アメリカの首都やホワイトハウスがどういうものかを答えるのはほとんどの受験生ができるものだと思うが，アメリカの国旗を差す言葉として星条旗を漢字で書かせるものや，ロシアの大統領府などがある場所としてのクレムリンを答えさせる問題，日本の国会や首相官邸のある場所の永田町や，政府の官庁がある場所としての霞が関を答えるものは出来不出来が分かれてくるものだと思う。星条旗とクレムリンも選択肢であれば正答率が上がるであろうが，語句記述なので思いつかない，書けないという受験生も多かったのではないだろうか。日本のものは記号選択だが，悩みそうな選択肢もいくつかあるので，そちらを選んでしまった受験生もいたと思う。この6)の中で，正答率が低そうなのが小問6で写真を見て，半旗を答えるのと，それがどういう場合になされるのかを選択肢から選ぶもの。

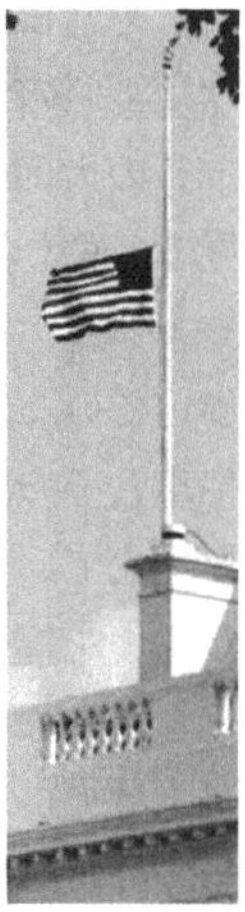

半旗を掲げる場合がどういうときなのかを選択肢から選ぶのは正答できた受験生も多いかもしれないが，半旗を漢字で答えるのは結構厳しいところではないだろうか。

以上，ここでとり上げた問題は，どちらかと言えば，典型的な社会科の問題からは離れた問題といえるもの。本校に限らないが，中学入試の社会科の問題の中には，一般的に社会科としては小学校や塾では学ばないようなものが出されてくる場合もままある。そういうものまで受験勉強の中でカバーするのは，難しいといえる。ただ，日常の生活の中で実物を目にすることもあったり，テレビなどで目にすることがありそうなものも多い。どういうものなのか，何のためのものなのか，どういう意味があるのかといったことがわからない場合には身近な人に聞くなり，あるいはインターネットなどで調べるという習慣をつけておけば，どこかでその知識を使えることもあるので，わからないままにしないようにしておきたい。

5)

5)は日本の歴史の中の武士に関する問題。ここでは武士の誕生の頃から，明治時代になり武士の身分が消える頃までが様々な形で問われている。知識としては，中学受験生ならば知っていてあたり前に近いようなものが問われているのがほとんどであるが，それをストレートにたずねるのではなく，やや回りくどくたずねてきている問題が多い。

用語を答えさせるものでは，保元の乱，厳島神社，大宝律令，御成敗式目，源氏，平氏といった言葉が問われているが，普通の一問一答のような形ではなく，ややぼかした形でたずねているので，この言葉をたずねているのだな，と察することができるかどうかが勝敗の分かれ目となってくる。

保元の乱を問うところでは，11世紀後半，初めて平安京で起きた戦いということで容易に絞り込むことは可能であるが，武士の力を貴族たちに知らしめた戦ということで平将門の乱や藤原純友の乱あたりを思い出すと，時代も場所も異なるので迷うかもしれない。また平家の神社として瀬戸内海の海上交通の安全を祈願するものとして，厳島神社が問われているが，ここは答えることができてほしいものである。また，平氏と源氏とを答えさせるものでは，文脈を正確に追ってくれれば答えることは可能であるが，最初の空欄AとBとだけを見て答えてしまうと，間違える可能性は高い。

文中にある法として大宝律令と御成敗式目を答えさせるものでは，これも文脈をしっかりと追っていれば間違えることはないだろうが，単に本文の中の該当箇所だけを見て答えようとすると，悩むかもしれない。

ここまでのところでは，他の大問にも共通するが，とにかく本文を正確に読み解いていくことが肝心であり，それができさえすれば，他の大問でも正答率がかなり高くなると思われる。

5)の中で，やや厄介なのが4から6の小問で，4は承久の乱の際に北条政子が動揺している御家人たちにかけた言葉を選択肢の中から選ばせるもの。承久の乱の際に北条政子がおこなったこの演説は有名なので受験生のほとんどが知っていると思われるが，その際にどのような言葉をかけたのかということに関しても理解していて，与えられている資料のどれがそのものなのかを選ぶのはやや難度が高くなるといえる。もっとも，該当しない選択肢が明らかに違うので，それぞれの資料を見ていけば選ぶのは容易かもしれない。

5が元寇の後に，御家人が幕府の高官と話をしている絵を見て，御家人と高官のそれぞれがどのようなことを言っているのかを考えて答えるもの。ここも，元寇の後に，御家人たちがそれぞれの家来に対しては褒美を与えたりしなければならないが，御家人自身は幕府からの恩賞がほとんどなく，経済的に苦しい状態になってしまったという事実はほとんどの受験生は知っているであろうから，そのことを踏まえて考えていけば，答えること自体はさほど難しくはないと思うが，どのような言葉を書けばよいのかで悩む受験生は多かったかもしれない。

この大問の中で一番の難問が6であろうか。ここでは平安時代，江戸時代，明治時代の3つの絵を見て，武士と他の身分との関係を読み取って文章中の空欄に当てはまるような説明を書いていくもの。3つの絵の中ではカのものが江戸時代の大名行列のものというのはわかりやすい。ここで武士たちが歩いている横で庶民がひれ伏している様子がわかれば，武士と庶民との関係も書けるであろう。キの牛車とその脇でひざまずいている武士たちの様子がわかれば，牛車に乗っている高貴な人に武士たちが仕えている状態は読み取れるかもしれない。問題はこの状況がいつの時代かということだが，武士が権力を握る前と判断できれば平安時代のものと考えることは可能である。残るオが天秤ばかりのようなもののところにいろいろな身分の人がいるもので，注意すべきは武士らしき人が他の身分の人を見上げている様子で，武士の支配が終わった明治のものと判断できる。これらの時代がわかって，かつ絵の説明を書けるか否かで差が生じてくる問題である。

慶應普通部の国語

――出題傾向と対策
合否を分けた問題の徹底分析――

出題傾向と内容

文の種類：物語文・随筆文・論説文・鑑賞文

長文読解は，2題構成のままで，物語文と論説文の出題だった。

解答形式：大半が選択式

本格的な記述問題は，50～60字と字数が増え，難化もした。それ以外は選択式または抜き出し式であった。抜き出し式も，難易度がやや高くなった。選択式には，本文に直接の記述がなく，全体の趣旨などから考えなければならないものも含まれ絞りきれないものもあり，全体として難易度が上がった。

漢字：標準～やや難。小学校で学習する漢字からの出題がほとんどだが，小学校未習学の漢字の出題はなしとは言い切れないようだ。書くことが困難というレベルではないが，意識しておく必要がある。

出題頻度の高い分野

❶物語文・論説文　❷文章の趣旨と細部表現の読み取り

❸場面の把握・展開の読み取りと登場人物の人物像・行動の把握

❹文脈の把握と理由説明　❺空欄補充

来年度の予想と対策

出題分野　文学的文章，論理的文章

1　本年度と同様に，読解の大問2題と漢字の書き取りなどの3～4題構成が考えられる。文種の組み合わせは様々だ。また，韻文の出題の可能性も含んでおきたい。

2　記述問題の難化に備えた学習も必要だ。

3　物語では，登場人物の人物像・心情把握と場面展開を中心に，論説的文章では話題・筆者の主張読み取りを中心に，文脈と細部をすばやく把握できるように多くの練習をしておきたい。

4　文中の同意表現・対照的表現には特に注意し，マークなどをしながら読むことを習慣にするとよい。

5　漢字の書き取りは，二字熟語を中心に，訓読みも数題加えられる。

学習のポイント

●物語文は，本文は長いので，場面・人物などを整理して読む。

●二字・三字熟語など，意味のわかることばの数を積極的に増やしていこう。

●小学校で学習する漢字は確実に書けるようにしておこう。

年度別出題内容の分析表 国語

（よく出ている順に，☆◎○の3段階で示してあります。）

		出 題 内 容	27年	28年	29年	30年	2019年	2020年	2021年	2022年	2023年	2024年
設問の種類		主題の読み取り				○						
		要旨の読み取り		○		○					○	○
		心情の読み取り	☆	☆	☆	☆	☆	☆	☆	☆	☆	☆
		理由・根拠の読み取り	◎		◎		○	○	◎	◎	☆	
		場面・登場人物の読み取り	◎	○	○		○	◎	○		○	
		論理展開・段落構成の読み取り	○				○					
		文章の細部表現の読み取り	☆	☆	☆	☆	☆	☆	☆	☆	☆	☆
		指示語			○			○				
		接続語										
		空欄補充	○	☆	☆		◎	○	◎	○	◎	◎
		内容真偽	○				○					
	根拠	文章の細部からの読み取り	☆	☆	☆	☆	☆	☆	☆	☆	☆	☆
		文章全体の流れからの読み取り	☆		○	○	○	○	○	○	○	○
設問形式		選択肢	☆	☆	☆	☆	☆	☆	☆	☆	☆	☆
		ぬき出し	☆	☆	☆	☆	☆	☆	◎	◎	☆	◎
		記 述	◎	☆	☆	☆	☆	◎	☆	☆	☆	☆
記述の種類		本文の言葉を中心にまとめる	○	☆	◎	☆	☆	◎	○	◎	☆	◎
		自分の言葉を中心にまとめる			◎				◎	○	○	◎
		字数が50字以内	◎	◎	☆	☆	☆	◎	☆	☆	☆	◎
		字数が51字以上										◎
		意見・創作系の作文										
		短文作成										
語句・知識		ことばの意味					○	○		○	○	○
		同類語・反対語										
		ことわざ・慣用句・四字熟語				○				○	☆	○
		熟語の組み立て										
		漢字の読み書き	◎	◎	◎	◎	◎	◎	◎	◎	◎	◎
		筆順・画数・部首										
		文と文節										
		ことばの用法・品詞			○	○						
		かなづかい										
		表現技法										
		文学史										
		敬 語										
文章の種類		論理的文章(論説文，説明文など)	○		○	○			○	○		○
		文学的文章(小説，物語など)	○	○		○	○	○	○	○	○	○
		随筆文		○	◎	○	○				○	
		詩(その解説も含む)		○								
		短歌・俳句(その解説も含む)						○				
		その他										

慶應義塾普通部

2024年度 慶應義塾普通部 合否を分けた問題 国語

一　問六

【こう書くと失敗する①】

実は応援しているチームなのに，周囲の反応に合わせて，三鷹などに関わったことがないふりをしているから。(50字)

【なぜ失敗なのか】

理由を表す「～から。」文末でまとめてしまったことが失敗原因だ。問われていることは「どんなところがヘタレであると考えているのか」だ。この設問では，理由を表す「～から。」文末でもギリギリのラインで「どんなところ」に読み取れないわけではないという余地はあるものの，不対応は不対応である。設問の内容によっては完全に不対応になる場合もある。記述を書く際，「～から。」文末で終わる解答を書いてしまうクセがある受験生が見受けられるが，こういうクセがある受験生は日頃の学習で，設問に対応するまとめをしているかを見直す習慣をつけて克服しておこう。

【こう書くと失敗する②】

自分は一度も三鷹ロスゲレロスには関わったことがないという態を装って生活していたところ。(43字)

【なぜ失敗なのか】

――線6直前の内容をほぼ書き抜いて文末を整えた解答だ。この部分は解答として重要なところではあるが，この態度がなぜ「ヘタレ」なのかという説明には不足がある。自分がヘタレだと思うのはこの行動に表れる裏側心情が必要だ。つまり，なぜ無関心のふりをするのかというところだ。周囲に合わせる・バカにされないように保身をする気持ちがそういう行動にさせるのだし，それを「唾棄すべき態度」と思うのだ。この解答では，全体の雰囲気としては，この行動から何となく読み取れるが，解答としては，ここから何となく読み取ってほしいというものは不足感がある解答ということになってしまう。

三　2

「修」は，①行いを正しく整えること，例えば身を修めるのように使う。②学問・技芸を身につけるが，今回の2の意味だ。

「収める」は①「さいふに収める」のように，中に入れる・しまう・記録す場合の表記だ。他に②「勝利を収める」自分のものにする・結果を得るという場合，例えば勝利を収めるのような使い方だ。また，③静める・元の安定した状態にする。例としては，地震が収まるのような場合だ。

①あるべきところに入れる。…箱に納める。②渡すべき金や物を払う・渡す。…税金を納める。③終わりにする。…仕事納め。④任務に就任する。…社長のイスに納まるのような場合は「納」表記だ。①統治する。…国を治める。②苦痛が去る。…咳が治まる。③静める・混乱した状態を元に戻す。…腹の虫が治まらないのような場合は「治」表記である。

2023年度 慶應義塾普通部 合否を分けた問題 国語

一　問五

【こう書くと失敗する】

有名人である夫が第一で，夫のことしか眼中にない様子。

【なぜ失敗なのか】

着目点は，こういうことである。しかし，設問は，「娘に関心が薄い」ということを「具体的に」だ。この観点から失敗答案を見ると，「娘に関心が薄い」ということについては，遠回しに言っているだけでしっかり対応していない。また「具体的に」という点については，ほとんど具体性がないということから失敗解答ということになる。

【どのように考えるか】

「娘に」というのだから，母が登場しなければならない。しかし，実際に登場する場面だけとは限らない。水輝と七星の会話中の登場ということもあるからだ。どちらを優先して探すかということになるが，これは実際に登場する場面を優先するべきである。会話中の登場ということは，その発言者の印象や感想が含まれている場合が多いからだ。したがって，会話中から探すのなら，実際の母親の発言や行動をそのまま引用した箇所ということになる。この物語の場合，姿は現さないが，実際の登場場面が一箇所ある。そして，その「姿を現さないこと」自体が，娘に関心が薄いと言える行為ということになる。参考解答では「家にいる娘の様子」としたが，問一の選択肢オによると「けがによる入院生活」とあるので，「退院後の娘」とすれば，なおさら「関心の薄さ」が表現できるだろう。ただし，本文中では，ノートがとれない状態の手ということしかわからないので，そこまでを求められているとは思えない。

2022年度 慶應義塾普通部 合否を分けた問題 国語

一　問七

【こう書くとややズレた解答になる】

［間宮さんたちの前で］三崎さんと関わらないようにした（15字）

［間宮さんたちの前で］三崎さんを無視する態度をした（14字）

【どこがズレた印象になるのか】

確かに，間宮さんたちは「関わらない方がいい」と言っているので，方向性としては正しい。だから，三崎さんが，そのまま一人で本を読んでいるなら「関わらないでいる」ことは可能だ。しかし，三崎さんの方から話しかけて来られた状況である。少なくとも返却の方法を伝えているのだから，「関わりない」や「無視」はこの場の説明として不適切な部分がでる。最低限の返事の中に「三崎さんとは関わりを持っていない」ということを間宮さんたちに見せつける態度が，この場での「正しい選択」ということになる。今の三崎さんに一番つらいのは，自分に無関心であることを示されることだ。文中で利用できる言葉は使用したほうが書きやすい場合が多いが，時として，そのまま使うとかえって状況に反する内容になってしまうこともあるのでしっかり考えた言葉づかいをしよう。

二　問五

設問の条件は「これより前の文章を」であるが，――線5の後部分を読み取りとして参考にしてはいけないということではない。後部分には「まず，『なりゆく』私は必ず，それまでとはちがった場所にむすびつくことによって，『なりゆく』のだ」とある。使ってはいけないのは，この「ちがった場所にむすびつく」という言葉であって，考え方としては利用できるものである。この言葉の内容を「前部分」から考えるなら，「～道をはずれて，町をはずれて，～越えて」のか所から「未知の場所」との出合いのように書くことができる。「関係」を作り替えるという内容は，――線5直前なので解答に入れることは思いつくが，後部分の内容を参考にすれば，そのか所だけでは不足だと気づける。

MEMO

大切なことはメモしておこうネ！

2024年度

★★★★★★★★★★★★★★★★★★★★★★★★

入　試　問　題

2024年度

慶應義塾普通部入試問題

【算　数】（40分）　＜満点：100点＞

1. □にあてはまる数を求めなさい。

① $\left(75.4\div29-\frac{13}{8}\right)\times12=\square$

② $0.875\div\left(2+\frac{3}{4}-\square\right)\times\frac{10}{21}=\frac{1}{5}$

2. 右の図のような長方形ABCDがあり，辺ADを３等分した点をE，Fとし，辺BCを４等分した点をG，H，Iとします。ア：イ：ウを最も簡単な整数の比で求めなさい。

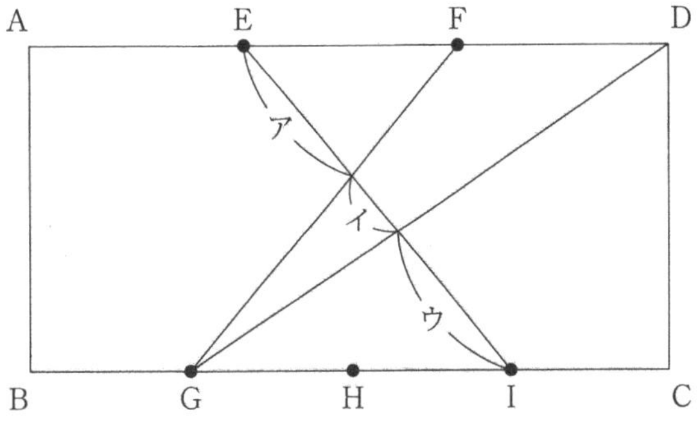

3. A，B，Cの３人がそれぞれお金を持っています。AとBのはじめの所持金の比は１：３で，CがBに100円を渡したところ，BとCの所持金の比は20：９になりました。A，B，Cの所持金の合計が680円であるとき，Cのはじめの所持金はいくらですか。

4. 右の図のような台形ABCDがあります。点P，Qが頂点Aから同時に出発して，台形ABCDの辺上を，B，Cを通りDまで動きます。Pは毎秒３cm，Qは毎秒１cmで動くとき，P，Qを結んだ直線が台形ABCDの面積をはじめて２等分するのは，P，Qが出発してから何秒後ですか。

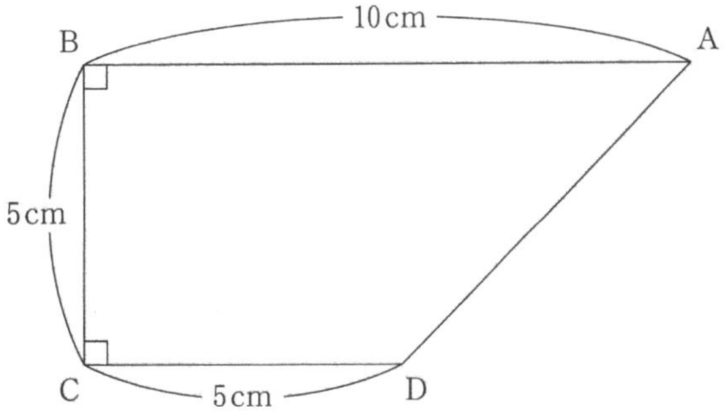

5. ４けたの整数があります。千の位の数は百の位の数と異なり，百の位の数は十の位の数以下で，十の位の数と一の位の数の和は10です。このような４けたの整数は何個ありますか。

6. AとBが学校を同時に出発して公園へ行きました。Aは一定の速さで歩きましたが，Bは道のりの途中までAの速さの80％の速さで歩き，残りはBがそれまで歩いた速さの$1\frac{1}{3}$倍の速さで走りました。

① Bが道のりの半分から走り始めました。Aが公園に着いたとき，Bは公園まであと125mのところにいました。学校から公園までの道のりは何mですか。

② BがAと同時に公園に着くには，Bが学校を出て何m歩いたところから走り始めればいいですか。

7.

① 2から5までの4個の整数のいずれでもわり切れる整数の中で，最小の整数は60です。では，2から9までの8個の整数のいずれでもわり切れる整数の中で，最小の整数はいくつですか。

② 2から5までの4個の整数のうちちょうど3個の整数でわり切れる整数の中で，最小の整数は12です。では，2から9までの8個の整数のうちちょうど6個の整数でわり切れる整数の中で，2番目に小さい整数はいくつですか。

8. 右の図のような，底面が直角三角形，側面が長方形である三角柱ABC－DEFを，点P，Q，Rを通る平面で切りました。この平面と辺CFの交わる点をSとするとき，CSの長さを求めなさい。

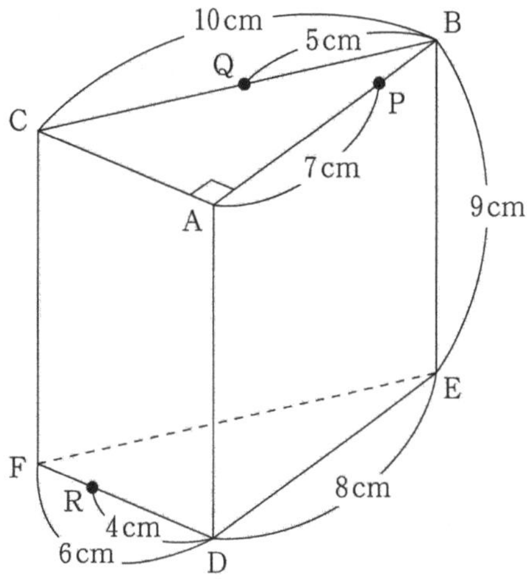

9. 下の図のような四角形ABCDで，頂点Dを通り辺ABに平行な直線と辺BCとの交点をEとします。点FはAEとBDの交点です。AB＝AD＝AE＝BF＝CDであるとき，(あ)，(い)の角度をそれぞれ求めなさい。

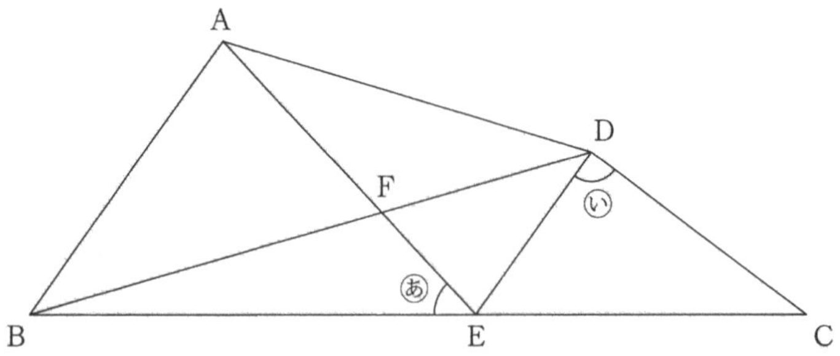

【理　科】（30分）　＜満点：100点＞

【注意】 □□□の中には一文字ずつ書き，あまらせてもかまいません。

問１　工作で発泡《はっぽう》ポリスチレンのうすい板を切るとき，ハサミを使うと細かい発泡ポリスチレンの粉が刃《は》に付き，切断面はザラザラになります。発泡ポリスチレンカッターを使うと，細かい粉がカッターに付かず，切断面はなめらかになります。これは，発泡ポリスチレンカッターの電熱線が乾《かん》電池やコンセントからの電気を熱に変えて発泡ポリスチレンを融《と》かしながら切るからです。

発泡ポリスチレンカッターに使われているのと同じ材質の電熱線を使って，次の実験１，２を行いました。

〔実験１〕

同じ長さの電熱線①（直径0.2mm）と電熱線②（直径0.4mm）が何本かあります。電熱線，新しい乾電池，電流計，スイッチ，保温容器，くみ置いた水を使って作った図１の回路を簡略化して表すと，図２のようになります。図２～６のような回路を作り，電熱線のいくつかを保温容器に入れ，くみ置いた同じ量の水を加えました。回路に電流を流し，電流計でＡ～Ｋ点に流れる電流の大きさを測り，表１にまとめました。また，10分間電流を流したあと，電熱線を取り出してからよくかき混ぜて水温を測り，上昇《じょうしょう》した温度を次のページの表２にまとめました。

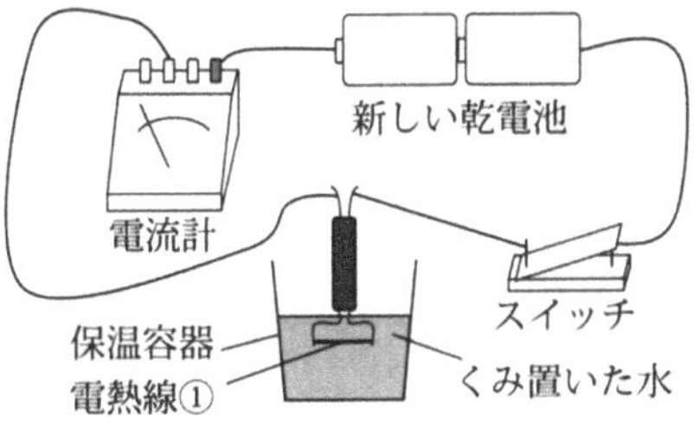

図１

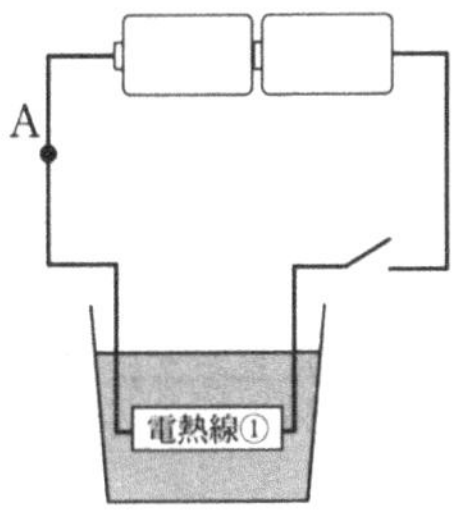

図２

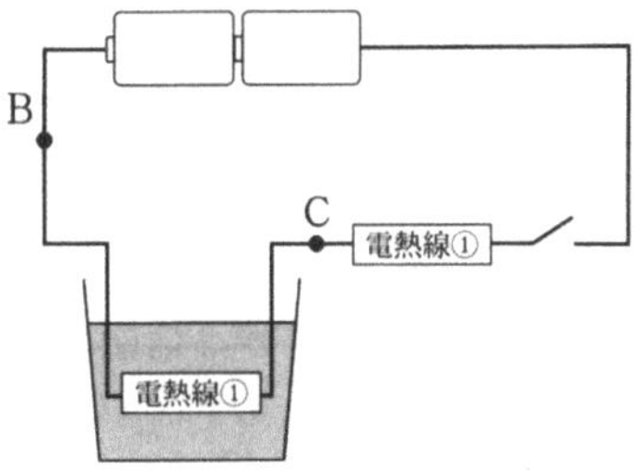

図３

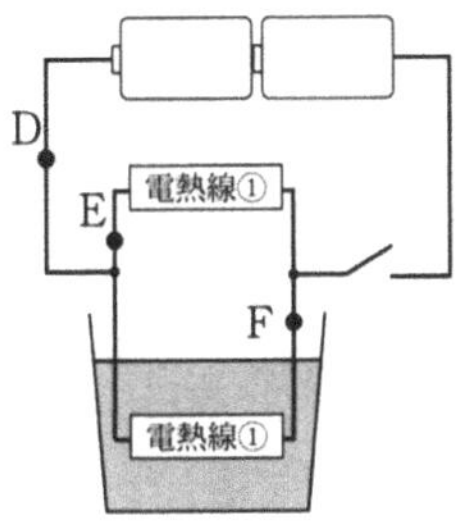

図４

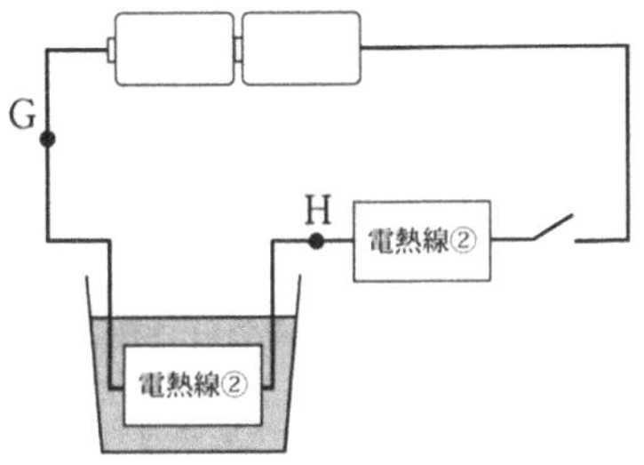

図５

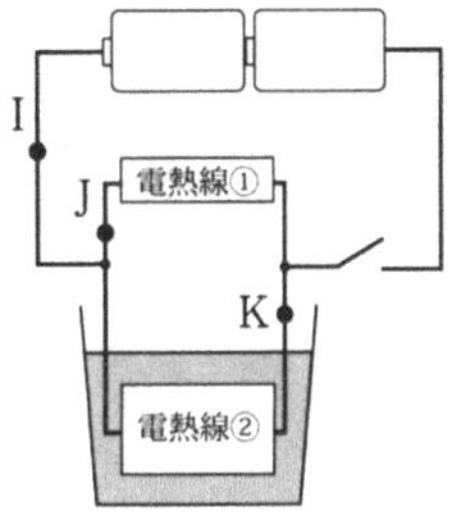

図６

表１

図	2	3		4			5		6		
点	A	B	C	D	E	F	G	H	I	J	K
電流［mA］	300	150	150	600	300	300	600	600	1500	300	1200

表2

図	2	3	4	5	6
電熱線	①	①	①	②	②
上昇した温度［℃］	1.2	0.6	1.2	2.4	X

〔実験2〕

同じ厚さの発泡ポリスチレンの板を机の上に置きました。水から出した図2～6の電熱線を，同じ力で5秒間その板にあてました。5秒間で切れた長さを測り，表3にまとめました。

表3

図	2	3	4	5	6
電熱線	①	①	①	②	②
切れた長さ［cm］	12	6	12	12	24

1．発泡ポリスチレンカッターのように，電気を熱に変えて利用しているものを次の（ア）～（オ）から2つ選び，記号で答えなさい。

（ア）電子レンジ　（イ）扇風機《せんぷうき》　（ウ）ドライヤー　（エ）白熱電球　（オ）LED電球

2．図4のD点を流れる電流の大きさを測ります。このときに使う電流計の端子《たんし》を次の（カ）～（ク）から1つ選び，記号で答えなさい。

（カ）50mA　（キ）500mA　（ク）5A

3．電熱線の長さが2倍になると，電流の大きさは何倍になりますか。

4．電熱線の直径が2倍になると，電流の大きさは何倍になりますか。

5．表2のXにあてはまる数値を答えなさい。

6．表1～3の図4と図5の数値を比べると，電流の大きさが2倍になって上昇した温度も2倍になっているのに，切れた長さは変わりません。発泡ポリスチレンの板を切る電熱線のようす（図7）を参考に，理由を説明しなさい。

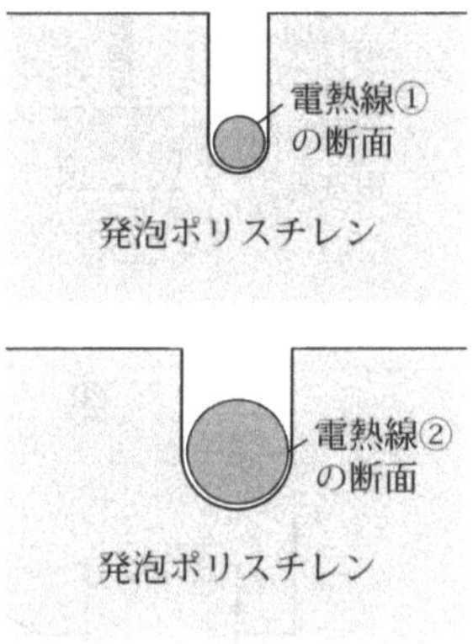

図7

問2　横浜の学校に通う慶太くんは，図1のような朝礼台のマイクが作る影《かげ》の長さや向きが，日付や時刻によって変わっていくことに気づきました。そこで，よく晴れた3月21日，6月22日，9月23日，12月22日に，時刻を決めて真上から見た影のようすをスケッチしました。スケッチした時刻は午前6時30分，午前10時，正午，午後2時，午後5時30分でした。4つのスケッチは次のページの①～③のような3種類になりました。

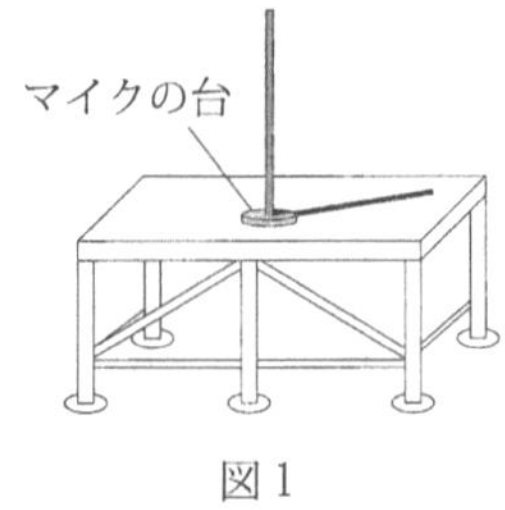

図1

①

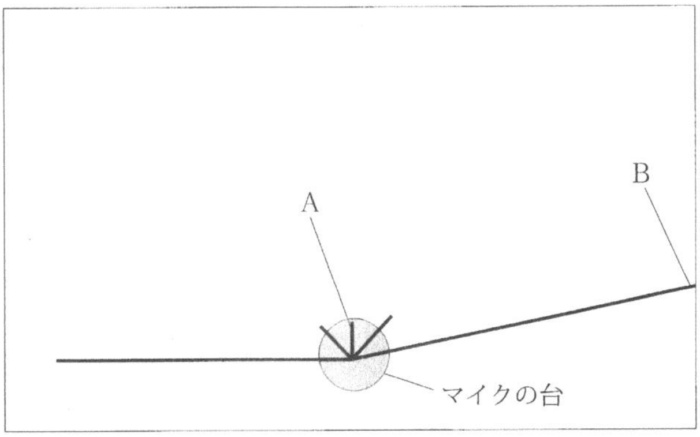

②

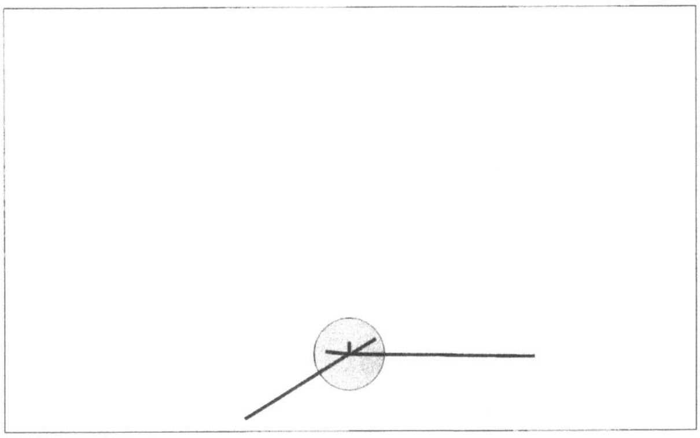

③

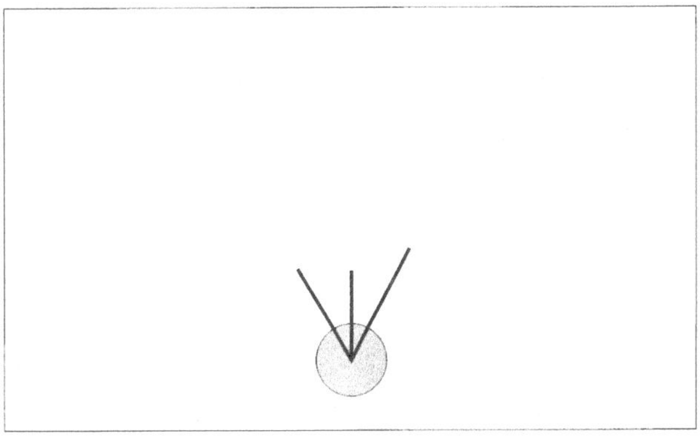

1．３月21日，６月22日，９月23日，12月22日のスケッチはどれですか。①～③からそれぞれ１つ選び，記号で答えなさい。

2．①のスケッチをした日，Aの先にできたマイクの影は，図２のようにマイクと同じ大きさでくっきりとしていました。Bの影は朝礼台の外の地面まで伸《の》びていました。Bの先にできたマイクの影のようすを次の（ア）～（エ）から１つ選び，記号で答えなさい。

（ア）ぼんやりとした大きな影ができていた。
（イ）くっきりとした大きな影ができていた。
（ウ）ぼんやりとした小さな影ができていた。
（エ）くっきりとした小さな影ができていた。

図２

3．図３のように朝礼台の上に方位磁針を置いたとき，針はどのようになりますか。次の（カ）～（コ）から１つ選び，記号で答えなさい。

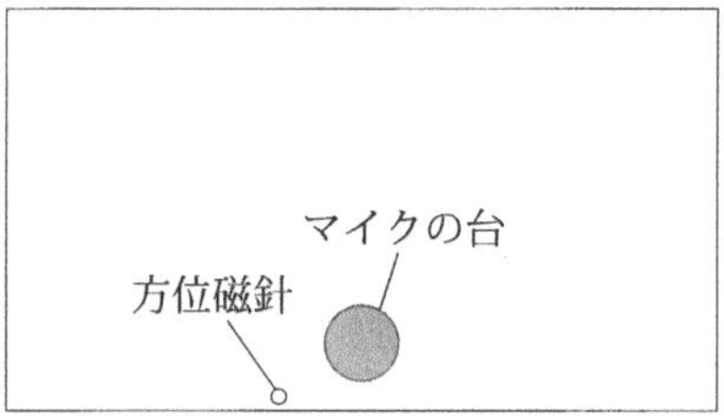

図３

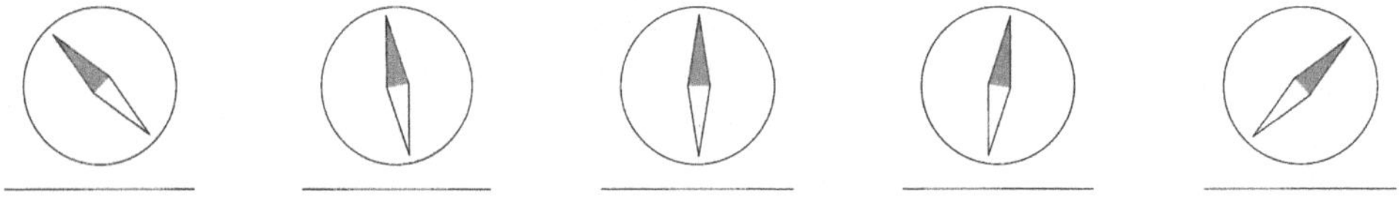
（カ）　（キ）　（ク）　（ケ）　（コ）

4．③のスケッチをした日，午前６時30分と午後５時30分には，どちらも太陽が出ていなかったため影ができませんでした。午前６時30分と午後５時30分の空の明るさを比べた文として正しいものを次の（サ）～（セ）から１つ選び，記号で答えなさい。

（サ）太陽が出ていないのでどちらも真っ暗だった。

（シ）午前６時30分は午後５時30分より明るかった。

（ス）午前６時30分は午後５時30分より暗かった。

（セ）どちらの空も同じくらい明るかった。

問３　キャンプに行き，たき火でカレーを作りました。カレーを作る①なべに火が集中するように薪《まき》を組み合わせて，②マッチと新聞紙を使って火をつけました。③カレーの具は豚《ぶた》肉，ニンジン，ジャガイモ，タマネギでした。調理を始めてしばらくすると④なべの外側が黒くなっていました。

カレーを作りながら，炭火の上に網《あみ》を置いて，肉や野菜を焼きました。しばらくすると⑤炭の表面が白くなっていました。食事が終わったあと，⑥たき火と炭火を消しました。

1．たき火をするときに火がつきやすい木はどれですか。次の（ア）～（オ）から１つ選び，記号で答えなさい。

（ア）サクラ　（イ）ケヤキ　（ウ）イチョウ　（エ）スギ　（オ）ナナカマド

2．下線部①について，どのように薪を組み合わせればよいですか。次の（カ）～（コ）から１つ選び，記号で答えなさい。

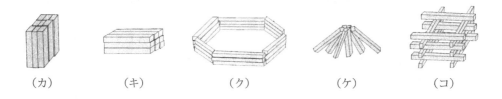

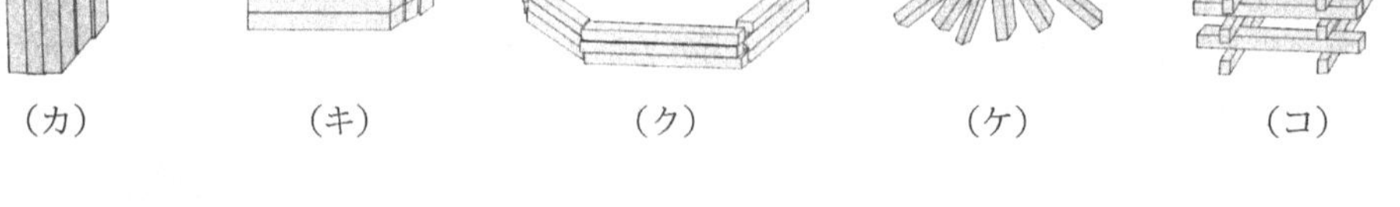
（カ）　（キ）　（ク）　（ケ）　（コ）

3．下線部②について，マッチの火が最も長持ちするのはどのように持ったときですか。次のページの（サ）～（ス）から１つ選び，記号で答えなさい。

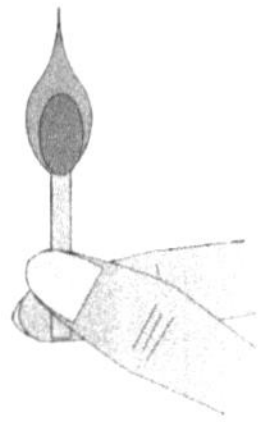
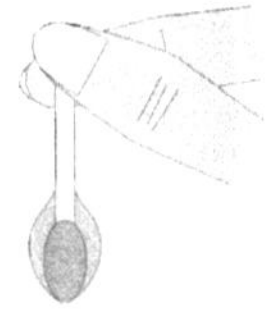
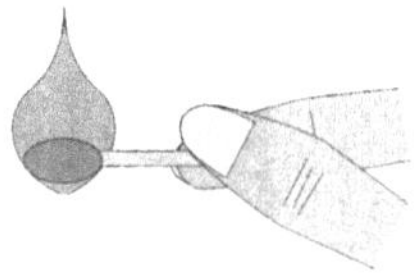

（サ）　　　（シ）　　　（ス）

4．下線部③について，タマネギの切り方としてふさわしいものを次の（タ）～（テ）から2つ選び，記号で答えなさい。

（タ）いちょう切り　（チ）くし切り　（ツ）たんざく切り　（テ）みじん切り

5．下線部③について，一般《いっぱん》的には豚肉，タマネギ，ニンジン，ジャガイモの順にいためます。ジャガイモを最後に入れる理由を答えなさい。

6．下線部④について，これと同じ理由で黒くなるものを次の（ナ）～（ネ）から1つ選び，記号で答えなさい。

（ナ）米をなべで炊《た》いたら，底の方の米が黒くなった。

（ニ）カレーを作りながら汗《あせ》をぬぐうと手が黒くなった。

（ヌ）炭火の上に置いた網に切ったニンジンを置いたら，黒くなった。

（ネ）アルミホイルに包んで炭の中に入れたサツマイモが黒くなった。

7．下線部⑤について，この白いものは何か答えなさい。

8．下線部⑥について，火を消すのに効果がないものはどれですか。次の（ハ）～（ホ）からすべて選び，記号で答えなさい。

（ハ）たき火に水をかける。

（ヒ）たき火に土をかける。

（フ）うちわで風を強く送る。

（ヘ）たき火に新聞紙をかぶせる。

（ホ）薪をバラバラにして土の上に置く。

問4　最近，普通部の体育館裏の林では，10年前には見られなかったカブトムシの幼虫やシロアリが見られるようになりました。

1．カブトムシもシロアリも昆虫《こんちゅう》ですが，成長過程に大きなちがいがあります。シロアリと同じような成長過程のものを次の（ア）～（オ）からすべて選び，記号で答えなさい。

（ア）アゲハチョウ　（イ）イエバエ　（ウ）ウスバキトンボ

（エ）エンマコオロギ　（オ）オオカマキリ

2．カブトムシの成虫は（　①　）を食べるため，口は（　②　）のような形をしています。幼虫は（　③　）を食べます。①～③にあてはまる言葉を答え，幼虫の口の図を描《か》きなさい。

3．普通部周辺では，夏にカブトムシの成虫の頭だけ落ちているのがよく見つかります。なぜ頭だけが落ちているのか，その理由を答えなさい。

4．シロアリは人間にとって害虫とされています。どんな害があるか説明しなさい。

5．シロアリはアリの仲間ではありませんが，アリと同じように役割を分担し，集団で生活しています。また役割によってA～Cのような体の形をしています。A～Cそれぞれの役割を説明しなさい。

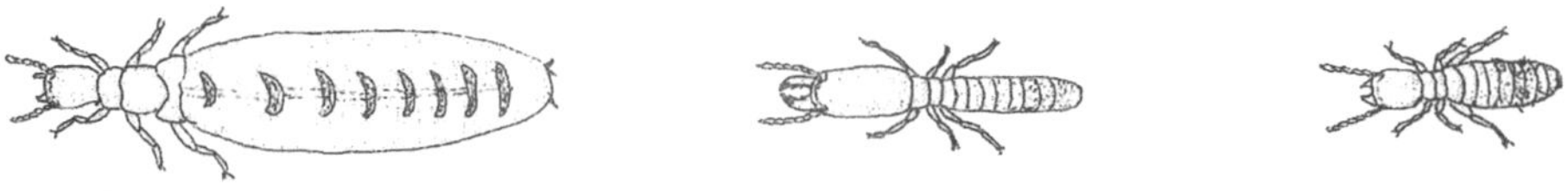

A　　　　B　　　　C

6．紙に油性ボールペン，水圧ボールペン，鉛《えん》筆で黒い線を引きました。線を引いてすぐ，その紙の上にシロアリを放すと，油性ボールペンの線の上だけをなぞるように進みました。このことに近いものを次の（カ）～（コ）から1つ選び，記号で答えなさい。

（カ）トンボがカを食べる。

（キ）コクワガタが冬眠《とうみん》する。

（ク）ミツバチが花に向かって飛ぶ。

（ケ）夜，明かりにガが寄ってくる。

（コ）カイコのオスがメスに寄ってくる。

7．最近，カブトムシの幼虫やシロアリが見られるようになったのは，体育館裏の林の環境《かんきょう》が変化したからです。どのように変化したのか説明しなさい。

【社　会】（30分）　＜満点：100点＞

1） 次の文を読んで，あとの問いに答えなさい。

昨年５月のＧ７サミットで岸田首相は，「国際社会で存在感を高めている（　**あ**　）との連携《けい》をめざす」と発言しました。（　**あ**　）には貧困問題をかかえる新興国や開発途《と》上国が多く含《ふく》まれていますが，必ずしも南半球にある国だけを指すことはではありません。

世界銀行によると，貧困とは，１人当たり１日2.15ドル未満の金額で生活せざるをえない状態とされています。とくに子ども（０～17歳）の貧困の問題は深刻です。世界中の子どもたちの命と健康を守るために活動している国際連合の専門機関である（　**い**　）の調査では，2022年現在，世界で約（　**A**　）人の子どもが「極度の貧困」の状態にあります。子どもは世界人口の約（　**B**　）であり，６人に１人が「極度の貧困」ということになります。

貧困問題を解決するためには，食料などの援《えん》助だけではなく，人々の自立をうながしていくことも必要です。途上国でつくられた農産物や製品について，その労働に見合う適正・公正な価格で貿易を行い，継《けい》続的に購《こう》入することで，途上国の人々の生活を支える（　**う**　）という取り組みも，その一例です。代表的な商品としては，（　**え**　）やチョコレートなどがあり，その原料である（　**え**　）豆や（　**お**　）は，ほとんどが途上国で生産されています。これらの商品に認証をあたえ，特別なマークをつける取り組みも広がっています。

１．（**あ**）～（**お**）に当てはまることばを，それぞれカタカナで書きなさい。

２．（**A**）に当てはまる最もふさわしい数字を，次の**ア**～**エ**から選んで記号で答えなさい。

ア．3300万　　**イ**．１億3000万　　**ウ**．３億3000万　　**エ**．13億

３．（**B**）に当てはまる最もふさわしい数字を，次の**ア**～**エ**から選んで記号で答えなさい。

ア．２分の１　　**イ**．４分の１　　**ウ**．７分の１　　**エ**．10分の１

2） 次の文を読んで，あとの問いに答えなさい。

国土地理院が作成・発行している25000分の１地形図やインターネット上で見ることができる①地理院地図に，2019年から新たに②自然災害伝承碑《ひ》が記載《さい》されるようになりました。自然災害伝承碑とは，過去に発生した自然災害を記録したもので，その災害を後世に教訓《くん》として伝えるため，各地に建てられています。「平成30年７月豪《ごう》雨」の被《ひ》災地のなかに，明治時代の災害を記録した石碑が残されていた場所がありました。それにもかかわらず，碑文の内容が教訓として生かされていなかったことが指摘《てき》され，③新たな地図記号として地形図に記載されることになりました。

自然災害が多発する日本では，大きな被害を出した過去の自然災害一つ一つを教訓として，防災対策も日々改良されています。例えば，［　**A**　］に対する防災対策は，2011年に発生した「東日本大震《しん》災」を転機として，大きく変わりました。かつては巨大な堤《てい》防の建設など，災害から建物や集落自体を守ることを中心としてきましたが，震災以降は，避《ひ》難誘《ゆう》導標識の設置や緊《きん》急時に避難できる建物の新設など，災害から［　　　　**B**　　　　］ことを優先する対策に変わってきています。

１．次のページの地図は下線部①の一部です。地図から読み取れる内容として正しいものを，次の**ア**～**エ**から選んで記号で答えなさい。

ア．木曽川右岸に広がる水田のほとんどは，休耕田である。

イ．名鉄尾《び》西線の奥《おく》町駅の北側には学校，郵便局，寺社，博物館がある。

ウ．２か所ある発電所のうち，羽島市側にあるのは水力発電所である。

エ．北から南に流れている木曽川のほぼ中央部には，県境が引かれている。

2．下線部②の地図記号は，下の地図中にも示されています（◯で囲んだ所）。この場所で起こったどのような災害に対して建てられたものか，漢字２字で書きなさい。

（地理院地図より作成　一部編集）

3．下線部③のようなことが行われる一方で，記載されなくなる地図記号もあります。最新の25000分の１地形図には記載されていない地図記号を，下の**ア**～**カ**から２つ記号で選び，それぞれが何を表すか，名前を書きなさい。

ア　**イ**　**ウ**　**エ**　**オ**　**カ**

4．［A］に当てはまることばを漢字２字で，［B］に当てはまることばを５字以上10字以内で書きなさい。

3） 次のページの地図を見て，あとの問いに答えなさい。

1．**A**の海峡《きょう》名，**B**の半島名を漢字で書きなさい。

2．**A**の海峡で行われている漁業の説明として最もふさわしいものを，下の**ア**～**エ**から選んで記号で答えなさい。

ア．日本海流が東から流れ込《こ》んでおり，カツオやマグロの漁場となっている。

イ．千島海流が東から流れ込んでおり，サンマやタラバガニの漁場となっている。

ウ．対馬海流が西から流れ込んでおり，マグロの漁場となっている。

エ．リマン海流と日本海流がぶつかり，潮目となっており，暖流と寒流の両方の魚がよく獲《と》れる。

3．次の**あ**～**え**の文が説明している場所を，地図中の**ア**～**ス**からそれぞれ選んで記号で答えなさい。

あ．北前船の寄港地がある城下町として栄えた。新幹線の駅がある。

い．火山の大噴《ふん》火の後にできたカルデラ湖があり，近くには有珠《うす》山や昭和新山がある。

う．茶釜《がま》や鉄瓶《びん》の生産で知られている。近年，食文化や城下町の面影《おもかげ》を残す町並みが海外からも注目されている。

え．アイヌ語の地名から町の名前が付けられた。堀込《ほりこみ》港があり，周辺には多くの工場が立ち並ぶ。

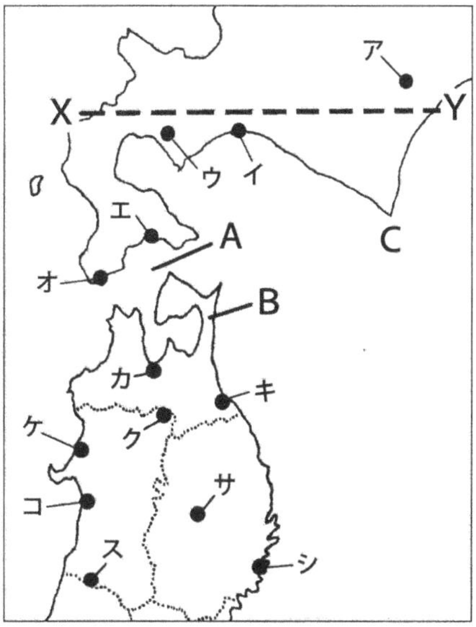

4．**C**の岬《みさき》付近は昆《こん》布の産地です。明治時代以降，徐《じょ》々に昆布が採れなくなってしまいましたが，約50年前からあることを行いはじめ，現在では昆布が育つ豊かな海が復活しています。豊かな海を復活させるために行ったことを説明しなさい。

5．下のグラフは地図に示されている４つの道県について，耕地の種類別の割合を表したものです。**ア**～**エ**の道県名を漢字で書きなさい。

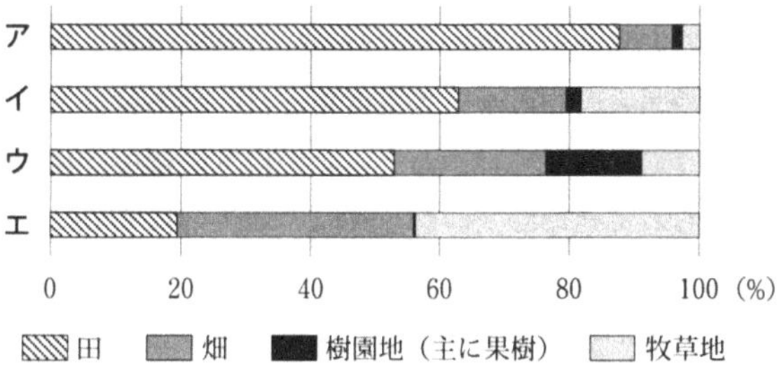

（「データでみる県勢2023」による）

6．**X---Y**間の断面として正しいものを，あとの**ア**～**エ**から選んで記号で答えなさい。

ア

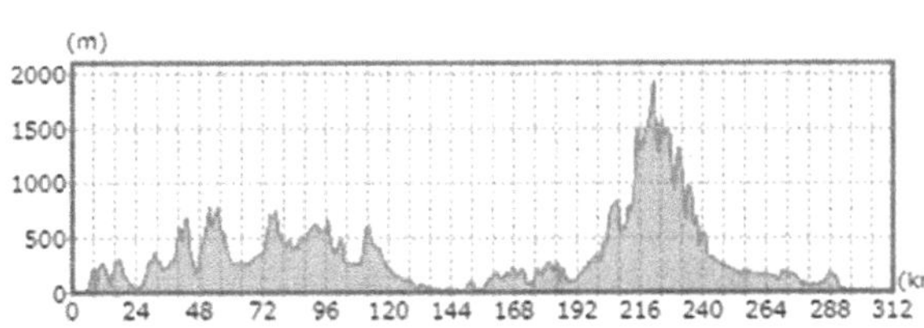

イ

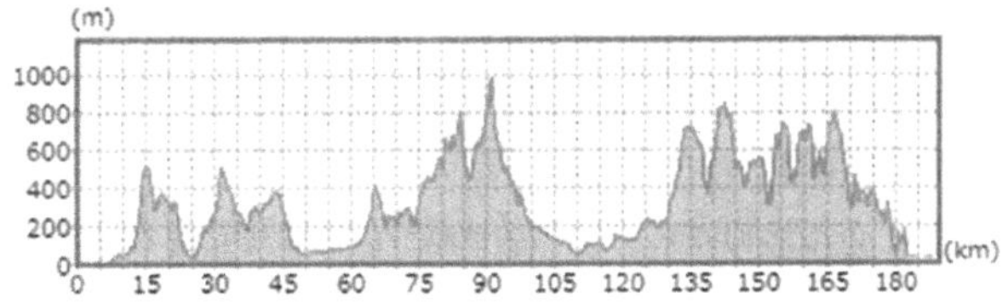

ウ

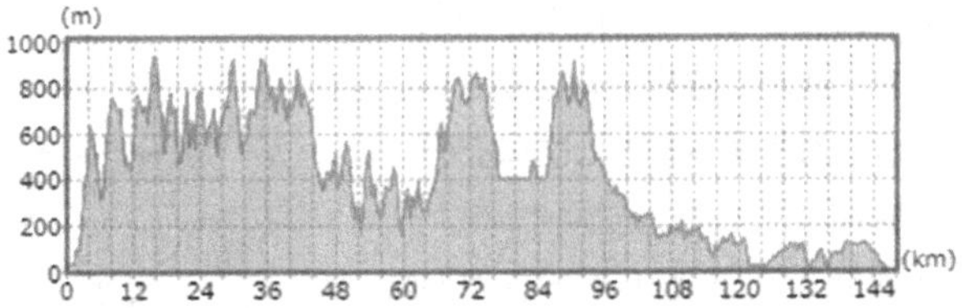

エ

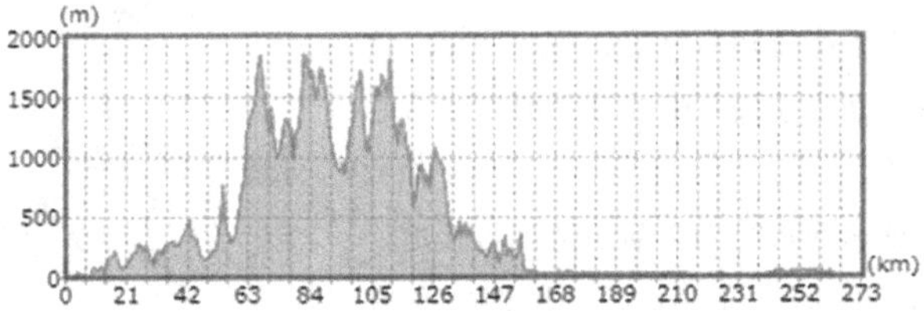

（地理院地図より作成）

4） 次の文を読んで，あとの問いに答えなさい。

あ．この作物は，今ではその実を粉にして水で練ったものを細く切り，味のついた汁《しる》といっしょに食べることが一般《ぱん》的です。江戸時代にはこれが手軽に町の屋台で食べられるので人気を得ました。聖武天皇の前の天皇が出した命令には，すでにこの作物の名が出てきます。

い．この作物は，日本ではファストフードやお菓《か》子の原料としてもおなじみです。東日本で最初の武家政権の時代に二毛作が始まると，裏作でこれを作ることが多くなり，さらに石臼《うす》が普及《きゅう》したことで，その粉が天ぷらやまんじゅうなどさまざまな食べ物の材料として広がりました。

う．この作物は，世界の国々の生産量で比べると，今の日本の順位は10位よりも下ですが，日本では長い間主食として食べられてきました。登呂遺跡《せき》の時代にはすでにその栽培《さいばい》が盛《さか》んで，遺跡からは関連するさまざまなものが見つかっています。

え．この作物は，おもに食用油の原料となりますが，日本ではしぼり汁を固めた食べ物や，発酵《こう》食品の原料として親しまれています。「畑の牛肉」とも呼ばれ，栄養が豊富です。三内丸山遺跡の時代にはもう日本で利用されていた可能性があります。

お．この作物は，今の日本では砂糖とともに煮《に》て餅《もち》を入れて食べたり，お祝いの時の食べ物に用いたりと親しまれています。和菓子の原料としても欠かせません。第一次世界大戦が始まると，日本からヨーロッパへ大量に輸出されました。

か．この作物は，今の日本では食用よりもそれ以外の用途の方が多くなっています。江戸時代の日本では「ナンバンキビ」などと呼ばれていました。廃藩置県後，北海道で政府による開拓《たく》が本格的に進むと，そこで盛んに栽培されるようになりました。

1．**あ・い・え・お**のこの作物は何か，それぞれひらがなで書きなさい。

2．**あ**～**か**の　　部を年代の古いものから順に並べ，2番目，5番目に当たるものをそれぞれ記号で答えなさい。

3．**あ**の　　部は何時代に政治を行ったか，時代名を漢字で書きなさい。

4．**い**の　　部に起きたことをあとの**ア**～**オ**から選んで記号で答えなさい。

ア．厳島神社を保護した人々がそこに美しい経《きょう》典をつくって納めた。

イ．行基が各地を回って仏教の教えを説き，橋を架《か》けるなどの社会事業を行った。

ウ．苦労の末に来日した高僧《そう》により，日本でも僧や信者を正式に認めることが始まった。

エ．今では国宝として知られる金剛《ごう》力士像が運慶・快慶らによってつくられた。

オ．明との貿易に力を入れた政治家が京都の北山に豪華《か》な建築物をつくった。

5．うの文について，　　部以降この作物に関連して，それまでの時代に見られなかったものが現れるようになります。そのうち登呂遺跡で発見されたものを，道具以外で2つ書きなさい。

6．えの　　部の遺跡といくつかの遺跡は，まとめて一つの世界文化遺産として登録されています。この遺跡群が広がる範囲で，これとは別の世界文化遺産がある都道府県名を一つ書きなさい。

7．おとかの　　部と年代が最も近いものを，次のア～ケからそれぞれ選んで記号で答えなさい。

ア．日米修好通商条約が結ばれた。　　イ．板垣退助らによって自由民権運動が始まった。

ウ．西南戦争が起きた。　　エ．ロシアに対抗《こう》するため，日英同盟が結ばれた。

オ．関東大震災が起きた。　　カ．ノルマントン号事件が起きた。

キ．日本が国際連合に加盟した。　　ク．治安維《い》持法が定められた。

ケ．米騒《そう》動が起きた。

5）次の文を読んで，あとの問いに答えなさい。

福澤諭吉は，外国に行った経験を多くの著書に書き残しています。文久二（1862）年，幕府の使節団の一員として［ A ］を視察し，（ あ ）の存在を知りました。『福翁《おう》自伝』には，「（ あ ）には“保守”と“自由”というものがあって，双《そう》方負けず劣《おと》らずしのぎを削《けず》って争うているという。太平無事の天下に政治上のけんかをしているという。サア分からない。」とか，「あの人とこの人とは敵だなんというて，同じテーブルで酒を飲んで飯を食っている。少しも分からない。」とあり，（ い ）もない幕末の世，分かるようになるには骨が折れ，五日も十日もかかってやっと胸に落ちたと福澤は書いています。

『条約十一国記』では，［ B ］の首都を「奇麗《きれい》なること世界第一の都」と評しています。そこには，幅《はば》の広い道路が放射状に伸《の》びて，家並みが整然とそろい，公園に緑がいっぱいある景観が広がっていました。『西航記』では，この国での新しい経験について触《ふ》れています。例えば，昨日起きたことが今日掲《けい》載されるという（ う ）の報道の早さです。他にも，「今此《この》鉄路の外《ほか》，別に堀割を造りて紅《こう》海と（ え ）海とを相通《あいつう》ぜんことを企《くわだ》て」，完成にはなお五，六年かかるであろうと，「堀割」が建設中であることを書いています。さらに福澤は，行政や外交を担当する「（ お ）」とは別に，選ばれた代表者で構成されている（ い ）の存在も知りました。（ う ）も鉄道も堀割も，「（ お ）」ではなく「民間」という別の仕組みによって運営されていることも書いています。

また，『条約十一国記』では，「［ C ］には国王なく，輪番持《もち》の政事なり。其《その》頭取を大統領といふ。国中《こくちゅう》の人，入札《いれふだ》にてこれを撰《えら》び，四年の間大統領の職を勤《つとむ》れば，また入札にて其交代の人を撰ぶ。」と書きました。福澤が最初にこの国に行った際に，ワシントンの子孫について尋《たず》ねた話はよく知られています。

1．［ A ］～［ C ］に当てはまる国名を書きなさい。

2．（あ）～（お）に当てはまることばを漢字で書きなさい。

3．　　部は，現在でいうと何のことか，漢字で書きなさい。

6） 次の文を読んで，あとの問いに答えなさい。

「もう　いくつ寝《ね》ると……」で始まる『①お正月』は，『荒《こう》城の月』や『花』などが代表作である（　**あ**　）によって作曲された童謡《よう》です。この歌の歌詞には，「凧《たこ》あげ」や「独楽《こま》回し」など，昔ながらの遊びが多く登場します。

凧あげは，②中国において戦の際の連絡手段として使用されていたものが日本に伝わり，江戸時代になると身分を問わず人気の遊びになったといわれます。凧あげがお正月の風物詩となったのは，一説には，凧が（　**い**　）の行列に誤って入ってしまうことがあったため，幕府は（　**い**　）が少ないお正月に限って凧あげを許可するようになったからだといわれています。

独楽は，儀《ぎ》式や貴族の遊びとして用いられていたものが，しだいに子どもの遊びへと変化していきました。朝廷《てい》が二つに分裂《れつ》していた動乱の時代を描《えが》いた『③太平記』には，「コマ廻シテ遊《あそび》ケル童《わらわ》」との記述があります。

『お正月』の歌に登場するもの以外でも，多くの昔ながらの遊びがあります。かるたは，1543年に（　**う**　）に漂《ひょう》着した④ポルトガル人が鉄砲《ぽう》を伝えたのち，日本に広まったと考えられています。これが日本古来の「合わせ遊び」と結びつき，今日の遊び方になったといわれています。

1．（**あ**）～（**う**）に当てはまることばをそれぞれ書きなさい。

2．下線部①の時期に関係のあることがらを，次の**ア**～**オ**からすべて選んで記号で答えなさい。

ア．お彼岸《ひがん》　　**イ**．鏡開き　　**ウ**．衣替《が》え　　**エ**．針供養《くよう》　　**オ**．松の内

3．次の**ア**～**オ**の史料のうち，この国が下線部②・④を指しているものを，それぞれ選んで記号で答えなさい。史料は一部語句を分かりやすく改め，内容を要約してあります。

ア．この国の船が先年長崎において乱暴をはたらき，近年は各地に乗り寄せて燃料の薪《まき》や水を求めるなど，勝手気ままな振《ふ》る舞《ま》いが続いている。ためらわず打ち払《はら》え。

イ．この国の政府は，日本が韓国において政治・軍事・経済上の圧倒《とう》的な指導・監督《かんとく》権をもつことを認める。長春・旅順間の鉄道に関する一切の権利を日本にゆずりわたす。

ウ．キリシタンらが集団で島原･天草一揆《き》のような良からぬことを企てるなら，直ちに処罰《ばつ》する。信者が隠《かく》れている所に物資を送っているなどの理由から，今後この国の船の来航は禁止する。

エ．日本とこの国とは，両国人民が永久に変わることのない和親を結ぶ。より有利な条件を他国に認める場合，この国にも自動的にそれが認められる。

オ．その一族は，「平家でなければ人ではない」とされるほど栄えていた。屋敷《しき》には華《はな》やかな服装の人々が大勢いで，この国から輸入した，めったに手に入らない宝物が集まっている。

4．下線部③には何世紀のできごとが描かれているか，算用数字で書きなさい。

という人間の欲望により広まった。

イ　不透明な窓を見てそこに住む人のことを想像していると、こちらも向こうから見られているような気持ちになる。

ウ　窓に代表される建築様式の差が、日本人と西洋人との気質の違いを生み出した。

エ　多くの人に東京の不透明な窓を眺めてもらい、そのひそやかな美しさや意義に気づいてほしい。

オ　窓を外側から見つめるときは、内側からも見つめ返されていることを忘れてはならない。

カ　明かり障子が発明されたことで、のちに日本の窓が人と社会を繋ぐ役割を果たすようになった。

三　次の傍《ぼう》線部を漢字に直しなさい。

1　飛行機のソウジュウ席を見学する。

2　大学でフランス語をオサめる。

3　心からシャザイする。

4　愛情がメバえる。

5　サンマのホウリョウを願う。

6　地図と方位ジシンで進む道を確認する。

7　ズツウがおさまった。

8　ソッセンして掃除《そうじ》をする。

9　シンゼン大使に選ばれた。

10　勝利をイワった。

入り組んだ文化の＊注4レイヤーを持ち、建物がひしめき合う東京において、ある種のシンボルとも言える不透明な窓に私は人々の表情を見た。窓を見つめることは、見知らぬ誰かと見つめ合うことに等しいと感じた。

この静かな [B] の行き交いが、「東京」という街で生きる人々の肖像画になり得ることを、心から強く願っている。

（奥山由之『windows』より）

＊注1　トリミング…不要な部分を取り除いて整えること。
＊注2　慮る…周囲の状況《きょう》などをよく考えること。
＊注3　梁…柱をつなぐために水平にわたす材木。
＊注4　レイヤー…層、階層。
※出題の都合上、本文の一部を改稿《こう》しています。

問一　1気後れしつつも　とありますが、筆者が「気後れ」する理由を述べた次の文の空らんにあてはまる言葉を本文中から十字で探し、ぬき出しなさい。

日本人である筆者は、[　　　　]があることがあたりまえの環境に慣れているから。

問二　2結果的に内面をあらわにしているようにすら感じられた　とありますが、どのような意味ですか。最も適切なものを一つ選び、記号で答えなさい。

ア　はっきりとは見えないということが、かえってそこで暮らす人々の人物像を思い起こさせる。
イ　窓に映る他人の生活の模様が鏡となって、逆に自分の心の内側を意識させるようになる。
ウ　ガラスによって抽象化された生活品を通して、生活する誰もがメッセージを発信している。
エ　生活の様子を隠《かく》そうとすればするほど、むしろその実態がありありと示されるようになる。
オ　不透明なガラスに隔てられているからこそ、人々の生活の中身が誰の目にも明らかになる。

問三　3マテリアル　とありますが、この言葉の意味として最も適切なものを一つ選び、記号で答えなさい。

ア　距離　イ　発想　ウ　標本　エ　素材　オ　芸術

問四　[A] にあてはまる言葉として、最も適切なものを一つ選び、記号で答えなさい。

ア　比較　イ　分断　ウ　交換《かん》　エ　混同　オ　理解

問五　4西洋建築と日本建築は構造的に大きく異なっており　とありますが、それぞれの建築において、窓はどのような目的意識をもって作られたのですか。六十字以内で説明しなさい。

問六　5〝見知らぬ誰か〟の表情を想像できる余白を与えてくれる絵画　とありますが、筆者は本文中で、不透明なガラスから見える生活を何にたとえていますか。漢字三字でぬき出しなさい。

問七　[B] にあてはまる言葉として、最も適切なものを一つ選び、記号で答えなさい。

ア　想像　イ　感情　ウ　視線　エ　時間　オ　文化

問八　本文の内容に合っているものを二つ選び、記号で答えなさい。

ア　曇りガラスの窓は、風雨から身を守りつつ強烈《れつ》な外光を避けたい窓の起源にあったように思える。

それに対して、日本語の「窓（まど）」は「間所（まと）」が語源であると言われており、柱と柱の間に存在する〝場所〟のことを意味していた。建物は柱と梁で構成されていて、柱と柱の間は全て開口部だったため、日本の建築にはもともと壁というものが存在していない。平安時代には、そういった開かれた空間を〝閉じて〟仕切るための戸として、独立した移動可能な間仕切り「衝立障子《ついたてしょうじ》」や、柱と柱の間に収まる壁のような間仕切り「板障子」などが誕生した。そして鎌《かま》倉時代、武家独自の住宅様式である書院造りと共に編み出された「明かり障子」は、格《こう》子状の木枠に紙を貼った引き違《ちが》いの建具で、従来の障子とは異なり、外光を取り入れることを可能にした。さらに南蛮《ばん》貿易によって伝来したガラスの技術を用いて、江戸時代には大名や豪《ごう》商のあいだで「ガラス障子」が普及《ふきゅう》する。その後大正時代に入ると一般《ぱん》家庭でもガラスが使われるようになり、次《し》第に現代の「窓」へと変容を遂《と》げることになる。

つまり、元来日本における窓は、開け放たれた場所を〝閉じる〟ための戸をルーツとしていて、西洋建築の窓とは逆の目的意識を潜《せん》在的にもっていたのではないか、と私は考えている。

光のみを透過し、曖昧で柔《やわ》らかなシルエットを立ち上がらせる不透明なガラスが現代の東京に多く見られるのは、窓の原風景として「障子」が日本人の心に宿っているからではないだろうか。また窓の成り立ちとして、〝開ける〟を目的意識とする西洋建築と、〝閉じる〟意識を起源とする日本建築の違いが、現代の窓に影響を与《あた》えている可能性もあり得るだろう。日本においては「障子」すなわち「間戸（所）」が現代の窓の原型となっていることで、私たち日本人は潜在的に戸の〝閉じる〟性質を窓に求めているのかもしれない。

小説家でフランス文学者の堀江敏幸（一九六四－）は著書『戸惑《まど》う窓』で「窓とは本来、平面でありながら不可視の奥《おく》行きを現出する絵画のようなものではなかったか。」と述べている。透過と反射が共存する窓ガラスという被《ひ》写体は、ガラス面を中心として内と外にあるもの両方を映し出しているという点において、立体的な平面物だと言える。また、不透明なガラスを通してみる物の数々は、時間帯による光の反射や、見る距離感によって姿かたちを変えて、具象と抽象の間を行き交《か》い、揺《ゆ》らぎ、その色や模様から5〝見知らぬ誰か〟の表情を想像できる余白を与えてくれる絵画のような存在でもあるだろう。そういった意味でも、物理的には同じ窓であっても、内から見ている窓と外から見る窓は全く異なる窓だと言えるのではないだろうか。

通り過ぎる日常に溶《と》け込《こ》む不透明な「窓」という存在を、今こうして改めて見つめてみると、スクリーンに映し出される多種多様な表情の個性に驚《おどろ》かされ、次第に見ているこちらが見られているのではないかという錯《さっ》覚に陥《おちい》り、その怖《こわ》さに立ち止まってしまう。

「窓」とはなにか？

暑さや寒さ、雨風を凌《しの》ぎたいけれども、外の陽《ひ》を取り入れたい。屋内の環《かん》境を求めながらも、屋外の恩恵《けい》にあやかりたいという、人間の相反する欲望を満たした矛盾《むじゅん》の産物は、同時に、「人」ひとりひとりと「社会」とを繋ぐ〝結節点〟としての役割も担《にな》っているように思える。

なガラスを使っていることが多く、近年の建物であってもシートを貼《は》ったような曇《くも》りガラスが多く見られた。

不透明なガラス越しに透《す》けて見える日用品の数々は抽《ちゅう》象化され、そこに息づく人々の生活の模様となり、音や匂《にお》い、ひいては人柄《がら》までをも伝える一種の肖《しょう》像画のように思えた。窓枠《わく》に沿って*注1トリミングされた抽象的な模様から、顔を合わせたこともない〝東京の誰か〟の朧《おぼろ》げな表情を読み取れる。本来であれば、周囲からの視線を避《さ》ける機能を果たすべき不透明なガラスは、その目的とは裏腹に、抽象的であるがゆえにこちらの想像を膨《ふく》らませ、[2]結果的に内面をあらわにしているようにすら感じられた。特にコロナ禍の時期においては、誰しも自宅で過ごす時間が増えたことによって、自《おの》ずと人それぞれの個性が今まで以上に部屋の中に反映されるようになったことも影響《えいきょう》しているのかもしれない。

それにしてもいったいなぜ、東京には不透明なガラスが多く見られるのだろうか。

二〇二〇年四月から二〇二二年十一月までの約二年半、私は十万枚近くの不透明なガラスを東京都内で撮《さつ》影しながらその疑問について考えを巡《めぐ》らせ、関連するいくつかの文献《けん》にも目を通した。すると、住宅密度の高さと国民性の関係、それから日本特有の建築様式による影響があるのではないかという推測が浮《う》かび上がってきた。

まず東京都は、統計上世界有数の住宅過密地域であり、建物同士の間隔《かく》や道路から建物までの距離《きょり》は近く、人々が密集して暮らしていると言える。

医学者・精神科医で京都大学名誉《よ》教授の木村敏（一九三一－二〇二一）は、著書『人と人との間』において、日本人は西洋人と比較《かく》して、対人関係の気遣《づか》いを重視する性質があることを指摘している。気遣うこと。*注2慮《おもんぱか》ること。互《たが》いを曝《さら》け出さずに曖昧《あいまい》なまま、付かず離《はな》れずの距離から察し合うこと。

非常に密集した都市の中で、そのような性質を持った人々が暮らすとき、自ずと窓は不透明であることが選ばれた。そんなことが言えるのではないだろうか。あくまで個人的な推測ではあるものの、〝光は通すが像は通さない〟ガラスは、東京で暮らす人々にとって、〝近すぎず遠すぎず〟の関係性を実現するにふさわしい[3]マテリアルであり、その窓が並ぶ街並みから私は、世間の目を意識した上で、自己と他者を［A］せずとも曖昧模糊《こ》とした境界線をすっと引くような関わり合いのただ中で生きていることを実感するのである。

つづいて、日本特有の建築様式による影響についても考えてみたい。鉄骨造《てっこつぞう》を主流とする近代建築よりも前の時代において、[4]西洋建築と日本建築は構造的に大きく異なっており、前者が石や煉瓦《れんが》を積み上げる組積造《そせきぞう》であるのに対し、後者は木材で柱や*注3梁《はり》を組んで建てる軸《じく》組み構造が採用され、窓の成り立ちもまた、その差異の影響を大きく受けていると言われている。

英語の「Window」は、古代北欧語で「風の穴」という意味であると言われており、石や煉瓦を積み上げた壁《かべ》を基礎《そ》構造とした西洋建築においては、内と外を明確に区別する壁がまず存在し、そこに風や光を取り入れるために最小限の穴を開けたものが窓だった。つまり、閉じた空間に対して外の情報を得るために〝開いて〟いくという目的意識が西洋の

イ　応援してくれるファンに対し申し訳なく思う気持ちを隠《かく》そうともせず。
ウ　三鷹から目をそらそうとする貴志の態度を厳しく非難するかのように。
エ　弱いチームと思われ馬鹿にされていることをまるで気にしないふうで。
オ　これまで周囲の非難の声から三鷹を守ってきた貴志の苦労も知らずに。

問八　8と呟くと　とありますが、ここから貴志のどのような様子がうかがえますか。最も適切なものを一つ選び、記号で答えなさい。
ア　無神経な同級生への怒《いか》りがため息交じりにこぼれ出る様子。
イ　隠していた本音がついうっかり独り言のようにもれ出る様子。
ウ　実は心配するつもりはなく気が入らず小さな声で話す様子。
エ　先生に共感してもらおうとあえて思わせぶりに語る様子。
オ　三鷹への思い入れを気づかれぬようさりげなく言う様子。

問九　9ただすげえと言っていればよかった　とありますが、これとは対照的に、三鷹の試合を観るときには貴志はどのようなことを楽しみにしていたのでしょうか。適切なものを二つ選び、記号で書きなさい。
ア　中学生と大差ない実力に親近感を抱《いだ》けること。
イ　家族や友人と共通の話題で盛り上がること。
ウ　自分なりに選手の良さを見つけて応援すること。
エ　ポスター等のグッズが無料で手に入ること。
オ　弱いからこそまれに勝ったときに大きな喜びを得ること。
カ　実際にスタジアムに足を運んで観戦すること。
キ　地域の一員としての誇《ほこ》りを持てること。

問十　10自分は一度三鷹を見捨てた人間なのだ　とありますが、貴志にそう自覚させた決定的な事実はどのようなことでしたか。「～という事実」に続くように十五字以内で書きなさい。

二　次の文章は、東京の窓をテーマにした写真集の、写真家自身による序文です。文章を読み、問いに答えなさい。

　昔からずっと、散歩の折に住宅の窓を眺《なが》めては、その家での生活がどのようなものであるのか、どんな人がどんな心持で日々の暮らしを送っているのかを、想像することが好きだった。窓ガラスは、内部と外部を隔《へだ》てるものでありながら、自分にとっては、つかのま姿かたちの見えない誰《だれ》かと繋《つな》がるスクリーンのような存在だった。仕事や旅行で主に欧《おう》米諸国を訪《おとず》れる機会が多かった頃《ころ》は、例によって窓を眺めていると、クリアなガラス越《ご》しに食卓《たく》やリビングが見通せて、1気後《おく》れしつつも部屋の内装や調度品に見入っていた。
　コロナ禍《か》で海外を訪れる機会がなくなった二〇二〇年、東京で散歩をしていると、ふと家の中を見通せることの少なさを実感した。それまでは気付かなかったのだが、東京で眺める窓の多くは、すりガラスや型板ガラス、フロストガラスと呼ばれる類の不透《とう》明なガラス窓で、欧米諸国に比べてプライバシーへの配慮《りょ》が如実に表れている印象を受けた。もちろん、庭に面していたり高さがあったり、人目の届かない範《はん》囲にはおよそクリアなガラスが設置されているのだが、道路や隣《りん》家に面した窓は、古民家であれば粉末状の鉱物による吹《ふ》き付け加工が施《ほどこ》された不透明みようかな、どうなの？　ぜんぜん知らなくても楽しい？　と貴志にたずねてきたけれども、貴志は、さあ、と答えただけだった。あんたも行ってたよね、行かないの？　と訊《き》かれた貴志は、黙って首を横に振った。[10]自分は一度三鷹を見捨てた人間なのだ。三鷹のことを語る資格は、もはや自分にはないのだ。

（津付記久子『ディス・イズ・ザ・デイ』より）

＊注　唾棄…つばをはき捨てるようにさげすむこと。

※出題の都合上、本文の一部を改稿《こう》しています。

問一　[1]貴志の周囲の中学生たちはより思っていた　とありますが、貴志に比べて周囲の中学生が「より」思っていたのはなぜですか。その理由がわかる部分を本文中から探し、「～から」に続くように二十字以内でぬき出しなさい。

問二　[2]一度目　とありますが、貴志はどのような状態を「一度目」の「窮地」と考えていますか。最も適切なものを一つ選び、記号で答えなさい。

ア　孤独に生きていくという覚悟《ご》を求められること。
イ　主導権争いに敗北してつらい状況《きょう》におちいること。
ウ　大切に思っているものを手放さなければならなくなること。
エ　自分自身の本当の気持ちを裏切る発言をすること。
オ　少数派として身の置きどころがない思いをすること。

問三　[3]若生の忍耐強い守備と～結局試合には0－3で負けた　とありますが、のちに若生はチームの勝利のためにどのようなプレーをしましたか。それがわかる一文を本文中から探し、最初の五字をぬき出しなさい。

問四　[4]特に三鷹ロスゲレロスを「観に行ってよかった」という話をしたいわけではなかった　とありますが、それはなぜですか。最も適切なものを一つ選び、記号で答えなさい。

ア　特別な魅《み》力のあるチームと思われていないことはわかっているから。
イ　弱いチームのファンだと思われると何かと面倒《どう》だと考えたから。
ウ　学校の友人みんながサッカーに興味をもっているわけではないから。
エ　二部に昇格したとたん応援《えん》しだすのは軽薄《はく》かもしれないから。
オ　三鷹を自分だけのものにしておきたいという気持ちが強かったから。

問五　[5]その周囲にいた男の生徒たちは～口々に言い始めた　とありますが、彼《かれ》らの様子を示す四字熟語として最も適切なものを一つ選び、記号で答えなさい。

ア　舌先三寸　イ　付和雷《らい》同　ウ　呉越《ごえつ》同舟《しゅう》
エ　一心同体　オ　四面楚《そ》歌

問六　[6]誰も「このヘタレが」と貴志を罵ることはなかった　とありますが、「ヘタレ」とは臆《おく》病で情けない人物を指す俗《ぞく》語です。貴志は自分のどんなところをヘタレであると考えているのか、五十字以内で書きなさい。

問七　[7]悪びれもせず　とありますが、どのような様子のことですか。最も適切なものを一つ選び、記号で答えなさい。

ア　ふがいない成績で期待に応《こた》えられていないのにも関わらず開き直って。

監督《かんとく》のライセンスの勉強もしているらしくて、三鷹に移籍したのはその取得に協力的だったからだそうだ、と高山先生は語り、ポスターが掲示されている間は破ったり落描きをさせたりはしない、ということも貴志に請《う》け合った。貴志は、自分以外にポスターを欲《ほ》しがった生徒はいますか？　と高山先生にたずねたが、先生は、今のところはいないね、と首を横に振《ふ》った。

ポスターの貼り換えの時期が来て、先生は約束通り貴志にポスターをくれたのだが、貴志は部屋には貼らなかった。三鷹は、三部でもあまりさえない成績で、中位をさまよっていたからだった。三部で中位なんてもう、また二部に昇格するのに何年かかるのだろうと思っていた。三鷹がいつ、自分がクラスで好きだと話しても恥《は》ずかしくないチームになってくれるのか、貴志には見当もつかなかった。だからといってポスターを捨てる気にもならず、貴志はポスターを細く丸めてゴミ箱と本棚《だな》と壁の間の隙間に立てて置いていた。特に眺めることもなかったが、かといって捨てるということもなかった。

高校に入ってからの貴志は、家からかなり離れた学校に通い、地元に接することもほとんどなくなっていたので、三鷹ロスゲレロスのことはほとんど考えなくなり、代わりにFCバルセロナだとか、FCバイエルンのことを考えるようになった。どちらのチームも強かったので、貴志の心は三鷹のことを気にしていた時よりはずいぶんらくになった。高校の友人たちは、みんな海外のサッカーが好きだった。貴志の好きなチームは、しょっちゅう勝っていて、いつもその国の最高のリーグの1位か2位で、超《ちょう》人的ですばらしい選手たちがいて、優れた監督がいて、別のことに関してはともかく、サッカーについて貴志が心を悩《なや》ませることはほとんどなかった。テレビの前で[9]ただすげえと言っていればよかった。

一方で三鷹は、貴志が高校一年の時に三部を2位の成績で終え、二部の21位との入れ替《か》え戦に勝って、また二部に昇格した。

高校に入って、ほとんど地元のことにかまわなくなった貴志だったが、入れ替え戦での三鷹の三部から二部への再昇格は、初めての二部昇格の時と同じぐらい大きなニュースになっていた。街灯に三鷹の旗が少しずつ飾《かざ》られるようになったり、駅前のコンビニでグッズが売られるようになったり、市長が三鷹の緑と白のストライプのユニフォームを着て監督と対談する様子が市民だよりに載《の》ったり、貴志の家の隣《となり》に住む池山さんという老夫婦が、日曜日に三鷹のユニフォームを着て出かけていく様子が見られたりするようになった。

入れ替え戦は、たいそう感動的な試合だったのだという。ホームでの第一戦を0－1で落とした三鷹は、アウェイでも前半に一点リードされながら、後半に三点をとって逆転し、二部三部の入れ替え戦に勝利した。後半の三点のうち二点は、若生を起点としたセットプレーによるもので、若生の正確な位置にボールを蹴《け》る技術によって、球を渡《わた》された側がさして難しいことができなくても得点できるような場面を作っていたのだそうだ。

という話を、貴志は隣《りん》家の池山さん夫婦の奥《おく》さんと、自分の母親との玄《げん》関先での立ち話で知った。そして、若生がその入れ替え戦を最後に選手を引退したことも知った。そうやって貴志は、中二の時に好きだった若生がプレーする姿を見る機会を失ったことに気付いた。

隣の家の奥さんの熱心さにあてられた様子の母親は、サッカー行って反論をしたかったけれども、磯山たちは定位置である教室の後方でげらげら笑っていて、貴志はそこからは離《はな》れた前方の席に座《すわ》っていたので、何も言うことができなかった。

　磯山の言うことはもっともではあったけれども、でも何もそこまで、と貴志は思った。しかし、磯山はサッカー部ではレギュラーだったし、ただの塾《じゅく》通いの帰宅部だった貴志に反論の隙《すき》があるようには思えなかったし、あえて話をしにいくにしても、磯山や、磯山の周囲に控《ひか》えている笑い声のでかい男たちにどんなふうにやりこめられるかわからなかったので、貴志は口をつぐんだ。

　二度目の窮地は、シーズン最後に訪《おとず》れた。結局貴志は、学校では一切《さい》三鷹の話はしないまま、周囲を注意しつつ三鷹の浮《ふ》上を願いながら、そのシーズンはできるだけスタジアムに足を運んだ。若生は相変わらず孤《こ》軍奮闘《とう》していたが、チームは結局大して良くはならず、三鷹は初めて二部に昇格した年に最下位でシーズンを終え、あっさり三部に降格した。貴志は、自分でも意外なほど落胆《たん》して、しばらく食事に味がないという日々を送った。弱いチームなのは知ってただろ、と自分に言い聞かせていたのだが、身体がなぜか立ち直ることを拒《きょ》否していた。

　三鷹が三部に降格した中三の時は、学校の廊《ろう》下に三鷹の選手が登場する人権啓《けい》発のポスターが貼《は》られるようになったのだが、生徒たちは皆《みな》、誰《だれ》これ？　という様子だった。一学年に一人ぐらいは貴志と同じように足を止めて眺《なが》める生徒がいたかもしれないが、貴志はとにかく、自分以外にそのポスターに目を向けている生徒は一人も知らなかった。

　貴志は、三鷹が二部から三部への降格を決定させた日以来、なるべく三鷹のことを考えないようにして、二年の時に試合に行ったことも注意深く話さないようにして、自分は一度も三鷹ロスゲレロスには関わったことがないという態《てい》を装《よそお》っていた。自分でそれが*注唾棄《だき》すべき態度だということは自覚していたが、そもそも貴志が三鷹の試合に行ったことを知っているのは貴志の家族だけだったので、[6]誰も「このヘタレが」と貴志を罵《ののし》ることはなかった。むしろ、貴志の変節を最も誹《そし》り、気にしているのは貴志自身だった。

　そうやって、三鷹ロスゲレロスをなかったことのように過ごしていた貴志の前に、三鷹は特に[7]悪びれもせず、学校で掲《けい》示されているポスターという形で姿を現した。貴志は、保健室の前に貼られているそれから、必ず目を逸《そ》らして廊下を行き来していたのだが、同時に、くそ弱いチームが！　などと言われて破られたり落描《が》きなどをされたりするのではないか、という心配も発生していた。そしてある日、それが抑《おさ》えられなくなった貴志は、ポスターを貼ってある壁《かべ》の前にある保健室の主である高山先生に、ポスターをもらえないだろうか？　と相談したのだった。高山先生は、べつにいいけど、次のやつに貼り換《か》える時にね、と答えた。貴志が、破られたり落描きされたりしたくないんですよね、[8]と呟《つぶや》くと、高山先生は、そういうこと自体だめだけど、特に若生はいい選手だから、そんなことされたらかわいそうだよね、と言った。初めて、現実に対面している人の口から若生の名前を聞き、貴志が驚《おどろ》いて黙《だま》っていると、高山先生は、若生は一部の自分の好きなチームに十代の頃《ころ》からいたのだが、大きな怪我《けが》をして一年ほど試合に出なかったことがあって、その後もしばらくはそのチームにいたものの、素《す》早さがやや衰《おとろ》えて、控えに回ることが多くなってきたので三鷹に移籍《せき》したのだ、と説明してくれた。

【国　語】（四〇分）〈満点：一〇〇点〉

【注意】　※字数を数える場合は、句読点・かぎかっこ等も一字と数えます。

一　次の文章を読み、問いに答えなさい。

なんでそんな吐瀉物《としゃぶつ》みたいな名前を付けるんだ、と中学生の時から貴《たか》志《し》は思っていたし、1貴志の周囲の中学生たちはより思っていた。三鷹《みたか》ロスゲレロス。ロス・ゲレロスとは、los guerreros と書き、スペイン語で「戦士たち」という立派な意味があるのだ、ということは大学でスペイン語の授業に出るようになって知ったのだが、わかりにくすぎるわ、と貴志は苦情を言いたくなる。中学生にそんな意図が理解できるわけがない。というか、そもそも三鷹をバカにしようと決めてかかっている連中がそんなことを調べるわけもないのだ。だからこそ、無難な名前でいてほしかったのだが、三鷹は「ロスゲレロス」とうっかり名乗りを上げてしまった。

三鷹は、名前がそんな様子で、かつ、強かったということがないので、貴志を何度か窮《きゅう》地に立たせてきた。2一度目は、三鷹が国内プロサッカーリーグの三部から二部に昇《しょう》格した中学二年の時だった。貴志の母親が職場でバックスタンドホーム側自由席のチケットをもらってきたので、一人で観《み》に行き、そこで巨漢でスキンヘッドのディフェンダーである3若生《わこう》の忍耐《にんたい》強い守備と視野の広いパスに感嘆《たん》したまではよかったが、他の選手が不慣れすぎて結局試合には0－3で負けた。貴志はそれでも、自分の家から自転車で二十分という範《はん》囲にホームがあるサッカークラブが二部にまで昇格してきたことはうれしかった。しかし不都合だったのは、近いところにスタジアムがあるせいで、中学校の連中もまた、三鷹の試合結果を知っていたり、テレビ放映を観たりしていたということだった。

試合の次の日、貴志は学校で、4特に三鷹ロスゲレロスを「観に行ってよかった」という話をしたいわけではなかったけれど、「観た」という話ぐらいはしようと思っていた。それで、他にも「観た」という生徒がいたなら、ＤＦにいい選手がいた、とほんの少しだけいいことを言おうと思っていた。あわよくば、あと何回かは、今シーズン中に観に行ってみようと思った、と打ち明けようと思っていた。そしてその相手と、スタジアムに行くことができればいいなと思っていた。男子でも女子でもよかったけれども、できれば女子だとうれしいなとぼんやり考えていた。

しかし、一時間目の休み時間に貴志を待ち受けていたのは、サッカー部の磯山《いそやま》の、三鷹なんだあれ、という尖《とが》った声だった。声がでかくて運動神経がいい磯山は、クラスの中心的な存在で、特に全体に向けて強く発表するということをしなくても、その意向はなんとなくクラス全体に伝わっているというタイプだった。

「親が券くれたし、キックオフが練習の後だったから部のやつと行ってみたんだけどさ、なんだあれ。ぜんぜんだめじゃん。簡単に自陣《じん》に押《お》し込《こ》まれるしさ、キーパーだめだめすぎて打ったら入るみたいな状態でさ、おれでも入れられるわあんなん」

磯山の言葉に、5その周囲にいた男の生徒たちはどっと笑って、おれもテレビで観たけどひっどかった、とか、券くれても行かねー、とか、センターバックにハゲのおっさんいた、などと口々に言い始めた。貴志は、ハゲじゃねえよスキンヘッドだ、もしくは坊主《ぼうず》だ、と若生について

MEMO

大切なことはメモしておこうネ！

2024年度

解　答　と　解　説

《2024年度の配点は解答欄に掲載してあります。》

＜算数解答＞ 《学校からの正答の発表はありません。》

1. ①　11.7　②　$\frac{2}{3}$　2.　14：6：15　3.　280円　4.　6.25秒後　5.　441個

6. ①　1250m　②　250m　7.　①　2520　②　120　8.　3cm

9. ㋐　54度　㋑　96度

○推定配点○

1.～3.　各7点×4　　他　各8点×9　　計100点

＜算数解説＞

1.（四則計算）

①　2.6×12－13×1.5＝31.2－19.5＝11.7

②　$\square=2\frac{3}{4}-\frac{5}{12}\times5=\frac{3}{4}-\frac{1}{12}=\frac{2}{3}$

重要 2.（平面図形，相似，割合と比）

AD＝BC

…右図より，6

三角形EPFとIPG

…相似比2：3

三角形EQDとIQG

…相似比4：3

EI…(2＋3)×(4＋3)＝35

ア…35÷5×2＝14

ウ…35÷7×3＝15

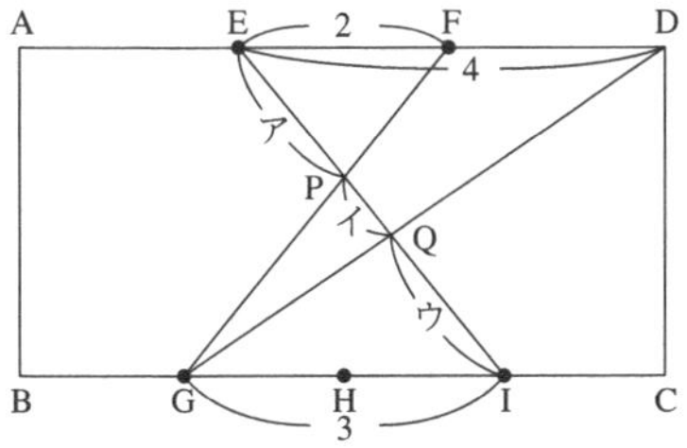

したがって，ア：イ：ウは14：{35－(14＋15)}：15＝14：6：15

重要 3.（割合と比，分配算，消去算）

AとBの初めの所持金の比…1：3

CがBへ100円を渡した後のBとCの所持金の比…20：9

3人の所持金の合計…680円

AとBの初めの所持金…それぞれ$\boxed{1}$，$\boxed{3}$

100円をもらったBの所持金…$\boxed{3}$＋100

100円を渡したCの所持金…($\boxed{3}$＋100)÷20×9＝$\boxed{1.35}$＋45

3人の所持金の合計の式…$\boxed{1}$＋$\boxed{3}$＋100＋$\boxed{1.35}$＋45＝$\boxed{5.35}$＋145＝680

$\boxed{1}$…(680－145)÷5.35＝100

したがって，初めのCの所持金は135＋45＋100＝280(円)

重要 **4.** **(速さの三公式と比，割合と比)**

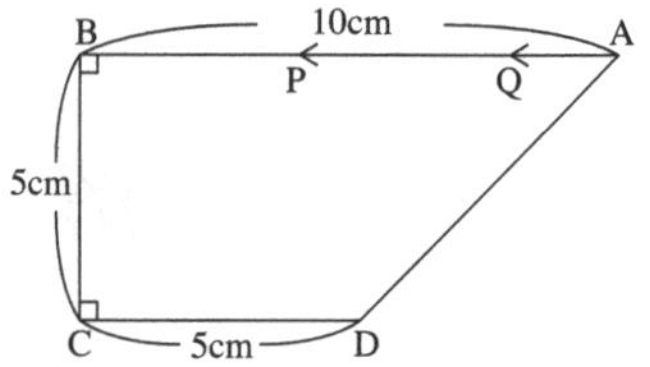

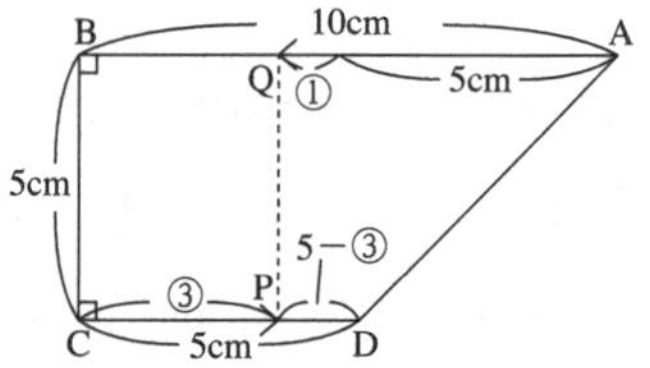

P…毎秒3cmでA→B→C→Dまで移動

Q…毎秒1cmでA→B→C→Dまで移動

PがCに着く時刻…15÷3＝5(秒後)

Qが5秒で移動した距離…1×5＝5(cm)

PD＋QA…右図より，5−③＋①＋5

＝10−②＝(10＋5)÷2

＝7.5

①…(10−7.5)÷2＝1.25

したがって，求める時刻は5＋1.25＝6.25(秒後)

重要 **5.** **(場合の数，数列)**

4ケタの整数の百の位の数…千の位の数とは異なり，十の位の数以下

4ケタの整数の十の位の数…一の位の数との和が10

□019，□119…9＋8＝17(個)

□028，□128，□228…9＋8×2＝25(個)

□037，□137，□237，□337…9＋8×3＝33(個)

⋮

□091，□191，～，□991…9＋8×9＝81(個)

したがって，全部で(17＋81)×9÷2＝441(個)

重要 **6.** **(速さの三公式と比，割合と比，鶴亀算)**

A…$\boxed{15}$の速さで学校から公園まで歩く

B…初め$\boxed{15}$×0.8＝$\boxed{12}$の速さで歩き，その後$\boxed{12}\times\frac{4}{3}=\boxed{16}$の速さで走って学校から公園まで進む

学校から公園まで…15，12，16の最小公倍数240

① Aが公園まで歩いた時間…240÷15＝16

Bが走った時間…16−120÷12＝6

125m…学校から公園までの距離が240のとき，120−16×6＝24に相当する

したがって，学校から公園までは125×(240÷24)＝1250(m)

② Aの時間…①より，16

Bが歩く時間…(16×16−240)÷(16−12)＝4

Bが歩く距離…12×4＝48

したがって，求める距離は1250÷240×48＝250(m)

7. **(数の性質)**

基本 ① 2～9までの整数の最小公倍数

…右の筆算より，3×3×7×2×2×2×5＝2520

3) 2, 3, 4, 5, 6, 7, 8, 9
2) 2, 1, 4, 5, 2, 7, 8, 3
2) 1, 1, 2, 5, 1, 7, 4, 3
　 1, 1, 1, 5, 1, 7, 2, 3

重要 ② 72…8×9

8の約数…1，2，4，8

9の約数…1，3，9

72の2～9までの整数…2，3，4，6，8，9

2～6までの整数の最小公倍数…60

60と8の最小公倍数…120

したがって，2番目に小さい整数は120

重要 8. （平面図形，相似，立体図形，割合と比）

直角三角形RDTとQHP

…相似比4：3

三角形URFとUTV

…相似比2：3

UF…5÷(3−2)×2＝10(cm)

直角三角形CSQとFSU…相似比5：10＝1：2

したがって，CSは9÷3＝3(cm)

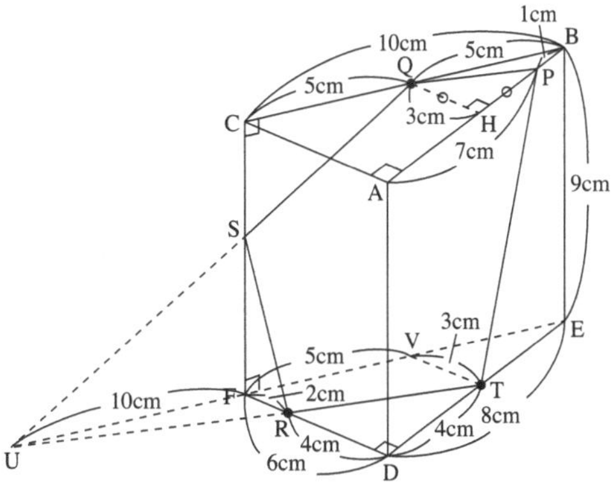

やや難 9. （平面図形，相似，割合と比）

二等辺三角形ABF，AED，DFE

…相似である三角形

角EDA

…Y＝X×2

二等辺三角形DFEの内角の和

…X＋X×2×2＝X×5＝180(度)

X…180÷5＝36(度)

角あ…(180−36×2)÷2＝54(度)

二等辺三角形DAG

…角AGD＝36(度)

二等辺三角形EGD

…角GDE＝180−(36×2＋72)＝36(度)

角DEH＝180−(54＋72)＝54(度)

角EHD＝90(度)

したがって，正三角形DGCより，角HCD＝30(度)，角いは180−(54＋30)＝96(度)

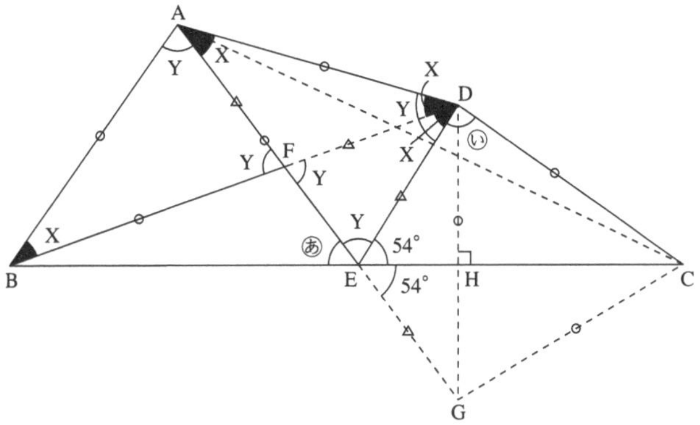

★ワンポイントアドバイス★

2.「三角形の相似」，4.「2点の移動」，7.「最小公倍数」の問題は，比較的解きやすいと思われる。ただし，自分にとって解きやすいと判断される問題を優先して解くことが重要である。9.「角い」は，難しい。

<理科解答> 《学校からの正答の発表はありません。》

問1　1.（ア）・（ウ）　2.（ク）　3. 0.5(倍)　4. 4(倍)　5. 4.8(℃)

6.（電熱線の直径が2倍になると,）板にふれる面積も2倍になるから。

問2　1.（3月21日）①　（6月22日）②　（9月23日）①　（12月22日）③

2.（イ）　3.（ク）　4.（ク）

問3　1.（エ）　2.（ケ）　3.（ス）　4.（チ）・（テ）

5. 煮くずれを防止できる(から)　6.（ニ）　7. 灰　8.（フ）・（ヘ）

問4　1.（ウ）・（エ）・（オ）　2. ①　樹液　②　ブラシ　③　腐葉土

3. カラスなどの捕食者に食べられた（から）

4. 家の柱などを食べる。

5. A　卵を産む（役割）　B　巣を防衛する（役割）

C　えさを集める（役割）

6.（コ）　7. 木が十分に生いしげり，日影が増えたから。

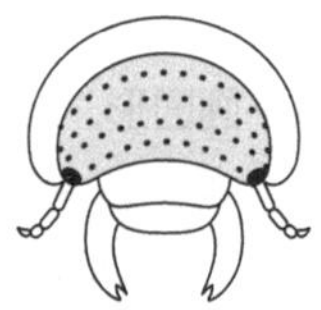

幼虫の口の図

○推定配点○

問1　2　2点　他　各4点×5（1完答）　問2　各2点×7　問3　1～3・6　各2点×4
他　各4点×4（4完答）　問4　5・6　各2点×4　他　各4点×8（1完答）　計100点

<理科解説>

問1　（電流と回路―電熱線による発熱）

基本　1. 電子レンジやドライヤーは電気を熱に変えている。また，扇風機は電気を運動に変え，白熱電球やLEDは電気を光に変えている。

基本　2. 600mAは500mAよりも大きいので，5A端子で測る。

3. 電熱線の長さを2倍にすると抵抗が2倍になるので，回路に流れる電流は，0.5倍になる。

4. 図2のAでは，直径が0.2mmの電熱線①には300mAの電流が流れ，図6のKでは，直径が2倍の0.4mmの電熱線②には4倍の1200mAの電流が流れている。

5. 図2の電熱線①には300mAの電流が流れ，水の上昇温度が1.2℃である。また，図5の電熱線②には2倍の600mAの電流が流れ，水の上昇温度も2倍の2.4℃になる。したがって，図6の電熱線②には4倍の1200mA電熱線が流れるので，水の上昇温度も4倍の4.8℃になる。

6. 電流の大きさが2倍になって上昇した温度も2倍になっているが，発泡ポリスチレンの板にふれる電熱線の面積も2倍になるので，切れた長さは変わらない。

問2　（太陽と月―太陽と影）

重要　1. ①～③の棒の影の先を結ぶと，次の図の点線のようになり，①では直線になるので，3月21日の春分の日か，9月23日の秋分の日の棒の影を表している。また，②では，南中したときの棒の影の長さが最も短いので，6月22日の夏至の日の棒の影を表している。さらに，③では，南中したときの棒の影の長さが最も長いので，12月22日の冬至の日の棒の影を表している。

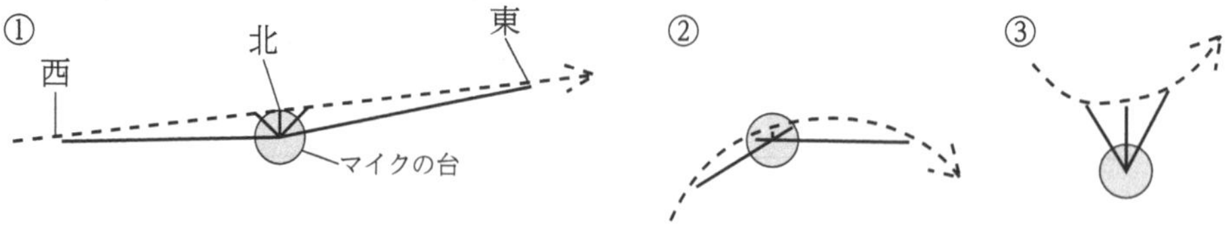

2. 春分の日か秋分の日に真北のAにできたマイクの影と比べて，東のBにできたマイクの影は長くて大きい。また，太陽光線は平行光線なので，くっきりした影ができる。

3. 方位磁針のN極は真北を指す。

やや難　4. 冬至の日の横浜市での日の出は午前6時45分頃，日の入りは午後4時30分頃である。したがって，日の出の時刻よりも15分前の午前6時30分の方が，日の入りから1時間後の午後5時30分よりも明るい。

問3　（燃焼－たき火によるカレー作り）

1. 針葉樹のスギの葉は細長く，火がつきやすい。なお，サクラ・ケヤキ・ナナカマドなどの広葉樹は火はつきにくいが，一度火がつくと火力は強い。

2. (ケ)のように薪《まき》を組み合わせると，なべに火が集中する。なお，(コ)のように薪を組み合わせると，空気の通りが良く，全体的に火が広がる。

3. (サ)のようにすると，火がすぐに消える。また，(シ)のようにすると，激しく燃えるが，火は長持ちしない。

4. タマネギをカレーに使うときは，「くし切り」か「みじん切り」にする。

5. ジャガイモは煮くずれしないように最後に入れる。

やや難 6. なべの外側が黒くなったのは，薪が燃えるときに出たすすがなべの外側についたためである。また，カレーを作りながら汗をぬぐうと手が黒くなったのも，薪から出る煙に含まれているすすが手についたためである。なお，米やニンジンやサツマイモが黒くなったのは，熱によって分解して，炭素が残ったためである。

重要 7. 炭が燃えると二酸化炭素になるので，表面にはカリウムなどのミネラルを多く含んだ灰が残る。

8. (ハ) たき火に水をかけると温度が下がり，火が消える。 (ヒ) たき火に土をかけると空気が遮断されて，火が消える。 (フ) うちわで風を強く送ると，新しい空気が送られるので，火の勢いが増す。(正しい) (ヘ) たき火に新聞紙をかぶせると，新聞紙に引火する。(正しい) (ホ) 薪をバラバラにして土の上に置くと，燃え尽きる時間が早くなる。

問4 (昆虫・動物―カブトムシとシロアリ)

重要 1. シロアリは，ウスバキトンボ・エンマコオロギ・オオカマキリと同じように，さなぎの時期がない。

重要 2. カブトムシの成虫はクヌギ・コナラなどの樹液を食べるため，口はブラシのような形になっている。また，カブトムシの幼虫は腐葉土《ふようど》を食べるための大きなあごがついている。

3. カブトムシは夜行性であるが，明け方まで樹液を吸っていると，カラスなどの鳥などに食べられる。そのとき，頭部と胸部の結びつきが弱い部分が切断されて，頭部だけが地面に落ちる。

重要 4. シロアリが家の柱を食べることで，深刻な被害をもたらす。

やや難 5. Aの女王アリは1年中休むことなく，毎日卵を産む。また，Bの兵隊アリは，あごが発達していて，巣の防衛を行い，Cのはたらきアリはえさを集めたり，巣の補修や卵の世話をしたりする。

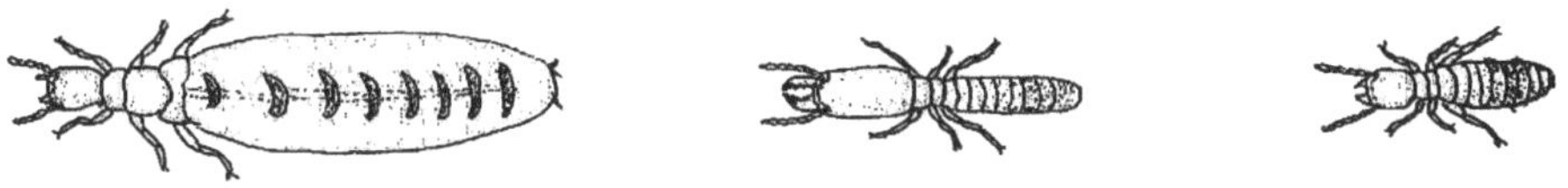

女王アリ　　兵隊アリ　　はたらきアリ

6. シロアリは触角でにおいを感じながら，油性ボールペンの上を進む。同じように，カイコガのオスがメスに寄ってくるのは，メスから出るフェロモンをオスが触角で感じるからである。

7. 林の木が十分に生いしげり，日影が増えることで，土の湿り気が十分に保たれる。その結果，林にもカブトムシの幼虫やシロアリが住むことができるようになる。

★ワンポイントアドバイス★

理科の基本的な問題を十分に理解しておくこと。また，物理や生物の応用問題に十分に慣れておくこと。その上で，記述問題や作図の問題にも，しっかり取り組んでおく必要がある。

＜社会解答＞ 《学校からの正答の発表はありません。》

1) 1. あ グローバルサウス い ユニセフ う フェアトレード え コーヒー
お カカオ 2. ウ 3. イ

2) 1. エ 2. 洪水 3. (記号) ア (名前) 工場 (記号) オ (名前) 桑畑
4. A 津波 B 人の命とくらしを守る

3) 1. A 津軽(海峡) B 下北(半島) 2. ウ 3. あ コ い ウ う サ
え イ 4. 岬の近くの山の植林や緑化をすること 5. ア 秋田県 イ 岩手県
ウ 青森県 エ 北海道 6. ア

4) 1. あ そば い こむぎ え だいず お あずき 2. 2番目 う
5番目 か 3. 奈良(時代) 4. エ 5. 水田跡，高床式倉庫 6. 岩手県
7. お ケ か イ

5) 1. A イギリス B フランス C アメリカ 2. あ 政党 い 議会
う 新聞 え 地中 お 内閣[政府] 3. 選挙[投票]

6) 1. あ 滝廉太郎 い 大名行列 う 種子島 2. イ，オ 3. ②中国 オ
④ポルトガル ウ 4. 14(世紀)

○推定配点○

1) 各2点×7 2) 3 各2点×2(各完答) 他 各2点×4 3) 3 各1点×4
他 各2点×9 4) 2，5 各2点×2(各完答) 7 各1点×2 他 各2点×7
5) 各2点×9 6) 各2点×7(2完答) 計100点

＜社会解説＞

1) (政治―現代の国際社会に関する問題)

重要 1. あ グローバルサウスは本来は南半球を指す語だが，経済的に発展途上の国々を指して使われ，南半球に発展途上の国々が多いが，北半球のインドやフィリピン，インドネシアなども含まれる。中国は入れる場合と入れない場合とがある。 い ユニセフUnicefは国連児童基金の略。
う フェアトレードは本文にあるように発展途上国の農作物や製品を，その生産の労働に見合う適正・公正な価格で，継続的にそれらを輸入することで，途上国を支える助けになるというもの。
え コーヒーはエチオピアが原産地で，ブラジルやベトナム，コロンビアなどグローバルサウスの国々で生産されている。 お カカオはチョコレートやココアなどの原料となるもので，アフリカのコートジボアールやガーナの生産，輸出が多い。

2. 世界で極度の貧困にあるとされる子どもの数は幅があるがだいたい3億3000万から3億5000万ほどとされ，コロナ禍の前は多少減っていたがコロナ禍で急増したとされる。

3. 世界の人口が2023年で80億4500万人，子どもの数は2021年の数字だが約24億人で30％ほどなので，一番近いのがイの約4分の1。

2) (日本の地理―地形図と自然災害に関連する問題)

基本 1. 地図から読み取れる情報で考える。アとウは地図の情報だけではわからない。イは博物館はなく，あるのは老人ホーム。

2. 木曽川のほとりにある災害伝承の記念碑なので，考えられるのは洪水。

3. 工場の記号はなくなっても工場は現在でも各地に多数あり，それらはどこの会社の工場かが明記されるようになった。桑畑はかつてと比べるとかなりなくなり，いまではごくわずか。

やや難 4. A 東日本大震災で津波の怖さは多くの国民に知られることになった。 B 東日本大震災以後，

とにかく自分の身を安全に守ることが繰り返し言われるようになり，自然災害を防ぐことはもちろんではあるが，災害時の安全確保が優先されるようになってきた。

3) **(日本の地理―北海道，東北地方の地理に関連する問題)**

基本 1. A　北海道と本州の間の海峡は津軽海峡。北海道と本州という二つの大きな島の間の海峡ではあるが，ここをはさんで自然の面での大きな違いもある。　B　下北半島が青森県の東側の半島で西側にあるのは津軽半島。

2. 日本海側を北上する暖流の対馬海流が，津軽海峡の中に流れ込み暖流に乗って北上してくるマグロが下北半島北端の大間で有名。

3. あ　北前船の寄港地で城下町，新幹線の駅がある場所ということでコの秋田市。　い　有珠山や昭和新山が近くにあるカルデラ湖はウにある支笏湖。　う　茶釜や鉄瓶などの鋳物として南部鉄器が有名なのがサの盛岡市。　え　アイヌ語の地名，堀込港からイの苫小牧市。

やや難 4. Cの襟裳岬は日高昆布で有名な場所。明治以後の開拓で岬の山林が乱伐され，その結果，海に栄養が届かなくなり昆布の生育が悪くなった。そこで，漁民たちが岬や近隣の山の緑化，植林を行ったことで昆布の生産量が戻った。

重要 5. アは圧倒的に田が多いので米どころの秋田県，イは畑や樹林地の割合が他と比べると小さいので岩手県，ウは樹林地の割合が他よりも高いのでリンゴが多い青森県，エは畑と牧草地が多いので北海道。

6. ア　縦軸の目盛りに注意。　イ，ウは1000m以下のものなので，この場所のXYの断面ではない。アとエではXから入ってしばらくは高い場所が続くがイの上あたりでいったん低くなり，その後に日高山脈を越えて十勝平野へ出て下るので，エは除外できるためアになる。

4) **(日本の歴史―古来からの日本の作物とそれに関連する歴史の問題)**

重要 1. あ 「実を粉にして水で練ったものを細く切り，味のついた汁といっしょに食べるからそば。江戸時代の蕎麦は屋台で食べるファストフードのようなもの。　い 「ファストフードやお菓子の原料」，「天ぷらやまんじゅう」から小麦。　え 「食用油の原料」，「しぼり汁を固めた食べ物や発酵食品の原料」から大豆。しぼり汁を固めたものが豆腐。発酵食品は味噌や醤油，納豆など。　お 「砂糖とともに煮て餅を入れて食べたり，お祝いの時の食べ物」からあずき。砂糖と煮て餅を入れるのは汁粉。お祝いの時の食べ物は赤飯。なお，**う**は米，**か**はトウモロコシ。

2. え　縄文時代→う　弥生時代→あ　奈良時代→い　鎌倉時代→か　1871年→お　1914年の順。

3. 聖武天皇は奈良時代の天皇。聖武天皇の在位期間は724年から749年。

基本 4. 東大寺南大門の金剛力士像のこと。東大寺南大門も鎌倉時代の建築物の代表例。アは平安時代，イ，ウは奈良時代，オは室町時代。

5. 登呂遺跡は静岡県にある，大規模な水田の跡が出た弥生時代の遺跡。水田の跡や高床倉庫の跡が見つかっており，これらが米作が行われていたことの証拠とされる。

6. 三内丸山遺跡を含む地域で世界文化遺産になったのは北海道・北東北の縄文遺跡群で，秋田県，岩手県，青森県，北海道にまたがる。この道県の中で他に世界文化遺産があるのは岩手県で平泉が指定されている。

7. **お**が1914年で，近いのがケの1918年。**か**が1871年で近いのがイの1874年。アは1858年，ウは1877年，エは1902年，オは1923年，カは1886年，キは1956年，クは1925年。

5) **(日本の歴史―「福翁自伝」に関連する問題)**

1. A 「保守」と「自由」の双方が太平無事の天下に政治上のけんかをしている，というのでイギリス。　B　首都が「奇麗なること世界第一の都」「幅の広い道路が放射状に伸びて」とあるのでフランス。パリは凱旋門から放射状に道が広がる。　C　Cには国王なく，大統領からアメリカ。

やや難 2. あ　イギリスで保守と自由というので張り合っているのは政党。　い　江戸時代の日本にはまだない，政治上の争いをしている場が議会。　う　昨日起きたことが今日掲載される，報道の早さから新聞。　え　紅海はアフリカ大陸とアラビア半島の間の細長い海。ここと掘割で相通ずる海は地中海。掘割はこの時，工事をしていたスエズ運河。フランスのレセップスが手掛けた。
お　行政や外交を担当するというので内閣もしくは政府。

3. 大統領を選ぶ入札なので，選挙。

6）（総合問題―「正月」に関連する問題）

重要 1. あ「荒城の月」や「花」を作曲したのは滝廉太郎。　い　凧が行列に入ってしまうと不都合なもので，正月に少なそうなのが大名行列。　う　1543年にポルトガル人が漂着したのは種子島。

2. 正月に関連するのは鏡開きと松の内。鏡開きは正月に飾った鏡餅を割るもの。松の内は正月の松飾を飾っている期間のこと。

3. ②　中国がオ。平安時代末の頃の中国は宋王朝。　④　ポルトガルがウ。1637年の島原の乱の後，1639年にポルトガル船の来航が禁止された。アがイギリスで選択肢の内容が1808年のフェートン号事件とその後，1825年に出された異国船打払い令。イはロシア。選択肢の内容は日露戦争の後のポーツマス条約の内容。エはアメリカ。選択肢の内容は1854年の日米和親条約。

4. 「太平記」は鎌倉幕府滅亡から南北朝の争乱の頃が描かれた軍記物。鎌倉幕府が滅びるのが1333年なので14世紀の出来事。

★ワンポイントアドバイス★

文中の空欄補充が多いが，とにかく文脈から考えて大体であたりをつけながら考えていくとよい。短い試験時間なので，あれこれと悩んでいる時間はない。次々と問題を解き進めていくことが重要。

＜国語解答＞《学校からの正答の発表はありません。》

一　問一　三鷹をバカにしようと決めてかかっている　　問二　オ　　問三　後半の三点
問四　ア　　問五　イ　　問六　本心では応援したいチームなのに周囲の雰囲気を察し保身のために無関心を装うように心がけているところ。　　問七　イ　　問八　オ
問九　ウ，カ　　問十　三鷹の二部再昇格を伝聞で知った

二　問一　窓は不透明であること　　問二　ア　　問三　エ　　問四　イ　　問五　壁で内と外を明確に区別した西洋の構造物では“開く”目的に対し壁のない日本家屋では“閉じて”仕切るための戸の目的があった。　　問六　肖像画　　問七　ウ　　問八　イ，エ

三　1　操縦　　2　修　　3　謝罪　　4　芽生　　5　豊漁　　6　磁針　　7　頭痛　　8　率先
9　親善　　10　祝

○推定配点○

一　問一・問九・問十　各5点×3　　問六　6点　　他　各4点×6
二　問一・問八　各5点×2　　問三　3点　　問五　6点　　他　各4点×4　　三　各2点×10
計100点

＜国語解説＞

一　（物語―心情・情景，細部の読み取り，ことばの意味，四字熟語，記述力）

重要　問一　「ロスゲレロス」という名前には「戦士たち」という立派な意味があるのだが，最初の段落にあるように，中学生にそんな意図が理解できるわけがないと思っている。普通の中学生である自分でもそのように思うのに，「そもそも」「三鷹をバカにしようと決めてかかっている」連中は，もちろん調べたりしないのだから，その命名はやめてほしかったのである。

問二　「一度目」に当たる内容は，「三鷹は，名前が～」で始まる段落から「二度目の窮地～」で始まる段落の直前までのことだ。クラスのリーダータイプの人たちがバカにするのを聞いたが，反論もできず，自分をおさえてしまったという場面だ。アとオで迷うところだが，「孤独に生きよう」というほど本人も三鷹に入れ込んでいるわけでもないし，行動に移さなかっただけで，誰かと話してみようという思いも持っていたのだから「孤独に生きる」ということにはならない。誰かと話せるかなと気軽に考えたのに，自分の思うことも言えずにいるため，その場にいられない，いたたまれない気持ちになったのだから，「身の置きどころがない」ということになる。

基本　問三　「のちに」と問われていることをしっかり読み取る。「のち」の三鷹ロスゲレロスの試合の様子を述べているのは，数年後再昇格したときのことだ。感動的だったというその試合で若生は「後半三点のうち～」の一文である。

問四　有名なチームなら得意げに「観に行った」と言うところだが，「他にも観たという人がいたら」と思う程度なので，そもそも魅力的なチームだと思われてはいないだろうと思っているのだ。

問五　磯山は中心的人物で「その意向はなんとなくクラス全体に伝わる」存在だ。その磯山の言葉に反応して口々に悪口を言い始めたのだ。一定の主義・主張がなく，安易に他の説に賛成することという意味の「付和雷同」を選ぶ。

やや難　問六　――線6をふくむ文の出だしに着目する。「それが唾棄すべき態度だということは自覚」とある。この「それ」が指し示す態度を確認する。三鷹ロスゲレロスに関わったことがないという態を装っていることだ。解答の説明としては，なぜそのような態度をすることが唾棄すべきことになるのかから書き込むことが必要だ。「本心とは違うことを保身のため」にしているから，自分をさげすみたくなるのだ。

問七　「悪びれない」とは，「自分が悪いことをしたと認識して，いかにも申し訳ないという態度を取らない」という意味。悪いことをしたのに，全く反省する様子もなく，知らん振りして普通にしている人に対して使われる表現であり，「開き直った態度」や，「ふてぶてしい態度を取る」という意味ではない。チームとしてはわざと負けているわけではないが，物語の表現上，「応援してもらっているくせに負け続けている」，「自分がイヤな目にあっているのも知らないで」という心情を「悪いことをしている」としていると考えイを選択する。

問八　イとオで迷うところだ。確かに，応援していることを秘密にしていたのだから「隠していた本音が出た」とも思えるが，ここでは，ポスターを見ているうちに落書きなどされたら困るという気持ちが「抑えきれなくなっ」て出向いていったのだから，伝えたいことははっきりしているのだ。しかし，それをはっきり言えない事情があるから，わざと「さりげなく」呟いてみせたのである。

問九　――線9の心境は，誰でもファンであるような強くて有名なチームを応援しているからだ。したがって，弱小チームであり，密かに注目していた三鷹を応援する動機を見つけることになる。まず，初めて観戦に行ったときに注目した若生選手に感心したこと，後に保健室の高山先生も注目していることを知って嬉しくなっていることから，ウは適切だ。また，「二度目の窮地～」で始まる段落に注目すると，三鷹の浮上を願いながら「できるだけスタジアムに足を運んだ」とあるのでカを選ぶ。

やや難 問十　地元とは離れた高校に進学し，海外の強いチームを応援し「三鷹のことはほとんど考えなくなった」ことも「捨てた」ことと言えるだろう。が，「ほとんど考えなく」なので，完全に失念とは言えないことから「決定的な事実」にはならない。完全に忘れていたことがはっきりするのは，三鷹が二部再昇格というできごとを伝聞で聞いたということだ。そのことを全く知らなかったから伝聞で知ったということになる。

二 （論説文—要旨・大意，細部の読み取り，空欄補充，ことばの意味，記述力）

重要 問一　欧米で窓ごしに部屋の中を見るといわゆる丸見えであることに何らかの戸惑いを感じることが「気後れ」する気持ちになるのだ。掲出文冒頭にあるように「日本人である筆者は」から考えれば，欧米と日本の窓の違いである。日本の窓は不透明であることは何度も繰り返し述べられているので，［　　］に合う，10字の言葉を探す作業をすることになる。「非常に密集～」で始まる段落に「窓は不透明であること」がある。

問二　——線2をふくむ段落から言えることは「不透明だからこそ見えてくるものがある」ということになるので，アとオにしぼれる。オの「誰の目にも明らか」は「想像を膨らませ」と反するのでア。

問三 「マテリアル」とは素材という意味だ。文で考えると，主語は「ガラスは」なので，述語としてふさわしいものと考えても「素材」ということになる。

問四 ［ A ］せずとも「曖昧模糊とした境界線を引く」というのだ。結局は自己と他者を区切るということだ。つまり，きっぱりと分けるわけではないけれど境界線は引くということなのできっぱりと「分断」しなくてもということになる。

やや難 問五 「英語の『Window』は～」で始まる段落から続く段落での，欧米と日本の対比から読み取る。問いの中心は「どのような目的意識で作られたか」である。明確な相違点は欧米が“開く”目的に対し，日本では“閉じるため”という点である。

基本 問六　——線5の最後が「絵画」であることに着目し，「不透明なガラス越しに」で始まる段落と，最終段落最終文にある「肖像画」を書き抜く。「消」と表記しないように気をつけよう。

重要 問七 「見つめ合うことに等しい」に着目すれば「視線」の行き交いであるとわかる。

問八　ア　アのような欲求が無かったとは言えないが，はるか昔から「戸」としての役割の流れであった。　ウ　建築様式の差が気質の違いを生み出したのではない。　エ　エの内容は最終段落の内容に合っている。　カ 「人と社会を繋ぐ役割になっていった」がふさわしくない。　イとオは類似した内容だが，オの「見つめ返されていることを忘れてはならない」がふさわしくない。あくまでも「気がする」なのでイを選ぶ。

三 （漢字の書き取り）

1 「縦」は全16画の漢字。「糸」と「従」の間は「亻(にんべん)」ではなく「彳(ぎょうにんべん)」だ。　2　フランス語のような学問，技能を「おさ－める」のは「修」である。　3 「罪」は全13画の漢字。10画目はとめる。　4 「芽ば」としないように気をつけよう。「生える」は「は－える」なので「芽生」とする。　5 「漁」は全14画の漢字。「氵(さんずい)」のバランスに気をつけよう。6 「磁」は全14画の漢字。6・7画目の向きに注意する。　7 「痛」は全12画の漢字。12画目は下まで出す。　8 「率」は全11画の漢字。6～9画目の向きに注意する。音読みは「円周率」の「リツ」だ。　9 「善」は全12画の漢字。9画目は長く書く。　10 「祝」は全9画の漢字。部首は「衤」ではなく「礻」であるので気をつける。

★ワンポイントアドバイス★

50～60字程度でまとめる記述の練習をしよう。

MEMO

大切なことはメモしておこうネ！

2023年度

★★★★★★★★★★★★★★★★★★★★★★★

入　試　問　題

2023年度

慶應義塾普通部入試問題

【算　数】（40分）　＜満点：100点＞

1． □にあてはまる数を求めなさい。

① $3.875+2\frac{11}{15}\times\left(1\frac{3}{7}-\square\div2.1\right)=5\frac{7}{12}$

② $\frac{5}{7}+\frac{2}{17}+\frac{18}{119}+\frac{5}{289}=\square$

2． ボールがいくつかあり，A，B，C，D，Eの５人がある順番で１人１回ずつボールを取っていきました。全員が取り終わった後で，それぞれが次のように言いました。

A「ぼくは３番目に，残っていたボールの$\frac{3}{4}$を取りました。」
B「ぼくとD君とE君の取ったボールの合計は40個です。」
C「ぼくは最初に，全体の$\frac{1}{3}$より６個多く取りました。」
D「ぼくが最後に３個のボールを取ったら，ボールは残りませんでした。」
E「ぼくはA君の次に取りました。ぼくが取ったボールはB君が取ったボールの半分より２個少なかったです。」

① Bが取ったボールは何個ですか。
② はじめにあったボールは全部で何個ですか。

3． 石を並べ，正五角形をつくります。次に，１列が正五角形の１辺の石の数より１個だけ多くなるように並べかえます。例えば，図１は１辺が５個の正五角形で，それを並べかえると，図２のように６個の列が３列できて２個余ります。

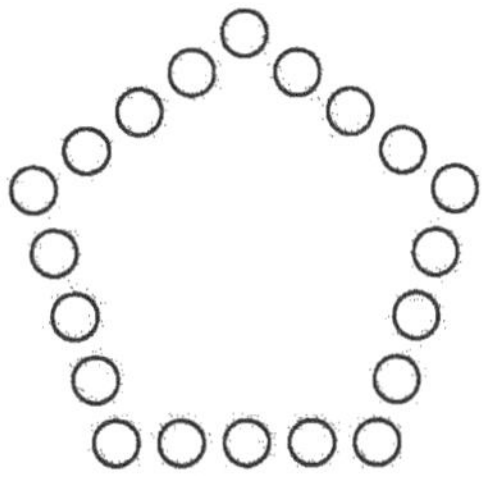

図１

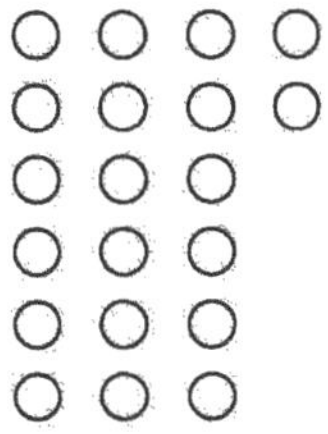

図２

① １辺が８個の正五角形を並べかえると，何列できて何個余りますか。
② 並べかえたら11個余りました。石は全部で何個ですか。

4． 図１のような１辺が６㎝の立方体があります。図２のように正方形ABCDの面から垂直方向に円柱を３㎝くりぬきました。その後，図３のように正方形EFGHの面から垂直方向に直方体を３㎝くりぬきました。残った立体の体積と表面積をそれぞれ求めなさい。ただし，円周率は3.14とします。

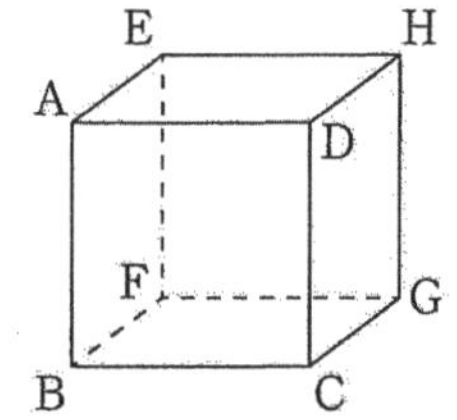

図１

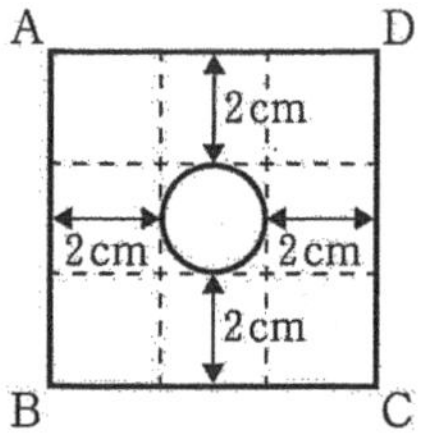

図２

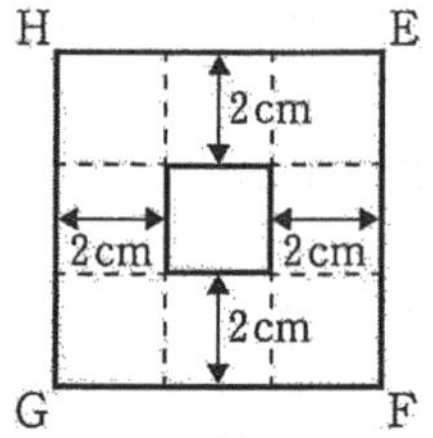

図３

5． ３辺の長さがAB＝10㎝，BC＝24㎝，CA＝26㎝の直角三角形ABCがあります。

① 図１のように，直角三角形ABCの各頂点を中心とした半径３㎝のおうぎ形を切り取りました。残った図形の面積を求めなさい。ただし，円周率は3.14とします。

② 図２のように，直角三角形ABCの各頂点から３㎝の点どうしを直線で結んで二等辺三角形をつくり，それらを切り取りました。残った図形の面積を求めなさい。

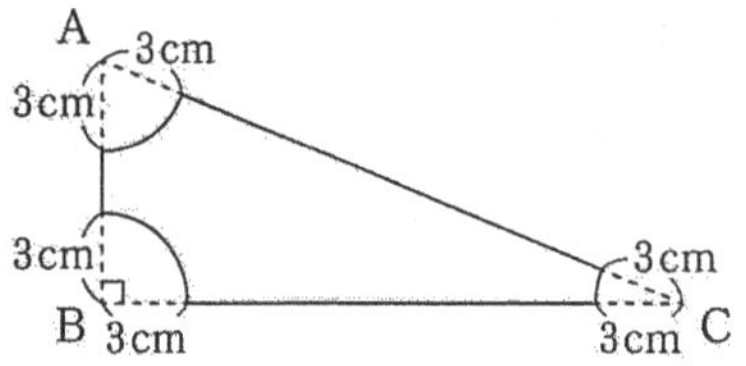

図１

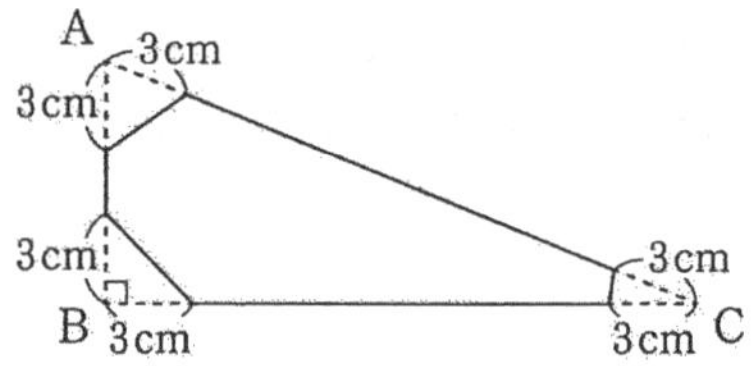

図２

6． 右の図は，四角形ABHG，BCDH，DEFHは長方形で，三角形FGHは直角三角形です。AD＝BEのとき，㋐の角度を求めなさい。

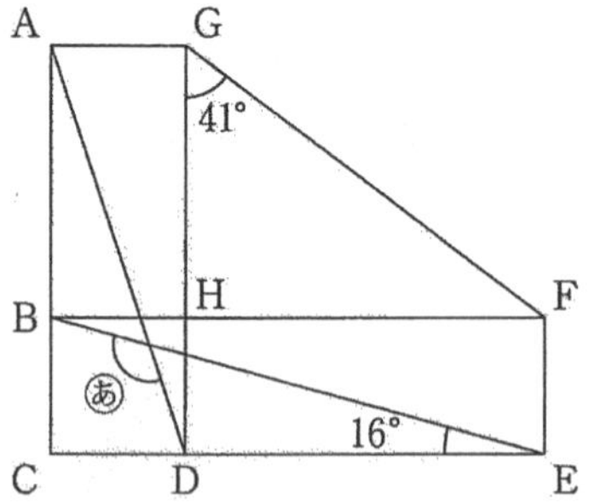

7． ＡとＢの２人が同時に学校を出発して，図書館まで行きました。学校から公園まで平らな道が続き，公園から図書館まで上り坂になっています。学校を出発したときはＢのほうが速く歩いていました。Ａは道の途中にある自宅に寄り，7分後に自転車で向かったので，公園より手前でＢを追いこしました。Ａは公園で自転車をおり，ＡもＢも上り坂では平地よりゆっくり歩いたところ，2人は同時に図書館に着きました。

次のページのグラフは，学校を出発してからの時間と，２人の間の距離《きょり》の関係を表しています。

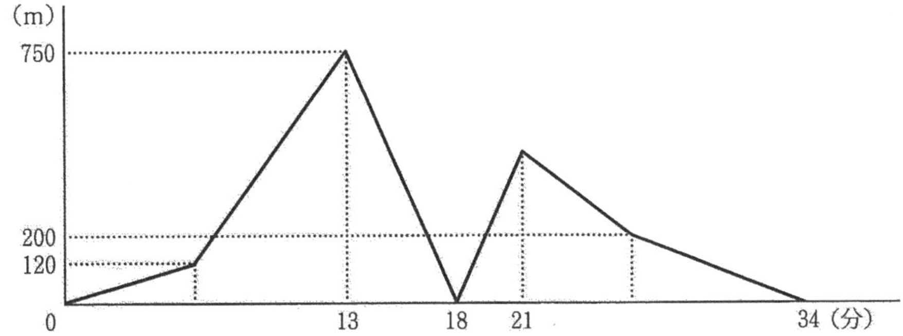

① Aは学校から自宅まで分速何mで歩きましたか。

② 公園から図書館まで何mありますか。

8． 図1のような，9つのマスがあります。この9つのマスのうち，3つのマスに○をかきます。図2と図3のように回転させると重なるものや，図4と図5のように裏返すと重なるものは同じとします。このとき，○のかき方は全部で何通りありますか。

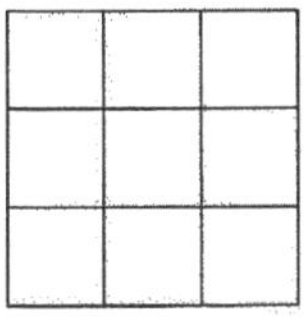
図1

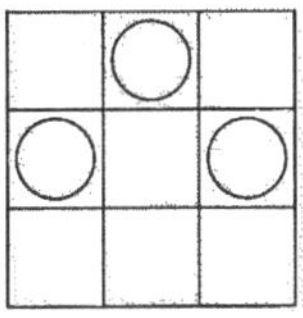
図2

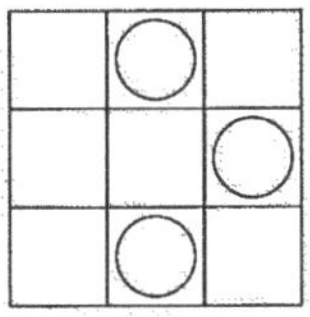
図3

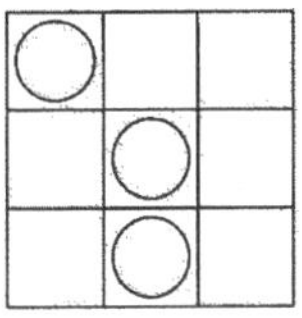
図4

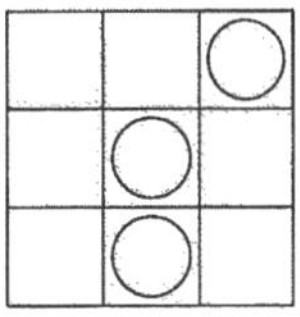
図5

【理　科】（30分）　＜満点：100点＞

【注意】□□□の中には一文字ずつ書き，あまらせてもかまいません。

問１　大きめのニボシ（カタクチイワシ）を買って観察しました。体の表面を見ると，①うすくキラキラ光るものがありました。手で頭と胴《どう》体を分け，頭を背側から開くように割《わ》ると，図１のように脳，エラ，鰓《さい》耙《は》が見えました。エラと鰓耙は，くしのような形をしていました。残った胴を背側から開くと，心臓，肝《かん》臓，胃，腸，背骨，筋肉などが見られ，②心臓や肝臓はほかの部分に比べて黒く見えました。背骨の部分を虫めがねで見ると，図２のように③腹側と背側にひものようなものが見られ，腹側のほうが太く黒く見えました。さらに，別のニボシをお湯に15分ほどつけてから，胃を取り出してつぶし，④中身を顕《けん》微《び》鏡で観察しました。

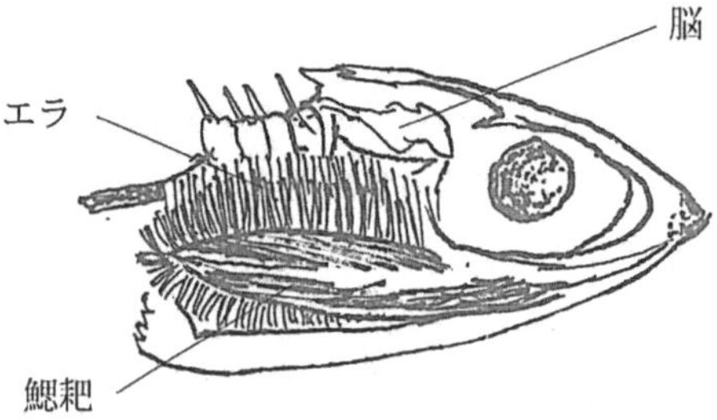

図１

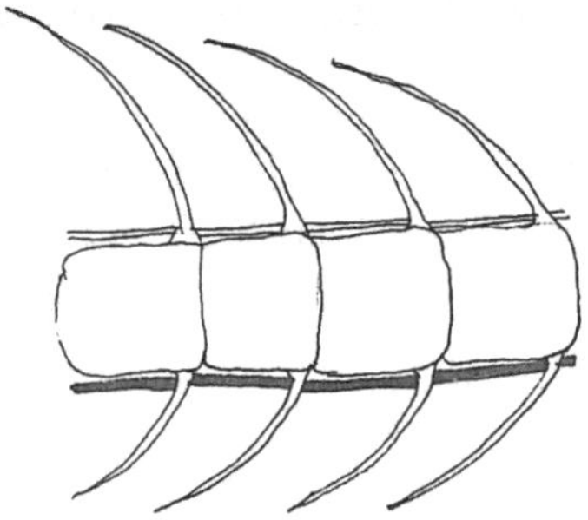

図２

１．だし以外で，ニボシそのものが使われるおせち料理を次の（ア）～（オ）から１つ選び，記号で答えなさい。

（ア）数の子　（イ）栗《くり》きんとん　（ウ）田づくり　（エ）だて巻き　（オ）筑前《ちくぜん》煮《に》

２．下線部①は何か，答えなさい。

３．図１を見て，鰓耙を使ったカタクチイワシのえさの取り方を説明しなさい。

４．下線部②の理由を説明しなさい。

５．下線部③は何か，それぞれ答えなさい。

６．顕微鏡の使い方として正しいものを，次の（カ）～（コ）からすべて選び，記号で答えなさい。

（カ）高倍率でピントを合わせ，低倍率に変えて観察する。

（キ）観察前に対物レンズとステージをできるだけ近づける。

（ク）すぐにピントが合うように，調節ねじをすばやく回す。

（ケ）ピントが合ってから，反射鏡を調整して光が入るようにする。

（コ）スライドガラスの上に胃の中身をのせて，カバーガラスをかけて観察する。

７．下線部④で観察できたものを次の（サ）～（ソ）からすべて選び，記号で答えなさい。

（サ）イソギンチャク　（シ）ケイソウ　（ス）ケンミジンコ　（セ）コンブ　（ソ）サバ

８．カタクチイワシの体長に対する口から肛門《こうもん》までの消化管の長さの割《わり》合は，ヒトよりも小さいことがわかりました。次の（タ）～（ト）の動物のうち，体長に対する口から肛門までの消化管の長さの割合がヒトよりも小さいものをすべて選び，記号で答えなさい。

（タ）ウシ　（チ）カエル　（ツ）トラ　（テ）ハト　（ト）ヒツジ

問２　自転車のハンドルには「てこの原理」が使われており，図１のようにハンドルの軸《じく》の中心が支点になっています。支点から力点までの距離《きょり》が軸の半径よりも大きいので，小さい力で前輪の向きを変えられます。

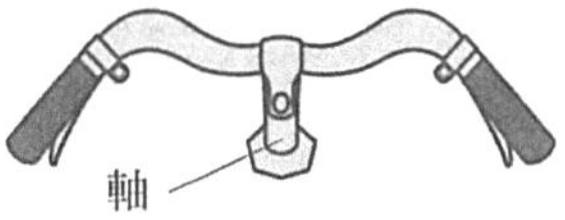

図１

一般《いっぱん》的な自転車では，右手側のブレーキレバーを引くと前輪のブレーキがかかり，左手側のブレーキレバーを引くと後輪のブレーキが働きます。強くブレーキをかけるときは，先に左手側のブレーキレバーを引くと安全に止まれます。

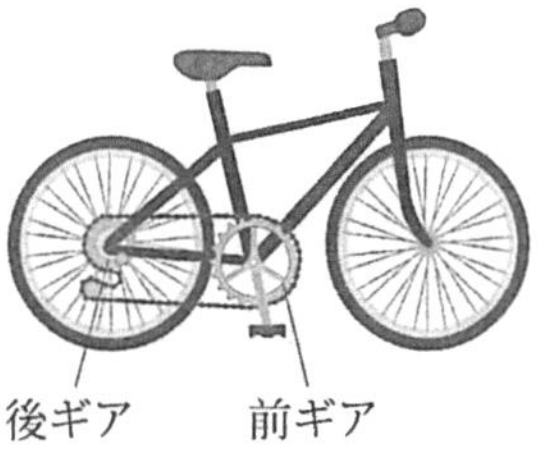

図２

図２のような変速機（ギア）付きの自転車では，ペダルについている歯車（前ギア）と後輪についている歯車（後ギア）にかけるチェーンの位置を変えることで，ペダルを１回転させたときの後輪の回転数を変化させています。ある自転車についているギアの歯数を調べたところ，次の表のようになっていました。また，後輪の直径は60㎝でした。

表　前ギアと後ギアの歯数

	１段目	２段目	３段目	４段目	５段目	６段目
前ギア	52	36	——	——	——	——
後ギア	24	21	18	15	13	12

１．自転車のハンドルと同じような「てこの原理」が使われている道具を次の（ア）～（オ）から２つ選び，記号で答えなさい。

（ア）はさみ　（イ）ドアノブ　（ウ）せんぬき　（エ）ねじ回し　（オ）ピンセット

２．まっすぐ走っていた自転車が左に傾《かたむ》きました。ハンドルを左右のどちらに切ると傾きがもとに戻《もど》りますか。解答欄《らん》の正しい言葉を丸で囲みなさい。

３．下線部について，先に右手側のブレーキレバーを引くと，安全に止まれません。その理由を説明しなさい。

４．前ギアを２段目，後ギアを１段目にして走ったとき，ペダルを１周させると後輪は何周しますか。

５．４．の状態でペダルの回転数を１分間に60回にして進むとき，自転車の速さは分速何ｍになりますか。小数第１位を四捨五入して，整数で答えなさい。ただし，円周率は3.14とします。

６．前ギアは２段目のまま，後ギアを１段目から４段目に変えると，ペダルの回転数を同じにするために必要な力はどのようになりますか。解答欄の正しい言葉を丸で囲みなさい。

７．前ギアを２段目，後ギアを４段目にして水平な道を走っています。この状態からペダルの回転数を変えずに上り坂を進むとき，前ギアと後ギアの組み合わせをどのようにすればよいですか。最も ふさわしいものを次の（カ）～（ケ）から１つ選び，記号で答えなさい。たとえば，前ギアを２段目，後ギアを４段目にした場合，（2，4）と表します。

（カ）（1，3）　（キ）（1，5）　（ク）（2，2）　（ケ）（2，6）

問３　横浜市ではごみ対策として「ヨコハマ３Ｒ夢《スリム》！」という計画を作り，ごみの量や温室効果ガスを減らすことを目標にして３Ｒを進めています。①３Ｒとは，Reduce（リデュース），Reuse（リユース），Recycle（リサイクル）の３つです。このうち，リサイクルをするときにはごみや資源物を分別することが特に重要です。

PETボトルは図のようにキャップとリングがPP，本体がPET，ラベルがPSと，いくつかの素材でできています。これらはすべてプラスチックの一種です。プラスチックは（　Ａ　）を原料としていて，ほかにもPVCやHDPEなどといった種類があります。②プラスチックは表１のように種類ごとに様々な性質を持っており，それぞれの性質を生かして日常生活に広く使われています。

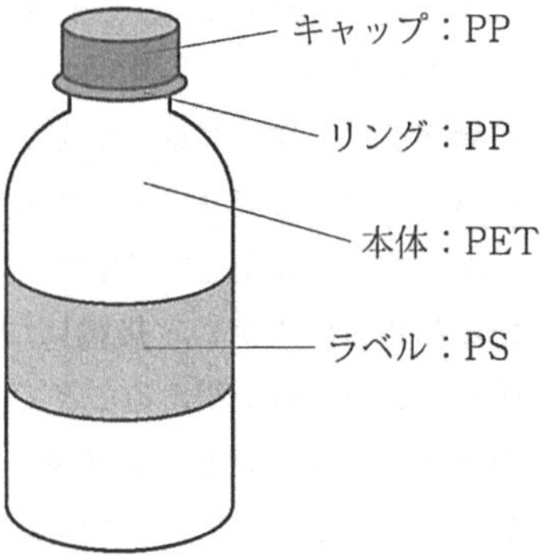

図

表１の「密度」とは重さを体積でわった値《あたい》のことです。PETボトルに使われるプラスチックは水に入れると③密度の違《ちが》いによって浮《う》かんだり沈《しず》んだりするため，分別することができます。

表１　プラスチックの種類ごとの性質

	薬品に対する強さ ○：強い ×：弱い	熱に対する強さ ○：強い ×：弱い	透明《とうめい》さ ○：　透明 ×：不透明	密度 (g/cm³)
PP	×	○	×	0.90
PET	×	×	○	1.30
PS	×	×	×	1.05
PVC	○	○	○	1.40
HDPE	○	×	×	0.95

１．下線部①について，３Ｒのそれぞれの意味を次の（ア）～（オ）から選び，記号で答えなさい。
（ア）ポイ捨てをしないこと　　（イ）何回もくり返し使うこと
（ウ）木をたくさん植えること　（エ）ごみそのものを減らすこと
（オ）資源物を新しい製品に作り変えること

２．文章中の（Ａ）に入る言葉を答えなさい。

３．下線部②について，PP，PET，PS，PVC，HDPEはどのような製品に使われていますか。次の（カ）～（コ）からそれぞれ選び，記号で答えなさい。ただし，記号は一度しか使えません。
（カ）プラモデル　（キ）食品用ラップ　（ク）洗面器
（ケ）たまごパック　（コ）灯油用ポリタンク

４．下線部③について，物体が液体に浮かぶか沈むかを調べるために，木，ロウ，レンガをそれぞれ水と灯油に入れたところ，結果は表２（次のページ）のようになりました。物体はどのようなときに液体に浮かぶと考えられますか。表２からわかることを説明しなさい。

表2　物体が液体に浮かぶか沈むか（○：浮かんだ　×：沈んだ）

	水 （密度1.00 g/cm^3）	灯油 （密度0.80 g/cm^3）
木 （密度 0.70 g/cm^3）	○	○
ロウ （密度 0.95 g/cm^3）	○	×
レンガ （密度 1.20 g/cm^3）	×	×

5．PETボトルを分別して捨てるときには，本体からラベルをはがす必要はありますが，リングを取り外す必要はありません。この理由として正しいものを次の（サ）～（セ）から１つ選び，記号で答えなさい。

（サ）粉々にして水に入れたとき，リングは浮き，本体は沈むから。

（シ）粉々にして水に入れたとき，リングは沈み，本体は浮くから。

（ス）粉々にして水に入れたとき，リングも本体もともに浮くから。

（セ）粉々にして水に入れたとき，リングも本体もともに沈むから。

6．PPとHDPEを密度の違いを利用して分別するために，100 g の水に少しずつエタノールを加えて（タ）～（テ）の溶《よう》液を作りました。その結果が表３です。PPとHDPEを分別することができる溶液を次の（タ）～（テ）からすべて選び，記号で答えなさい。

表３　水にエタノールを加えた溶液

	（タ）	（チ）	（ツ）	（テ）
加えたエタノール（g）	10	40	70	100
溶液の体積（cm^3）	112	149	186	224

問４　地震《じしん》が起こると，場所によって異なる大きさのゆれが観測されます。地震が発生した場所を「震源」，震源の真上の地点を「震央」といいます。緊急《きんきゅう》地震速報は，大きなゆれの前にくる小さなゆれを検知し，大きなゆれがとどくと予想される地域へゆれがくることを事前に知らせるしくみです。

図１は，2011年４月に宮城県沖で発生した地震についてまとめた地図です。図２は，この地震について観測地点A，B，Cでの地震のゆれを表したグラフです。表は，この地震の震央から観測地点A，B，Cまでの距離《きょり》，ゆれ始めの時刻，観測地点Cで観測された最大のゆれを１としたときの各地点の最大のゆれの比率を表しています。

（図１，図２，表は次のページにあります。）

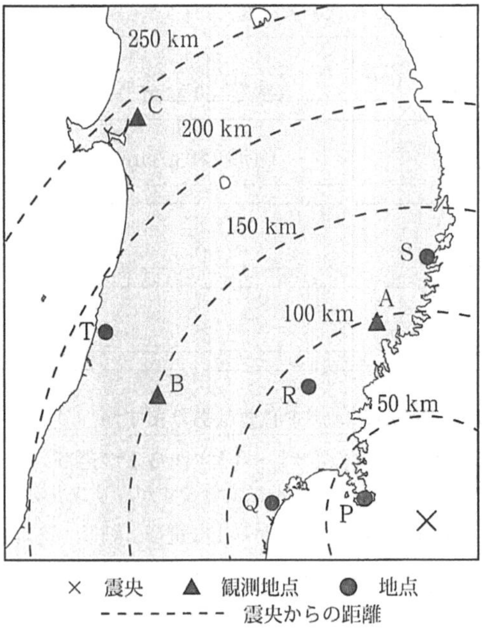

図1

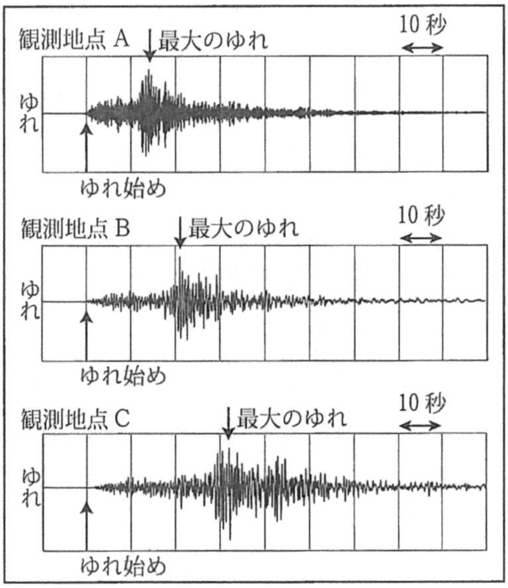

図2

表

観測地点	震央からの距離	ゆれ始めの時刻	ゆれの比率
A（岩手県内）	99 km	11時33分01秒	6.5
B（山形県内）	147 km	11時33分07秒	0.9
C（秋田県内）	243 km	11時33分19秒	1

気象庁HP　https://www.data.jma.go.jp/eqev/data/kyoshin/jishin/ よりデータ引用（一部加工）

1．地震時の大きなゆれに対する備えのうち，家の中の被害《ひがい》を減らすための方法を1つ答えなさい。

2．海岸付近で大きなゆれを感じたときの行動として適切なものを次の（ア）～（オ）から2つ選び，記号で答えなさい。

（ア）海岸付近の高台にある神社に逃《に》げた。

（イ）津波《つなみ》がくるか確かめるために，海を見に行った。

（ウ）堤防《ていぼう》のある川づたいに，海岸からなるべく遠くに逃げた。

（エ）近くの避難《ひなん》場所へ行く人が多いので，別の避難場所に逃げた。

（オ）避難しようと外へ出たが，忘れ物をしたので海岸付近の家にもどった。

3．緊急地震速報について述べたあとの（カ）～（ケ）のうち，誤っているものを1つ選び，記号で答えなさい。

（カ）津波がくる可能性についても知らせることができる。

（キ）強いゆれが予想される場合のみ知らせることが目的である。

（ク）テレビやスマートフォンなどで，すぐに見ることができる。

（ケ）いくつかの地震が同時に起こると，１つの大きなゆれとして知らされることがある。

4．図２のグラフは，それぞれの地点で観測された最大のゆれにあわせて縦軸《じく》を調整しています。図２のグラフと表のデータからわかることとして適切なものを次の（サ）～（セ）から１つ選び，記号で答えなさい。

（サ）震央から遠いほど，最大のゆれは大きくなる。

（シ）震央から遠いほど，最大のゆれは小さくなる。

（ス）震央から遠いほど，ゆれ始めから最大のゆれまでの時間は長くなる。

（セ）震央から遠いほど，ゆれ始めから最大のゆれまでの時間は短くなる。

5．この地震が発生した時刻に最も近いものを次の（タ）～（テ）から１つ選び，記号で答えなさい。ただし，地震のゆれは一定の速さで伝わるとします。

（タ）11時32分38秒　（チ）11時32分43秒　（ツ）11時32分48秒　（テ）11時32分53秒

6．この地震では，小さなゆれが検知されてから６秒後に緊急地震速報が発表されました。その時刻は，観測地点Ａではゆれ始めの時刻より後，観測地点ＢとＣではゆれ始めの時刻より前でした。小さなゆれが検知された場所として考えられるものを，図１に●印で示した５つの地点Ｐ～Ｔからすべて選び，記号で答えなさい。

【社　会】（30分）　＜満点：100点＞

1） 次の文を読んで，あとの問いに答えなさい。

あ．（　**A**　）は，生麦事件を起こした藩に軍艦《かん》を派遣《はけん》し，その城下を砲撃《ほうげき》した。

い．聖徳太子がかつての都に建設した①寺院には，世界最古の木造建築物が現存している。

う．吉田松陰《いん》が城下町で開いていた②私塾から，政治家，役人，軍人など多くの優れた人材が育った。

え．戦争の賠償《ばいしょう》金で建設した官営工場の建設地には，炭田に近く，港もある場所が選ばれた。

お．古くから開かれていた山岳《がく》信仰《こう》の聖地に，幕府の創設者を祀《まつ》る神社が建設された。

か．東西両軍が戦って東軍が勝利した天下分け目の合戦場は，多くの街《かい》道が集まる交通の要所である。

き．東インド会社によって港《みなと》町に建てられた（　**B**　）の商館は，のちに出島に移転させられた。

1．（A）・（B）に当てはまる国名を，それぞれカタカナで書きなさい。

2．下線部①・②の名前を，それぞれ漢字で書きなさい。

3．**あ**～**え**の～～部の場所はどこか，下の日本地図のア～スからそれぞれ選んで記号で答えなさい。

4．**お**～**き**の～～部の名前をそれぞれ書きなさい。

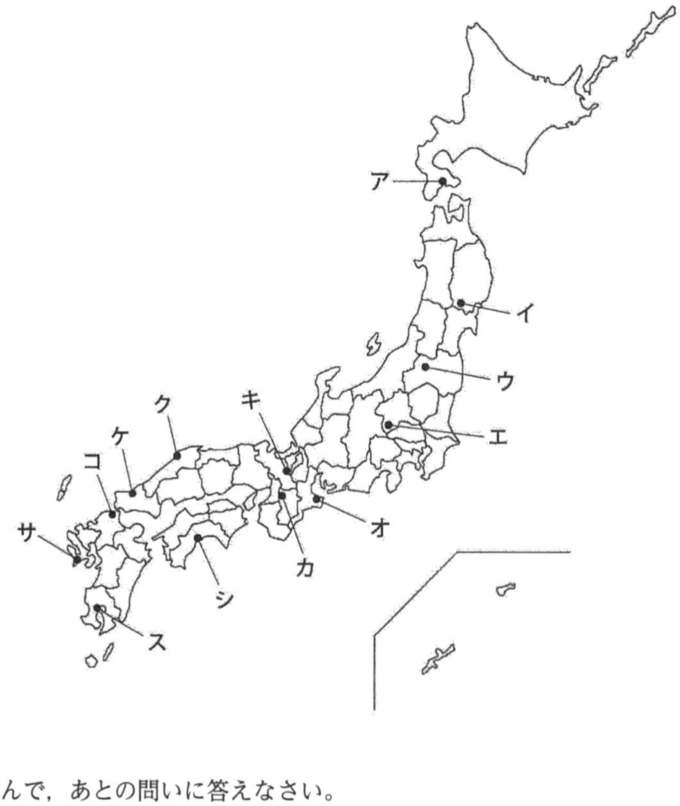

2） 次の文を読んで，あとの問いに答えなさい。

A．この都市は，全国でも有数の流量をほこる二本の河川の河口に位置しています。このうち（　**あ**　）川の流域では，1960年代にメチル水銀による水銀中毒の発生が確認されています。この都市の港は，1858年に開港が定められた５つの港のうちの一つです。

B．この都市は，「日本三大暴れ川」の一つとして知られる（　い　）川の河口に位置しており，市内には多くの河川が流れています。歴史的に関西との結びつきが強く，フェリーでの往来もありましたが，1998年に淡路島と本州とをつなぐ（　う　）大橋が開通してからは，陸路が関西への主なルートになっています。

C．この都市は，淡《たん》水と海水が混ざる二つの湖や，それらをつなぐ大橋川など，水辺の景観に恵《めぐ》まれている場所です。二つの湖のうち（　え　）湖は，しじみの産地としても知られています。天守閣が現存する市内の城の周りは堀《ほり》が囲み，全長約3.7㎞のコースを遊覧船でまわることができます。

1．(あ)～(え)に当てはまることばを書きなさい。

2．A～Cの都市名をそれぞれ漢字で書きなさい。

3．四万十川には下の写真のような橋がいくつもかかっています。どのようなことを想定して橋が建設されたのか，橋の特徴《ちょう》にふれながら説明しなさい。

３）次の文を読んで，あとの問いに答えなさい。

慶應義塾大学と早稲田《わせだ》大学は，それぞれ福澤諭吉と大隈《くま》重信によって創立された学校です。福澤は明治時代を代表する知識人として，大隈は明治政府を代表する政治家として活躍《やく》しました。両者が出会うまでは，お互《たが》いをこしゃくな存在と思っていたようでしたが，実際に会って話をしてみると，すぐに打ち解けて，以来親密な関係を続けました。

大隈は，江戸時代の（　あ　）という単位の小判（金貨）と，銀貨，銭《ぜに》（銅貨）からなる三貨制度を改めて，新たに10進法の通貨「(　い　)」を誕生させました。そして新通貨を外国との貿易の支払《はら》いなどに利用しました。その際に，貿易業務を担当し，外国との通貨の交換《かん》を行う外国為替のための銀行を，福澤の助言に従って設立しました。外国為替の重要性は，今日でも「政府と（　う　）は22日，急激な（　い　）安を食い止めるため，24年３か月ぶりに（　え　）という為替介《かい》入に踏《ふ》み切った」(注)と，トップニュースで伝えられたことからも分かります。

政治家としての大隈は，1882年に（　お　）党を結成し，内閣総理大臣にも二回なりました。第二次大隈内閣では，（　か　）が起きると中国に21か条の要求をしましたが，国民には人気のあった政治家でした。

（注）2022.9.23の新聞記事より抜粋《ばっすい》

1．（あ）～（か）に当てはまることばを書きなさい。

2．下線部の読みをひらがなで書きなさい。

3．日本の通貨の記号を書きなさい。

4） 次の文を読んで，あとの問いに答えなさい。

横浜	午前七字	八字	九字	十字	午後二字	三字	四字	五字
神奈川	七字六分	八字六分	九字六分	十字六分	二字六分	三字六分	四字六分	五字六分
川崎	七字廿二分	八字廿二分	九字廿二分	十字廿二分	二字廿二分	三字廿二分	四字廿二分	五字廿二分
品川	七字四十分	八字四十分	九字四十分	十字四十分	二字四十分	三字四十分	四字四十分	五字四十分

1872年９月に東京で発行された新聞に，右のような表が載《の》っています。これはこの年に日本で初めて運行を開始した鉄道の時刻表で，見るといろいろなことが分かります。

駅（停車場）は４つだけで，①品川の先の区間で大がかりな工事をしていたため，汽車は（　あ　）駅まではまだ通っていませんでした。また横浜発の汽車は一日に（　い　）本だけでした。当時の横浜駅は今の桜木町駅付近で，②海の玄《げん》関口として開かれた港に近い場所です。それ以外の神奈川，川崎，品川は，もともと江戸時代の幹線道路である（　う　）の宿場が置かれた場所です。

西洋と同じ時刻の表記が使われ，しかも七字，八字，と書かれているのも面白いことです。「時《じ》」を「字」と書いたのはなぜでしょう。日本で長く使われてきた時刻の表し方では，昼と夜をそれぞれ６等分して，ひとまとまりを「一時《いっとき》」と数えました。それで西洋の「一時」を区別できるように工夫したのです。

時刻表には「分」の表記もあります。それまでの日本で，「分」「秒」のように細かい時間が問題となる場面はほとんどありませんでした。この時刻表は，③西洋にならって世の中が変わるなかで，日本でも細かく時間を管理し人が時間で管理されはじめたことを物語っています。ただし，こうした変化はすぐに行き渡《わた》ったわけではありません。宮本常一《みやもとつねいち》という学者は「日本人の時間観念」という文で，「④明治末までは村の中に（　え　）のある家は数えるほどしかなくて…中略…，（　え　）のある家へ子供を『いま何時ですか』と聞きにやったものである」と言っています。

（慶應義塾所蔵の資料より）

1．（あ）～（え）に当てはまる数字やことばをそれぞれ書きなさい。

2．沖にたくさんの船が描《えが》かれた前のページの絵は，下線部①の区間が開通して間もないころの様子です。「大がかりな工事」とは何か，絵から読みとって書きなさい。また鉄道以外に陸上を移動する手段として描かれている乗り物を二つ書きなさい。

3．下線部②を開くことを最初に定めた条約を何というか，漢字で書きなさい。

4．下線部③のように社会が変化したこの時代の風潮を何というか，漢字４字で書きなさい。

5．下線部④の時期に起きたことを次の**ア**～**カ**から二つ選んで記号で答えなさい。

ア．第一回帝《てい》国議会が開かれた。　**イ**．東京でラジオ放送が始まった。

ウ．関東大震《しん》災が起こった。　**エ**．男子の普通選挙制度が定められた。

オ．韓国併《へい》合が行われた。　**カ**．欧《おう》米との不平等条約の改正をなしとげた。

5） 次の文を読んで，あとの問いに答えなさい。

日本は，①原油，天然ガス，石炭，鉄鉱石，銅鉱など，大量に使う資源のほとんどを，100％あるいはそれに近い割合で輸入しています。先端《たん》技術産業で重要性が増している②リチウム，ネオジム，ガリウムなど，（　**あ**　）という呼び名で知られている資源も，ほぼ輸入に頼《たよ》っています。

一方で，日本には自給できている資源もあります。セメントの原料となる（　**い**　）は，日本列島の各地で産出されます。また火山が多い日本では，（　**う**　）も多く手に入ります。（　**う**　）は宋《そう》や明《みん》との貿易の輸出品で，現在ではさまざまな化学製品の原料の一部に使われています。

この他，日本近海の海底には，ガスと水が結合して氷状になっている（　**え**　）が大量にあることが分かり，開発するための研究が進んでいます。

1．（あ）～（え）に当てはまることばを書きなさい。

2．下線部①の５つの資源のなかで，日本で２～３％は自給できている資源があります。当てはまる資源名を書きなさい。

3．下の表は，2020年の日本における下線部①の輸入量上位３か国を示したものです。このうち，鉄鉱石と石炭に当たるものを，**ア**～**オ**からそれぞれ選んで記号で答えなさい。（　）内の数字は全輸入量に占《し》めるその国の割合です。

	1位	2位	3位
ア	オーストラリア　（58％）	ブラジル　（27％）	カナダ　（６％）
イ	チリ　（47％）	ペルー　（15％）	カナダ　（11％）
ウ	オーストラリア　（60％）	インドネシア　（16％）	ロシア　（12％）
エ	サウジアラビア　（40％）	アラブ首長国連邦《ぽう》　（31％）	クウェート　（９％）
オ	オーストラリア　（39％）	マレーシア　（14％）	カタール　（12％）

（「日本国勢図会2022/23」より作成）

4．下線部②が使われている代表的なものを次の**ア**～**エ**から一つ選んで記号で答えなさい。

ア．LED電球　**イ**．液晶《しょう》画面　**ウ**．強力磁石　**エ**．蓄《ちく》電池

5．原油（石油），天然ガス，石炭は火力発電の燃料としても使われます。次のページのグラフは

日本の発電量について，水力発電と原子力発電も含《ふく》め，電源別に割合の変化を示したものです。天然ガス，石炭および原子力に当たるものを，**ア**～**オ**からそれぞれ選んで記号で答えなさい。

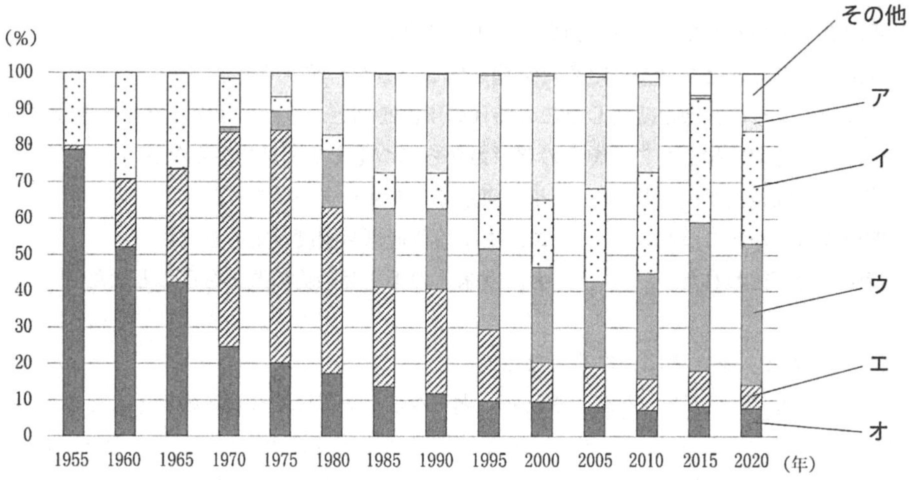

（電気事業連合会の資料より）

6） 次の文を読んで，あとの問いに答えなさい。

慶太君は首都［　　　　　］に滞《たい》在していたとき，①ホワイトハウスの屋上に，②この国の旗が右の写真のように揚《あ》がっているのを見かけました。近くにある③政治に関係する建物でも，国旗が同じように揚がっていて，不思議に思いました。

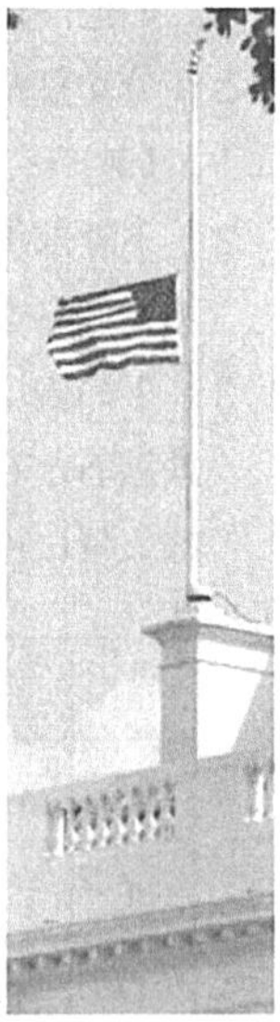

1．［　　］に当てはまる都市名を書きなさい。

2．下線部①についての説明として最もふさわしいものを，次の**ア**～**オ**から選んで記号で答えなさい。

ア．外国から来た要人たちが宿泊《はく》したり食事をしたりする建物

イ．かつて人種差別反対運動の拠《きょ》点となっていた歴史的な建物

ウ．議員全員が定期的に集まって連邦議会が開かれる建物

エ．大統領やその周辺の人びとがさまざまな決定をする建物

オ．国にとって重大な事件についての裁判が行われる建物

3．ロシアで下線部①に相当する建物の名前は何か，カタカナで書きなさい。

4．下線部②はそのデザインから何と呼ばれているか，漢字で書きなさい。

5．日本では，下線部③をそれが所在する地名で表すことがあります。次の**A**・**B**を表す地名として最もふさわしいものを，下の**ア**～**カ**からそれぞれ選んで記号で答えなさい。

A．国会議事堂や首相官邸《てい》　　**B**．財務省・外務省などの中央官庁

ア．桜田門　　**イ**．大手町

ウ．丸の内　　**エ**．霞《かすみ》が関

オ．永田町　　**カ**．銀座

6．前のページの写真のような旗の揚げ方を何というか，漢字で書きなさい。また，このように旗を揚げるのはどのようなときか，最も ふさわしいものを，次の**ア**～**オ**から選んで記号で答えなさい。

ア．大統領選挙など大きな選挙の期間中であることを国民に知らせるとき。

イ．外国で起こっている戦争で核《かく》兵器を使用することに反対の意思を示すとき。

ウ．政府の要人や多くの民間人が亡くなったことに弔《とむら》いの気持ちを示すとき。

エ．議会での話し合いの結果，反対意見が多数であったことを国民に知らせるとき。

オ．外国政府の要人が訪れていることを知らせて，感謝の気持ちを示すとき。

※出題の都合上、本文の一部を改稿《こう》しています。

問一 [A] にあてはまる表現として最も適切なものを一つ選び、記号で答えなさい。

ア 気が遠く　イ 目が細く　ウ 耳が痛く
エ 口が堅《かた》く　オ 腰《こし》が重く

問二 1速度に反比例して解像度を上げていくさま　とありますが、どういう様子を表していますか。三十字以内で説明しなさい。

問三 2これから親交を深めようというそのあたたかな瞬間　とありますが、これは何を言い換《か》えた表現ですか。本文中から二字で探し、抜《ぬ》き出しなさい。

問四 3旅人はどこにも属さない　とありますが、筆者は反対の意見を持っています。筆者がそう考える理由を本文中より探し、「〜と考えているから」に続くように十五字以内で抜き出しなさい。

問五 [B] にあてはまる適切な言葉を、これより前の本文中から探し、二字で抜き出しなさい。

問六 4素晴らしい一人旅になった　とありますが、旅程の大部分が移動時間である旅を筆者はなぜ「素晴らしい」と感じているのですか。「所属」と「解放」ということばをそれぞれ必ず使って三十字以内で説明しなさい。

問七 [C] にあてはまる語として最も適切なものを一つ選び、記号で答えなさい。

ア 青春　イ 旅人
ウ 存在　エ 妖怪
オ 一人

三 以下の問いに答えなさい。

問一 次の傍《ぼう》線部を漢字に直しなさい。

1 計画がショウニンされた。
2 新人賞のコウホとなる。
3 土地のカンシュウに従う。
4 メンミツな計画を練る。
5 家畜《ちく》のシリョウが値上がりする。

問二 漢字二字以上のことば全体で読みが決まっているものを熟字訓といいます。その組み合わせをバラバラにしてしまうとその時の読み方ができなくなります。

例：土（つち・ド）＋産（う・サン）＝土産（みやげ）

【　】の漢字を使って、熟字訓になる二字の熟語を二つ作り、また、その特別な読みも書きなさい。

【時・下・朝・行・今・手・山】

問三 例にならって、上下左右が二字の熟語になるように、□に適切な漢字一字を入れなさい。

例

	成	
早	熟	語
	考	

1

	軽	
直	□	察
	覚	

2

	出	
実	□	技
	出	

3

	発	
進	□	開
	示	

【国　語】（四〇分）〈満点：一〇〇点〉

【注意】　字数を数える場合は、句読点・かぎかっこ等も一字と数えます。

一　※問題に使用された作品の著作権者が二次使用の許可を出していないため、問題を掲載しておりません。

（出典：加納朋子『空をこえて七星のかなた』より）

二　次の文章を読み、問いに答えなさい。

子どもの頃《ころ》から「到《とう》着」が嫌《きら》いで、つい、旅行も　A　なりがちだ。車、飛行機、新幹線、そのときどきの乗り物が到着にそなえて減速する瞬《しゅん》間が、本当に悲しい。あっという間に過ぎ去っていた窓の外の風景が

1速度に反比例して解像度を上げていくさまは、これまでずっとつれなかったのになぜか急に優《やさ》しさに目覚めた気まぐれな友人のようだ。そっと歩み寄ってきて、とうとうその顔を見せてくれる。土地と、風景と、目が合う。

2これから親交を深めようというそのあたたかな瞬間を、しかし私はいつも台無しにしてしまう。ようやく合った目をそらし、できればそのままそらしっぱなしにしたいとさえ考える。ここへ行こう、行ってみたいと自分の意志で出かけてきたのに、いざ到着したとなるとその地を踏《ふ》むのが怖《こわ》くなるのだ。小学生の頃から不登校気味で、中学も一年半ほどしか通えず、自分には「こういうこと」は無理なのだと高校は思い切って通信制に切り替《か》えることにした、そのあたりの性質とそれはおそらく関係がある。「こういうこと」とは――この言葉をあてることができたのは大人になってからだが――「属する」ということだ。

3旅人はどこにも属さない。そう考える人もいるだろう。一時的にそこにとどまっているだけの、自由な存在。でも私には、旅人にも属性があり、旅人も旅人なりにその土地に属しているのだと感じられる。休暇《か》を利用して遊びに来ただけの観光客にも、大げさな言い方をすれば、その場所で果たすべき義務があるのだ。街を歩く、写真を撮《と》る、歴史を知る、名産品を食べる、温泉につかってのんびりくつろぐ――そういうことをする義務が。楽しい義務だが、義務は義務だ。気楽な所属だが、所属は所属なのだ。

それに引きかえ、目的地に向かって移動している道中の、あの気軽さといったらない。旅でなくても毎日当たり前にしていることだからあまり意識することはないが、移動中というのはかなり特殊《しゅ》な状態だ。その場その場に、瞬間的にしか存在しない――それを何十キロ、何百キロと続けていく。おそろしく奇妙《きみょう》で、非常識で、魔《ま》術的とさえいえる状態である。

でも、だからこそ本当の　B　があるのだ。窓の外を飛ぶように流れていく未知の山並み、町並みの魅惑《みわく》的な色とシルエットの中で、私はほとんど存在すらしない。その土地に対してなんの権利も持たず、同時になんの責任もない。無力、無所属、無責任――旅人としての義務どころか人間の義務からさえ一部解放されている移動中の人々は、皆、妖《よう》精や妖怪《かい》の類いといえるかもしれない。

昔、青春18きっぷを使って旅をしたことがある。当時住んでいた川崎から、鈍《どん》行を乗り継《つ》いで神戸まで。4素晴らしい一人旅になった。旅程の大部分が移動時間という、実に私向きの旅。知らない電車に揺《ゆ》られ、知らない土地を過ぎながら、心ゆくまで　C　でいられた。

（古谷田　奈月「心ゆくまで」より）

MEMO

大切なことはメモしておこうネ！

2023年度

解　答　と　解　説

《2023年度の配点は解答欄に掲載してあります。》

＜算数解答＞ 《学校からの正答の発表はありません。》

1.　①　$\frac{27}{16}$　②　$\frac{2024}{2023}$　2.　①　26個　②　132個

3.　①　3列できて8個余る　②　95個　4.　体積　194.58cm^3　表面積　252.56cm^2

5.　①　105.87cm^2　②　$109\frac{8}{13}\text{cm}^2$　6.　130度

7.　①　分速70m　②　520m　8.　16通り

○推定配点○

6., 8.　各8点×2　他　各7点×12(3.①完答)　計100点

＜算数解説＞

1. (四則計算)

①　$\square=\left\{1\frac{3}{7}-\left(5\frac{14}{24}-3\frac{21}{24}\right)\times\frac{15}{41}\right\}\times\frac{21}{10}=\left(1\frac{3}{7}-\frac{41}{24}\times\frac{15}{41}\right)\times\frac{21}{10}=\frac{45}{56}\times\frac{21}{10}=\frac{27}{16}$

②　$(5\times289+2\times119+18\times17+35)\div(289\times7)=(1445+238+306+35)\div(289\times7)=\frac{2024}{2023}$

重要　2. (割合と比，相当算)

それぞれのボールの個数をA～E，全体の個数を○で表す。

①　C…$○\times\frac{1}{3}+6$　B…B＋D＋E＝40　A…$\{○-(C+B)\}\times\frac{3}{4}$

E…$B\times\frac{1}{2}-2$　D…3

したがって，$B+3+B\times\frac{1}{2}-2=40$より，$B=39\div\frac{3}{2}=26$(個)

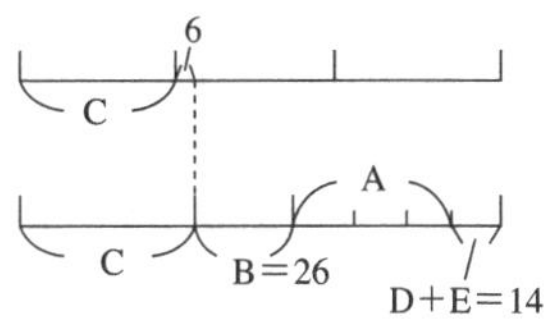

②　①より，B＝26，E＝40－(3＋26)＝11，D＝3

右図より，全体の個数は$(14\times4+26+6)\div2\times3=132$(個)

3. (平面図形，数の性質，割合と比)

基本　①　石の個数…$(8-1)\times5=35$(個)

したがって，35÷9＝3…8より，3列できて8個余る。

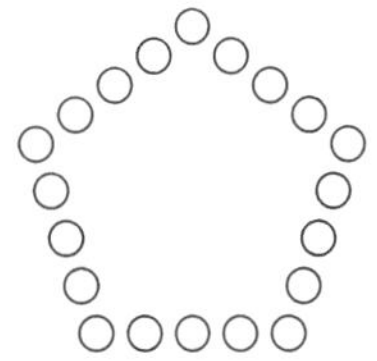

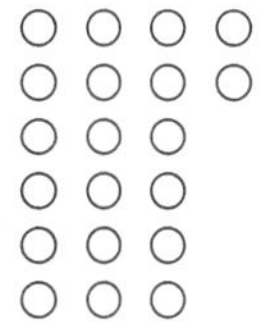

重要　②　正五角形の1辺の個数を○＋1で表す。

石の個数…○×5→これを縦に○＋2ずつ並べると，△列できて11個余る。

○＋2…12以上の整数

○×5－11＝(○＋2)×△…この式において，○＝19のとき，19×5－11＝84＝21×4

したがって，全体の個数は84＋11＝95(個)

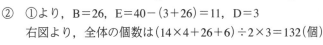

重要 4．（平面図形，立体図形，割合と比）

体積…6×6×6−(1×1×3.14＋2×2)×3＝216−21.42＝194.58(cm^3)

表面積…右図より，6×6×6−(1×1×3.14＋2×2)＋(2×4＋2×3.14)×3＋2×2−1×1×3.14＝216−7.14＋42.84＋0.86＝252.56(cm^2)

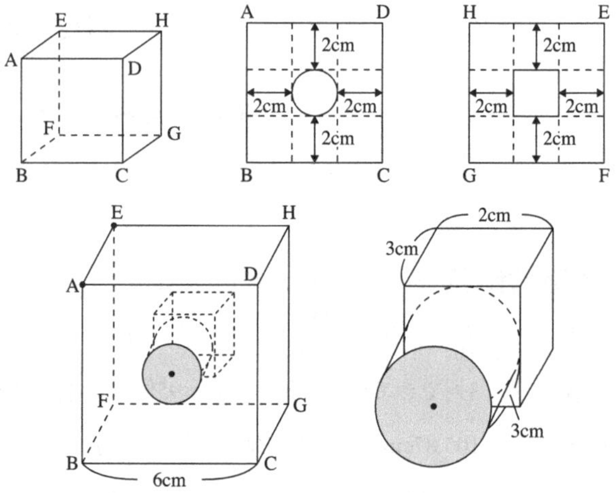

重要 5．（平面図形，相似，割合と比）

① 図1…10×24÷2−3×3×3.14÷2＝120−14.13＝105.87(cm^2)

② 図2のア…3÷26×24＝$\frac{36}{13}$(cm)

イ…3÷26×10＝$\frac{15}{13}$(cm)

したがって，求める面積は120−3×$\left(\frac{36}{13}+3+\frac{15}{13}\right)\div 2=109\frac{8}{13}$($cm^2$)

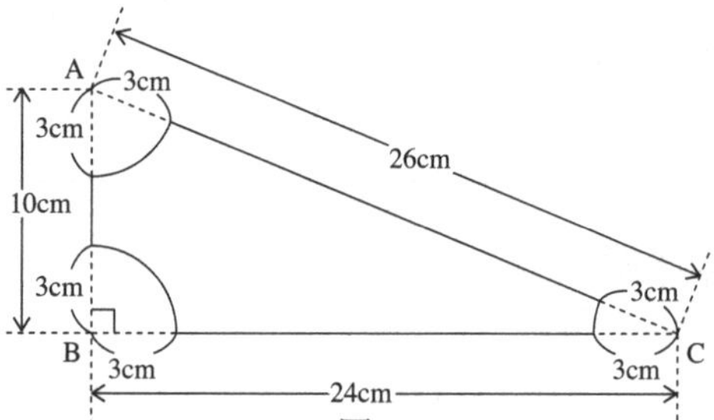

図1

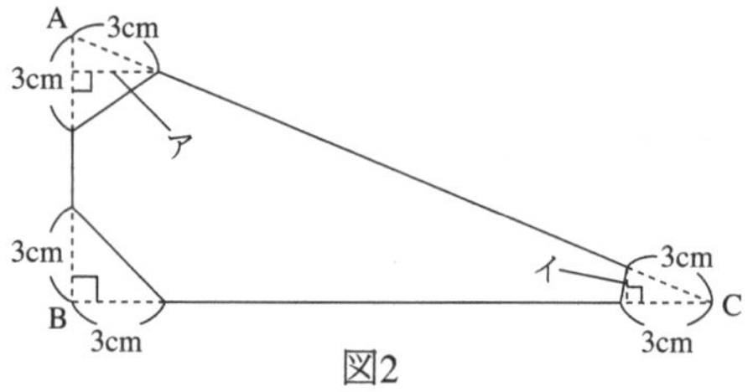

図2

やや難 6．（平面図形）

図イ…二等辺三角形CFGにおいて底角は16＋49＝65(度)

図ア…角ADE＝65−41＋90＝114(度)

したがって，角㋐は114＋16＝130(度)

図ア

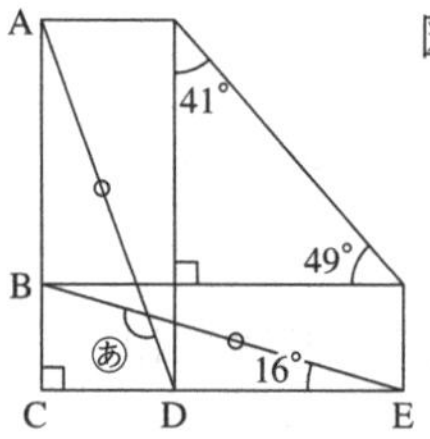

図イ

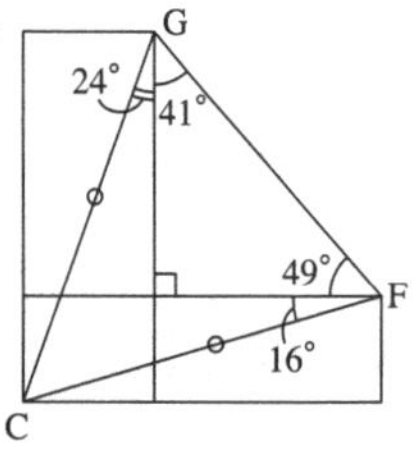

重要 7．（速さの三公式と比，旅人算，割合と比，グラフ）

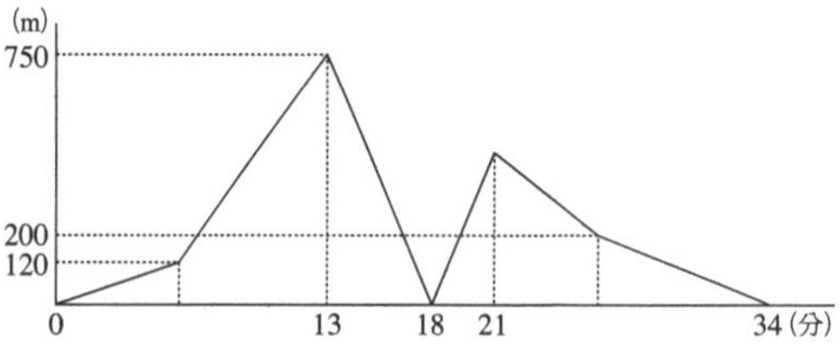

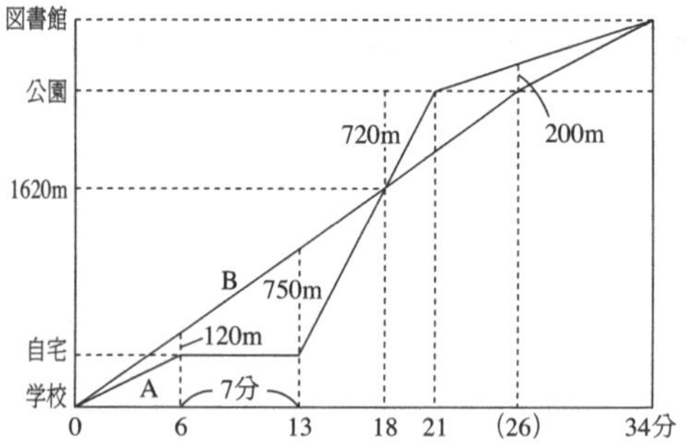

① Bの分速…グラフより，$(750-120)\div 7=90$(m)
したがって，Aの最初の分速は$90-120\div(13-7)=70$(m)

② BがAに追い越されるまでに進んだ距離…$90\times 18=1620$(m)
Aが自転車で進んだ分速…$(1620-70\times 6)\div(18-13)=240$(m)
学校から1620m進んだ位置から公園までの距離…$240\times(21-18)=720$(m)
Bが公園に着いた時刻…$(1620+720)\div 90=26$(分)
公園から進んだAの分速…$200\div(26-21)=40$(m)
したがって，公園から図書館までは$40\times(34-21)=520$(m)

や難 **8.（平面図形，図形や点の移動，場合の数）**

中央に○がないかあるかを区別して重複しないように3個の○を配列すると，以下の16通りがある。

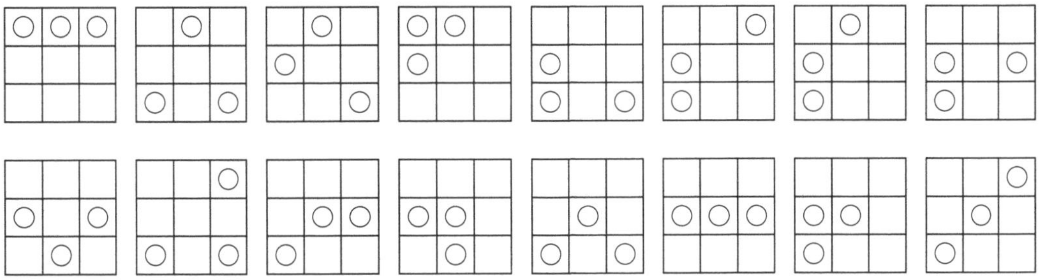

★ワンポイントアドバイス★

2.「ボールの個数」，3.「正五角形と石の数」，4.「立体のくり抜き」，5.「直角三角形と相似」，7.「速さのグラフ」について問題文を的確に把握し正解するように努めよう。6.「角度」は，二等辺三角形をどう利用するかが問題。

＜理科解答＞《学校からの正答の発表はありません。》

問1 1.（ウ）　2. うろこ　3.（鰓耙で）プランクトンをこし取る。　4.（心臓や肝臓は）血液が多く含まれているから。　5.（腹側）血管　（背側）せきずい（神経）
6.（キ）・（コ）　7.（シ）・（ス）　8.（チ）・（ツ）・（テ）

問2 1.（イ）・（エ）　2. 左　3. 前輪が止まると，勢いで前に倒れるから。
4. 1.5（周）　5.（分速）170（m）　6. 大きくなる　7.（ク）

問3 1. Reduce（リデュース）エ　Reuse（リユース）イ　Recycle（リサイクル）オ
2. 石油　3. PP（ク）　PET（ケ）　PS（カ）　PVC（キ）　HDPE（コ）
4.（物体の密度が）液体の密度より小さい（ときに浮かぶ。）　5.（サ）　6.（チ）・（ツ）

問4 1. 家具の転倒を防ぐため固定する。　2.（ア）・（エ）　3.（カ）　4.（ス）
5.（ツ）　6. Q，R

○推定配点○

問1　1・2　各2点×2　他　各4点×7（6～8各完答）　問2　1・2・6・7　各2点×4（1完答）
他　各4点×3　問3　1・3・5　各2点×9　他　各4点×3（6完答）
問4　1・2・6　各4点×3（2完答）　他　各2点×3　計100点

＜理科解説＞

問1　(昆虫・動物―ニボシ)

1　田づくりは，カタクチイワシの幼魚を乾燥させたものを使った料理である。数の子はニシンの卵，栗きんとんは栗を使った和菓子，だて巻きは卵を使った料理，筑前煮は鶏肉などを使った料理である。

重要　2　カタクチイワシの体表はうろこでおおわれている。

3　カタクチイワシは，えさとなるプランクトンを水と一緒に口からとり入れ，えらから水が出ていくときに鰓耙《さいは》によって，プランクトンをこし取る。

4　心臓や肝臓には，血液が多いので，黒く見える。

5　背骨の腹側は黒く見えたことから，血管であることがわかる。また，背側にはせきずい神経がある。

6　(カ)　低倍率でピントを合わせ，見たい物を視野の中央に動かしてから，高倍率にする。

(キ)　観察前に対物レンズとステージをできるだけ近づけておき，接眼レンズをのぞき，対物レンズとステージの距離を離しながらピントを合わせる。(正しい)

(ク)　ピントを合わせるときは，調節ねじをゆっくり回す。

(ケ)　反射鏡を調節して視野を明るくしてから，プレパラートをステージの上に置き，ピントを合わせる。

(コ)　スライドガラスの上に胃の中身をのせて，水を一滴たらしてから，気泡が入らないようにして，カバーガラスをかける。(正しい)

7　カタクチイワシは，ケイソウやケンミジンコなどのプランクトンを食べる。

8　カエルやトラのような肉食動物の消化管の長さは短い。また，ハトはおもに植物の種などを食べるが，空を飛ぶことができるように，腸は短く，体を軽くしている。

問2　(力のはたらき―自転車のギア)

重要　1　ドアノブやねじ回しは，ハンドルと同じように，中が支点の輪軸のつくりと同じである。

2　自転車が左に傾いたとき，右にハンドルを切ると，自転車は倒れてしまうので，自転車が倒れないようにするためには，ハンドルを左に回す必要がある。

3　右手側のブレーキを引き，前輪を止めても，後輪が動いているので，その勢いで，前に倒れる恐れがある。

4　前ギアは2段目の歯数が36で，後ギアは1段目の歯数が24なので，ペダルを1周させて前ギアを1周させると，後ギアは，1(周)×$\frac{36}{24}$=1.5(周)する。

やや難　5　ペダルの回転数を1分間に60回転して進むと，自転車の進む速さは，1分間で，60(周)×1.5×3.14×0.6(m)=169.56(m)より，170mである。

6　後ろギアを1段目から4段目に変えて，前ギアを1周させると，後ろギアは，1(周)×$\frac{36}{15}$=2.4(周)するので，ペダルの回転数を同じにするために必要な力は大きくなる。

やや難　7　ペダルの回転数を変えずに上り坂を進むので，後ろギアの回転数が少ない方が，より弱い力でペダルをこぐことができる。(カ)～(ケ)について，調べると次のようになる。

(カ)　1(周)×$\frac{54}{18}$=3(周)，(キ)　1(周)×$\frac{52}{13}$=4(周)，(ク)　1(周)×$\frac{36}{21}$=1.71…(周)，(ケ)　1(周)×$\frac{36}{12}$=3(周)より，(ク)が最も小さい力ですむことがわかる。

問3 （物質の性質―プラスチック）

重要 1 リデュースは，製品をつくるための材料やゴミを減らすことであり，リユースは製品をくり返し使うこと，リサイクルは資源物を新しい製品に作り変えて再利用することである。

重要 2 プラスチックは石油を原料としている。

やや難 3 各プラスチックの用途は次のようになっている。
PP（ポリプロピレン）：洗面器，PET（ポリエチレンテレフタラート）：たまごパック
PS（ポリスチレン）：プラモデル，PVC（ポリ塩化ビニル）：食用品ラップ
HDPE（高密度ポリエチレン）：灯油用タンク

4 密度が水よりも小さい木とロウは水に浮き，密度が水よりも大きいレンガは水に沈む。同じように，密度が灯油よりも小さい木は水に浮き，密度が灯油よりも大きいロウとレンガは水に沈む。

5 PP（ポリプロピレン）でできているリングの密度は$0.90g/cm^3$なので水に浮くが，PET（ペットボトル）でできている本体の密度は$1.30g/cm^3$なので水に沈む。

やや難 6 （タ）～（テ）の溶液の密度は，次のようである。

（タ） $\frac{110(g)}{112(cm^3)}=0.98\cdots(g/cm^3)$，（チ） $\frac{140(g)}{149(cm^3)}=0.93\cdots(g/cm^3)$

（ツ） $\frac{170(g)}{186(cm^3)}=0.91\cdots(g/cm^3)$，（テ） $\frac{200(g)}{224(cm^3)}=0.89\cdots(g/cm^3)$

したがって，PP（ポリプロピレン）の密度$0.90g/cm^3$よりも大きく，HDPE（高密度ポリエチレン）の密度$0.95g/cm^3$よりも小さい（チ）と（ツ）によって，分別することができる。

問4 （大地の活動―地震によるゆれ）

1 地震のときの大きなゆれで，家具などが倒れることがないように，転倒防止金具で固定する必要がある。

2 海底が震源であった場合は，津波が発生することがあるので，高台や避難所に逃げる必要がある。ただし，津波を確かめるために海に行ったり，川づたいに逃げたり，避難の途中で家に戻るのは危険である。

重要 3 緊急地震速報は強いゆれが予想される場合のみにテレビやスマートフォンなどに通知される。津波警報は津波が予想されるときのみ通知される。

4 図2で，A，B，Cと震央から観測地点までの距離が遠くなるほど，ゆれ始めと最大のゆれまでの時間が長くなっている。なお，最大のゆれの大きさは縦軸にあわせて調整されているので，比べることができない。

5 表の結果から，C地点とB地点の距離の差が，243（km）－147（km）＝96（km）であり，ゆれ始めの時刻の差が，11時33分19秒－11時33分07秒＝12秒である。したがって，地震が発生した時刻は，震央から99km離れているA地点でのゆれはじめの時刻である11時33分01秒の約12秒前の11時32分49秒頃である。

6 小さなゆれが検知されてから6秒後に緊急地震速報が発表された。その時刻が，観測地点Aではゆれ始めの時刻よりも後であり，観測地点BとCではゆれ始めの時刻よりも前であったことから，小さなゆれを検知した場所は，P地点，Q地点，R地点の3地点が考えられる。ただし，R地点については，小さなゆれが50kmを伝わるのに約6秒かかる上に，震央からの距離が50km以下なので，震央から約100km離れた観測地点Aに緊急地震速報が届くのは，ゆれ始めの時刻よりも前になってしまう。

★ワンポイントアドバイス★

理科の基本的な問題を十分に理解しておくこと。また，物理や生物の応用問題に十分に慣れておくこと。その上で，記述問題や作図の問題にも，しっかり取り組んでおく必要がある。

<社会解答> 《学校からの正答の発表はありません。》

1) 1 A イギリス B オランダ 2 ① 法隆寺 ② 松下村塾 3 あ ス い カ う ケ え コ 4 お 日光 か 関ケ原 き 平戸

2) 1 あ 阿賀野 い 吉野 う 明石海峡 え 宍道湖 2 A 新潟(市) B 徳島(市) C 松江(市) 3 橋の欄干がなく，増水し橋が水没した際に，川の上を流れてきたゴミなどが引っかかるのを防いでいる。

3) 1 あ 両 い 円 う 日本銀行 え ドル売り円買い お 立憲改進 か 第一次世界大戦 2 かわせ 3 ¥

4) 1 あ 新橋 い 8 う 東海道 え 時計 2 線路を敷くための盛り土をした堤の建設 (乗り物) 人力車，馬車 3 日米修好通商(条約) 4 文明開化 5 オ，カ

5) 1 あ レアメタル い 石灰石 う 硫黄 え メタンハイドレート 2 天然ガス 3 (鉄鉱石) ア (石炭) ウ 4 エ 5 (天然ガス) ウ (石炭) イ (原子力) ア

6) 1 ワシントンDC 2 エ 3 クレムリン 4 星条旗 5 A オ B エ 6 (掲げ方) 半旗 (記号) ウ

○推定配点○

1) 各2点×11　2) 各2点×8　3) 各2点×8　4)2 乗り物 各1点×2
3～5 各1点×4　他 各2点×5　5) 1，2 各2点×5　他 各1点×6
6) 6 各1点×2　他 各2点×6　計100点

<社会解説>

1) (日本の歴史―さまざまな時代の出来事とその場所に関する問題)

1. A 1862年，薩摩藩の島津久光の大名行列が現在の横浜近郊の生麦村を通過中に，イギリス人が騎馬で非礼をはたらいたということで，薩摩藩士がイギリス人3人をその場で切り捨てた事件が生麦事件。これに対する報復としてイギリスが翌1863年に鹿児島湾に軍艦を送り，城下を砲撃した。 B 1639年に鎖国が完成した時点で日本に来ることが許されたヨーロッパの国はオランダのみで，平戸に当初は商館があったが，それを出島に移させた。
2. ① 法隆寺は斑鳩寺ともいい，聖徳太子が創建させたもの。聖徳太子の創建させたものはその後焼失し，現存のものはその後に蘇我氏が再建させたもの。 ② 松下村塾は長州の萩郊外にあった私塾で，もともとは吉田松陰の叔父がやっていたものを吉田松陰が引き継いだ。ここで長州藩の尊王攘夷運動で活躍した久坂玄瑞や高杉晋作らが学んだ。
3. あ 鹿児島のス い 奈良のカ う 萩のケ え 八幡のコ

基本 4. お 日光に徳川家光が家康をまつる東照宮を建てさせた。 か 関ケ原で1600年に豊臣家をた

てる石田三成らの西軍と徳川家康側の東軍のぶつかる合戦が起こった。　き　オランダの東でインド会社が平戸に設置していた商館が長崎の出島に移された。

2）**（日本の地理―日本の川，湖に関連する問題）**

重要　1.　あ　阿賀野川は福島県から新潟県に流れる川で，福島県では只見川。　い　徳島県を流れる吉野川は三大暴れ川とされた川の一つで四国三郎と呼ばれた。他の暴れ川は坂東太郎の利根川，筑紫次郎の筑後川。　う　兵庫県から徳島県にかけて設置されている本州四国連絡橋は兵庫県と淡路島の間に明石海峡大橋があり，淡路島と徳島県の間に大鳴門橋がある。　え　島根半島にある宍道湖はしじみの産地として有名。

2.　A　新潟市には信濃川と阿賀野川の河口がある。　B　徳島市は徳島県内を西から東に流れる吉野川の河口に位置する。　C　松江市は島根半島の宍道湖と中海にはさまれた場所にある。

やや難　3.　写真のような橋を沈下橋といい，川が増水した際には水没することが多く，川を流れてくる流木などが絡み水をせき止めることがないように，橋の欄干がないか，あっても低いのが特徴。

3）**（日本の歴史―江戸時代以降の貨幣に関連する問題）**

重要　1.　あ　江戸時代の小判1枚が1両。江戸時代は4進法になっていて，1両＝4分＝16朱＝4000文となっていた。寛永通宝1枚が１文で，現在のだいたい20円ほどとされる。　い　幕末期に開国した際に，当時の江戸時代の通貨制度が外国人にはわかりづらく不評で，明治になるとすぐに円銭厘の10進法になった。　う　世界の各国の金融の中心として通貨の発行や金融の操作で景気対策を行うのが中央銀行で，日本の場合には日本銀行がその役割をもつ。　え　ドルに対する円の価値が下落している状態に歯止めをかけるために，国がもっているドルを市場に売り出し，逆に円を買うことで，円の需要を高め，それによって円の価値を上げようとした。　お　大隈重信が1882年に設立したのが立憲改進党。　か　第二次大隈重信内閣は。日英同盟を理由に第一次世界大戦で協商国側で参戦。

2.　為替は「かわせ」と読み，もともとは遠隔地との取引で，直接お金を相手に送るのが難しい場合に，別のものを使ってお金のやり取りをするもの。現在でも郵便為替がこのパターン。それが，外国との資金のやり取りをする際にある国の通貨を別の国の通貨に換算するための交換比として為替相場というものが使われるようになった。

3.　日本の通貨の円を示す記号は￥。円をyenと海外では表示することが多いので，最初のyをYとして，そこに横棒を2本加えた形とされている。

4）**（日本の歴史―幕末期から明治時代に関する問題）**

1.　あ　最初に建設された鉄道は横浜から新橋（汐留）の区間。　い　設問の図を見ると，横浜のところに午前七字，八字，九字，十字，午後二字，三字，四字，五字とあるので，8本。　う　神奈川（横浜），川崎，品川は五街道の中だと東海道沿い。　え　文脈から時間がわかるものなので，時計。

やや難　2.　設問の絵を見ると，鉄道が走っているところが手前の道よりも高くなっているのがわかる。これは鉄道の線路を敷くために盛り土をした堤が築かれていたから。この遺構が東京の山手線の高輪ゲートウェイ駅の近くで発掘されている。また，設問の絵からわかる鉄道以外の陸上の移動手段の乗り物なので，人力車と馬車。徒歩は乗り物ではない。

3.　神奈川／横浜を開港したのは1858年の日米修好通商条約。日米和親条約で開港していた下田に代えてのもの。他に函館，新潟，兵庫，長崎を開港。

4.　日本の中で西洋風のものを次々と取り入れていった風潮が文明開化。1872年，73年の頃に横浜や東京を中心に，さまざまな西洋風のものが広まった。

5.　明治から大正になるのが1912年。オの韓国併合が1910年，カの不平等条約改正で1911年に関税自主権が回復される。アは1890年，イとエは1925年，ウは1923年。

5) （日本の地理―「日本の資源」に関連する問題）

重要 1. あ　レアメタルは希少金属とも言い，文字通り産出が限られた金属。　い　セメントの原料は石灰石。　う　火山のところでえられるものに硫黄がある。　え　メタンハイドレートは深海で上からの水圧でメタンガスと水が結合し，氷のようなものになったもの。

基本 2. エネルギー資源の中で，日本でも比較的多く分布しているのは天然ガス。関東地方でも千葉県から東京都にかけて天然ガスの地層が広がっているところがある。

3. 鉄鉱石の輸入先としてはオーストラリア，ブラジル，カナダが現在は主力。石炭の輸入先ではオーストラリア，インドネシア，ロシアなど。イは銅鉱石，エは原油，オは天然ガスの輸入先。

4. エ　リチウムは充電式の電池に使われている。

重要 5. 天然ガスは火力の中でも今は主力になりつつあるウ，石炭がイ，原子力は一時期は日本の電源の3割ほどを占めていたが，2011年の東日本大震災の際の事故の後，比率は小さくなっていたのでア。残りのエが原油，オが水力。

6) （総合問題―地理や政治に関連する問題）

1. アメリカ合衆国の首都はワシントンDC。

2. エ　ホワイトハウスはアメリカ合衆国の大統領官邸。

3. ロシアの政治の中枢機能が置かれているのが，モスクワのクレムリン。帝政ロシアのクレムリン宮殿があり，そこに旧ソ連の時代の共産党の中枢が置かれ，現在は大統領官邸や大統領府がある。

4. アメリカ合衆国の国旗は星条旗。星と縞があり，現在の国旗では星が現在の州の数の50あり，縞は当初の州の数の13本ある。The Stars and Stripesと呼ばれる。

5. A　日本の国会議事堂や首相官邸があるのは東京の永田町。　B　中央官庁が集まっている場所が霞が関。桜田門のそばにあるのは警視庁，大手町，丸の内は日本最大のビジネス街，オフィス街。銀座にはさまざまなデパートや専門店が並んでいる。

やや難 6. 旗を一番上まで上げないで途中で掲げるのは半旗で，通常は誰かが亡くなった際の弔意をしめすためにやる。

★ワンポイントアドバイス★

ストレートに答えがわからなくても，大体であたりをつけながら他の問題と絡めて考えていくと前のものの答えが見えてくる場合もあるので，まずは短い試験時間を意識し，次々と問題を解き進めていくことが重要。

＜国語解答＞ 《学校からの正答の発表はありません。》

一　問一　エ　問二　次　問三　ウ　問四　ア　問五　一時帰宅しても，家にいる娘を見に来ず，夫と再び外出するところ　問六　共感しあえる　問七　オ　問八　七星が娘にふさわしい友人かをチェックし，七星が傷つき自分から離れていくと予想した　問九　イ　問十　その母が産　問十一　努力は必ずしも報われない　問十二　特別じゃない側　問十三　ウ・カ　問十四　ア　問十五　私なんてし

二　問一　オ　問二　減速するにつれて，次第に景色がはっきりと見えるようになる様子　問三　到着　問四　その場で果たすべき義務がある　問五　自由　問六　何にも所属せず果たす義務もない全てから解放され自由だったから　問七　エ

三　問一　1　承認　2　候補　3　慣習　4　綿密　5　飼料　問二　今朝(けさ)　下手(へた)　問三　1　視　2　演　3　展

○推定配点○

一　問一～問四・問九・問十四　各3点×6　問五・問八　各5点×2　問七　2点
他　各4点×6　二　問一　2点　問二・問六　各5点×2　問五・問七　各3点×2
他　各4点×2　三　各2点×10　計100点

＜国語解説＞

一　**(物語―心情・情景，細部の読み取り，ことばの意味，空欄補充，記述力)**

問一　後の展開で，水輝の友人は父親のせいで離れていってしまうということがわかる。駄菓子自体が珍しかったのではなく，友人からお見舞いをもらう行為そのものが珍しかったのである。

重要　問二　「□？」と問う七星に対する返事として「また来て，お願い～」と言っている。つまり，水輝は，今回限りではなく「次」の機会にはお土産はいらないと言っているのだ。

問三　本来仲の良い友人なら，「また来て，～何なら毎日来て」と言われれば，毎日かどうかは別として，少なくとも「また来る」くらいの返事はできるはずだ。しかし，傍線2のような返事を返すということは，水輝の申し出にとまどっていることが読み取れる。急な申し出に，どう答えたら良いのかというとまどいなのでウ。

問四　「困ったような，恥ずかしいような，複雑な面持ち」をどのように捉えるかということになる。いつもは困ったり恥ずかしがったりしないと読めば，イの「自信に満ちあふれた」としたくなるが，水輝は，見舞いに来てくれる友人もいないし，水輝自身の責任ではないにしろ，友人が離れていってしまう立場にあることを考えると，「自信に満ちている」とは考えにくい。むしろ，「困ったような，恥ずかしいような表情」をすること自体が珍しいと捉えてアを選択する。

問五　二人の会話にはたびたび登場するが，実際に水輝の母が登場するのは，思いがけず水輝の両親が帰宅する場面である。しかし，娘の友だちである七星と会話するのは父親だけである。母は，お手伝いさんに色々指図する声だけの登場だ。娘はケガをして退院し，自宅にいるのに，その様子も見に来ることもなく，再び夫と外出してしまう様子が娘への関心が薄いと感じられる。

重要　問六　七星の母親も，宇宙飛行士という有名人である。つまり，傍線5直前にある「特殊な親を持つ身」ということだ。立場が同じ人と話したことで「ああ，なんて楽なんだろ」と感じるのだ。それは「共感しあえる」から楽だと言っている。

基本　問七　「間髪をいれず」とは，髪の毛一本も入るすき間がないということから，「すぐさま」という意味のことばである。

問八　水輝はこれまでの経験で父親がなにをするかがわかっているから，父親の帰宅したことを知

り「表情を変化」させたのだ。着目点は「『七星のお母さんのこと～』」から始まる水輝の発言だ。「父親がどのようにふるまい」は，「娘の友達としてふさわしいかをチェックする」ということだ。「どういう結果」は，「七星が傷つき(嫌な思いをし)」，そして「自分から離れていく」と考えたのである。

やや難 問九 「裏切りともいえる仕打ち～」というア以外は，どれも当てはまり絞りきれない。「水輝の目が～気づいてしまい，私は慌てて首を振る」以降の七星の態度から，エの「一気に冷めた」ものが急に盛り返したという読み取りはできないこと，また，傍線8の声は，「すうっと冷たく～」という表現から，無意識でウのような「機械的になってしまった」のではなく，意識して出した声と考えられるので，残るイを選択する。

問十 特別な人，この場合は七星の母を想定している。平凡な自分は，その特別な人の気持ちや世界を想像することもできないと思っている。まして，同じ未知を志すことなど恐怖に近いものを持っている。だから，自分からは何も選ばない，比較対象にならないところにいようと思っているのだ。その内容が述べられているのが，「その母が産んだ私～」の一文である。

やや難 問十一 特別な人は「なぜ高みへと導かないのか」ということを言葉で言わなくても行動や業績で問うてくると感じている。「なぜ高みを～」ということを実際の言葉として表しているのは「なぜやらないの，やればできるのに～のに」だ。しかし，やればできると言いきれるのは特別な人であり，平凡な自分が心の中で思っているのは「努力は報われない」ということだ。

問十二 七星は，水輝の父親にチェックを受ける前から，自分と母親との違いを感じていたのだ。だからこそ，父親の態度を謝る水輝に「水輝のお父さんがそういう考え～」と返事をしているのである。この返事のなかで，自分の母，水輝の父のような人を「特別な人」と表現している。それに対して，平凡な自分のことは「特別じゃない側」と言っている。

問十三 ア 七星の母親が人付き合いに口出ししているかどうかは不明である。 イ ヒューストンに連れて行ってほしいという話は出てきていない。 エ 同じ道を歩むことには，むしろ恐怖すら感じている。 オ ア同様，思い通りに生きることを許されていないということは不明である。 キ 人にあこがれられることをねたましいと思っているのではない。 ウ これまでの設問で考えてきた通り，特別じゃない側の自分のつらさは確かである。 カ 「独り占めなんて到底できない」ということからカの内容は正しい。

問十四 水輝の父親の登場で一瞬とまどったが，その後の会話で，すっと自分の本音が出るということは，問六で考えたように，水輝を「共感しあえる友人」だという思いが続いているのだろう。そして，それは七星にも言えることなのだからア。

問十五 「北極星の母の周りを，ひたすら回る熊の親子」と説明すると，水輝は「大熊座と小熊座ね」と即座に反応している。それに対して「『私なんてしっぽを～振り回されているよ』」と答えている。ぶれない北極星のまわりを回るという図なので「私なんてし」の一文を書きぬく。

二 (随筆—要旨・大意，細部の読み取り，慣用句，空欄補充，記述力)

重要 問一 「到着」が嫌いだから，旅行もあまり行かなくなりがちということなので「腰が重く」だ。

問二 「解像度を上げる」のは，線1直前にある「風景」だ。つまり，風景がはっきり見えてくるということになる。これに「速度に反比例して」の説明をつけ加えればよい。「速度が遅くなるにつれ」ということが「反比例」の意味である。

やや難 問三 直後にある「いつも台無しにしてしまう」が着目点である。また，傍線2の終わりが「瞬間」で，それを言い換えた表現を問われていることに気をつけよう。これから親交を深めようとしているのは，その土地，風景などである。これはその地に「到着」することでふれあえるものだ。しかし，「到着」が嫌いな筆者はその瞬間を台無しにするというのだから，その瞬間とは「到着」

の瞬間ということになる。

問四　傍線3で始まる段落に，旅人にも属性があることを具体的に述べている。写真を撮る，名産品を食べる，温泉につかってのんびりするなどは，旅の楽しみではあるが，筆者は，大げさに言えば，旅人の「果たすべき義務」としている。旅人でも義務を負う，つまり，属しているとしているので反対の意見になる。

問五　一般的に旅人はどこにも属さないと考える人が多い。それは，一時的にそこにとどまっているだけの「自由」な存在と感じられるからだ。しかし，問四で考えたように，筆者はそれに反対の意見を持っていた。筆者は，目的地に移動している道中こそがどこにも属さない，「自由」があると思うから，「到着」が嫌いなのである。感じられるのは「本当の『自由』」ということになる。

やや難　問六　必須語が，「所属」と「自由」であること，また，問五で考えたことが参考になる。移動時間にこそ本当の自由があるという考えであることを確認しよう。まず，「所属」と「自由」の関係だが，問五で考えたように，どこにも所属していないことに自由を感じるということだ，どこにも属さず，そのため何の義務もない状態ということになる。一般に旅人はどこにも属さず，義務もないと考えられるが，筆者は旅人にも旅人の義務があると感じている。しかし，「移動時間」にこそ，それらがないことが心から「自由」を感じるということだ。「素晴らしい」というのだから，「自由だったから」ということになる。

重要　問七 「一人旅」という言葉に着目しよう。「旅人」も何かに所属し義務を持つと考えている筆者がわざわざ「旅」という言葉を使っているのだ。しかし，「この旅」は観光したり，名物を食べたりする「旅」ではないことは，問五，問六で考えた。筆者の「旅」は移動時間に「旅」と考えるのだから，楽しんだ「一人旅」は，移動時間の中で感じたことになる。それを「心ゆくまで『旅人』でいられた」と表現しているのである。

三 （熟語，漢字の書き取り）

問一　1 「承」は全8画の漢字。6画目は一筆で書く。　2 「補」は全12画の漢字「ネ(ころもへん)」である。最後の点を忘れずに書く。　3 「習慣」の文字順を反対にした熟語だが，「慣習」は，社会の集団による，伝えられて引き継がれてきたならわしやしきたりのこと。「習慣」は，個人が繰り返し行うならわしやしきたりという意味と，社会の集団によるならわしやしきたりという両方の意味で使う。　4 「綿」は全14画の漢字。13画目ははねる。　5 「飼」は全13画の漢字。「しょくへん」は「食」ではないので注意する。9画目ははねる。

問二 「下＋手」＝下手(へた)という熟字訓と，「今＋朝」＝「今朝(けさ)」という熟字訓ができる。

問三　1 「覚」か「察」を使う熟語から考えると早いかもしれない。「視覚」の「視」を入れることで，「視覚・視察・軽視・直視」とすべて当てはまる。　2 「技」か「出」を使う熟語から考えるとよい。「演技・演出・出演・実演」とすべて当てはまる。　3 どの漢字でも出てきそうだ。「発展・進展・展開・展示」で「展」である。なお「展」は全10画の漢字。8画目の左側に「ノ」を入れないように気をつける。

★ワンポイントアドバイス★

40分という時間から考えると，素早い対応が必要になる。最初に漢字などの知識問題から手をつける受験生も多いと思われるが，三問三のように，パズルのような出題だと，思いがけず時間をとることも多いので，時間配分にはくれぐれも注意しよう。

MEMO

大切なことはメモしておこうネ！

2022年度

★★★★★★★★★★★★★★★★★★★★★★★

入　試　問　題

2022年度

慶應義塾普通部入試問題

【算　数】（40分）　＜満点：100点＞

【注意】　途《と》中の計算式なども必ず解答用紙に書きなさい。

1. □にあてはまる数を求めなさい。

① $1.6 \div \left(\frac{3}{4} \div \frac{15}{\square} - 0.4\right) - \left(1\frac{3}{4} \times \frac{2}{3} + 1\frac{1}{4} \times \frac{2}{3}\right) = 2$

② $\frac{1}{10} + \frac{1}{20} + \frac{1}{25} + \frac{1}{100} + \frac{1}{625} + \frac{1}{2500} + \frac{1}{5000} = \square$

2. 1から100までの整数を使って，50個の分数$\frac{1}{2}$，$\frac{3}{4}$，$\frac{5}{6}$，…，$\frac{97}{98}$，$\frac{99}{100}$をつくりました。これらの分数を小数にしたとき，割り切れるものはいくつありますか。例えば，$\frac{1}{4}$を小数にすると0.25となり割り切れますが，$\frac{1}{3}$は0.333…となり割り切れません。

3. A，B，C，Dの４人がそれぞれお金を持っています。４人の所持金の合計は9000円で，Aの所持金はBより多く，Cの所持金はDより多いです。AとBの所持金の差とCとDの所持金の差の比は５：３で，AとDの所持金の和とBとCの所持金の和の比は８：７です。

① AとDの所持金の和は，BとCの所持金の和よりいくら多いですか。

② AとCの所持金の和を求めなさい。

4. 三角形ABCがあります。右の図のように，直線DG，GE，EH，HF，FCをひいて，三角形ABCを面積が等しい６個の三角形に分けました。

① AE：EBを求めなさい。

② 点Fと点Gを直線で結び，三角形EFGをつくります。三角形EFGの面積は三角形ABCの面積の何倍ですか。

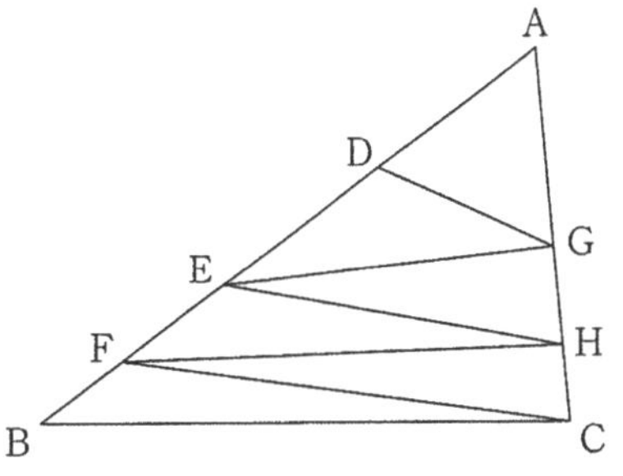

5. 点Oを中心として円周の長さが480cmと360cmの２つの円があります。大きい円の周上に点Pがあり，時計回りに毎秒６cmで円の周上を動きます。小さい円の周上に点Qがあり，時計回りに毎秒２cmで円の周上を動きます。右の図のように，はじめ，点P，O，Qは一直線上に並び，点PとQは同時に出発しました。半径OPとOQのつくる角の大きさがはじめて30°になるのは，点P，Qが出発してから何秒後ですか。

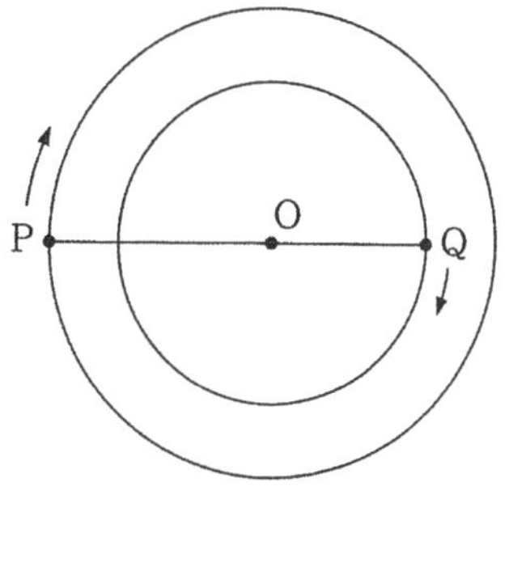

6. P地点からQ地点へ行くとき，A君は秒速２m，B君は秒速３mで走り，C君は自転車で秒速５mで進みました。はじめ，A君，B君が同時にP地点を出発し，しばらくしてからC君がP地点を出発しました。C君はA君を追い抜《ぬ》いてからB君を追い抜くまで４分間かかり，B君を追い抜いてから１分後にQ地点に着きました。P地点からQ地点までの道のりは何mですか。

7. 図１のように，底面が半径５cmの円である円柱の容器Aの中に，底面が半径４cmの円で高さが５cmである円柱の容器Bが置いてあり，容器Bの中には水が入っています。図２のようなⓐの面が正方形である直方体Cを，ⓐの面を容器Bの底につくように入れると，容器Bから水があふれ，容器Aの水の深さが２cmになりました。このとき，真上から見ると，図３のように直方体Cは容器Bにぴったりと入りました。はじめ，水は容器Bの底面から何cmのところまで入っていましたか。ただし，容器の厚さは考えないものとし，円周率は3.14とします。

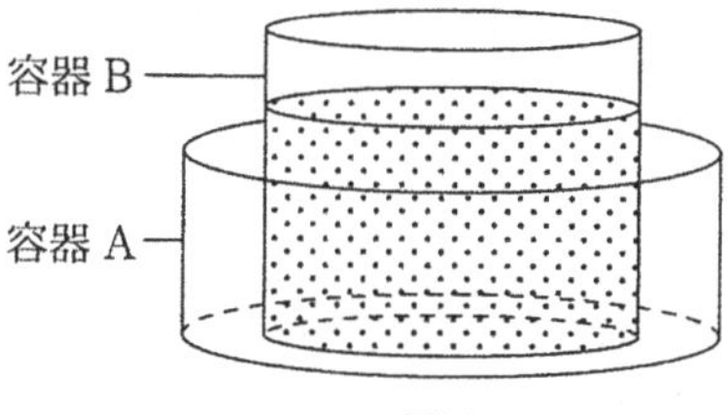

図１

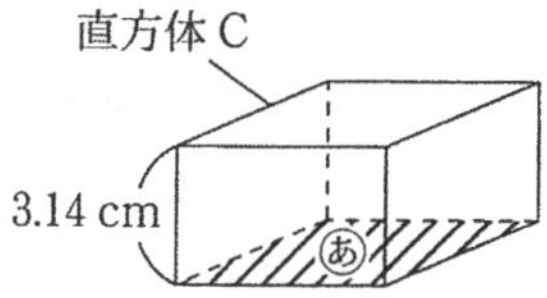

図２

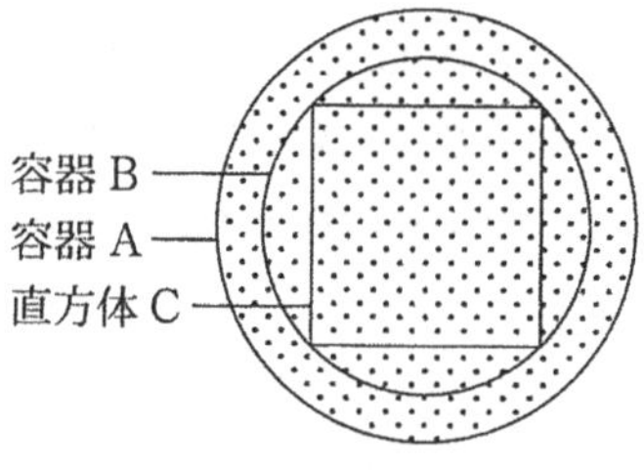

図３

8. あるお店では，１個15円，18円，25円の３種類のお菓子《かし》を売っています。どのお菓子も１個以上選び，合計金額が301円になるように買います。

① 18円のお菓子を12個買うと，15円のお菓子と25円のお菓子はそれぞれ何個買えますか。

② お菓子の買い方は全部で何通りありますか。

9. 下の図のように，点Pは直線CD上にあり，点Aと点Pを直線で結びました。AB＝BC＝CP＝DE＝EAのとき，ⓐの角度を求めなさい。

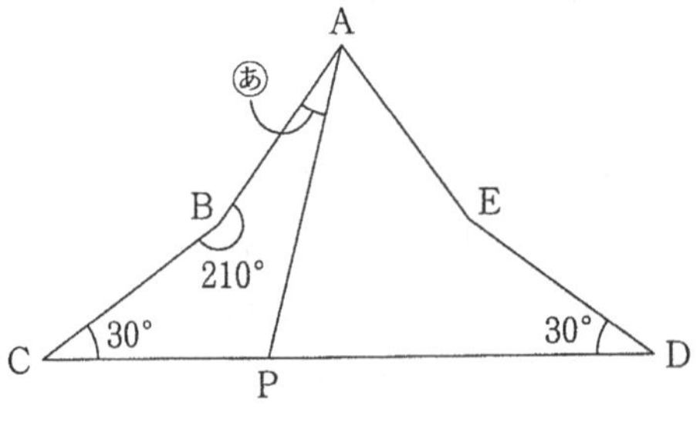

【理　科】（30分）　＜満点：100点＞

【注意】 □□□ の中には一文字ずつ書き，あまらせてもかまいません。

問１　物が燃えるとき，まわりの空気がどのように変化するか調べる実験をしました。図のような水そうに石灰《せっかい》水を入れ，長さの異なるロウソク３本に火をつけました。ガラスのビーカーをかぶせてから，それぞれのロウソクの火が消えるまでの時間を計る実験を３回くり返しました。水そうの石灰水を炭酸水にかえて同じ実験をさらに３回くり返しました。ビーカーをかぶせてからそれぞれのロウソクの火が消えるまでの時間と，十分に時間をおいてから気体検知管で測ったビーカー内の酸素濃度《のうど》は下の表のようになりました。

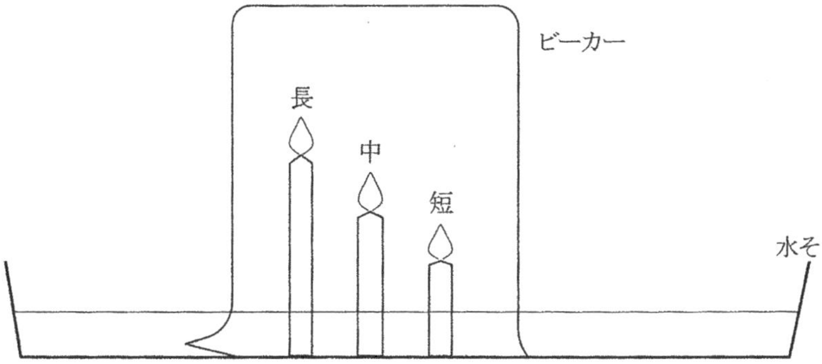

図

表　火が消えるまでの時間とビーカー内の酸素濃度

実　験	水そうの中の液体	火が消えるまでの時間			火が消えたあとの酸素濃度
		長	中	短	
1	石灰水	24秒	28秒	32秒	16%
2	石灰水	22秒	32秒	32秒	16%
3	石灰水	20秒	30秒	29秒	17%
4	炭酸水	22秒	26秒	30秒	17%
5	炭酸水	19秒	26秒	31秒	17%
6	炭酸水	20秒	27秒	34秒	16%

1. ロウソクに火をつける前の，ビーカー内の酸素濃度を答えなさい。
2. 実験を始めて３～４秒間はビーカーから外へ泡《あわ》が出ていました。この現象が起こるのは空気にどのような性質があるからですか。説明しなさい。
3. 火が消えるまでの間に，ビーカーの内側がくもりました。この現象はロウソクが燃えると何ができることを示していますか。できるものを答えなさい。
4. 実験１～３ではビーカー内の水面が白くなりましたが，実験４～６では変化しませんでした。この結果からロウソクが燃えると何ができると考えられますか。できるものを答えなさい。

5. 長いロウソクの火が消えるとビーカーの中の水面が高くなり始め，短いロウソクの火の近くまで上がりました。６回すべての実験で確かめられたことは何ですか。次の（ア）～（カ）から２つ選び，記号で答えなさい。

（ア） 空気は冷えると体積が減る。

（イ） 水蒸気は冷えて水になると体積が減る。

（ウ） 酸素や窒素《ちっそ》は石灰水や炭酸水に溶《と》けない。

（エ） 二酸化炭素は空気より重いので下からたまっていく。

（オ） 二酸化炭素は石灰水や炭酸水に溶けやすい。

（カ） あたためられた空気は上へとのぼっていく。

問２ 次の問いに答えなさい。

1. 普通部では，校舎の屋上にある気象観測装置で，10分ごとの気温や湿度《しつど》などを自動的に記録しています。次の図は，5月11日～15日の５日間の気温と湿度の変化を表したグラフです。雨が降った日を答えなさい。

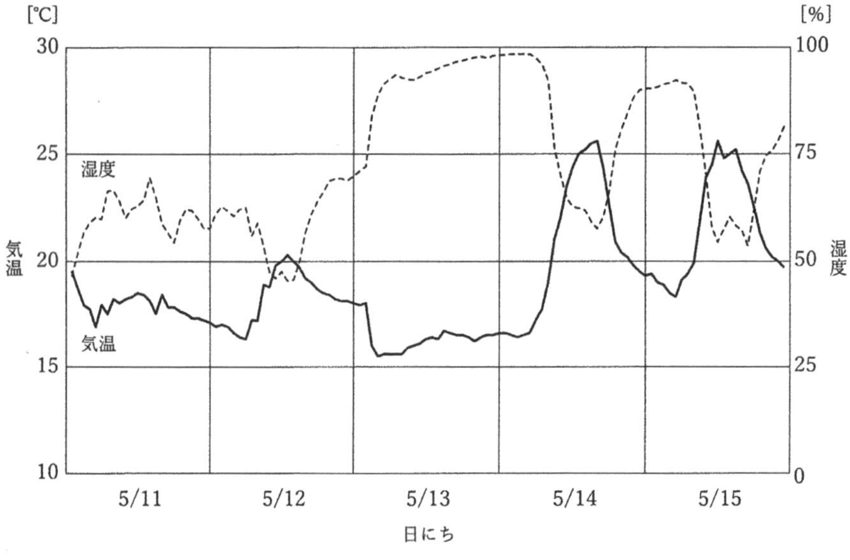

図　５月11日～15日の気温と湿度の変化

2. 夏の晴れた暑い日に，河原でバーベキューをしていたところ，午後になって次第に雲が増えてきました。次の（ア）～（オ）のうち，誤っている行動を１つ選び，記号で答えなさい。

（ア） 川の上流の方に黒い雲が見えたら，雨が降っていなくても河原から離《はな》れる。

（イ） かみなりの音が聞こえたら，できるだけ高い木の下で遠ざかるのを待つ。

（ウ） サイレンが鳴ったら，すぐに河原から離れる。

（エ） 大量の落ち葉や大きな流木が流れてきたら，すぐに河原から離れる。

（オ） ひんやりした風を感じたら，雨具を着用する。

3. 天気の様子を表す日本語はたくさんあります。雨・雪・かみなり・あられの様子を表す言葉として最も適切なものを，次のカ～コからそれぞれ選び，記号で答えなさい。

（カ） サンサン　（キ） シンシン　（ク） シトシト　（ケ） バラバラ　（コ） ゴロゴロ

4. 東京地方の前日発表の降水確率と，当日降水があった日数を10年間にわたり集計し，表にまとめました。たとえば，前日に降水確率30％の予報が出たのは全部で1348日あり，そのうち当日降水があったのは200日でした。このことから，当日降水があった日の割合は14.8％とわかります。

表　前日発表の降水確率と当日降水があった日の割合

前日発表の降水確率［%］	0	10	20	30	40	50	60	70	80	90	100
予報日数［日］	3199	4679	2592	1348	504	975	485	367	299	128	28
当日降水があった日数［日］	4	32	123	200	147	393	298	301	268	127	28
当日降水があった日の割合［%］	0.1	0.7	4.7	14.8	29.2	40.3	61.4	82.0	89.6	99.2	100

出典：2006 〜 2015 年降水確率精度の検証結果 https://pe-sawaki.com/WeatherForecast/rp_validation1.htm

(1) 横軸《じく》に前日発表の降水確率，縦軸に当日降水があった日の割合をとり，表のデータを●で示した折れ線グラフをかきなさい。また，前日発表の降水確率と当日降水があった日の割合が同じになるときのグラフを点線でかきなさい。

(2) あなたは降水確率何％のときに，かさを持って出かけようと思いますか。4. のグラフを見て，あなたの考えに近いものを次の（サ）～（タ）から１つ選び，記号で答えなさい。また，そのように考えた理由を，グラフのどの部分に注目して考えたのかわかるように説明しなさい。

（サ）　10～20％くらい

（シ）　30～40％くらい

（ス）　50～60％くらい

（セ）　70％以上

（ソ）　いつもかさを持っていく

（タ）　いつもかさは持っていかない

問３　鏡の前のＡの位置に棒を立て，上から見た様子を次のページの図１に表しました。Ｂの位置から鏡を見るとアの位置に棒が見えました。Ｂの位置からはアの位置に棒があるように見えますが，実際には棒から出た光が矢印のように進み，鏡で反射してＢの位置にいる人の目に入ってきます。このように鏡ごしに見えるものを「像」といい，「棒の像は，アの位置にできる」といいます。Ａの位置から鏡までの長さと，アの位置から鏡までの長さは同じです。また，×印をつけた角の大きさはそれぞれ同じです。Ｃの位置から鏡を見ても棒の像がアの位置に見えます。つまり棒が動かなければどこから見ても棒の像の位置はアのまま変わらないのです。棒の像が見えるのは，次のページの図２のようにアの位置から鏡の両はじに向かって引いた線の間にある，斜線《しゃせん》の範囲《はんい》です。

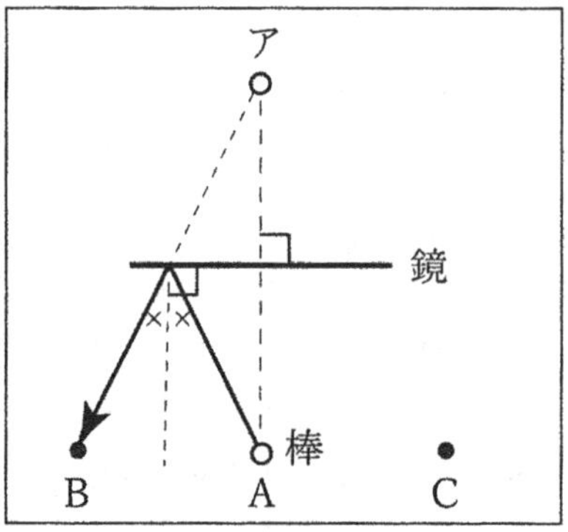

図1

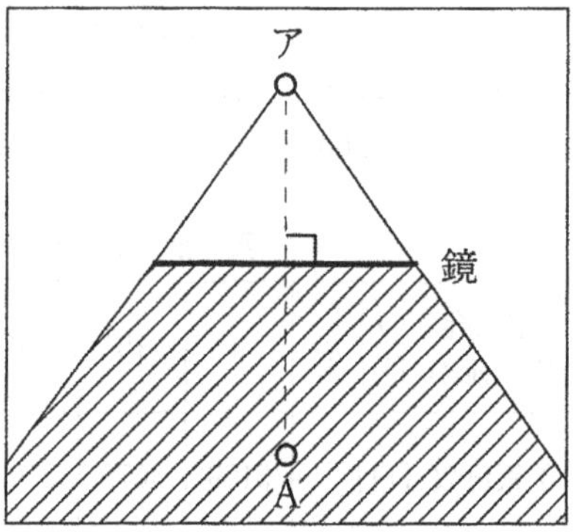

図2

1. 図3のように，A，Bの位置に人が立っています。Aの位置から鏡を見ると，鏡ごしにBの位置に立っている人の像が見えました。BからAに届く光の道すじを図1の矢印にならってかきなさい。

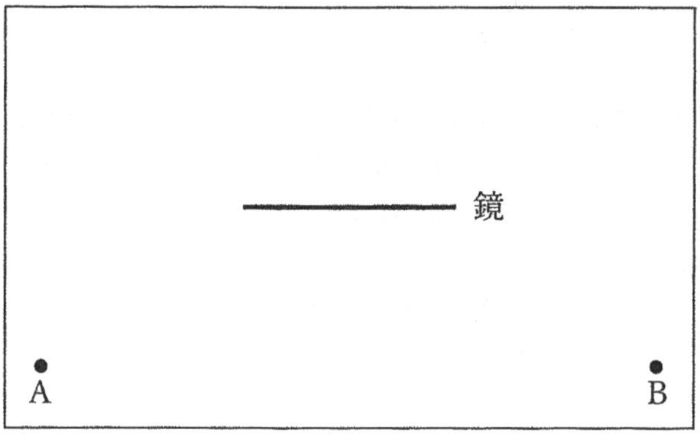

図3

図4のように，2枚の鏡を直角に組み合せて，Aの位置に棒を立てたところ，棒の像はカ，キ，クの位置にできました。

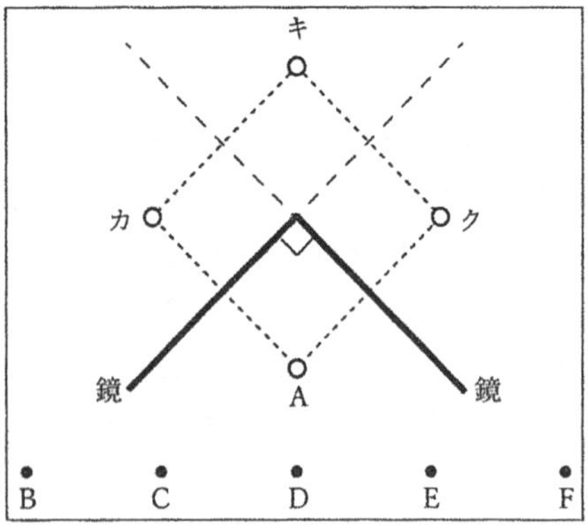

図4

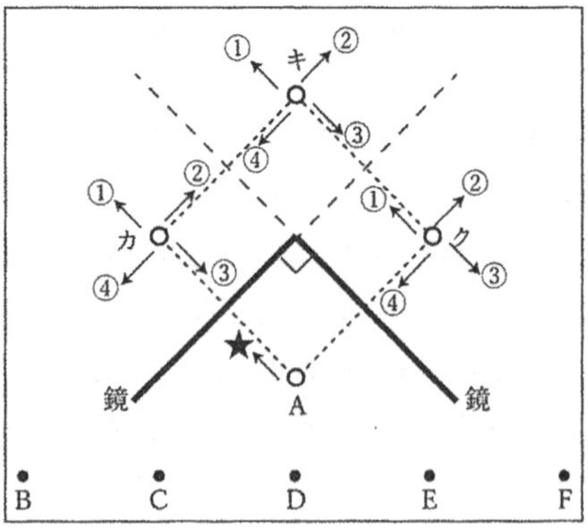

図5

2. Cの位置から見える像はいくつありますか。

3. Eの位置からキの位置にできる像を見たときの光の道すじをかきなさい。

4. 図5のように，棒をAの位置から★の方向に動かすとカ～クの位置にできる像はどの方向に動きますか。それぞれ①～④から選び，記号で答えなさい。

5. 図6のように，2枚の鏡を組み合わせて，Aの位置に棒を立てたところ，サ，シの位置に像ができました。1つしか像が見えない位置はどこですか。B～Gからすべて選び，記号で答えなさい。

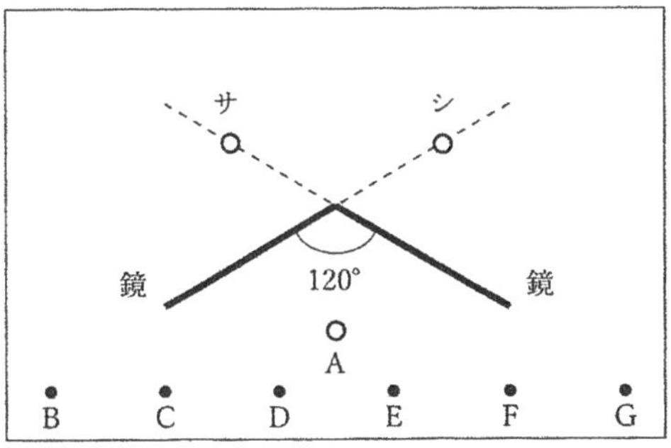

図6

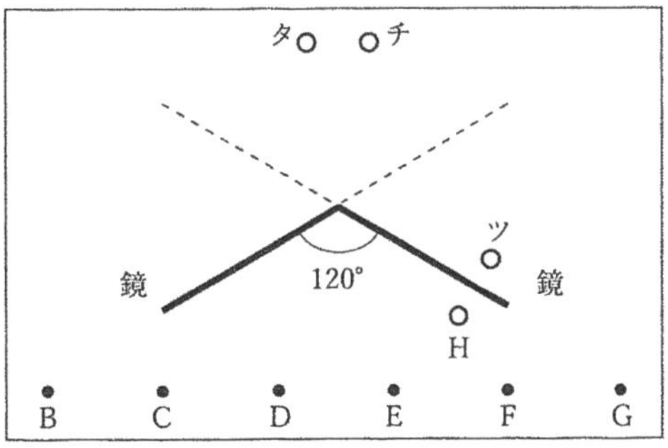

図7

図7のように，Hの位置に棒を立てました。このとき，棒の像はタ，チ，ツの位置にできました。

6. ツの位置にできる像が見えない位置はどこですか。B～Gからすべて選び，記号で答えなさい。

7. Cの位置からチの位置にできる像を見たときの光の道すじをかきなさい。

問4　スミレについて，次の問いに答えなさい。

1. スミレの花を，次の（ア）～（オ）から1つ選び，記号で答えなさい。

（ア）  （イ） 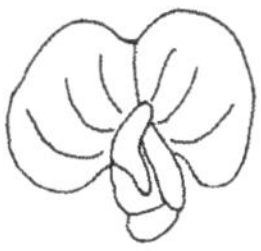 （ウ）  （エ）  （オ） 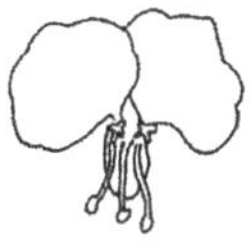

2. スミレの花が開く時期と同じころに咲《さ》く花を，次の（カ）～（コ）から2つ選び，記号で答えなさい。

（カ）　カラスノエンドウ　　（キ）　キキョウ　　（ク）　クリ

（ケ）　ケヤキ　　（コ）　コスモス

3. スミレの葉を，次の（サ）～（ソ）から2つ選び，記号で答えなさい。

（サ）  （シ）  （ス）  （セ）  （ソ） 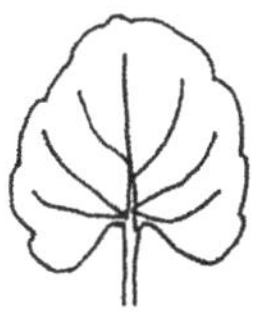

4. スミレの葉を食べる昆《こん》虫を，次の（タ）～（ト）から1つ選び，記号で答えなさい。

（タ）　ナミアゲハ　　（チ）　キタテハ　　（ツ）　ツマグロヒョウモン

（テ）　ベニシジミ　　（ト）　モンシロチョウ

5. 4. の昆虫は，都市部でも多く見られます。それは花だんやプランターにスミレの仲間がよく植えられているからだと考えられます。花だんやプランターによく植えられているスミレの仲間を

1つ答えなさい。

6. スミレは2種類の花を咲かせます。1つは花が開いて種子をつけるもの，もう1つは花が開かずに種子をつけるものです。花が開かずに種子をつける利点を答えなさい。

7. スミレの種子には，アリが好む部分があり，アリをおびき寄せます。アリをおびき寄せる利点を答えなさい。

8. スミレの種子と同じように，アリが好むものを出してアリをおびき寄せる生き物を1つ答えなさい。

9. 8. の生き物がアリをおびき寄せる利点を答えなさい。

【社　会】（30分）　＜満点：100点＞

1）次の問いに答えなさい。

1. 日本の郵便局が扱《あつか》うサービスのうち，一年間の取り扱い数が10年前と比べて増えているものを，次の**ア**～**オ**から二つ選んで記号で答えなさい。

ア．年賀状　　**イ**．特産品の産地直送　　**ウ**．電報　　**エ**．宅配小包　　**オ**．切手販売

2. 下のはがきは，催《もよお》し物などの案内と，それに対する出欠席の確認をする場合などに使います。これを使って，同窓会の連絡をするとき，**A**・**B**・**C**の内容を書く場所を，**ア**～**ウ**からそれぞれ選んで記号で答えなさい。また，このようなはがきを何というか書きなさい。

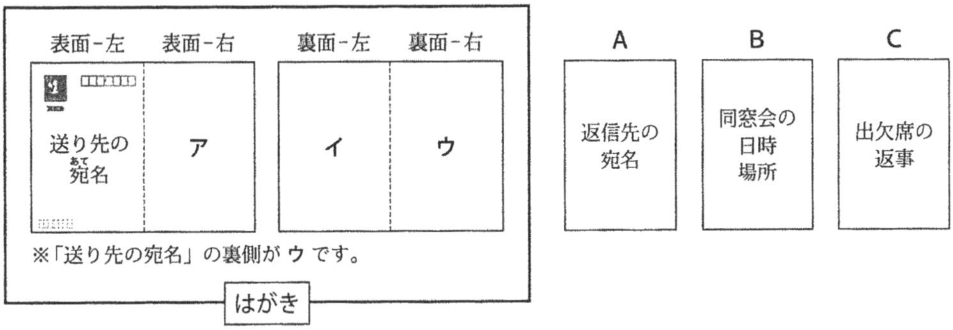

3. 下のはがきは，2．の**A**の例です。このように，あらかじめ返信先に団体名や組織名が書かれているときには，その一部を二重線で消し，書き換《か》えて返信するのが一般《ぱん》的です。二重線で消すことばと書き換えたあとのことばをそれぞれ書きなさい。

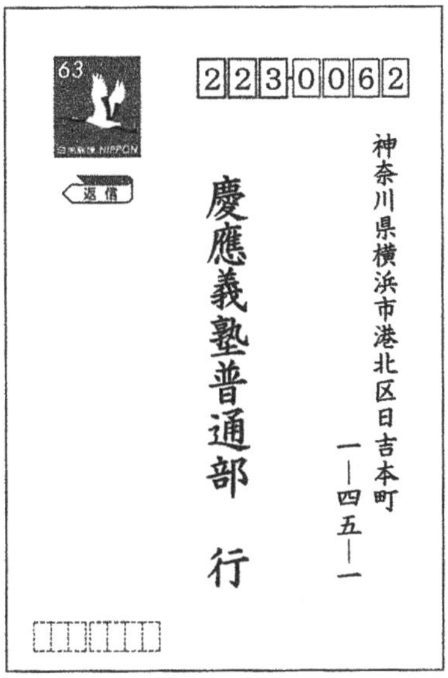

2） 次の問いに答えなさい。

1. 右の地図中のＡには，日本とヨーロッパを結ぶ船舶《ぱく》がよく利用する運河があります。この運河の名前を書きなさい。

2. Ａの運河は昨年３月に通行ができなくなりました。その理由を次の**ア**～**エ**から一つ選んで記号で答えなさい。
   ア．周辺地域で紛《ふん》争が起こり，運河が封鎖《ふうさ》された。
   イ．少雨のため流れ込む水が減り，水深が浅くなった。
   ウ．大型タンカーの事故で，大量の重油が流出した。
   エ．大型のコンテナ船が座礁《しょう》して，運河をふさいだ。
3. 船舶で日本とヨーロッパを結ぶとき，Ａの運河を通過する経路の他に，近年自然環《かん》境が変わるなかで注目されるようになった経路があります。解答用紙の地図に，日本（▲）とヨーロッパ（●）を結ぶその経路を，実線ではっきりと書き入れなさい。
4. 下の資料は，2020年の成田国際空港，東京港，横浜港，名古屋港の輸出と輸入について示したものです。それぞれの品目は，輸出・輸入額の上位２品目です。東京港と横浜港に当たるものを，**ア**～**エ**からそれぞれ選んで記号で答えなさい。

ア	輸出総額　５兆2332億円	輸出品目　自動車部品（5.8%）・半導体等製造装置（5.2%）
	輸入総額　10兆9859億円	輸入品目　衣類（8.3%）・コンピュータ（6.2%）
イ	輸出総額　10兆4138億円	輸出品目　自動車（24.6%）・自動車部品（16.6%）
	輸入総額　４兆3160億円	輸入品目　液化ガス（7.5%）・衣類（6.9%）
ウ	輸出総額　10兆1589億円	輸出品目　半導体等製造装置（8.4%）・金（7.6%）
	輸入総額　12兆7436億円	輸入品目　通信機（14.1%）・医薬品（13.3%）
エ	輸出総額　５兆8200億円	輸出品目　自動車（15.9%）・プラスチック（4.7%）
	輸入総額　４兆 459億円	輸入品目　石油（6.3%）・有機化合物（3.4%）

（「日本国勢図会2021/22」より作成）

3） 日本のいくつかの半島とその周辺地域について説明した次のＡ～Ｅを読んで，あとの問いに答えなさい。

Ａ．この半島の西側の海域に造られた人工島には，「セントレア」という愛称《しょう》の国際空港がある。政令指定都市である（　**あ**　）市の中心部から，電車を利用した場合，最短28分で到《とう》着できる。

Ｂ．この半島の南西側に広がる平野では，果物の栽培《さいばい》が盛んで，①その果物は海外にも輸出されている。平野の南部に位置する市は，江戸時代に造られた天守が現存する城下町として知られている。

Ｃ．この半島の北部に位置する（　**い**　）市は，伝統工芸品に指定されている漆《しつ》器の産地として有名である。この市は，江戸時代から明治時代にかけて，［　　　］の寄港地として発達した。

Ｄ．この半島の南側に位置する市は，源泉数と湧《ゆう》出量がともに国内最多である温泉観光地として知られている。「コロナ禍《か》」以前には，国内だけでなく②海外から訪れる観光客も多かった。

E．この半島の北部に位置する（　う　）市は，古くから信仰《こう》を集める神社の門前町として繁《はん》栄してきた。特徴《ちょう》的な海岸が続く半島の南側にある島では，2016年に③重要な国際会議が開催《さい》された。

1. 下のア～オは，A～Eのいずれかの半島を描《えが》いた地図です。地図中の●は，各半島がある府県の府県庁所在地を示しています。地図の縮尺はすべて同じですが，向き（方位）は上が北ではありません。A～Eに当たる地図をア～オからそれぞれ選んで記号で答えなさい。また，各半島の名前をそれぞれ書きなさい。

ア　イ　ウ　エ　オ

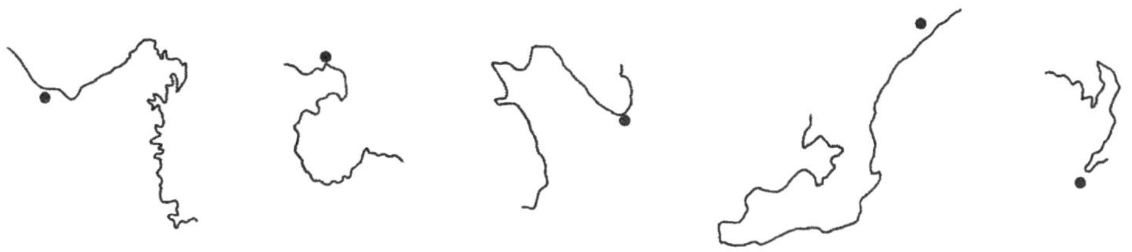

2. （あ）～（う）に当てはまる地名をそれぞれ漢字で書きなさい。
3. [　　] に当てはまることばを漢字で書きなさい。
4. 下線部①について，全体の7割以上は台湾に輸出されています。台湾はこの果物をおもに日本，アメリカ，チリ，ニュージーランドから輸入しています。下の表は，この4か国からの輸入の状況についてまとめたものです。ア～エから日本を選んで記号で答えなさい。

輸入している国	ア	イ	ウ	エ
輸入量の多い月（上位3つ）	1・10・12	5・6・9	4・5・6	1・3・11
全輸入量に占める割合（%）	15.6	34.1	13.6	31.0
平均輸入価格（円/個）	86	32	37	38

（2018年度台湾財政部関税総局の資料および2015年農林水産省の資料より作成）

5. 下線部②について，2019年にDの半島がある県を訪れた観光客が最も多かった国を，次のア～エから選んで記号で答えなさい。
   ア．タイ　　イ．シンガポール　　ウ．中国　　エ．韓国
6. 下線部③として正しいものを，次のア～エから選んで記号で答えなさい。
   ア．COP22　　イ．G7サミット　　ウ．APEC首脳会議　　エ．IOC総会

4）次の文を読んで，あとの問いに答えなさい。

二つの議院をもつ日本の国会は，日本国憲法で国の唯《ゆい》一の（　あ　）機関とされています。①国会の仕事の一つは，多くの法律案を審《しん》議し，それぞれ多数決で決定し成立させることです。国会に法案を提出することができるのは，（　い　）と内閣です。なかでも②総理大臣が内閣を代表して提出する法案が，大部分を占《し》めています。提出された法案は議院の（　う　）が受けとり，③専門的な審議を行う委員会に回されます。その委員会で賛成多数で可決されると，（　え　）に送られて審議し採決されます。もう一方の議院でも同様の過程を経て，④両院で可決されたものが法律として成立し，やがて施《し》行されることになります。

1. （あ）～（え）に当てはまることばをそれぞれ漢字で書きなさい。
2. 下線部①として，内容の正しいものを次のア～オからすべて選んで記号で答えなさい。
　ア．内閣総理大臣の指名をする。　**イ**．予算の議決をする。　**ウ**．裁判員裁判を実施する。
　エ．条約を締《てい》結する。　**オ**．憲法改正の発議をして国民審査を実施する。
3. 下線部②の法案の提出が決定される会議の名前を書きなさい。
4. 下線部③では，利害関係者や学識経験者などから意見を聞く会が開かれることがあります。この会の名前を書きなさい。
5. 下線部④について，可決成立後から施行までの間にとられる手続きは何か書きなさい。

5） 次の文を読んで，あとの問いに答えなさい。

武士が誕生する以前，8世紀の初めには，朝廷《てい》の法によって，人々は税を納めるとともに兵士として働くことが定められました。やがて，朝廷が兵士を集めることが難しくなったり，地方の治安が悪化したりすると，武芸を得意とする人々が求められるようになりました。こうして武士は誕生します。侍《さむらい》と呼ばれた武士は，あくまで武芸で朝廷に仕える存在でした。

11世紀後半以降，武士の中で，大きな勢力をもつようになったのが，［A］と［B］でした。彼らは，もともとは天皇家の一族だったことを活《い》かし，朝廷の人々に武力を提供することで，用いられるようになりました。そして，初めて平安京で起きた戦い，（　あ　）でその武力を都の人々に印象づけると，政治的な争いが起きた際に，大きな影響力をもつようになりました。

最初に政治的な対立に勝利し，勢力をもったのは，［A］で，武士が朝廷の高い位につくようになりました。彼らは瀬戸内海の海上交通の安全を祈《いの》り，（　い　）神社を厚く信仰しました。

この流れを引き継《つ》いだのが，［B］でした。［B］は東日本に勢力をもっていたので，鎌倉に幕府が開かれました。やがて鎌倉幕府は朝廷と対立し，①承久の乱で朝廷に勝利して西日本にも勢力を広げていきました。すると，これまで西日本で力をもっていた人々との争いも起き，裁判が増えました。そのため，幕府の裁判の基準となる法を作りました。

武士の役割をさらに大きくしたのが，②蒙《もう》古襲《しゅう》来でした。鎌倉幕府の滅《めつ》亡後，天皇を中心とした建武政権が成立しましたが，その後室町・江戸幕府と武士による政権は続いていきました。

1. （あ）・（い）に当てはまることばをそれぞれ書きなさい。
2. 2か所の〰〰部の法の名前を古いものから順にそれぞれ書きなさい。
3. ［A］・［B］に当てはまることばをそれぞれ漢字で書きなさい。
4. 下線部①の際に，幕府を代表する人物が話したことばを，右の**ア**～**ウ**から一つ選んで記号で答えなさい。

ア
ご恩に感じて名誉《よ》を大切にする武士ならば、よからぬ者を討ち取り、幕府を守ってくれるでしょう。

イ
おまえたちは家来であって、仲間ではない。これが不満なら戦いをしかけるがよい。お相手いたそう。

ウ
今度、有志の者と相談し、人民を苦しめ、悩《なや》ませている役人たちをまず討伐《ばつ》する。

5. 右の絵**エ**は，下線部②に関連した絵です。右の人物は戦場で戦った御《ご》家人，左の人物は幕府の高官です。二人の人物はどのような主張をしたのか，それぞれ書きなさい。

エ

6. 下の絵**オ**～**キ**からは，さまざまな時代の武士の立場を読み取ることができます。これらの絵を年代の古いものから順に並べて記号で答えなさい。また，3枚の絵のなかでの武士の身分と他の身分との関係をそれぞれ読み取り，解答欄《らん》にことばを補って，説明を完成させなさい。

オ

カ

キ

6） 次の文を読んで，あとの問いに答えなさい。

慶太　日本の義務教育って，今は9年間だけど，昔《むかし》からそうなのかな。

祖父　日本国憲法が施行された年だから，西暦《れき》（　**あ**　）年の春からだよ。①<u>連合国軍に占領されていた時期</u>の改革で今の形になったんだ。それまで中学校は義務教育を受けるところじゃなかったし，じつは小学校だって，明治の中ごろには3，4年で終わりだった。

慶太　3，4年だと短すぎないかな。

祖父　学校に行くこと自体が大変だったんだよ。グラフを見てごらん。（　い　）で日本の学校のしくみが定められてから，就学率がどう変わったかを示したものだ。

慶太　3本の線は，②全体と男女それぞれの就学率だね。

祖父　そう。政府は子どもをみんな学校で学ばせようと考えた。しかし就学率は③途《と》中で5年ほど，全く伸《の》びなくなったのが分かるだろう。それが A のころからまた増加し始めた。 3本の線がみんな90%を超《こ》えるのは， B のころになってからだね。

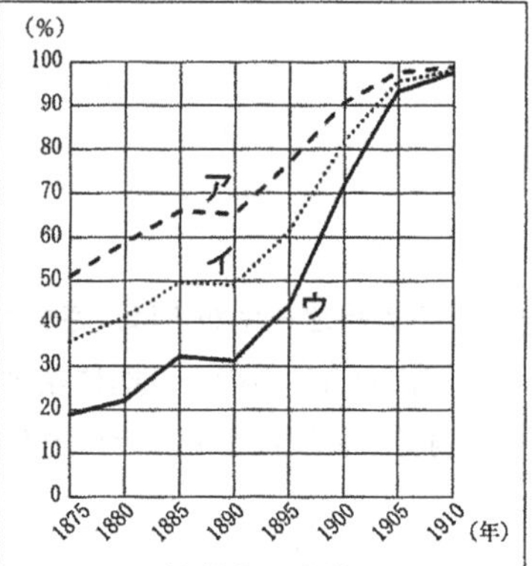

就学率の変化

慶太　学校に行くのは当たり前じゃなかったんだね。

祖父　ただ，日本では江戸時代から教育が盛んで，町人や百姓《しょう》が勉強するための（　う　）と呼ばれる塾が町にも村にもあった。「読み書き（　え　）」ということばもあって，おもにそういうものを勉強したんだ。

慶太　今は江戸時代より学習することがずっと多いよね。中学校でもしっかり勉強しないと。

1. （**あ**）～（**え**）に当てはまる数字やことばを書きなさい。（**い**）・（**う**）はそれぞれ漢字で書くこと。

2. A ・ B に当てはまるできごととして最もふさわしいものを，次の**ア**～**カ**からそれぞれ選んで記号で答えなさい。

ア．国会開設　　**イ**．日中戦争　　**ウ**．地租《そ》改正　　**エ**．日露戦争

オ．日清戦争　　**カ**．第一次世界大戦

3. 下線部①の時期に起きたことを次の**ア**～**オ**からすべて選んで記号で答えなさい。

ア．初めて東京でオリンピックが開催された。　　**イ**．初めて女性の国会議員が誕生した。

ウ．冷戦が深まるなかで朝鮮《せん》戦争が始まった。　　**エ**．平和を求める動きから国際連盟ができた。

オ．「もはや戦後ではない」ということばが経済白書に書かれた。

4. 下線部②で，男子と女子に当たるのは右上のグラフのどの線か，**ア**～**ウ**からそれぞれ選んで記号で答えなさい。

5. 下線部③と同じ時期の日本で，輸出総額に占める割合が最も大きかったものは何か，品名を漢字で書きなさい。

旅」にちがいないのだ。ありきたりな旅の中にすら「はじめての旅」を発見することから、旅行記はその力と価値を汲《く》みあげてくる。

（管啓次郎『本は読めないものだから心配するな』より）

※出題の都合上、本文の一部を改稿《こう》しています。

問一 [1]ふと、気持ちに忍びこむ、狂った風のささやき　とありますが、これを言い換えている部分を本文中から探し、十字で抜《ぬ》き出しなさい。

問二 [2]見覚えのない風景の、無数の目によって見られるということ　とありますが、どういうことですか。最も適切なものを一つ選んで、記号で答えなさい。

ア　見知らぬ土地の数えきれないほど大勢の人が、自分の知らない景色を当たり前のように見ていること。

イ　慣れ親しんだ風景と違《ちが》い、初めての土地ではすべてのものから関心を向けられている気がすること。

ウ　行ったこともない土地で暮らせて初めて、大人になるための第一歩を踏み出したと言えること。

エ　いつの間にかたどりついた土地の風景は美しくて、多くの人が観光に訪れる場所であったということ。

オ　初めて足を踏み入れる土地では、よそ者として地元の人たちからは警戒《かい》の目を注がれるということ。

問三 [3]口笛を吹きたいような心　とありますが、そのような気持ちになるのはなぜですか。最も適切なものを一つ選んで、記号で答えなさい。

ア　ひとりで遠くに来て解放感を楽しんでいるから。

イ　危険な地域を無事に越えてほっとしているから。

ウ　過去から成長した自分を周りに自慢《まん》したいから。

エ　境界を越えなくても充《じゅう》分満足できる範《はん》囲だから。

オ　心細くなる気持ちをごまかそうとしているから。

問四 [4]得体の知れない何かが～後を追ってきたのだ　とありますが、筆者はのちに、「怪物じみたもの」が実は何であったのか思い至ります。それは何か、本文中から探し、五字で抜き出しなさい。

問五 [5]私はけっしているのではない、私はなりゆく　とありますが、自分がそのままの状態で「いる」のではなく、「なりゆく」のはなぜだと筆者は考えていますか。これより前の本文を参考に、三十五字以内で分かりやすく説明しなさい。

問六 [6]はじめての旅は、きみが六歳でも六十歳でも、おなじように起こりうる　とありますが、それはなぜですか。最も適切なものを一つ選んで、記号で答えなさい。

ア　旅を続ける中で、新たに知り合う人との交流が期待できるから。

イ　人間の記憶は、以前の旅を正確な形でとどめておけないから。

ウ　世界中で毎日、人生という旅をはじめる人が必ずいるから。

エ　すべての旅の中には、未知との出合いがひそんでいるから。

オ　風景は、その時々の自分の心情によって姿や形を変えるから。

三

解答用紙にある漢字の問題に答えなさい。

もう隣《となり》の小学校の学区だ。そこから河の堤《てい》防に出れば、吹《ふ》きさらしの埃《ほこり》っぽい春風の中を、どこまでも走ってゆくことができた。遠い山並も、都会のビルの森も、よく見えた。[3]口笛を吹きたいような心のままに、遠くへ、遠くへ走ってゆこうとした。でも、遠くまでゆけば、いずれは心細くなる。その細さが鉛《えん》筆の先のように尖《とが》ってくると、急にペダルを踏《ふ》む足がすくみ、大急ぎで引き返すのだった。夕方のあざやかな光の中で、[4]得体の知れない何かが追ってくるような気がし、たしかに何か怪《かい》物じみたものが後を追ってきたのだ。その怪物が自分とおなじ顔をしていることは、そのころはまだ、思ってもみなかった。

「自分」は関係の中に生まれる。選ぶことのできない場所に生まれる。でも自分は、いつまでもおなじところにはいない。いて、たまるもんか！　動いては関係を踏みはずし、はずしては関係を組み換《か》え、自分を作り替《か》えてゆく。新しい風景との出合いが、新しい自分という面を削《けず》る。昨日の私は今日の私にとっては他人、そして明日の私にとってのなつかしい道連れだ。

「[5]私はけっしているのではない、私はなりゆく」(Je ne suis jamais, je deviens) と、二十世紀フランス文学最大の巨人のひとりアンドレ・ジッドはいった。二十世紀がまるで十九世紀みたいに見えてきた今日、紙に記されて流通する文章という形態が意識にとって二次的な重要性しかもたないものと考えられがちな今日、ぼくはともかくきみとのあいだに、次の原則を確認しておきたいと思う。まず、「なりゆく」私は必ず、それまでとはちがった場所にむすびつくことによって「なりゆく」のだということ。そして異なった場所とのむすびつきは、必ず痕跡《こんせき》を残し、あとにつづく者たちにとっての手がかりとしての痕跡は、紙に書かれようが書かれまいが「文」としてのみ、そこにとどまりゆくのだということ。

言い換えてみようか。

1　現実の道は、誰《だれ》がどこまで歩いていってもいい。

2　歩かれた道は、現実の道から経験の道に転化する。

3　ひとりの経験の道は、文の道（言葉に捉《とら》えなおされた道）としてのみ、この世界にとどまってゆく。

4　文の道は錯綜《さくそう》し、からみあい、無限につづき、それは誰がどこまで歩いていってもいい。

この生涯《がい》におけるぼくの最終的なモットー、それは「すべての道はどこかに通じる」というものだ。すべての曲り角がひとつの新しいはじまりであり、はじまりは無数にある。生きているかぎり、はじまりは無限にくりかえされる。そのくりかえしのどの先にも、新しい、知らない風景がひろがっている。

本当に最初の旅、というものは、おそらくないのかもしれない。たぶん誰も、それを覚えてはいない。あらゆる旅は、旅の名に値《あたい》するものであるかぎり、そのつど最初の旅なのだと呼んでもかまわない。それがたしかに未知を踏むものであり、世界を新しく読むものであるなら。したがって[6]はじめての旅は、きみが六歳でも六十歳でも、おなじように起こりうる。紀行文＝旅行記について考えるときにも、それはおなじだ。あらゆる旅行記において、それが旅行記の名に値するものなら（できあいのイメージをなぞるだけではなく確実な発見と衝突《しょうとつ》を記憶《おく》に定着させようとするものであるなら）、そこに表れるのはたしかに「はじめての

ア　優《やさ》しげ　イ　愛《いと》しげ　ウ　怪《あや》しげ　エ　羨《うらや》ましげ
オ　寂《さび》しげ

問十一　[9]なんだかあたしたちのことみたいだと唐突に感じた　とありますが、自分たちとどのようなところが似ているのでしょうか。最も適切なものを一つ選んで、記号で答えなさい。

ア　人目につく部分ばかりをよく見せようとして、自分の本当の気持ちをおおい隠《かく》してしまうところ。
イ　誰かに自分のことを知ってほしいと思いつつも、周囲の人と傷つけあってしまっているところ。
ウ　同じ教室で過ごすだけで深く知ろうとしなければ、お互《たが》いの個性はわからないままであるところ。
エ　本当は一人一人豊かな可能性を秘《ひ》めているのに、学校という組織によって管理されているところ。
オ　個々の感性は輝いて素敵なものでありながら、多様過ぎて相手と心から分かりあえないところ。

問十二　[10]なにか物語を読みたいと猛烈に感じた　とありますが、これを比喩《ゆ》表現として読む場合、「あたし」が抱《いだ》いた欲求の内容を具体的に示している一文を本文中から探し、始めの五字を抜き出しなさい。

問十三　[11]拳を握り締めて　とありますが、どのような心情の表れですか。最も適切なものを一つ選んで、記号で答えなさい。

ア　クラスメートを仲間外れにする人へ向けた宣戦布告の気持ち。
イ　どこにも読みたい本が見つからないことへのやり場のない腹立たしさ。
ウ　本は本でしかなく自分の問題は自分で解決しなければという決意。
エ　自身の気持ちに正直になるべきではと自分を励《はげ》まし奮い立たせる思い。
オ　結局は間宮さんたちの言う通りにするしかない自分への強い怒《いか》り。

問十四　[12]一緒くたの書架に押し込めてしまっていた　とありますが、どのようなことのたとえですか。「三崎さんを□と決めつけていたこと。」と説明するとき、空らんにあてはまる内容を二十字以内で書きなさい。

二　次の文章を読み、問いに答えなさい。

はじめは気の迷いかもしれない。[1]ふと、気持ちに忍《しの》びこむ、狂《くる》った風のささやきかもしれない。通い慣れた道をはずれて、別の道をゆけ、と風がいう。決まった町はずれを越《こ》えて、見知らぬ野原に出てゆけ、と風がいう。人がひとり歩きをはじめるのが、平均的にいって小学校に入る六歳《さい》のころだとして、それ以後の成長の過程でそんなふうに気まぐれな内面の誘《さそ》いに乗って、どこかへとはみだしていったという経験のない人は、いないだろう。それがひとりになるということ、自分になるということだった。昨日まで知っていた境界を、まるで理由もなくただ越えてみることが。[2]見覚えのない風景の、無数の目によって見られるということが。

よくひとりで自転車に乗った。年齢《れい》がまだ一桁《ひとけた》のころ。民家のつづく一帯をすぎれば、水田や畑がひろがった。その先には大型トラックのゆきかう危険な県道があり、それをわたれば巨《きょ》大な団地があった。そこは

ウ　佐竹さんと友達になるきっかけをどうにかしてつかみたいと様子を見ているから。

エ　騒々《そうぞう》しい教室で友人と過ごすより周りを気にせず一人で本を読む方が好きだから。

オ　教室に居場所のない三崎さんはここで静かにそっと時をやり過ごすほかにやりようがないから。

問三　2戦争に負けたんだろう　とありますが、これはどういうことですか。最も適切なものを一つ選んで、記号で答えなさい。

ア　他クラスとの対立に責任を感じ、教室を去ることにした。

イ　クラスの多数と衝《しょう》突した結果、教室で意地悪されるようになった。

ウ　グループ内でのリーダー争いにむなしさを覚え、教室から出ていった。

エ　先生に反抗《こう》したものの怒《おこ》られて、教室にいづらくなった。

オ　立候補した図書委員になれず、悔《くや》しさのあまり教室を飛び出した。

問四　3佐竹さんも、関わらない方がいいよ　とありますが、この発言はどのような状況《きょう》を心配する気持ちから出たのでしょうか。最も適切なものを一つ選んで、記号で答えなさい。

ア　佐竹さんが三崎さんと同じ目に遭ってしまう。

イ　間宮さんたちに災難がふりかかることになってしまう。

ウ　佐竹さんを三崎さんに取られることになってしまう。

エ　佐竹さんが三崎さんに傷つけられてしまう。

オ　間宮さんたちが図書室にいられなくなってしまう。

問五　4よりによって、今なの？　とありますが、「よりによって」という表現から、「あたし」には本当はどのような思いがあったと考えられますか。十五字以内で書きなさい。

問六　5固唾を呑んで　とありますが、どのような状態を表していますか。最も適切なものを一つ選んで、記号で答えなさい。

ア　緊《きん》張　イ　感動　ウ　動揺《よう》　エ　納《なっ》得　オ　落胆《たん》

問七　6正しい選択をした　とありますが、具体的にどのようなことをしたのでしょうか。「間宮さんたちの前で」に続くように十五字以内で書きなさい。

問八　7あたしはカウンターに突っ伏したまま笑った　とありますが、ここから「あたし」にとってしおり先生はどのような存在だとわかりますか。最も適切なものを一つ選んで、記号で答えなさい。

ア　困らせて愛情を確かめたくなる存在。

イ　軽く見ていて平然と口答えできる存在。

ウ　すぐに言い返して反発したくなる存在。

エ　信頼していて遠慮なく甘えられる存在。

オ　反抗しつつも認めてもらいたい存在。

問九　8あおちゃんは、どうして、恋愛小説とか、部活ものの小説とか、そういうのが苦手なの？　とありますが、「あたし」が「恋愛」や「部活」を題材にした小説に抵《てい》抗を持つのは、これらの作品の多くが、あるテーマについて型通りの描《えが》き方をしているためであると考えられます。そのテーマとは何か、本文中から探し、二字で抜き出しなさい。

問十　本文中の【　】にあてはまる語として最も適切なものを一つ選んで、記号で答えなさい。

書架に収められている本が、誰かに読まれることを待っているのだとしたら。

あたしも、誰かに読んでもらいたいのだろうか。

三崎さんも、誰かに読んでもらいたいって、考えたことがあるのだろうか。

しおり先生は、少し席を外すからお願いねと告げて、図書室を出て行った。あたしはいつものようにカウンターの内側に一人取り残されていた。しとしとと雨音が響《ひび》く図書室の静けさの中で、あたしはのろのろと立ち上がる。どうしてか、10なにか物語を読みたいと猛烈《もうれつ》に感じた。

一冊の本を胸に抱《だ》いて、その質感と匂《にお》いを感じたいと欲求した。背の高い書架の前まで歩いて、ぼんやりとそれを見上げた。

あたしは、きっと誰かにあたしを読んでもらいたい。ほんの僅《わず》かな間でもいい、そのひとさし指でこの背に触《ふ》れて、窮屈な書架から抜き出してほしかった。この装幀を、確かめてもらいたかった。あたしという物語を、好きになってほしかった。

11拳《こぶし》を握《にぎ》り締《し》めて、書架に背を向ける。のろのろとした速度で、図書室を歩いた。ほんの少し向こうにあるテーブルまでの距離《きょり》が、妙《みょう》に遠く感じられる。あたしは、そこで本をめくって寂《さび》しそうにしている女の子の背を見つめた。けれど、と感じて足が止まる。だって、あたしたちは違いすぎる。あたしが、あなたのことを苦手だって思うみたいに、あなたもあたしのこと、苦手って思っているかもしれない。それでも、知っていることはあった。知らないふりをしていたことがあった。あたしのことを*注3陰《いん》キャって笑う女の子たちを見て、あなたは困った顔を浮かべていた。そんなつもりで言ったんじゃないとその戸惑《まど》った瞳が語っていて、けれどあたしはどうしてもあなたたちが赦せなくて、12一緒くたの書架に押し込めてしまっていたんだ。

足が止まる。息が苦しい。汗《あせ》が噴《ふ》き出て、引き返したくてたまらなくなる。けれど、今なら先生が教えてくれた言葉の意味がわかるような気がした。あたしたちを幸せにできるかは、あたしたちしだいだ。物語の行く先は、自分で決めなくちゃいけない。すべては自由だ。それなら、あたしはこの胸の書架に、素敵な本をたくさん収めておきたい。あたしが好きな本を、好きになってくれた人と、話をしてみたかった。

あたしは、その背に指を伸ばす。

そうして、ゆっくり、一冊の本を書架から引き抜いていった。

（相沢沙呼『教室に並んだ背表紙』より）

*注1　司書…図書室担当の先生　*注2　書架…本棚

*注3　陰キャ…内気な人を見下して言う若者ことば

※出題の都合上、本文の一部を改稿《こう》しています。

問一　噂話に□じる（二か所）の空らんにあてはまる漢字を二つ選んで、記号で答えなさい。

ア　応　イ　乗　ウ　興　エ　講　オ　通

問二　1息を殺すみたいに身を潜め　とありますが、なぜこのようなふるまいをするのでしょうか。最も適切なものを一つ選んで、記号で答えなさい。

ア　本来ここにいるべきではないことを自覚して間宮さんたち図書委員に遠慮《りょ》しているから。

イ　自分のことを気にかけてくれているしおり先生がいない時は安心して過ごせないから。

――」

「殺人事件は嫌《きら》い。嫌《いや》だよ血なまぐさい」

「ああ、もう、本当に贅沢ね」

先生は恨みがましそうな表情で、じろりとあたしのことを見た。

それから、くすっと笑って訊《き》いてくる。

「[8]あおちゃんは、どうして、恋愛小説とか、部活ものの小説とか、そういうのが苦手なの？　先生、もったいないって思うな。苦手だからって、本を開きもしないのは」

「苦手なものは苦手なの。仕方ないじゃん」

「本はね、読んでみなければ、どんなことが書かれているのか、わからないの」

「そりゃ、そんなの、当たり前じゃん」

「そうね」先生は笑う。それから、並んだ書架を一つ一つ確認していくように、優《やさ》しい眼差しを浮《う》かべて言う。「でもね、ここに並んでいる本は、みんな誰かに読んでもらいたくって、ずっとこうして書架に収まりながら、手に取ってくれる人を待っているのよ」

あたしは、つられて先生の視線を追いかけた。

図書室に整然と並んでいる重厚《こう》な書架たち。

そこに収められている色とりどりの背表紙。

窓に雨が降り注いでいるせいか、その景色はなんだか【　　】に見えた。

「窮屈な書架に閉じ込めてしまって、ちょっと申し訳なくなっちゃう。こうして、背表紙が並んでいるだけの景色じゃ伝わらないけれど、みんなどれも個性的なの。綺麗《きれい》な装幀《てい》に包まれて、素敵な名前をつけられて、どれ一つとして、同じものなんてない」

先生は書架の一つに歩みを進めて、そっと本の背に指先を這《は》わせていく。

その手付きは、ピアノの調べを奏《かな》でるときのように、不思議で魅《み》力的なものに見える。

まるで、本という楽器の音色を、確かめているみたいに。

「自分の思った通りに書かれている本なんて、どこにもないのよ。自分に合わないだなんて読む前から決めつけて、ページをめくることをしないのはもったいないじゃない。同じ色ばかりで揃《そろ》った書架なんて、つまらないわ。色とりどりの背が収まった自分だけの書架は、きっとあおちゃんの心を豊かにしてくれるから」

そういうものなのだろうかと、しおり先生の言葉を耳にしながら、ぼんやりと考えた。古めかしい書架に収められた無数の本。開くまで中身のわからないその宝石箱は、でも、ずいぶんと窮屈な場所に押し込められていた。一つ一つ背が違って、一つ一つ素敵な名前がつけられているというのに、このままだとよくわからない。

それは、[9]なんだかあたしたちのことみたいだと唐突《とうとつ》に感じた。

その発想は電流みたく脳髄《ずい》を刺《し》激して、びりびりとあたしの身体を痺《しび》れさせていく。窮屈な教室に押し込められ、どんな名前がつけられ、どんな装幀で飾《かざ》られているのか、確かめることが叶《かな》わない物語たち。そのままだと、どんな本なのかわからないから、だからときどき、しおり先生は書架から本を抜き出して、装幀が見えるように飾るのかもしれない。今も先生は指を這わせた先にある本を、ときどき抜《ぬ》き出しては、表紙を確かめ、中身を開いて、愛《いと》しげにそのページに視線を落としている。

の楽園だった。深い海から顔を出して、新鮮な空気を吸い込むことが赦《ゆる》される時間。図書委員で良かったと思う。図書室がなければ、しおり先生の司書室がなかったら、だって、あたしにはお弁当を食べる場所すらない。トイレの個室に籠《こ》もってご飯を食べるなんて、そんなのはあんまりだ。本当に、あんまりだよ。

　だから、あたしはあの場所を護《まも》らなければならない。間宮さんたちと敵対して、それを失うわけにはいかなかった。[6]正しい選択《たく》をしたはずだ。それなのに、どうしてだろう。

　憂鬱《ゆううつ》で、たまらない。

　その日は、しとしとと雨が降っていた。梅雨《つゆ》の季節が近付いて、図書室はどこかじめじめとした空気に汚《お》染されていた。そのせいなのだろうか、今日の図書室はあまり人気がなくて、とても静かだった。何人か、テーブルに向かって勉強をしているらしい子の背中が見えるだけ。図書委員は、カウンターで頬杖《づえ》をつくあたしの他には誰もいない。

「どうしたの、あおちゃん」

　しおり先生の声に、ぼんやりと顔を上げた。

　会議から帰ってきたらしい先生が、入り口の戸を開けて、あたしのことを眺《なが》めている。

「どうもしてないよ」

「そう？」先生は首を傾げた。それから、笑って言う。「今日みたいな雨の日は、絶好の読書日和《びより》よ。本を読まなくちゃ」

「なら、なにか面白い本を教えてよ」

　カウンターに突《つ》っ伏《ぷ》しながら、少し甘《あま》えた声を出してそう訴《うった》えると、先生はひとさし指を顎《あご》先に押《お》し当てて、「そうねぇ」と声を漏《も》らした。それから、先生のお気に入りの本が集《つど》う小さな＊注2書架《か》の前に向かって、じっと棚《たな》を見つめだす。

「これなんかどう？」

　そう言って先生が取り出した本は、あたしも一度、気になってあらすじを確かめたことのある本だった。

「それ、部活ものなんだもの。パス」

「あおちゃんは贅沢《ぜいたく》だなぁ」

　先生は唇《くちびる》を尖《とが》らせて、顔をしかめた。本を棚に戻し、うーんと唸《うな》る。

「それじゃ、この本はどう？　わたしが高校生の頃《ころ》に読んだ話なんだけれど、タイトルが素《す》敵で――」

　書架の本に指を伸《の》ばしながら、先生が口にしたタイトルは、確かに素敵なのかもしれなかったけれど、明らかに恋《れん》愛ものであることが理解できるものだった。

「恋愛ものもパス」

「ぶう」

　先生は頬を膨《ふく》らませる。

　その様子が可愛《かわい》くって、[7]あたしはカウンターに突っ伏したまま笑った。

「参ったな。あおちゃんの要求に適《かな》うものは、もうだいたい紹介《しょうかい》し終えちゃったから」

　あたしは身体を起こして、書架をにらんでいる先生の横顔を見つめる。先生は眼鏡《めがね》の位置を片手で直してから、別の書架の方へと視線を向けた。

「それじゃ、推理小説とかはどう？　わたし、大好きな作家さんがいて

思った。

「大丈《じょう》夫だよ。べつに友達とかじゃないから」

「それなら、いいけどさ」

「ていうか、ああいうの、あたし苦手なタイプだから」

ごまかすように、そう言って笑う。

すると、間宮さんたちは驚いた顔をした。悲鳴すらこぼしそうになって、あたしの後ろを見ている。なんだろうと振《ふ》り返ると、そこに三崎さんの姿があった。

あたしたちの顔を見て、彼女は少し不思議そうな顔をしている。話していることは、伝わらなかったんだろう。三崎さんは、手にあの本を持っていた。あたしと眼が合うと、彼女は少しだけ息を弾《はず》ませて、言葉を続けた。

微《かす》かに頬《ほお》を紅潮させて、瞳《ひとみ》をきらきら、輝《かがや》かせながら。

「佐竹さん、あたし、読み終えたよ。これ、勧《すす》めてくれて――」

4 よりによって、今なの？

なにも聞きたくなかった。

なにも知りたくないし、なにも見たくない。

あたしはうつむいて、カウンターの右の方を指さした。

「返却《きゃく》、そこの台に置くだけでいいから」

早口でそう言って、三崎さんの言葉をさえぎった。

彼女を見ないように、間宮さんたちに眼を向ける。5 固唾《かたず》を呑《の》んで見守るような眼差《まなざ》しだった。大丈夫だよって笑いたいけれど、うまく笑えない。それでも、あたしは裏切り者にならない。裏切り者になんてならないから、あたしからこの場所を、奪《うば》ったりしないで。

三崎さんが、なにかを言っている。

あたしの意識は、それを耳から追い出した。あまりにも小さな声で、聞こえなかった。

「あたし、忙しいから」

あたしがそう言うと、まるで逃《に》げるみたいに、三崎さんが図書室から飛び出していく。

あたしは、それを見ないふりをした。

これでいい。これでいいんだ。だってあたしたち、そもそも違う生き方をしてるもの。酢豚《すぶた》とパイナップルみたいな、食い合わせの悪い食べ物なんだよ。

何度も何度も、自分に言い聞かせた。

「あおちゃん、どうしたの？」

しおり先生が戻《もど》ってきて、そう訊《たず》ねてくる。あたしは、どんな顔をしていたんだろう。不思議そうに、あるいはどこか心配そうに首を傾《かし》げた先生に、あたしは笑って答えた。

「べつに、なんでもないよ」

＊

退屈《くつ》な毎日を、影《かげ》のように息を殺して生きていく。

あたしのことなんて、誰《だれ》も気にかけない。青春を謳《おう》歌する景色に囲まれながら、手にした文庫本に眼を落とす。それは、いつもとなにも変わらない日常だった。話をしてくれる友達なんていないけれど、そんなのは物語があれば必要ない。それでも、この場の窮《きゅう》屈さに息を詰《つ》まらせ、深海を潜《もぐ》って泳ぐように、先の見えない日々を生きていかなくてはならないことに変わりはない。だから、お昼休みと放課後はあたしにとって

【国　語】（四〇分）〈満点：一〇〇点〉

【注意】　※字数を数える場合は、句読点・かぎかっこ等も一字と数えます。

一　次の文章を読み、問いに答えなさい。

カウンターの内側にいたのは、図書委員が推薦《せん》する本のために、手書きのポップを書いている間宮さんたちだった。あたしは肩越《かたご》しに、噂《うわさ》話に□じる彼《かの》女たちの視線の先を追いかけた。そこには、テーブルで黙《もく》々と読書をしている子の姿があった。いつもお昼になると必ず、みんながお弁当を食べ終えたあたりの時間にやって来て、[1]息を殺すみたいに身を潜《ひそ》め、そして去っていく三崎さんの姿だった。

しおり先生の姿がないのをいいことに、間宮さんたちは噂話を続けていた。この頃《ごろ》、しおり先生は忙《いそが》しいみたいで、あまり姿を見かけない。いつもは＊注1司書室で一緒《しょ》にお昼ご飯を食べるのだけれど、最近は司書室を開けてはくれるものの、どこかへ姿を消してしまうのだ。だから、間宮さんたちは周囲の視線を気にすることなく、噂話に□じる。

あたしは間宮さんたちの話を耳にしながら、彼女たちが語るそのあらすじを、自分なりに解釈《しゃく》していた。これまでだって、なんとなくそうかもしれないって思っていたから。

きっと三崎さんは、[2]戦争に負けたんだろう。その諍《いさか》いが、なにを発《ほっ》端《たん》として起こったものなのかはわからないけれど、戦力差は圧倒《とう》的なものだったに違《ちが》いない。教室での居場所を失った彼女は、安息の場所を求めてさすらった。悪意という弾《だん》丸の雨にさらされない場所を求めて、毎日を過ごす必要があったんだ。

いちばん困るのって、たぶんお昼ご飯を食べるときだ。教室という地雷《らい》原の中でご飯を口に入れられるほど、彼女は図太い神経を持っていなかったんだと思う。初めて図書室にやって来たとき、テーブルでお弁当を広げようとした彼女のことを思い出した。今は、どこでご飯を食べているんだろう。間宮さんたちが噂をする通り、本当にトイレの中で食べているんだろうか？

「[3]佐竹さんも、関《かか》わらない方がいいよ」

不意に、間宮さんたちにそう言われた。

驚《おどろ》きに心臓を跳《は》ねさせながら、読書する三崎さんから視線を外す。まばたきを繰《く》り返して、こっちを見ている間宮さんたちを見返した。

「この前、あの子と話してたでしょう」

三崎さんが、本を借りに来たときのことを言っているのだと思った。そういえば、あのとき間宮さんはすぐ近くで本を読んでいた。

「べつに、貸し出し、しただけだし」

言い訳がましく、そう言う。

「そうだろうけど、あの子と口利《き》くと、同じ目に遭《あ》っちゃうらしいからさ」

「そんな、おおげさな」

「あたしたちも、巻き込《こ》まれるのごめんだから」

そう宣告する間宮さんの眼《め》を見て、その言葉の意味を理解した。

少しでも三崎さんと関われば、戦争に巻き込まれる。銃《じゅう》弾の雨が降り注ぐようになって、その戦火はこの図書室にも及《およ》ぶことになるのかもしれない。間宮さんたちはそれを避《さ》けたいと思っている。もし、あたしが三崎さんと少しでも口を利いたのなら、裏切り者と罵《ののし》るのだろう。その場合、この図書室から追い出されることになるのは、あたしなんだと

MEMO

大切なことはメモしておこうネ！

2022年度

解　答　と　解　説

《2022年度の配点は解答欄に掲載してあります。》

＜算数解答＞ ≪学校からの正答の発表はありません。≫

1. ①　16　②　$\frac{1011}{5000}$　2.　12個　3.　①　600円　②　5700円

4. ①　5：3　②　$\frac{1}{9}$倍　5.　60秒後　6.　2460m　7.　$4\frac{1}{8}$cm

8. ①　15円のお菓子4個，25円のお菓子1個　②　7通り　9.　15度

○推定配点○

1.，3.　各7点×4　他　各8点×9(8.①完答)　計100点

＜算数解説＞

1. (四則計算)

① $\frac{15}{\square}=\frac{3}{4}\div\{1.6\div\left(2+\frac{2}{3}\times3\right)+0.4\}=\frac{3}{4}\div(1.6\div4+0.4\}=\frac{3}{4}\times\frac{5}{4}=\frac{15}{16}$　　$\square=16$

② $\frac{1}{10}+\frac{1}{20}+\frac{1}{25}+\frac{1}{100}=\frac{1}{5}$　　$\frac{1}{625}+\frac{1}{2500}+\frac{1}{5000}=\frac{11}{5000}$　　$\frac{1}{5}+\frac{11}{5000}=\frac{1011}{5000}$

重要 2. (数の性質)

割り切れる場合の割る数(分母)…2，2×2＝4，2×2×2＝8，～，8×8＝64→6個

5，5×5＝25→2個

2×5＝10，4×5＝20，8×5＝40，16×5＝80→4個

したがって，割り切れる数の分母は全部で12個

3. (割合と比，相当算，消去算)

それぞれの所持金をA～Dで表す。

重要 ①　A＋DとB＋Cの比が8：7であり，それぞれ9000÷(8＋7)×8＝4800(円)と9000－4800＝4200(円)

したがって，これらの差は4800－4200＝600(円)

やや難 ②　A－B＝⑤，A＝B＋⑤のとき，C－D＝③，C＝D＋③

①より，A＋D＝B＋C＋600であり，B＋⑤＋D＝B＋D＋③＋600より，⑤－③＝②が600円に相当する。

A＝B＋⑤とC＝D＋③を足すと，A＋C＝B＋D＋⑧

すなわちB＋D＋600×4＝2400

したがって，A＋Cは(9000＋2400)÷2＝5700(円)

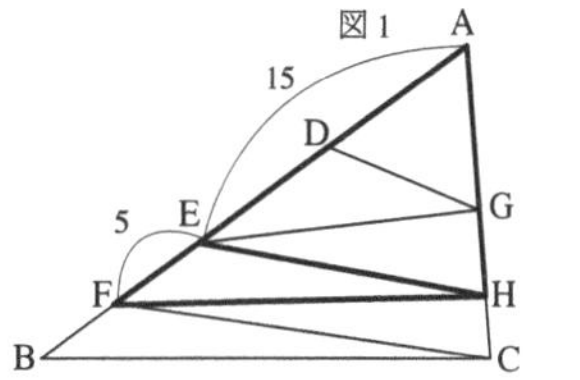

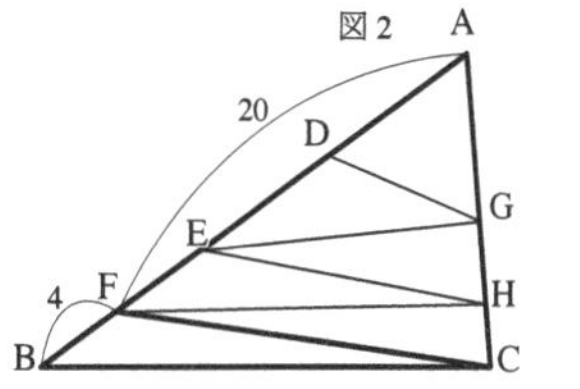

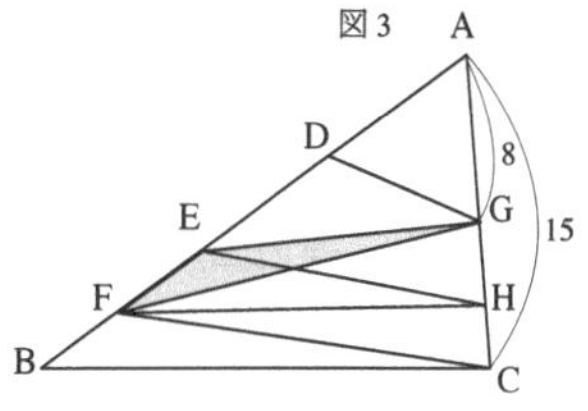

4. (平面図形，割合と比)

重要 ①　図1より，AE：EFは3：1＝15：5

図2より，AF：FBは(15＋5)：{(15＋5)÷5}＝20：4　したがって，AE：EBは15：(5＋4)＝5：3

やや難 ②　図3より，AG：GHは2：1＝8：4，AH：HCは4：1

＝12：3であり，AG：ACは8：(12＋3)＝8：15

①より，AF：ABは20：24＝5：6，AE：AFは3：4

三角形AFG：三角形ABCは(5×8)：(6×15)＝4：9

したがって，三角形EFGは三角形ABCの4÷4÷9＝$\frac{1}{9}$

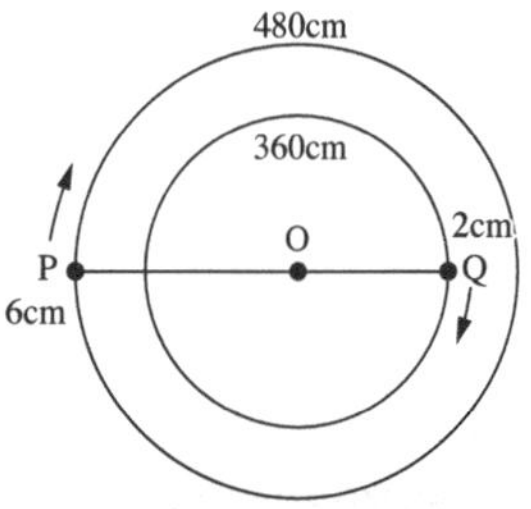

基本 5. **(速さの三公式と比，割合と比)**

Pが1秒で動く角度…360×6÷480＝4.5(度)

Qが1秒で動く角度…360×2÷360＝2(度)

したがって，角POQが30度になるのは

(180－30)÷(4.5－2)＝60(秒後)

やや難 6. **(速さの三公式と比，割合と比，単位の換算)**

A～Cの分速は120m，180m，300m

であり，右のグラフにおいて計算する。

QM：QN…2：3

RQ…300×(4＋1)＝1500(m)

SN…1500÷120＝12.5(分)

MN…12.5－(4＋5÷3)＝$6\frac{5}{6}$(分)

したがって，PQは120×$6\frac{5}{6}$×3＝2460(m)

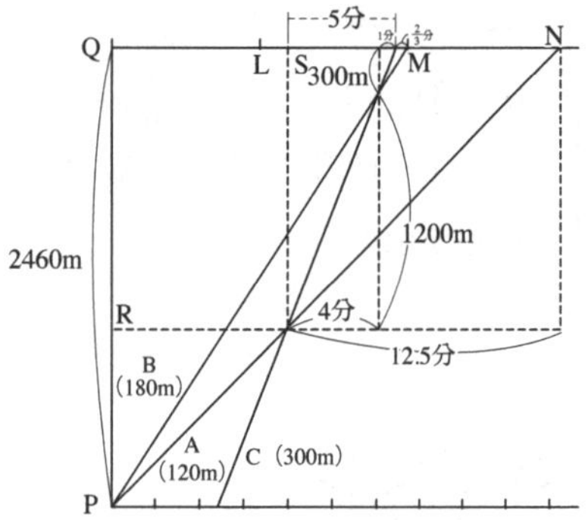

重要 7. **(立体図形，平面図形，割合と比)**

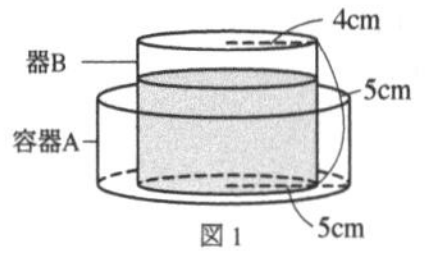

図1

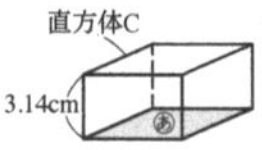

図2

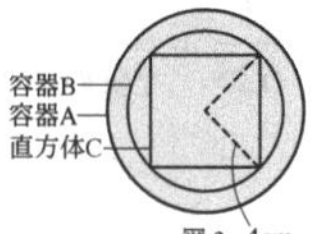

図3

あふれた水の体積… (5×5－4×4)×3.14×2＝18×3.14(cm^3)

容器Cの底面積…4×4×2＝32(cm^2)

容器Bが満水になるまで増えた見かけの水の体積…32×3.14－18×3.14＝14×3.14(cm^3)

したがって，最初の水深は5－14×3.14÷(4×4×3.14)＝$4\frac{1}{8}$(cm)

8. **(数の性質，場合の数，消去算)**

基本 ① 301－18×12＝85(円)

15円のお菓子を□個，25円のお菓子を△個，買うとき，15×□＋25×△＝85より，3×□＋5×△＝17であり，15円のお菓子は4個，25円のお菓子は1個

重要 ② 301－(15＋18＋25)＝243(円)であり，243＝18＋225，108(＝18×6)＋135，198(＝18×11)＋45

18＋225のとき… 225＝15×15，15×10＋25×3，15×5＋25×6，25×9より，4通り

108＋135のとき…135＝15×9，15×4＋25×3より，2通り

198＋45のとき… 45＝15×3より，1通り

したがって，全部で7通り

重要 9. **(平面図形)**

右図より，四角形BCPEは平行四辺形，三角形EPDは二等辺三角形，三角形ABEは正三角形，三角形APEは直角二等辺三角形である。

したがって，角あは60－45＝15(度)

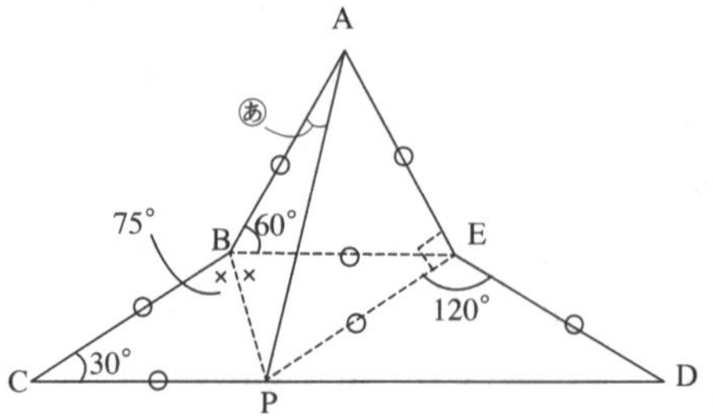

★ワンポイントアドバイス★

3. ②「割合と比・消去算」, 6.「速さの三公式と比・割合と比」は, かなり難しい。したがって, 他の問題から, 自分にとって解きやすい問題を優先して解くとよい。5.「図形や点の移動」では, 時計算の考え方を利用できる。

＜理科解答＞ ≪学校からの正答の発表はありません。≫

問1 1. 21(%)　2. 温められた空気は膨張する。
3. 水[水蒸気]　4. 二酸化炭素　5. (ア), (カ)

問2 1. 5月13日　2. (イ)
3. 雨 (ク)　雪 (キ)　かみなり (コ)　あられ (ケ)
4. (1)

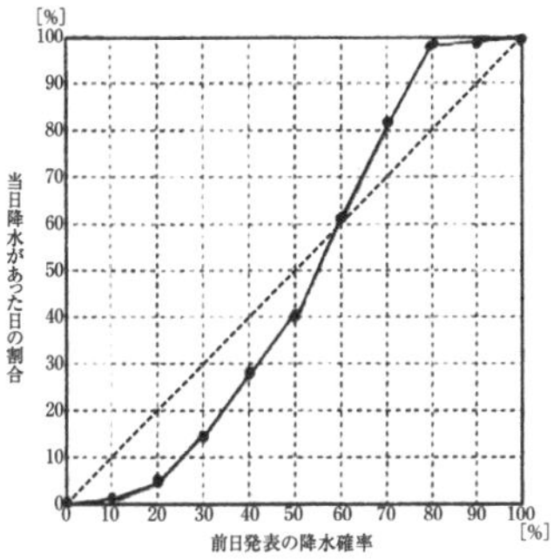

(2) 記号 (ス)
(理由) 降水確率が50～60%以上になると, 当日の降水の割合が40%以上になり, 雨の日の割合が大きくなるから。

問3 1.

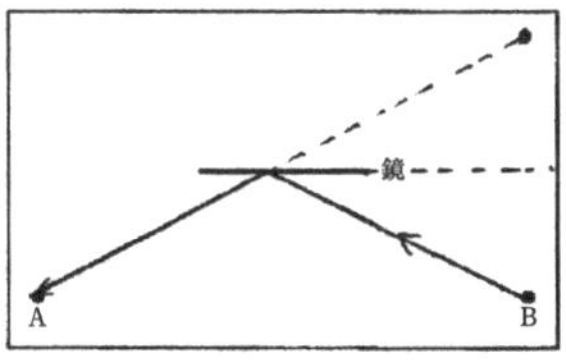

3.

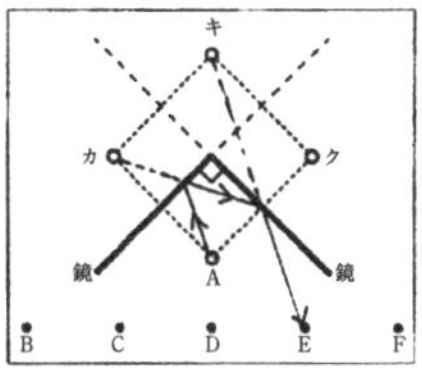

7.

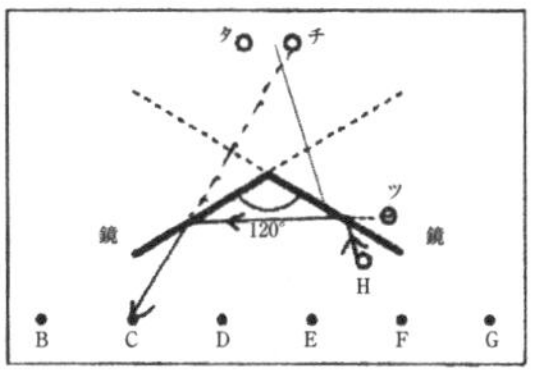

2. 3つ
4. カ ③　キ ③　ク ①
5. B, G　6. G

問4 1. (ア)　2. (カ), (ケ)　3. (サ), (ソ)　4. (ツ)　5. パンジー
6. 自家受粉する。　7. (アリが)種子を運ぶ。　8. アブラムシ
9. (アリが)天敵から身を守る。

○推定配点○

問1　1・3・4　各2点×3　2・5　各4点×2(5完答)
問2　4(1)(2)理由　各4点×2　他　各2点×7
問3　1・3・7　各6点×3　他　各4点×4(4・5各完答)
問4　1・4・5　各2点×3　他　各4点×6(2・3各完答)　計100点

＜理科解説＞

問1　(燃焼－ろうそくの燃焼)

基本　1. 空気中には，ちっ素が約78%，酸素が約21%，二酸化炭素が約0.04%含まれている。

重要　2. ロウソクが燃えると，ビーカーの中の空気が温められ膨張《ぼうちょう》するので，ビーカーから外へ空気の泡《あわ》が出る。

重要　3.・4. ロウソクが燃えると，ロウソクに含まれている炭素と水素が酸素と結びつき，二酸化炭素と水蒸気が生じる。二酸化炭素は石灰水と反応するので，石灰水の表面に炭酸カルシウムの白い膜が生じる。一方，水蒸気はビーカーによって冷やされて水になるので，白くくもる。

やや難　5. (ア)　ロウソクの火が消えると，空気が冷やされて体積が減るので，ビーカーの中の水面が高くなる。正しい。　(イ)　ロウソクの火が消える前に水蒸気が水になっているので，水蒸気が冷えて水になると体積が減ることは，この実験では確かめられない。　(ウ)　酸素も窒《ちっ》素《そ》も水に溶けにくいが，この実験では確かめられない。　(エ)　二酸化炭素は空気よりも重いが，この実験では確かめられない。　(オ)　二酸化炭素は石灰水には溶けるが，炭酸水には溶けにくい。また，いずれもこの実験では確かめられない。　(カ)　燃えた後の空気は，あたためられて上にいくので，どの実験でも，長いロウソクから先に消えていく。正しい。

問2　(気象－気温と湿度の変化)

重要　1. 5月13日は，ほぼ一日中気温が低く，湿度が90%近くあるので，雨の日である。

2. (ア)　川の上流で黒い雲が見えると，上流では雨が降り，しばらくすると，川下が増水する可能性がある。正しい。　(イ)　高い木はかみなりが落ちる危険がある。　(ウ)　ダムから水を放水する場合は，前もってサイレンが鳴らされる。正しい。　(エ)　大きな流木が流れてきたら，すぐに川原から離れた方がよい。正しい。　(オ)　ひんやりした風が吹くと，大雨が降ることがある。正しい。

基本　3. 雨はシトシト，雪はシンシンと降る。また，かみなりはゴロゴロと鳴り，あられはバラバラと降る。

4. (1)　前日発表の降水確率が60%くらいまでは，当日降水があった割合が予想よりも少ないが，前日発表の降水確率が60%よりも大きいと，当日降水があった割合が予想よりも大きくなる。

(2)　前日発表の降水確率が0～40%では，当日降水があった日の割合は0～30%程度である　が，前日発表の降水確率が50%以上では，当日降水があった日の割合は40%以上になり，ほぼ雨が降ることが予想される。ただし，前日発表の降水確率が30～40%であっても，当日降水があった日の割合は15～30%程度なので，折りたたみかさなどを持参することも考えられる。

問3　(光や音の性質－鏡の像)

重要　1. 次のページの図aのように，鏡の側にBの像を書き，像から光が出ているように線を引くと，その線が鏡と交わった所が，光が鏡で反射する点である。

2. Cの位置からは，次のページの図bのように，カ～クの3つの像がすべて見える。このとき，カとクの像は，鏡で1回だけ反射して見える像だが，キの像は，鏡で2回反射して見える像である。

図a

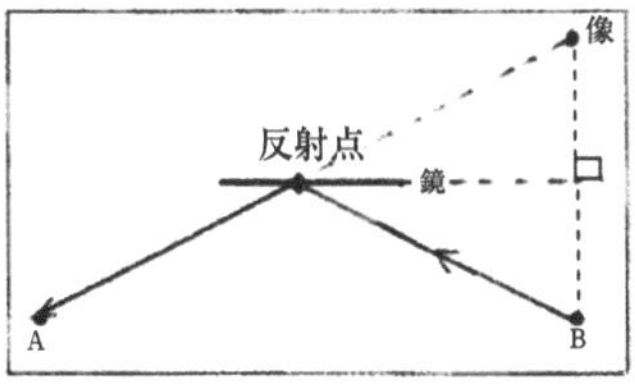

図b

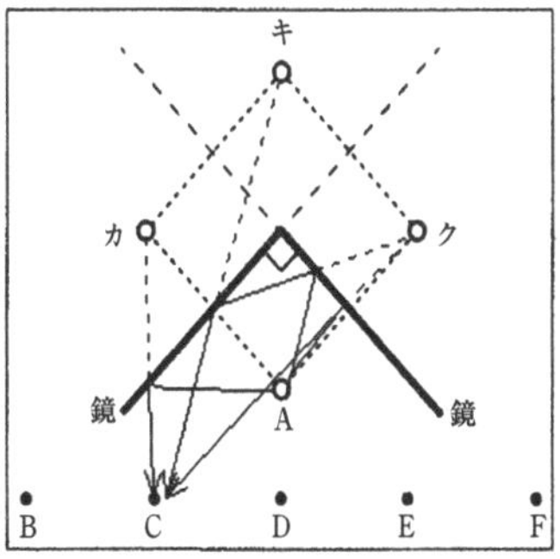

3. Eの位置からは，キの像は，鏡で2回反射して見える像である。

やや難 4. 棒の位置をAの位置から★の位置に動かすと，鏡には，図cの位置に像が3つできる。

やや難 5. それぞれの位置から像に向かって線を引いたとき，線が鏡を通る場合は，鏡を通して像を見ることができる。したがって，図dのように，Bからはシの像は見えるが，サの像は見えない。また，Gの位置からは，サの像は見えるが，シの像は見えない。

図c

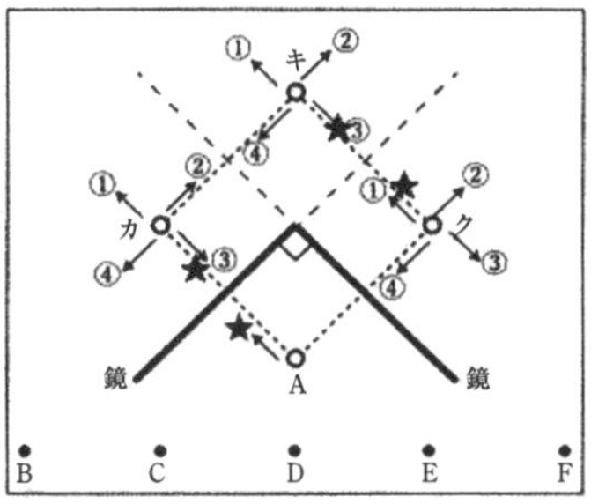

やや難 6. 図eのように，Gの位置からはツの像が見えない。ただし，B～Fの位置からはツの像は見える。

やや難 7. Cの位置からは，チの像は，鏡で2回反射して見える像である。

図d

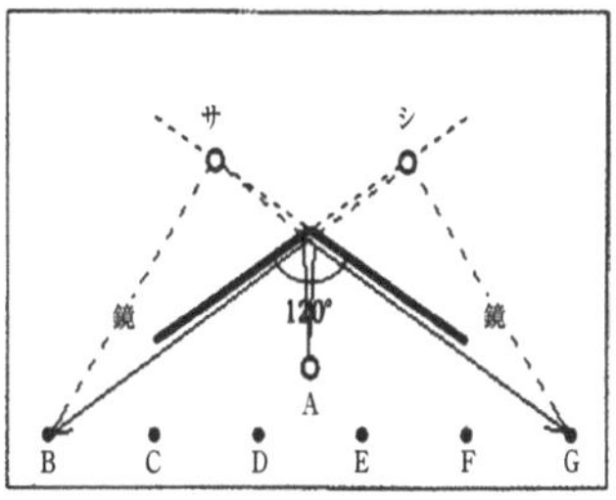

図e

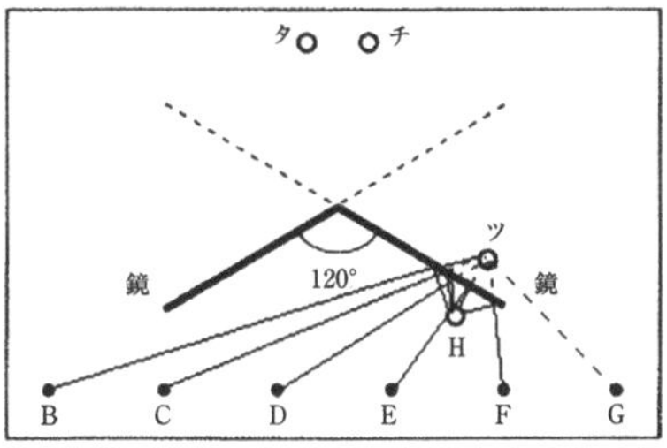

問4 （植物のなかまースミレ）

1. 図fのように，スミレには，紫色の花びらが5枚ある。

図f

やや難 2. スミレやカラスノエンドウやケヤキは3～5月頃，クリは5～6月頃，キキョウとコスモスは7～10月頃にそれぞれ花を咲かせる。

3. スミレの葉は細長く，先は丸い形をしているものと，円形のものがある。

4. 黄褐色の羽をもつチョウであるツマグロヒョウモンは，スミレなどの葉に卵を産みつける。また，幼虫は葉を食べて育つ。

5. スミレ科のパンジーは，春から初夏にかけて，紫色や黄色や白色の花を咲かせる。

やや難 6. スミレには花びらがある花と花びらがない花の2種類の花がある。花びらがない花は，自家受粉するので，虫がこなくても実ができる。

やや難 7. スミレの種子の一部には，アリが好む甘い物質がついていて，アリが巣や巣の近くまで運ぶことで，種子が遠くまで運ばれる。

重要 8.・9. 植物のしるを吸うアブラムシはおしりから出す液をアリに与えることで，テントウムシなどの天敵から身を守ってもらっている。

★ワンポイントアドバイス★

理科の基本的な問題を十分に理解しておくこと。また，物理や生物の応用問題に十分に慣れておくこと。その上で，記述問題や作図の問題にも，しっかり取り組んでおく必要がある。

＜社会解答＞ ≪学校からの正答の発表はありません。≫

1） 1. イ，エ　2. A イ　B ウ　C ア　往復(はがき)
3. 消す言葉 行　(書き換えたあとのことば) 御中

2） 1. スエズ運河　2. エ　3. 右図　4. 東京港 ア
横浜港 エ

3） 1. A オ，知多半島　B ウ，津軽半島　C エ，能登半島
D イ，国東半島　E ア，志摩半島
2. あ 名古屋　い 輪島　う 伊勢　3. 北前船　4. ア　5. エ　6. イ

4） 1. あ 立法　い 国会議員　う 議長　え 本会議　2. ア，イ　3. 閣議
4. 公聴会　5. 天皇に奏上し，天皇が署名

5） 1. あ 保元の乱　い 厳島　2. 大宝律令，御成敗式目　3. A 平氏　B 源氏
4. ア　5. (御家人) 元寇の際の自分の活躍と恩賞が欲しいこと。(幕府の高官) 敵を追い返した戦で，戦利品がないから恩賞を出せないということ。
6. キ→カ→オ　オ (武士の身分が他の身分の人々と比べて)差はなく平等である(ということがわかる)　カ (武士の身分が他の身分の人々と比べて)高く，一般人は支配されている(ということがわかる)　キ (武士の身分が他の身分の人々と比べて)公家よりは低い(ということがわかる)

6） 1. あ 1947　い 学制　う 寺子屋　え そろばん　2. A ア　B エ
3. イ，ウ　4. (男子) ア (女子) ウ　5. 生糸

○推定配点○

1） 各2点×8　2） 各1点×5　3） 1. 各1点×10　他 各2点×7
4） 各2点×8　5） 各2点×13　6） 1.～3. 各1点×7　他 各2点×3　計100点

＜社会解説＞

1） (融合問題－「手紙」に関する様々な問題)

1. イ，エ　現在，日本で扱われる郵便物は電子メールの普及などに伴い減少しているが，その中で，宅配便の利用は増えている。もともとの宅配便の他にも，2019年以後のコロナ禍もあり，インターネットでの商品の購入が増えており，その配達は増加している。

2. 設問のはがきは往復はがきで，送り先の宛名を書いたはがきの裏に送り主が相手に伝えたい情報が記載されており，そのはがきと付いている返信用のはがきには返信先のあて名や住所と，その裏面には相手に返信で伝えてほしい情報を記入できるようになっている。最初に送る際は両方がつながった形で送り，返送時に中央で切り離して返信用のもののみを送り返してもらうようになっている。

3. 返信先に記載している名称や住所は送り主のものが一般的であり，それに敬称をつけるのも不自然なので，通常は「行」としてあるので，それを，個人であれば「様」，団体等であれば「御中」

とする。

2）（日本と世界の地理―貿易に関する問題）

1. スエズ運河はヨーロッパとアフリカの間にある地中海と，アラビア半島とアフリカ大陸の間の紅海とを結ぶ運河で，19世紀の終わりにフランスのレセップスが開発した。ヨーロッパからアジアへ船で行く場合に，スエズ運河ができる前はアフリカ大陸にそって回ってインド洋へ出ないとならなかったが，スエズ運河ができたことで，地中海の奥から紅海へ出てすぐにインド洋へと行けるようになった。

基本 2. エ　2021年3月23日に日本の会社が保有し，台湾の船会社の運行するコンテナ船がスエズ運河の紅海側の入り口近くで座礁し，運河が28日までふさがれてしまった。

重要 3. 自然環境の変化によって見直されている航路で，「自然環境が変わる中で注目」されるようになったということで,温暖化で通れるようになりそうなのが北極海を通る航路を考えられればよい。

4. 輸出入の総額と輸出品のトップが半導体等製造装置になっているウが成田空港，輸出総額が2番目に大きく，自動車関連のもので占められているイが名古屋港になる。残りのアとエが東京港と横浜港になり，横浜港の方が工業関連の輸出並びに輸入が多いのでエになり，アが東京港となる。

3）（日本と世界の地理―日本の「半島」とその周辺に関する問題）

重要 1. アは志摩半島で，Eの説明が該当する。イは国東半島でDの説明が該当する。ウは津軽半島でBの説明が該当する。エは能登半島でCの説明が該当する。オは知多半島でAの説明が該当する。

2. あ　知多半島がある愛知県の県庁所在地は名古屋市。　い　能登半島の北部にある輪島市は輪島塗で有名な場所。能登半島北部は交通の便が非常に悪い。　う　志摩半島の北にある伊勢市は伊勢神宮の参拝客でにぎわう場所。

3. 北前船は日本海側で活躍した廻船で蝦夷地から日本海側の各地をつないで，下関を経て瀬戸内海を通り大阪にいたる海路を往復していた。北前船は船主が品物を仕入れて，その品を各港で売りながら航海する形をとっていた。

やや難 4. 青森で栽培されている果実はりんごで，日本の青果店で新物が出回り始めるのが9月ぐらいからであり，だいたい春先までに新しいものの出荷は終わる。このことから考えて台湾で輸入する時期もほぼ同じころとなるとアが日本のものとなる。アと似た時期になるエは同じ北半球のアメリカであり，イとウは季節が逆の南半球のものでイがチリ，ウがニュージーランドとなる。

5. Dの国東半島の南にある温泉地が別府で，大分県をはじめ九州に多く訪れる海外の観光客はほとんどが韓国からのものになる。

基本 6. 伊勢志摩サミットは2016年に志摩半島の英虞湾の賢島で開催された。

4）（政治―国会に関する問題）

1. あ　現在の日本の制度では憲法に基づいて法律を制定できるのは国会のみ。　い　国会に法案を提出することができるのは内閣と国会議員。内閣法案が圧倒的多数であるのは，内閣が行う行政行為は法律の裏付けを必要とするものがほとんどであり，予算を執行するのにも関連する法律が必要となっているため。　う　法律案は衆議院，参議院のどちらの議長でも構わないので，まずは議長に提出し，議長はその法案の内容を見て，妥当な委員会に回す。　え　法律案は委員会で審議を十分に行い，まずは委員会での採決が行われ，その後本会議に回され採決が行われる。それが終わるともう一方の院に回され，再び委員会での審議を経て本会議で採決される。

基本 2. ア，イが国会のやること。ウは裁判所，エは内閣，オは憲法改正の発議は国会だが，国民審査は国民がやることなので違う。

3. 内閣の話し合いが閣議。国会の審議とは異なり，閣議は秘密会で，全会一致制になっている。

4. 公聴会は国会で，審議されている事柄に関係する利害関係者や専門家を召喚して証言や意見を聞くもの。公聴会を開くことに関しては衆参対等に行える。

やや難 5. 法案が衆参ともに多数の賛成で可決すると,関係大臣が法案の書類に署名した後,天皇に奏上し,天皇が署名すると成立し，施行される年月日とともに官報に記載される。

5) (日本の歴史―「武士」に関連する歴史の問題)

1. あ　保元の乱は1156年に崇徳上皇と後白河天皇の対立に,源氏と平氏とがそれぞれ親が上皇側に,子が天皇側について争ったもの。　い　厳島神社は安芸の宮島を御神体とする神社で平家にゆかりのもの。

重要 2. 8世紀初めの朝廷の法は701年に定められた大宝律令。文武天皇の時代に刑部親王と藤原不比等らによって編集された法典であり，律は刑法で令は行政法。鎌倉幕府の裁判の基準の法は1232年に北条泰時が定めた御成敗式目で，頼朝以来の先例や武家社会の道理を基準とした御家人の権利や義務，所領の相続に関する規則。

3. A　平氏は桓武天皇に家系がつながる武士の系統で，院と結びついて力を持つようになった。
B　源氏は清和天皇に家系がつながる系統で，前九年，後三年の役で活躍した源義家以後，東日本に勢力を持つようになった。

4. ア　1221年の承久の乱の際に，上皇側の呼びかけに揺れていた御家人たちに対して北条政子がかけた言葉。

やや難 5. 1274年の文永の役，1281年の弘安の役のいわゆる元寇は二度にわたる海外からの敵を追い返したもので，幕府からすると相手からの戦利品はほとんどなく，この元寇に参戦した御家人たちにに対して幕府が恩賞を与えようにも，分け与えるものがなかった。一方，御家人たちは自分だけでなくその家来の武士たちを率いての参戦であり，その家来達には褒美を与えないわけにはいかず，御家人たちからすれば支出はあるが収入が無い状態になった。その状態を踏まえ，御家人は幕府の高官に自分がいかに戦ったのかをアピールして恩賞が欲しいということを訴えており，一方の高官は，御家人たちに分け与えられるものがほとんどないという状況を説明していることを書けばよい。

重要 6. 絵はキ　平安時代→カ　江戸時代→オ　明治時代の順になる。オは明治のいわゆる四民平等を示すもので，武士が他の身分と差がなく平等である状況を示しており，カは江戸時代の大名行列の様子を示したもので，武士の行列に対して一般の人々がひれ伏している様子がわかる。武士の身分が他の人々よりも高く一般人は支配されていた様子がわかる。キは平安時代の公家などが牛車に乗っており，その行列に対し武士がひざまずいている様子を示しており，この段階ではまだ武士よりも公家たちの方が身分が高かったことが読み取れる。

6) (日本の歴史―教育に関する近現代の歴史の問題)

基本 1. あ　日本国憲法が施行されたのは1947年5月3日。　い　1872年にまず明治政府は学制でフランス式の学校教育の仕組みをとろうとしたが日本の実情には合わず，1879年，1880年の教育令，改正教育令で軌道修正がなされた。その後，1886年の学校令で帝国大学，師範学校，中学校，小学校などの各学校の組織が定まり，義務教育4年制が定められた。　う　江戸時代の寺子屋は庶民の子どもが学ぶ場で,仕える主君がいない武士の浪人や神職,僧侶,医師,町人などが教えていた。え　寺子屋で教えていた内容がいわゆる「読み書きそろばん」で今でいえば簡単な国語や算数。

2. A　グラフと照らし合わせながら本文を読んでいけばわかる。5年ほど全く伸びなかった時期のあとにまた伸び始めているところを探すと1885年から90年のところが横ばいになっており，1890年から再び伸び始めているので，Aは1890年のものとしてアの国会開設が当てはまる。
B　グラフの3本の線が90％を超えるところが1905年なので，一番この年に近いオの1904年からの日露戦争が当てはまる。

3. イ，ウ　1945年～1951年までの時期に当てはまるものを選ぶ。イは1945年の選挙で誕生。ウの朝鮮戦争は1950年～53年。アは1964年，エは1920年，オは1956年。

重要 4. 男子が高く，女子は低かった状態を考える。全体は男女の平均のようなものと考えれば男子がア，全体がイ，女子がウとなる。

5. 日清戦争前の頃の日本では輸出品の主力は生糸。

★ワンポイントアドバイス★

ストレートに答えがわからなくても，大体であたりをつけながら他の問題と絡めて考えていくと前のものの答えが見えてくる場合もあるので，まずは短い試験時間を意識し，次々と問題を解き進めていくことが重要。

<国語解答>

≪学校からの正答の発表はありません。≫

一　問一　ウ　問二　オ　問三　イ　問四　イ　問五　三崎さんの読後感を聞いてみたい　問六　ア　問七　三崎さんに無関心な態度をとった　問八　エ　問九　青春　問十　オ　問十一　ウ　問十二　あたしが好　問十三　エ　問十四　知ろうとせず，自分の苦手な人と同類の人だ

二　問一　気まぐれな内面の誘い　問二　イ　問三　ア　問四　新しい自分　問五　未知の風景との出合いなど，今の「関係」を作り替えて新しい自分になるから　問六　エ

三　1　鉄棒　2　新緑　3　垂　4　望郷　5　提唱　6　勤　7　源流　8　導　9　編成　10　著述

○推定配点○

一　問五・問九・問十四　各6点×3　他　各3点×11

二　問一・問四　各6点×2　問五　8点　他　各3点×3

三　各2点×10　計100点

<国語解説>

一　(物語－心情・情景，細部の読み取り，空欄補充，慣用句，ことばの意味，記述力)

基本 問一　そのことを楽しんで熱中する・愉快に楽しい時を過ごすことを「興(きょう)じる」という。

重要 問二　三崎さんがなぜ，――線1のような様子で図書室にいるのかを「あたし」が推測しているか所が「きっと三崎さんは，～」で始まる段落だ。「息を殺す」は，呼吸の音もさせないように，じっとしているということを表す慣用句である。教室に居場所がなくなってしまった三崎さんは，図書室でもじっとして昼休みを過ごしているのだからオである。

問三　本当の戦争ということではない。教室内で起きた対立ということだ。「戦力差は圧倒的なもの」という表現から，三崎さんの相手は多数であったことが読み取れる。つまり，三崎さんはいじめの対象になってしまったということになる。この内容を表しているのはイである。

問四　ア・イ・オで考えることになるだろう。「佐竹さんも，関わらない方がいいよ」と「あの子と～同じ目に遭っちゃうらしいからさ」だけで判断すると，佐竹さん(あたし)を気づかってくれるように読めるのでアを選びたくなるが，間宮さんたちは決して「あたし」を心配してくれているのではなく，「巻きこまれるのがいや」だから言っているのである。が，「追い出されるのは，

あたしなんだ」とあるので，オの「間宮さんたちが図書室にいられなくなる」とは思っていない。いざとなったら「あたし」を追い出すのだから，ただ「災難がふりかかる」ことを迷惑と思っているのだからイを選ぶ。

やや難 問五　三崎さんの発言の中に「～勧めてくれて」とあることから，間宮さんたちには関わっていないと言ったものの，本を勧める会話があったことが読み取れる。間宮さんたちに三崎さんとは関わっていない，苦手なタイプだと言ってしまった「今」なぜ話しかけてくるのかということが「よりによって，今」だ。直後にある「何も聞きたくない，知りたくない，見たくない」と，物語の最終段階にある「～好きになってくれた人と，話をしてみたかった」を参考にして考えよう。「何も聞きたくない～」は本心ではない。とにかく保身のために今をやり過ごしたいという思いだ。だから「本当は」，自分が勧めた本がどうだったかを聞きたいのである。

問六　三崎さんと「あたし」の会話がどんな展開になるだろうと見守っていたのだ。問四で考えたように，自分たちが巻きこまれるはいやなので，「緊張感」を持って見ていたのだ。

問七　直前にある「間宮さんたちと敵対してそれを失うわけにはいかない」に着目する。間宮さんたちの要望は三崎さんと関わらないことだ。だから，その意向を尊重した態度が「正しい選択」ということになる。

問八 「カウンターに突っ伏しながら～」で始まる段落と，その後の二人の会話に着目すると，――線7の時のような態度が特別に行われたのではなく，日常的に交わされていたと読み取れる。「愛情を確かめたい」や「認めてもらいたい」という，先生の出方を見ているわけではないのでエだ。

やや難 問九　設問文をしっかり読み取ろう。「あるテーマについて型どおりの描き方」とあるが，本文中に「恋愛や部活」を取り上げている本の具体的内容はない。したがって，直接「あたし」が気に入らない点を挙げているか所もない。「退屈な毎日を，～」で始まる段落が着目点だ。自分もまた居場所を求めて図書室にいる心理的な背景に「『青春』を謳歌する景色に囲まれ」ているのに，自分はその謳歌する『青春』の中にいることなく，別の世界にいるような思いでいるのだ。「恋愛や部活」は，「青春」を楽しんでいることの象徴と考えられる。

基本 問十　雨降りで，本たちはだれかが手に取ってくれるのをひっそりと待っているような風景は「寂しげ」な雰囲気だ。

問十一 「まるで，～」で始まる段落で先生の言葉を聞きながら考えたことに着目する。「中身がわからない，よくわからない」本が「窮屈な場所に押し込められて」は本棚の比喩表現だ。これを教室での自分たちと重ね合わせればウの内容になる。

やや難 問十二 ――線10は「比喩表現として読めば」が設問のリードである。先生が言っていた誰かに開かれるのを待ってひっそりと書棚に並んでいる本を，教室にいる自分たちと重ね合わせた問十一も参考になる。「読みたい」は，「あたしも，誰かに読んでもらいたいのだろうか」「三崎さんも，誰かに読んでもらいたいって考えたことがあるのだろうか」から考えれば「三崎さんのことを知りたい」になり，同時に「自分のことも知ってほしい」という欲求になる。その二つを同時に満たしているのは「あたしが好き～話をしてみたかった。」になる。

問十三　自分の心の中に芽生えた欲求を実現することは，とりあえず今は確保している居場所から一歩踏み出すことにもつながるのだから，とても勇気がいることだ。線11は自分の気持ちに正直にならなければと自分で自分を励ます思いである。

問十四　問十一から引き続いている比喩表現がたとえているものを考える設問だ。先生の話から「あたし」が想像したことは，先生がときどき書架から本をぬき出して飾るのは「どんな本なのかわからないから～」ということだった。この点を線12の比喩に重ねると，「三崎さんを知ろうともせず」「あの人は苦手」と決めつけ，関わることをしないようにする人とひとくくりにしていたということになる。

二　(論説文－細部の読み取り，記述力)

基本 問一　直後に「～道をはずれて，町をはずれて，～越えて」という内容を擬人法を使って続けている。そして，これらが，「こんなふうに」という指示語の内容だ。したがって「気まぐれな内面の誘い」である。

問二　ア　「大勢の人が」と「人」に限定していることが不適切。　ウ　子供のころのことも挙げているので，一人暮らしができるようになることではない。　エ　「観光に訪れる」が誤りだ。オ　「よそ者として警戒の目を」が不適切。　イ　「～道をはずれて，町をはずれて，～越えて」は，慣れ親しんでいない土地，風景だ。自分自身も関心を持つが，同時にそれは「関心を向けられること」とできるのでイを選ぶ。

重要 問三　一人で隣の小学校の学区まで自転車を走らせている。「どこまでも走ってゆくことができた。「遠くへ，遠くへ」という表記から，ひとりで遠くまで来た開放感に満ちあふれていると考えられる。

やや難 問四　「怪物」は「自分と同じ顔をしている」のだから，自分自身である。「『自分』は関係の中～」で始まる段落に着目すると，新しい風景との出合いが「新しい自分」という面を削るとある。自転車での遠出で新しい風景と出合い，生まれてくる「新しい自分」が追いかけてくるということだ。

やや難 問五　「これより前の本文を参考に」という条件である。この文章では，冒頭から「どこかにはみだしていくことが，ひとりになること，『自分になる』ということ」や，「『関係』のなかに生まれるが，おなじところにいて，たまるか」と「関係を組み替え『自分を作り替えていく』」などと説明している。これらを参考にすると，「新しい場所との出合い」や「自らの意志で関係を作り替える」という作業をすることで「なる」ということだ。

問六　――線6直前は「したがって」である。つまり，その前には「したがって」と言える内容があるはずだ。「未知を踏み，世界を新しく読むということがあれば旅の名に値する」という内容があるのでエである。

三　(漢字の書き取り)

1　「棒」は全12画の漢字。つくりの部分は上が三本，下が二本である。　2　シンリョクには「深緑」という表記もある。五月としているので，若々しい緑の「新緑」表記にしよう。　3　「垂」は全8画の漢字。7画目の下を二本にして全8画の漢字にしてしまうミスが多いので気をつける。

4　「郷」は全11画の漢字。1画目と2画目を続けた形にならないようにしよう。　5　「唱」は全11画の漢字。「昌」は，下の「日」を上よりやや大きく書いてバランスをとる。　6　「役所に」なので「勤」める。　7　「源」である。「原」と混同しないように気をつける。　8　「導」は全15画の漢字。14画目ははねる。9　「編」は全15画の漢字。13画目は横に一本。14・15画目は縦に二本である。　10　「著」は全11画の漢字。「目」ではなく「日」である。

★ワンポイントアドバイス★

問題数は多くはないが40分という時間は余裕を持てるものではない。時間配分に気をつけよう。

MEMO

大切なことはメモしておこうネ！

2021年度

★★★★★★★★★★★★★★★★★★★★★★★★

入　試　問　題

2021年度

慶應義塾普通部入試問題

【算　数】 (40分)　　<満点：100点>

【注意】 途《と》中の計算式なども必ず解答用紙に書きなさい。

1. □ にあてはまる数を求めなさい。

① $\frac{1}{2021}+\frac{1}{188}=\frac{1}{\square}$

② $1.875\div2.5+\left(2\frac{1}{3}\times\frac{5}{\square}-\frac{5}{6}\right)\div\frac{5}{7}=\frac{17}{18}$

2. 右の図は，正五角形と正八角形の１つの辺を重ね合わせてかいたものです。

① 図の㋐の角の大きさは何度ですか。

② 正五角形の１つの辺をのばし，正八角形の辺と交わった点をＰとします。図の㋑の角の大きさは何度ですか。

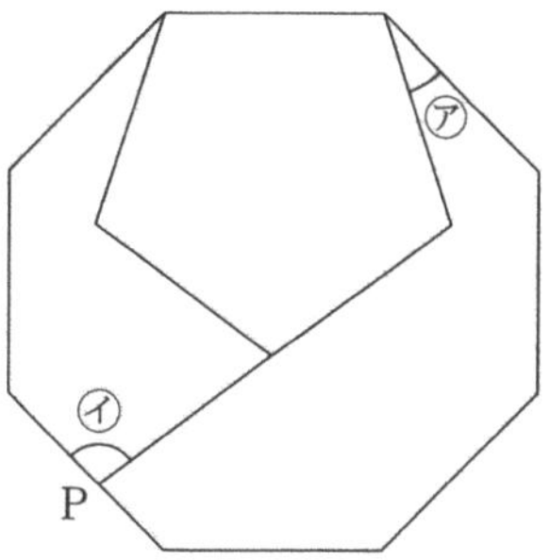

3. Ａ君，Ｂ君，Ｃ君の３人はそれぞれお金を持っていました。Ａ君の所持金の$\frac{7}{10}$，Ｂ君の所持金の$\frac{4}{5}$，Ｃ君の所持金の$\frac{14}{17}$を出しあって9900円の品物を買ったところ，Ａ君，Ｂ君，Ｃ君の所持金がすべて同じになりました。Ｂ君ははじめにいくら持っていましたか。

4. $\boxed{1}$，$\boxed{2}$，$\boxed{3}$，$\boxed{4}$，$\boxed{5}$，$\boxed{6}$ の６枚のカードがあります。この中から３枚のカードを選んで，３けたの整数をつくります。このとき，３の倍数は何個できますか。

5. 2500個のキャンディがあり，生徒全員に１人３個ずつ配ると500個以上余りました。そこで，その余った分を１人に１個ずつ配ると，もらえない生徒が80人以上いました。生徒全員の人数は何人以上何人以下ですか。

6. Ａ，Ｂ，Ｃ，Ｄの４つの整数があり，すべて異なる数です。ＡとＢの差は３，ＢとＣの差は２，ＣとＤの差は１で，４つの数の合計は40です。最も小さい数をＡとしたとき，Ｃはいくつになりますか。

7. 次のページの図のように，円柱Ａから円柱Ｂをくり抜《ぬ》き，円柱Ｂと立体Ｃの２つに分けました。このとき，円柱Ｂと立体Ｃの体積の比は１：15となりました。

① 円柱Aの底面と円柱Bの底面の半径の比を最も簡単な整数の比で求めなさい。

② 円柱Bと立体Cの底面積の差と円柱Bと立体Cの側面積の差が等しいとき，円柱Bの底面の半径と高さの比を最も簡単な整数の比で求めなさい。ただし，底面積は１つの底面の面積とし，立体Cの側面積は外側と内側の両方の面積の和とします。

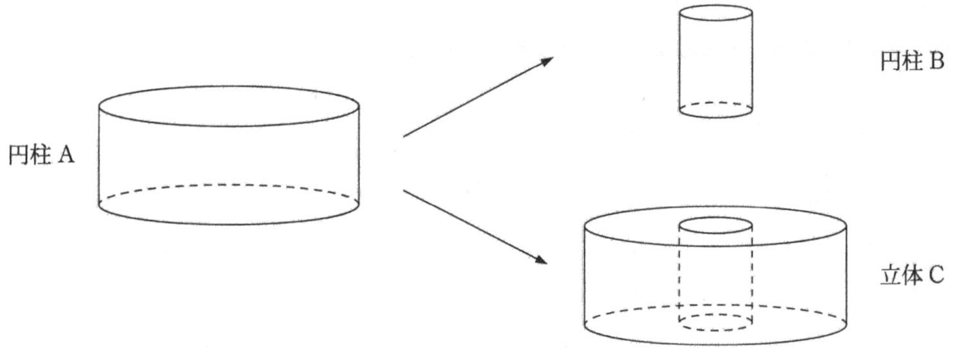

8．右の図のようにA，B，C，Dの４つの地点を通る道があります。A地点，D地点はB地点，C地点より高台にあり，ＢＣ間は平地です。太郎君はA地点からD地点へ，次郎君はD地点からA地点へ向かって同時に出発し，次郎君がA地点に到《とう》着してから10分後に太郎君がD地点に到着しました。２人とも，下りは時速６㎞，平地は時速５㎞，上りは時速４㎞の速さで進み，途中の休憩《けい》はありません。

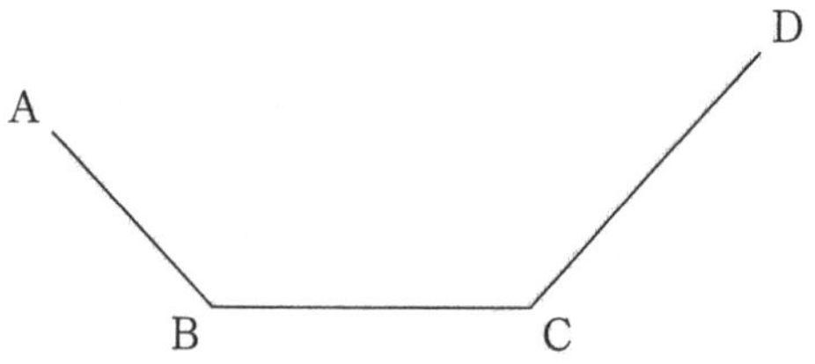

① AB間の距離《きょり》とCD間の距離の差は何㎞ですか。

② ２人はBC間にあるＰ地点で出会いました。BC間が３㎞であるとき，BP間の距離は何㎞ですか。

9．正六角形ABCDEF の辺AB，BC，DE，EF の真ん中の点をそれぞれG，H，I，Jとし，AI と GJ，HJ が交わる点をそれぞれK，Lとします。このとき，AK：KL：LI を最も簡単な整数の比で求めなさい。

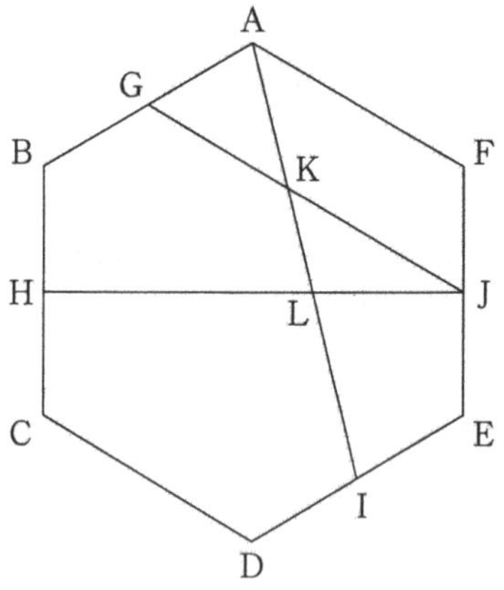

【理　科】（30分）　＜満点：100点＞

【注意】 □□□ **の中には一文字ずつ書き，あまらせてもかまいません。**

問１　８つの液体Ａ～Ｈは，水，アンモニア水，砂糖水，食塩水，食酢《す》，うすい水酸化ナトリウム水溶《よう》液，石灰《せっかい》水，炭酸水のいずれかです。次の実験①～③をおこない，Ａ～Ｈがどの液体であるか確かめました。

実験①　Ａ～Ｈを試験管に少量ずつとり，それぞれにBTB溶液を入れたところ，Ａ，Ｂは黄色，Ｃ，Ｄ，Ｅは緑色，Ｆ，Ｇ，Ｈは青色になった。

実験②　Ａ～Ｈのにおいをかいだところ，Ａ，Ｆはにおいがした。

実験③　Ａ～Ｈを蒸発皿に少量ずつとり，加熱して蒸発させたところ，Ｃ，Ｇ，Ｈでは白い固体が残り，Ａ，Ｄでは黒い固体が残った。

１．水，アンモニア水，砂糖水，食塩水，食酢，うすい水酸化ナトリウム水溶液，石灰水，炭酸水はＡ～Ｈのどれですか。それぞれ記号で答えなさい。ただし，実験①～③の結果だけでは１つに決められないものには×を書きなさい。

２．１．で×を書いた液体を区別する最もふさわしい方法はどれですか。次の（ア）～（オ）の中から１つ選び，記号で答えなさい。

（ア）青色リトマス紙を入れる。　（イ）うすい塩酸を加える。

（ウ）くだいた貝がらを入れる。　（エ）ストローで息をふきこむ。

（オ）なめて味を見る。

３．Ｃを蒸発皿に少量とって，時間をおいて完全に乾《かわ》かしました。蒸発皿ごと重さをはかると，乾かす前は60ｇだったものが，乾かした後には37ｇになりました。また，蒸発皿の重さは35ｇでした。Ｃは何％の水溶液か答えなさい。

４．実験③の結果，Ｄが黒い固体になったのはなぜですか。理由を答えなさい。

５．Ｂ，Ｃ，Ｈにアルミニウムのかけらを入れたとき，アルミニウムがあわを出しながら溶《と》けたものが１つだけありました。その液体の名前を答えなさい。

６．５．で発生したあわはどのような性質の気体ですか。次の（カ）～（コ）の中からあてはまるものをすべて選び，記号で答えなさい。

（カ）無色である。　（キ）空気より重い。　（ク）においはない。

（ケ）水によく溶けて酸性の水溶液になる。　（コ）水によく溶けてアルカリ性の水溶液になる。

問２　ヘビはワニと同じ仲間の動物です。普通部周辺に見られるヘビにアオダイショウがいます。アオダイショウは本州において最大級の大きさのヘビです。子どものアオダイショウの模様や頭の形はマムシに似ています。このように，姿が他の生き物や物に似ていることを擬態《ぎたい》といいます。

１．アオダイショウの仲間を次の（ア）～（オ）から１つ選び，記号で答えなさい。

（ア）イモリ　（イ）ウナギ　（ウ）コウモリ　（エ）ミミズ　（オ）ヤモリ

２．アオダイショウは，緑の多い公園や農地など人里周辺でよく見られます。アオダイショウが人里近くで見られる理由を答えなさい。

３．子どものアオダイショウはマムシに擬態することで身を守っています。なぜ身を守れるのか答えなさい。

4．次の①～③の動物は，何に擬態しているのか答えなさい。

① ナナフシ　② 2回脱皮《だっぴ》したアゲハチョウの幼虫　③ トラカミキリ

5．次の文章中の（A）と（B）には骨の名前を，（C）には内臓の名前を書きなさい。また，（D）にあてはまる場所を下の（カ）～（コ）から1つ選び，記号で答えなさい。

ヘビの骨格はヒトとちがい，頭の骨以外には（　A　）と（　B　）しかなく，手足の骨はありません。また内臓も，2つある（　C　）の1つが退化して小さくなっています。ヘビがこのような体のつくりになったのは（　D　）にすんでいたからだと考えられています。

（カ）空気抵抗《ていこう》が少ない高地　（キ）やわらかい落ち葉や土の中

（ク）つるつるした木の幹の穴の中　（ケ）砂ばくの砂の上

（コ）氷河のすき間

6．アオダイショウは脱皮して大きくなります。次の（サ）～（ソ）の動物のうち，脱皮するものをすべて選び，記号で答えなさい。

（サ）アメリカザリガニ　（シ）イシダイ　（ス）ウシガエル

（セ）エンマコオロギ　（ソ）オカダンゴムシ

7．アオダイショウの脱皮したぬけがらを見ると背中のうろこより腹のうろこが大きいことがわかります。この特徴《ちょう》は，アオダイショウが進むとき，どのように役立つか説明しなさい。

問3　木片《へん》A～Iがあり，これらを水に浮《う》かべる実験をしました。その結果が表1です。表1の「水面上の長さ」とは，木片が水に浮かんで水面から出ている部分の長さです。たとえばBは図1のように浮きます。「密度」とは，重さを体積で割った値《あたい》です。

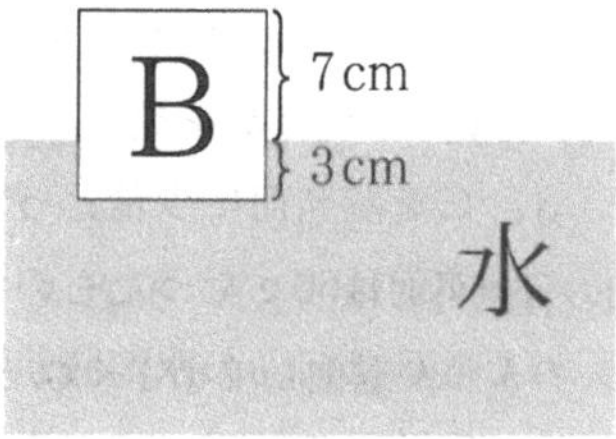

図1

表1　木片の重さ、大きさ、水面上の長さ、密度

木片	重さ(g)	縦(cm)	横(cm)	高さ(cm)	水面上の長さ(cm)	密度
A	200	10	10	10	8.0	0.2
B	300	10	10	10	7.0	0.3
C	500	10	10	10	5.0	0.5
D	800	10	10	10	2.0	0.8
E	153.6	8	8	8	5.6	0.3
F	256	8	8	8	4.0	0.5
G		8	8	8	1.6	0.8
H		10	10	10	6.0	
I		5	5	5		0.4

1．以下の①～⑧に入る適切な語句，数値，記号をそれぞれ答えなさい。

重さ500ｇのＣを水に入れたときの水面下にある体積は（　①　）cm^3です。重さ256ｇのＦを水に入れたときの水面下にある体積は（　②　）cm^3です。

Ｂは体積の（　③　）％が水に沈《しず》んでいて，Ｅも同じ割合で水に沈んでいます。ＢとＥは密度も同じなので同じ種類の木から作った木片だと考えることができます。同じように，Ｄと同じ種類の木から作った木片は（　④　）だと考えることができます。

Ａ～Ｄを比べると，密度が小さくなるほど，水面上の長さは（　⑤　）なっていることがわかります。

Ｇの重さは（　⑥　）ｇです。

Ｈの密度は（　⑦　）です。

Ｉを水に浮かべると（　⑧　）cm水に沈みます。

2．図２のようにＡをバネばかりにつり下げ，木片の上面を水面から15cmの高さに合わせました。この状態からゆっくり下げていったときの，木片が下がった長さとバネばかりの指す値をグラフに表したものが図４のグラフ（ア）です。Ｅについても図３のように木片の上面を水面から15cmの高さに合わせました。この状態から実験をおこなったときは，図４のグラフ（イ）のようになりました。

（１）Ｄについて図２の状態から同様の実験をおこなった場合のグラフをかきなさい。

（２）Ｂ，Ｃについては図２の状態から，Ｆ，Ｇについては図３の状態から同様の実験をおこないました。図４のグラフ（カ）～（コ）のうち，Ｂ，Ｃ，Ｆ，Ｇのどれにもあてはまらないものをすべて選び，記号で答えなさい。

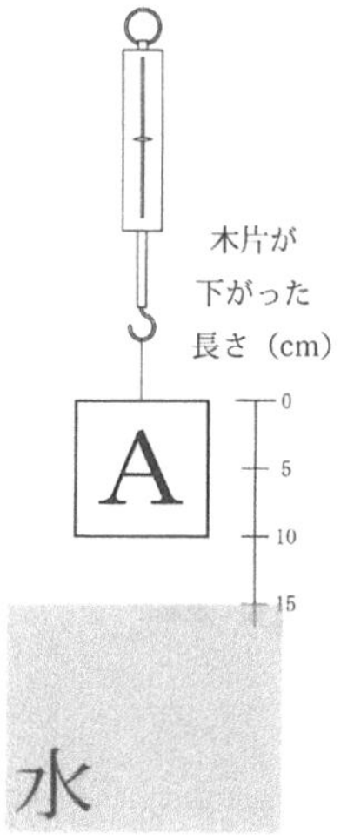

図２

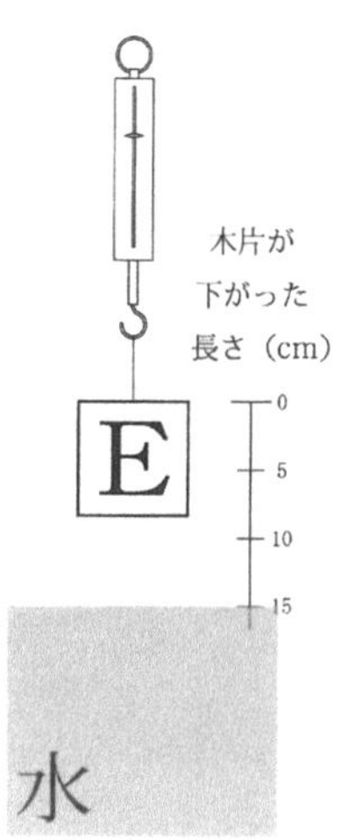

図３

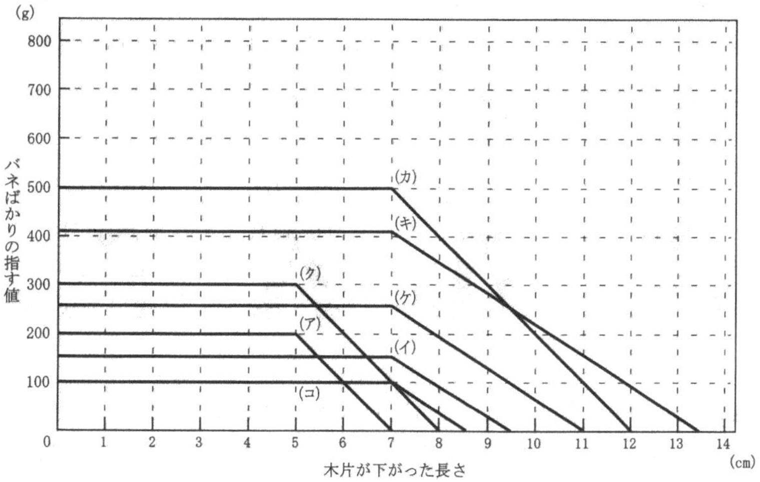

図４

問4　地球の歴史における時代のひとつが，2020年1月に「チバニアン（千葉の時代）」と名付けられました。これは，千葉県内の川岸に露出《ろしゅつ》している地層の研究をもとにしています。図1は，その地層が露出している場所の模式図です。泥《どろ》の地層Aはチバニアンに堆積《たいせき》した地層です。

時代の境界を定めるためにこの場所が選ばれた主な理由は3つあります。1つ目は，(1)露出している地層の時代を細かく分けられること，2つ目は，(2)火山灰の地層Bがありチバニアンの始まりが明確であることです。3つ目は，(3)方位磁針の指す向きが，泥の地層Cが堆積した時代からチバニアンの間で逆転した証拠《こ》があることです。

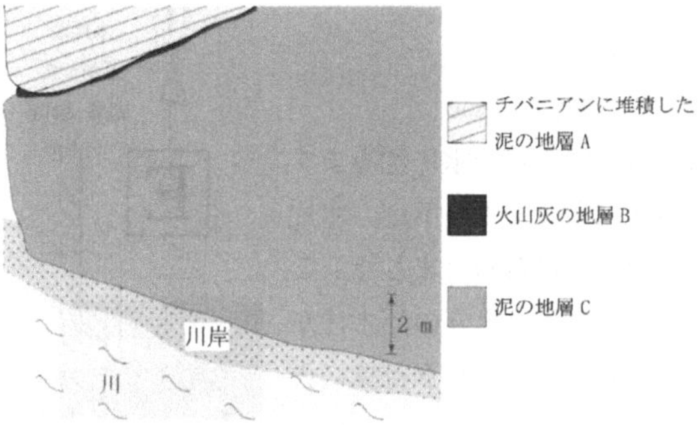

図1

1．慶太君は夏の晴れた日にこれらの地層の観察に行きました。その時の服装として最も適切なものを次の（ア）～（エ）から1つ選び，記号で答えなさい。またその服装を選んだ理由を答えなさい。

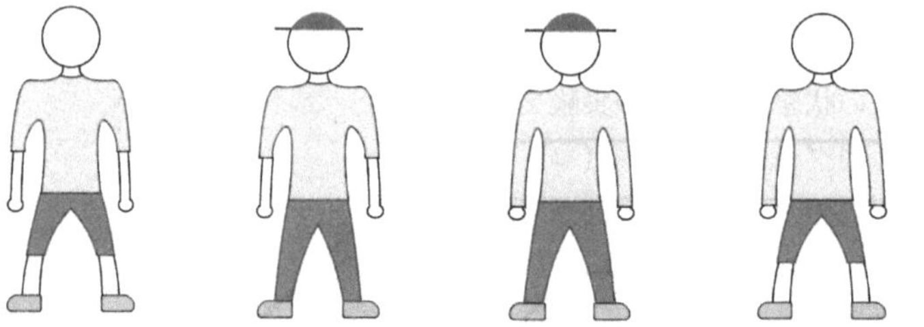

（ア）　（イ）　（ウ）　（エ）

2．慶太君は，泥の地層Cの中から貝の化石の一部を見つけました。このことから，泥の地層Cができたころの様子についてどのようなことがわかりますか。次の（カ）～（コ）から1つ選び，記号で答えなさい。

（カ）暖かい気候であった。　（キ）海や湖の底であった。　（ク）近くの火山が噴《ふん》火した。

（ケ）津《つ》波があった。　（コ）冷たい気候であった。

3．火山灰の地層Bは，周りの泥の地層A，Cに比べて大きくけずられていました。何によってけずられたか，2つ答えなさい。

4．下線部（1）について，露出している地層の時代を細かく分けられるのは，図1の地層がどのように堆積したからだと考えられますか。次の（サ）～（セ）から1つ選び，記号で答えなさい。

（サ）多量の泥などが短い期間に厚く堆積した。

（シ）少量の泥などが短い期間にうすく堆積した。

（ス）多量の泥などが長い期間に厚く堆積した。

（セ）少量の泥などが長い期間にうすく堆積した。

5．下線部（2）について，火山灰の地層は時代の境界を定めるうえで大きな手がかりになります。その理由を説明した次の文中の①，②に入る適切な語句を，下の（タ）～（ト）から1つ選び，それぞれ記号で答えなさい。

火山灰の地層は，堆積した（　①　）がはっきりわかり，そのうえ（　②　）範《はん》囲に堆積するから。

（タ）環《かん》境　（チ）時期　（ツ）場所　（テ）広い　（ト）狭《せま》い

6．下線部（3）について，チバニアンの地球と現在の地球とでは，方位磁針の指す向きが同じであることがわかっています。地球を大きな磁石と考えた次の（ナ）～（ネ）の図から，チバニアンの地球を表しているものを1つ選び，記号で答えなさい。

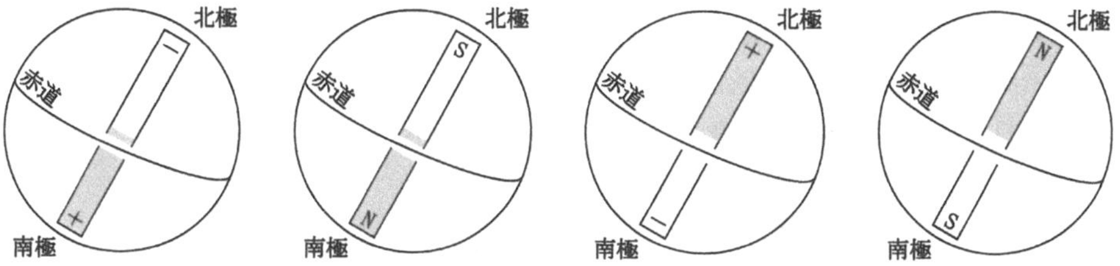

（ナ）　（ニ）　（ヌ）　（ネ）

【社　会】（30分）　　＜満点：100点＞

1）次の問いに答えなさい。

1．次の **ア～カ** のそれぞれについて，今日の日本における実際の数字とかけはなれているものを二つ選んで，記号で答えなさい。

ア．全国の電力供給量のうち火力発電が占《し》める割合……80％

イ．国内で供給された食料のうち国産が占める割合（カロリーでみた場合）……38％

ウ．銀行へ預けたお金（普通預金）に１年間でつく利子の割合……７％

エ．全人口に占める65歳《さい》以上の高齢者の割合……29％

オ．全家庭のうちスマートフォンをもっている家庭の割合……58％

カ．18歳人口のうち大学に進学する人の割合……54％

2．次の **A・B** の **ア・イ・ウ** を，数字が大きいものからそれぞれ順に並べて記号で答えなさい。いずれも2019年度の数字で考えるものとします。

A
- **ア**．衆議院議員のうち女性が占める割合
- **イ**．日本全国の小学校の校長のうち女性が占める割合
- **ウ**．日本全国の都道府県知事のうち女性が占める割合

B
- **ア**．日本の全人口のうち外国人が占める割合
- **イ**．日本に入国した外国人のうち，韓《かん》国または中国から入国した人が占める割合
- **ウ**．日本から出国した日本人のうち，行き先が韓国または中国であった人が占める割合

2）次の文を読んで，あとの問いに答えなさい。

Ｘ県にあるＹ町は，標高約700ｍから2500ｍ以上の地域に広がる，人口およそ14000人の町で，①町役場の標高は977ｍです。晴れた日には，町のあちこちから富士山を見ることができます。面積は約145km^2で，町の中には高速道路が通っています。

Ｙ町は第１次産業が盛んで，稲《いな》作や涼《すず》しい気候を利用した野菜作りのほか，カーネーションやトルコキキョウなどの花作りが行われています。また，この町で行われている畜《ちく》産業のほとんどは，牛乳を生産する（　**あ**　）です。農家のうち専業農家と農業所得を主としている農家は，合わせて約250軒《けん》あります。

第２次産業も盛んで，②半導体などを作るとても大きな工場があり多くの人が働いています。野菜を加工してジュースにする工場もあります。また，町では一定の区画に中小企《き》業や倉庫などを集める（　**い**　）団地を整備して，製造業の発展を図ってきました。

第３次産業について見ると，働く人数が大きく増えたのは（　**う**　）の分野で，10年前と比べて約1.5倍になりました。日本全体でも，この10年間で働く人数が最も増えた分野です。

（文中の統計は2015年の国勢調査に基づきます）

1．Ｘの県名を漢字で書きなさい。また，Ｙの場所を次のページの地図の **ア～オ** から一つ選んで記号で答えなさい。

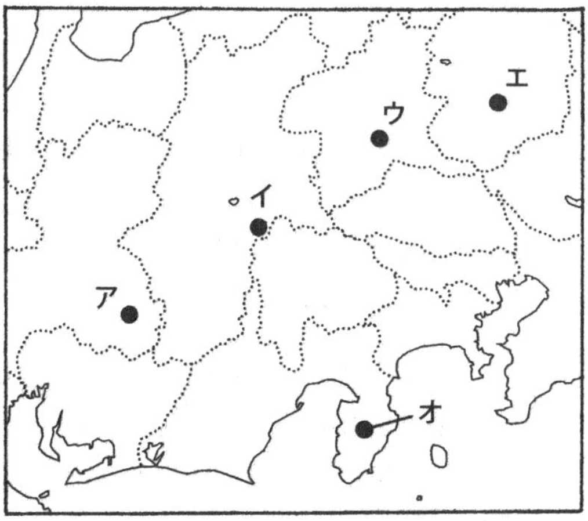

2．（あ）と（い）に当てはまることばを書きなさい。

3．（う）に当てはまることばを次の **ア～エ** から一つ選んで記号で答えなさい。

ア．宿泊《はく》・飲食業　　**イ**．小売業　　**ウ**．情報通信業　　**エ**．医療《りょう》・福祉《し》業

4．下線部①の地図記号を書きなさい。

5．下線部②について，大きな工場は一般《ぱん》には大都市や臨海地域，あるいはその周辺にあります。しかし半導体を作る工場はＹ町のような場所にもつくることが可能です。その理由を説明しなさい。

6．Ｙ町の人口密度を日本全体の平均と比べたとき，ふさわしいものを次の **ア～エ** から一つ選んで記号で答えなさい。

ア．Ｙ町は日本の平均の約３割　　**イ**．Ｙ町は日本の平均の約半分

ウ．Ｙ町は日本の平均の約８割　　**エ**．Ｙ町と日本の平均はほぼ同じ

7．次のグラフはＹ町の第１～３次産業のそれぞれに従事する人の割合の変化を示しています。第１次産業と第２次産業は **ア～ウ** のうちのどれか，それぞれ選んで記号で答えなさい。

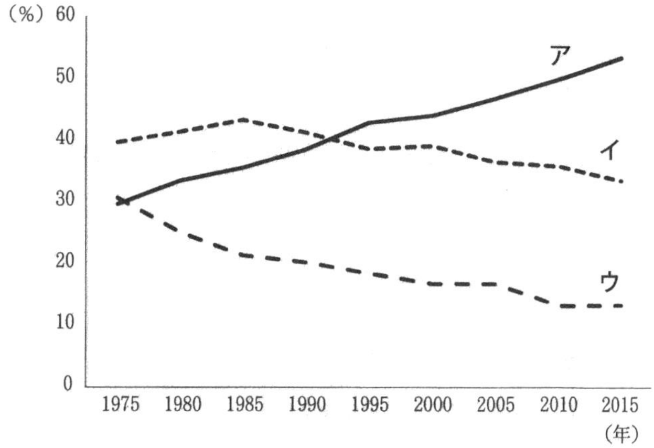

（Ｙ町の資料より作成）

3） 慶太君は行ってみたいと思っていた場所について，地図帳やインターネットを使って仮想の旅行計画を考えてみました。下の計画＜１＞～＜４＞について，あとの問いに答えなさい。

＜１＞　東京駅から新幹線に乗車して，終着駅（　**あ**　）で下車します。日本海側の交通の拠《きょ》点である都市の港から高速船に乗り，１時間ちょっとで目的地に到着します。ここは①特別天然記念物に指定されている鳥の生息地として有名です。国内では一度絶滅《めつ》してしまったこの鳥の飛んでいる姿を，ぜひ見てみたいと思います。

＜２＞　羽田空港から飛行機で，まずは（　**い**　）市へ向かいます。この市の北部には②国際条約に登録されている湿《しつ》原が広がっています。この市から在来線に２時間ほど乗り，さらにバスに乗って目的地を目指します。豊かな自然の残る目的地で，クマ，シカ，キツネなど多くの野生動物たちに出会ってみたいです。

＜３＞　東京駅から新幹線で行きますが，途《と》中で乗り継《つ》がなければなりません。乗り継ぎをする駅近くの（　**う**　）湾《わん》に沿って，外国からの攻撃《こうげき》に備えた石垣《がき》が残っています。目的地はかつて公害病が発生した都市として知られています。社会科の授業でその体験を話してくれる語り部《べ》の方がいらっしゃる資料館があることを聞いたので，立ち寄ってお話を聞いてみたいと思います。

＜４＞　東京駅から政令指定都市である（　**え**　）市まで新幹線で行き，そこから在来線に乗り換《か》え，終着駅である目的地を目指します。沖合に好漁場があり，日本有数の水揚《あ》げ量を誇《ほこ》るこの都市の魚市場を見学して，新鮮《せん》な海の幸を食べようと思います。目的地の近くには，③日本三景の一つとされている景勝地もあるので，ぜひ訪れてみようと思います。

1．（**あ**）～（**え**）に当てはまる地名をそれぞれ書きなさい。

2．下線部①を次の **ア～エ** から一つ選んで記号で答えなさい。

ア．ライチョウ　　**イ**．トキ　　**ウ**．アホウドリ　　**エ**．シマフクロウ

3．下線部②の名前を次の **ア～エ** から一つ選んで記号で答えなさい。

ア．ワシントン条約　　**イ**．パリ協定　　**ウ**．ラムサール条約　　**エ**．ユネスコ世界遺産条約

4．下線部③の地名を漢字で書きなさい。

5．＜１＞～＜４＞の目的地はどこか，それぞれ書きなさい。
また，その場所を右の地図中の **ア～セ** からそれぞれ選んで記号で答えなさい。

4） 次の小説の一部を読んで，あとの問いに答えなさい。

□ 修技場の開所式には，（　A　）という元長州藩《はん》士が，工部省の代表として挨拶《あいさつ》に立った。

「すでに長崎は □ で世界とつながっている。去年，デンマークの □ 会社が，長崎と上海，長崎とウラジオストックとの間を，①海底ケーブルで結んだのだ」

（　A　）は貞吉たち研修生の前に，大きな世界地図を広げた。

「今や □ 網《もう》は世界中に伸《の》びている。僕《ぼく》は去年，（　B　）公の大使節団に加わって洋行した。その時，至急の連絡《らく》があったので，ワシントンから □ を送った。後からわかったことだが，その □ 文は，わずか五時間後には長崎に伝わったそうだ」

ワシントンから大西洋，ヨーロッパを経てインド，東南アジア，上海，そして日本と，（　A　）は地図を指でなぞった。

「だが②長崎から東京まで三日もかかった。アメリカから長崎までが五時間なのに，この短い距《きょ》離《り》が三日だぞ」

小さな日本列島を指先でたたいた。　　　　（植松三十里『ひとり白虎《びゃっこ》』より）

（注）　修技場…技術者養成のための機関　　工部省…新政府の官庁

ウラジオストック…日本海に面するロシアの都市

1．□ に共通して当てはまることばを漢字で書きなさい。

2．（A）は，後に憲法制定の中心的な人物となります。この人物名を漢字で書きなさい。また，この憲法は主にどこの国の憲法を参考に制定されたか，その国名を書きなさい。

3．（B）に当てはまる人物名を漢字で書きなさい。

4．下線部①について1970年代から普及《きゅう》し始め，現在主に使われているケーブルは何か書きなさい。

5．下線部②で，「三日もかかった」のは当時の状況《きょう》がどのようであったからか，説明しなさい。

6．当時，工部省などが推進した日本の工業育成策のことを何というか書きなさい。

5） 次の文を読んで，あとの問いに答えなさい。

川は人の移動を妨《さまた》げたり助けたりします。川を渡《わた》るという視点で見れば，移動の妨げになります。たとえば，江戸時代の人々は「箱根八里は馬でも越《こ》すが，越すに越されぬ（　A　）」と言っていました。そして，川を上る，下るという視点で見れば，移動を助けます。

移動を妨げるということに注目すると，戦いがしばしば川を挟《はさ》んで行われているということに気づきます。源氏と平氏の戦いでは，義経と合流した頼朝軍が，京都から下ってきた平氏の軍と（　B　）を挟んで戦いました。戦国時代には武《たけ》田信玄《げん》と上杉《すぎ》謙《けん》信も①川を挟んだ戦いを行っています。このような例は他にも数えればきりがありません。

移動を助けるということに注目すると，都市が川沿いや河口にあることに気づきます。古代の都，難波《なにわ》宮や大津宮は（　C　）で結ばれていましたし，平安京も川沿いに作られています。また，鎌倉時代や室町時代には，②毎月決まった日に，各地から持ち寄られたものを売り買いする場所も，川沿いに多く存在しました。

③川があの世とこの世を分けているという考え方もありました。そして平安時代の終わり頃《ごろ》からは，④この川を渡る際には一定のお金がかかるという考えが生まれました。戦国武将の中には，この渡り賃をデザインした家紋《かもん》を用いた者もいました。

川は芸術作品の中でも大切な意味をもっています。時には⑤文学作品の中に現れ，時には⑥絵画の中に描《えが》かれ，時には⑦庭に表現されることもありました。

1．下線部①と下線部②をそれぞれ何というか書きなさい。

2．下線部③の考え方に基《もと》づいて，対岸からながめると極楽《ごくらく》の入り口に見えることを意識して建てられた建物があります。その建物の写真を次の **ア～エ** から一つ選んで記号で答えなさい。

ア

イ

ウ

エ

3．下線部④について，この金額はいくらと考えられたか，次の **ア～エ** から一つ選んで記号で答えなさい。

ア．六文　　**イ**．十両　　**ウ**．百貫《かん》　　**エ**．一万石

4．下線部⑤について，「ゆく河の流れは絶えずして，しかももとの水にあらず」と記した人がいました。これと同じようなことを表している文を，次の **ア～エ** から一つ選んで記号で答えなさい。表記は読みやすく直してあります。

ア．男もすなる日記というものを，女もしてみんとてするなり。

イ．親譲《おやゆず》りの無鉄砲《むてっぽう》で，こどもの時から損《そん》ばかりしている。

ウ．月日は百代《はくたい》の過客《かかく》にして，行きかう年もまた旅人なり。

エ．今は昔，竹取の翁《おきな》というものありけり。

5．下線部⑥について，19世紀のヨーロッパの画家ゴッホは，日本人の画家の作品をまねて右のような絵を描きました。この日本人の画家の名前を漢字で書きなさい。

6．下線部⑦について，庭に石と砂で水の流れを表現したものを何というか書きなさい。

7．（A）～（C）にはいずれも川の名前が入ります。当てはまるものを次の **ア～ケ** からそれぞれ選んで記号で答えなさい。

ア．信濃川　　**イ**．利根川　　**ウ**．長良川
エ．鴨《かも》川　　**オ**．富士川　　**カ**．江《ごう》の川
キ．淀川　　**ク**．紀ノ川　　**ケ**．大井川

6） 次の文を読んで，あとの問いに答えなさい。

あ．日本の開国直後から数十年間，国内ではひどい下痢《り》をともなう感染症《しょう》がくり返し流行し，数十万人が亡《な》くなった。人々はこれを「ころり」と呼んで恐《おそ》れた。

い．ヨーロッパを主な戦場とした戦いである（　A　）の末期に広がった感染症では，数千万人が亡くなった。日本の新聞でも，米騒《そう》動の記事とともにこの感染症のことが連日報道された。

う．顔や頭を中心に痕《あと》が残ることで知られる感染症が大流行し，天災も続いて，天皇は国ごとに国分寺を建てることを命じ，また全ての国分寺の中心である（　B　）に大仏をつくらせた。

え．日本が鎖《さ》国するころからヨーロッパ各地で感染症が大流行し，『ロビンソン漂《ひょう》流記』で知られるイギリス人の作家は，後にこのことを題材に作品を書いた。

お．寒い時期にくり返し流行する感染症を，日本人は「稲《いな》葉《ば》かぜ」，「お駒《こま》かぜ」，「琉球《りゅうきゅう》かぜ」などと呼び，日本で初めて国会が開設されたころに流行したものは「お染《そめ》かぜ」と呼んだ。

か．足利尊《たか》氏の時代には，中国からヨーロッパ，中東までの広い地域で感染症の爆《ばく》発的な拡大が起き，各地で人口が激減した。背景には，二度にわたり大軍を送って日本を攻《せ》めた（　C　）人が，これらの地域まで勢力を広げていたことがある。

1．（A）～（C）に当てはまることばをそれぞれ書きなさい。

2．**あ～か** の下線部を年代の古いものから順に並べ，3番目，5番目に当たるものをそれぞれ記号で答えなさい。

3．**い・え・お** の下線部と最も近い時期のできごとを，次の **ア～ケ** からそれぞれ選んで記号で答えなさい。

ア．安土に壮《そう》大な「天主」と呼ばれる建物をもつ施《し》設が建てられた。

イ．大名が参勤交代を行うことが定められた。

ウ．エルトゥールル号の遭《そう》難事件が起きた。

エ．近松門左衛門が多くの作品を発表した。

オ．小村寿太郎外務大臣のもとで日英同盟が結ばれた。

カ．アメリカから始まった世界的な不景気が日本の経済を悪化させた。

キ．42か国によって国際連盟が発足した。

ク．与謝野晶子《よさのあきこ》が戦地にいる弟を思って有名な歌を詠《よ》んだ。

ケ．前野良沢が長崎に留学して外国語を学んだ。

4．**あ**～**か** の感染症のうち，**え** と **か** は同じものとされています。このような同じ感染症の組み合わせをもう一つ探して記号で答えなさい。

エ　今日のコロナによる深刻な被《ひ》害が、わたしたちの「数」についての感覚を大きく狂《くる》わせてしまった。

オ　シベリアにせよ西部戦線にせよ、戦争に関する死だけがいつも私たちに「数」の非情さを考えさせる。

三　以下の問いに答えなさい。

問一　次の傍《ぼう》線部を漢字に直しなさい。

1　将来の夢はカンゴ師になることだ。

2　友人の意見は的をイている。

3　セイコウ雨読の生活を送る。

4　サンピが分かれる問題。

5　とっぷりと日がクれる。

6　万《ばん》国ハクラン会が開かれる。

問二　次の1・2の（A）・（B）にはそれぞれ同じ読みの別の熟語が入ります。適切な語を漢字で書きなさい。

1　けがの（　A　）。
　　一筋の（　B　）を見出《い》だす。

2　営業を（　A　）する。
　　（　B　）直入に物を言う。

問一　1地味ながら意義深い　とありますが、このように言えるのはなぜですか。五十字以内で書きなさい。

問二　2シベリア　を言いかえている表現を本文中から五字で探し、抜き出しなさい。

問三　3胸を突く　という表現について、ここでの意味として最も適切なものを一つ選んで、記号で答えなさい。

ア　読者の感情を押《お》しつぶす。　イ　詩人の思いが満たされる。

ウ　筆者の怒りに火をつける。　エ　我々の心を激しく動かす。

オ　遺族の心情を逆なでする。

問四　[A]にあてはまる表現として最も適切なものを一つ選んで、記号で答えなさい。

ア　薄《はく》氷をふんで　イ　手に汗《あせ》をにぎって　ウ　心血を注いで

エ　固唾《かたず》を飲んで　オ　手塩にかけて

問五　[B]にあてはまる適切な語を一つ選んで、記号で答えなさい。

ア　俳句　イ　短歌　ウ　川柳《せんりゅう》　エ　標語　オ　散文詩

問六　4良いほうのニュースにカウントされる人たち　とありますが、それはどのような人たちですか。最も適切なものを一つ選んで、記号で答えなさい。

ア　コロナ発症者数を知らせるニュースを見る人たち。

イ　無事コロナの治療《りょう》を終えて健康になった人たち。

ウ　二桁のコロナ発症者数の中に入っている人たち。

エ　それまでにコロナを発症したすべての人たち。

オ　二桁を切ると予想されるこの先コロナを発症する人たち。

問七　[C]・[D]にあてはまる語をそれぞれ一つ選んで、記号で答えなさい。

ア　個々　イ　他人　ウ　重症　エ　海外

オ　家族　カ　全体　キ　一部

問八　5小さな違和感　とありますが、筆者はなぜ「小さな」と表現したのですか。最も適切なものを一つ選んで、記号で答えなさい。

ア　発症者の数に関するニュースは聞き飽《あ》きているから。

イ　発症者が減ったとはいえ数字としてはごくわずかだから。

ウ　発症者が身の回りにいないとなかなか実感がわかないから。

エ　発症者が数値に置きかえられることで抽象化されるから。

オ　発症者の減少を喜ぶこと自体は間違《ちが》っていないから。

問九　6司令部報告は「西部戦線異状なし、報告すべき件なし」の言葉で尽きていた　とありますが、主人公が戦死しているにもかかわらず、司令部はなぜ「報告すべき件なし」としたのでしょうか。本文の内容をふまえて、三十字以内で書きなさい。

問十　7数の中に人を想いたい　とありますが、そのために必要と考えられるものは何ですか。本文中から十一字で探し、抜き出しなさい。

問十一　次の中から本文の内容に合っているものを一つ選んで、記号で答えなさい。

ア　シンボルスカの詩は、「数」というものに関する人間の想像力の限界を私たちに教えてくれる。

イ　筆者は「大きな数」から「小さな数」にしていくほど人間の個々の価値が見えてくると考えている。

ウ　村山常雄さんによる「シベリアに逝きし人々を刻す」が作られた背景には石原吉郎の影響《えいきょう》がある。

げていった。シベリア抑留者支援《えん》・記録センター（東京）が初めて企画《き》し、動画サイトなどで同時配信された。

　シベリア抑留は忘れてはならない昭和の歴史だ。約60万人の日本兵や軍属、民間人が強制労働のためにソ連に捕《と》らわれた。酷寒《こっかん》の異土に果てた人は約6万という。名前の読み上げは、「大きな数」として語られがちな死者を、抽象の海から呼び戻《もど》すように丸2日間続けられた。

　名前を読むという追悼に、詩人の石原吉郎《よしろう》（77年没《ぼつ》）を想起する人もいるだろう。8年におよぶシベリア抑留から生還《かん》した石原はこんな言葉を残している。

「死においてただ数であるとき、それは絶望そのものである。人は死において、ひとりひとりその名を呼ばれなければならないものなのだ」（「確認されない死のなかで」から）。むごい多くの死を見てきた人の、痛みと怒《いか》りが3胸を突《つ》く。

　石原と同じ思いを実行したのが故・村山常雄《つねお》さんだった。自らも抑留され風雪と飢餓《きが》に4年間耐《た》えた。読み上げられた4万6300人の名簿《ぼ》は、村山さんが教師を定年退職後に［A］つくったものだ。膨《ぼう》大な資料を手作業で突き合わせ、死亡地や埋葬《まいそう》地まで、11年かけて分かる限りのことを調べ上げた。

　全氏名を載《の》せて2007年に自費出版した「シベリアに逝《ゆ》きし人々を刻す」は厚さ5センチ、重さは2キロにもなる。厚《こう》生労働省のデータよりも頼《たよ》りにされる史料だという。かつてそれを「紙の碑《いしぶみ》」として天声人語に書いたご縁《えん》で、6年前に他界されるまで何度か便りをいただいた。

　村山さんは詩人の石原をご存じなかったようだが、「個」への深いまなざしは同じだった。誰《だれ》が死んだのか。それを抜《ぬ》きにして数だけを言うのは「非礼」であると言っていた。「大きな数」という抽象を退け、死者の体温さえ感じ取るような心性を持ち続けた人ではなかったかと、あらためて村山さんを思い出す。

　コロナ禍《か》で緊迫《きんぱく》していた5月半ば、歌人の俵万智《まち》さんの新作［B］を本紙「折々のことば」が紹介《しょうかい》していた。

〈発症《しょう》者二桁《ふたけた》に減り4良いほうのニュースにカウントされる人たち〉

　数字が減った日には、発症者は「減ったという良いニュース」として数えられる。そんな皮肉を含《ふく》む一首であろう。［C］にとっては良いニュースでも、［D］の発症者には深刻なことなのに――という裏返しの示唆《しさ》があるように思われる。歌にひそんでいるのは、ニュースの受け手も含めた「数える立場」への5小さな違和感《い》なのだろうと推察する。

　レマルクの名作「西部戦線異状なし」の、よく知られた結末を連想する人もいよう。主人公が戦死した日はきわめて穏《おだ》やかで、6司令部報告は「西部戦線異状なし、報告すべき件なし」の言葉で尽《つ》きていた。「大きな数」ばかりではない。小さな数も、数として見られるかぎり個々の人間の存在は見失われやすい。

　コロナ禍によって世界で4000000（4億）人分の仕事が失われたという。冒《ぼう》頭の詩に戻れば、ゼロの多さに想像力はなかなか追いつけない。しかしすべては具体的なことなのだ。難しいことではあるが、7数の中に人を想《おも》いたい。

（朝日新聞　二〇二〇年九月六日　福島申二氏の文章による）

※出題の都合上、本文の一部を改稿《こう》しています。

ウ　友人から仲間外れにされることを心配しているから。
エ　小学生らしくふるまった方が得だと知っているから。
オ　礼儀《ぎ》にこだわりすぎない自由な性格をしているから。

問八　8自分の立っている場所　とありますが、この表現は「ぼく」のこれまでの生き方を表しています。「ぼく」のこれまでの生き方とはどのようなものだったのでしょうか。二十五字以内で書きなさい。

問九　9夜につめを立てるみたいに、あのかわいた音を鳴らしてくればいい　とありますが、「夜につめを立てるみたいに」という表現からどのような気持ちが読みとれますか。最も適切なものを一つ選んで、記号で答えなさい。
ア　夜という得体のしれない大きな敵に、つめで傷をつけるくらいの抵抗《ていこう》を示したい気持ち。
イ　侵入者が出現した恐ろしい夜の記憶《おく》は、つめでかきつぶすように消したい気持ち。
ウ　昨夜の音につめでこするような不快感を持ちながらも、待ち望んでしまう気持ち。
エ　つめでひっかくように、誰かが自分の現状を打ち壊《こわ》してくれることを期待する気持ち。
オ　将来への不安について、つめでかきむしるようにして正体を明らかにしたい気持ち。

問十　「ぼく」が田島かなえによく思われたいと考えていることがわかる一文を本文中から探し、始めの五字を抜《ぬ》き出しなさい。

問十一　本文中の「キンモクセイ」について述べた文として最も適切なものを一つ選んで、記号で答えなさい。
ア　変わらない日常をゆさぶるきっかけを象徴《ちょう》する、謎《なぞ》めいた期待感をいだかせる木。
イ　いつも「ぼく」のことを見守っているやさしい両親の象徴である、安心感のある木。
ウ　自分を支配する「お父さん」の象徴である庭に植えられた、威《い》圧感たっぷりの木。
エ　容易に何者かの侵入を許してしまったことへの無力感を象徴する、頼りない木。
オ　いつまでたっても花が咲かないために見る人を落胆《たん》させる、挫《ざ》折感を象徴する木。

二　次の文章を読み、問いに答えなさい。

ポーランドのノーベル賞詩人シンボルスカに「大きな数」という詩集（１９７６年刊）があって、同じ題名の詩は次のように書き出される。

この地上には四〇億の人々／でもわたしの想像力はいままでと同じ／大きな数がうまく扱《あつか》えない／あいかわらず個々のものに感激する

詩句はスラブ文学者沼野《ぬまの》充義《みつよし》さんの訳による。「大きな数」に塗《ぬ》り込《こ》まれることで個々の人間は顔を奪《うば》われ、抽《ちゅう》象概《がい》念に変えられてしまう。いわば統計。この詩は、そうした全体性にあらがい、個別の存在と価値を守ろうとする詩人の意思の表出であろうと、沼野さんはいう。

戦後７５年の夏。

８月２３日夜から２５日の夜にかけて、1地味ながら意義深い追悼《とう》のイベントがあった。敗戦後の2シベリア抑《よく》留の犠牲《ぎせい》者のうち、判明している４万６３００人の名前を遺族や市民が交代で４７時間かけて読み上

イ　かくし事をしている自分を疑わないお父さんに対するやましい思い。

ウ　庭をほめられただけでここまで喜ばなくてもいいだろうという思い。

エ　侵《しん》入者がいたとも知らず喜ぶお父さんのことをひややかに見る思い。

オ　無理をして楽しげにふるまうお父さんに深く感謝したいという思い。

問四　4はあ、とあいまいな返事をして、職員室を出た　とありますが、なぜ「ぼく」はそのような対応をしたのですか。最も適切なものを一つ選んで、記号で答えなさい。

ア　大橋先生のほめ言葉も耳に入らないほど先生に呼び出されたことがショックだったから。

イ　大橋先生のほめてくれた点が自分では素直に喜べるものかどうかわからないでいるから。

ウ　大橋先生の気づかいの言葉が本当かどうか自信が持てずにあやふやな気持ちだったから。

エ　大橋先生の気づかいをありがたく思う反面どう感謝を表現すればいいかわからないから。

オ　大橋先生の言葉に内心大喜びしつつ直接それを表に出すことは何となく遠慮《りょ》されたから。

問五　5わけへだてのない笑顔が残こくだ　とありますが、「ぼく」がそのように思ったのはなぜですか。最も適切なものを一つ選んで、記号で答えなさい。

ア　「ぼく」が彼女にとって特別な存在でないことがわかってしまうから。

イ　大橋先生に呼び出された「ぼく」をからかうような態度でいるから。

ウ　「ぼく」とはちがってどんな時でも素直に笑える性格をしているから。

エ　「ぼく」やみんなのことをだます彼女の本性《しょう》を恐《おそ》ろしく思ったから。

オ　落ち込んでいる「ぼく」に対してもいつもどおりの表情だったから。

問六　6歯ぐきを舌でなぞる　とありますが、「ぼく」がこのようなしぐさをするのはこの文章の中で二回目です。これは「ぼく」のどんな気持ちを表していますか。最も適切なものを一つ選んで、記号で答えなさい。

ア　仕方がなくウソをついてしまうことに苦しむ気持ち。

イ　思わぬ出来事に楽しみをおさえられない気持ち。

ウ　秘密をかくし通せていることをほくそ笑む気持ち。

エ　とっさに何を言うべきか思いつかず気まずい気持ち。

オ　好きな人を前にどうしてよいかわからない気持ち。

問七　7でも本当はさ、母が―、って言わないといけないんだよね　とありますが、田島かなえはふさわしい言葉遣《づか》いを知っているのになぜ「お母さん」と呼ぶのでしょうか。最も適切なものを一つ選んで、記号で答えなさい。

ア　よそよそしい呼び方は親に失礼だと感じているから。

イ　大橋先生に敬語で話す必要はないと甘《あま》えているから。

猫《ねこ》が枝を踏んづけただけかもしれない。もしくは、風か何かの音を聞き間違《まちが》えただけかもな。でも、もし誰かが来ていたのだとすれば、あそこで何をしていたんだろうか？

　暗がりの奥にある、キンモクセイが目に入る。すっかり夜に沈《しず》んだ庭の真ん中、そのつぼみだけがかがやいているように見えた。

　もしかしたら、あのキンモクセイを見に来ただけなのかもしれないな。いつもならとっくにただよっているはずの香りがないのが気になって、様子を見に来ただけなのかも。まだ花が咲いてないのを見て、がっかりした気持ちで庭に立ってたのかな。

　その時ふと、ぼくの頭に、田島かなえの顔がうかんだ。彼女とキンモクセイが不思議と似つかわしくて、庭に立つ彼女の姿を見た気がした。星が弱弱しく光る都会の夜空、その下でうなだれるキンモクセイのつぼみと、それを見つめる田島かなえ。重たくおおいかぶさるむし暑さの中で、彼女はそれをはねのけるように、じっと静かにたたずんでいる。

　――どうしてあの時、「お母さん」って呼ぶって答えたんだろう？　本当はちがう呼び方をしなくちゃいけないって、知っていたのに。

　わけもわからず、胸がしめつけられる心地《ここち》がした。8自分の立っている場所が、とても頼《たよ》りないもののように感じられた。今すぐに泣いてしまいそうな気もしたし、一生かかっても泣けないような気もした。

　今夜もまた、来ればいい。あの庭に。それが田島かなえであっても、そうでなくても。9夜につめを立てるみたいに、あのかわいた音を鳴らしてくれればいい。ひびいた音で夏の夜がさけて、そこから秋が流れ出てくればいい。そんなことを思った。

問一　1耳しか持たない友人だった　とありますが、この表現から「ぼく」が夜をどんな存在であると考えていることがわかりますか。最も適切なものを一つ選んで、記号で答えなさい。

ア　ぼくの要求に答えることのない存在。
イ　ぼくに対して的確な助言をする存在。
ウ　ぼくの思いを他の友人に伝える存在。
エ　ぼくとじっくり対話してくれる存在。
オ　ぼくの気持ちをただ受け入れる存在。

問二　2小さく口に出して言ってみる　とありますが、どうしてこのようにしたのだと考えられますか。最も適切なものを一つ選んで、記号で答えなさい。

ア　自分の声を耳にした家族の誰かが返事をしてくれると思ったため。
イ　庭に他人が入るという生まれて初めての出来事に興奮していたため。
ウ　何者かが庭にいるかもしれないという不安をやわらげようとしたため。
エ　実際に声に出してつぶやくことによって推理を確定しようとしたため。
オ　自分の口から出した声で庭から聞こえた音をかき消そうとしたため。

問三　3ほがらかすぎる笑顔　とありますが、「ぼく」がそう感じたのはどのような思いがあるからですか。最も適切なものを一つ選んで、記号で答えなさい。

ア　無気力な自分とちがって明るいお父さんがうらやましいという思い。

夫《ぶ》ですか?」

「あー、そうかー。上田が提出物忘れるなんてめずらしいなー。まあ明日でも大丈夫だから持ってきてくれなー」

言われてみれば、提出物を忘れたのも、こうやって職員室に呼び出されるのも、初めてのことかもしれない。それだけに、大橋先生のやわらかい、間のびした話し方が救いだった。

職員室を出る時、大橋先生が思い出したように言ってきた。

「上田ってホントちゃんとしてるなー。四年生でお母さんのこと「母」って言えるの、上田ぐらいだもんなー」

4はあ、とあいまいな返事をして、職員室を出た。

下駄《げた》箱の前に、誰かが立っている。田島かなえたった。

「フリョーの上田君じゃん。」

そう言って、ぼくに向かってほほえみかけてくる。5わけへだてのない笑顔が残こくだ。

「不良って?」

「呼び出されてたんでしょ? 大橋先生。クラスでみんながウワサしてたよ」

少し間をおいて、息をついて、返事を頭の中で組み立てる。子どもっぽくない言い方、それでいて、ぶっきらぼうに聞こえないやつがいい。

「忘れ物があっただけ。ほら、授業参観の。悪いことなんかしてない」

「知ってる。めずらしいね、そういうの忘れるのって」

朝、庭を歩き回るので忙《いそが》しかったから、とは言えなかった。変な話だし、ここで話すのもおかしい気がした。

八月の間うるさく鳴いていたセミは、いつの間にかすっかりいなくなってしまったらしい。頭の上で吹《ふ》く、空調の風の音が聞こえる。ふと、口を小さく開いたままでいる自分に気づいた。何か話した方がいいんだろう。でも何を? 口をぎゅっと閉じて、6歯ぐきを舌でなぞる。ほんの少しの静けさが、重苦しくてたまらなかった。

「大橋先生に言われたんだけどさ」

口をついて出てきた言葉だった。田島かなえが首をかしげる。

「先生と話すとき、自分の母親のことをなんて呼ぶかって話なんだけど……田島だったらなんて呼ぶ?」

我ながら、ひどい話のふりかただと思った。でも、思ったところで言葉がのどに引っ込《こ》んでくれるわけでもない。田島かなえは質問を真面目《まじめ》に受け止めたらしく、腕《うで》を組んで考え込んでいる。

「うーん、お母さん、って呼ぶかな」

遠くから足音と、楽しそうな話し声が近づいて来るのに気づいた。田島かなえとよくいっしょにいる、同じクラスの女子たちの声だった。

「7でも本当はさ、母がー、って言わないといけないんだよね」

それだけ言って、やってきた女子たちといっしょに、田島かなえは帰っていった。

家に帰って、しばらく食卓からガラス戸の向こうを眺めていた。お父さんもお母さんも、まだ帰ってきていない。たまに二人とも仕事が忙しくて、暗くなっても家に一人でいる日がある。今日がその日だった。

次第《しだい》に暗くなっていく外を見ながら、昨日の夜のことを考えた。結局、昨日庭に来たのは、誰だったんだろう? ただ、通りすがりのノラているように見えた。

　朝食を食べ終え、庭に出てみる。学校に行く時刻まで、庭のあちこちに目をやりながら、しばらく歩き回った。……どこもおかしなところはないな、荒《あ》らされてもいないし……ドロボウだとしたら、家の中に入るはずだけど、どこの窓もこわれてないみたいだ……だいいち、昨日あれからしばらく起きていたけど、家の中に入ったような音は聞かなかったじゃないか……。

「何か探してるのか?」

　後ろから急に声をかけられて、ふり返る。仕事着に着替《が》えたお父さんが、ガラス戸の向こうから、心配そうな顔をこちらに出していた。

「何でもないよ、ただ……ウチの庭って、やっぱり大きいよな、と思って……」

　とっさに、頭にうかんだことが口から出てしまう。昨日庭から変な音が聞こえたこと、かくさなくてもよかったなと気づいたのは、言葉を口にした後だった。

　それを聞いて、お父さんが嬉《うれ》しそうな顔をする。気持ちの大きさがそのまま表れたような、[3]ほがらかすぎる笑顔《えがお》。

「そうだろ?　なんたって父さんの長年の夢だったんだからな!」

　お父さんはあわただしくサンダルをはくと、大股《また》で近づいてきて、ポンポンとやわらかくぼくの肩《かた》をたたいた。そのつもりがなかったとはいえ、ウソをついたみたいな気分になる。ぼくはかわいた口の中をぬらすみたいに、歯ぐきをそっと舌でなぞった。

「今度、父さんといっしょに庭いじってみるか?　今年は虫もまだいっぱいいるしな!　たくさん捕《つか》まえたら、学校でじまんできるんじゃないか」

　楽しそうなお父さんの顔からは、さっきまでの心配そうな表情がすっかり消えている。こんなに大好きな自分の庭に、知らないだれかが入ったかもしれないと知ったら、お父さんはどんな顔をするんだろう?　後ろめたい興味を抱えたまま、ぼくはガラス戸をくぐり、家の中に戻《もど》った。もう家を出る時間だった。

　学校にいてすることは、いつも変わらない。授業の中身と、遊びの種類が変わったって、つまらない時はつまらないし、楽しい時は楽しい。田島かなえだって、いつもと変わらなかった。学年のあちこちに友達がいる彼女《かのじょ》はいつも、教室を仕切る壁《かべ》さえ見えないとでも言うように、色んなクラスに遊びに行く。そのせいで、学校中どこを歩いていても、彼女の心から楽しそうな笑顔が不意に現れるような、そんな気がする。

「上田ー、ちょっと職員室来れるかー?」

　教室の掃除《そうじ》が終わって帰ろうとした時、大橋先生から呼び出された。クラスのみんなが、不思議そうにこちらを見ているのがわかる。

　職員室の窓に近い、うず高く書類の積まれた机が、大橋先生の居場所だ。

「悪いなー、授業参観の出欠席の紙、上田の分が無いみたいなんだけど、持ってきてるかー?」

　その時になって初めて思い出した。授業参観の出欠連絡、お母さんに預けたままになってるじゃないか。今朝受け取るはずだったのが、庭のことに気を取られて、忘れていたんだ。

「すみません……、ぼくも母も、すっかり忘れていました。明日でも大丈《だいじょう》

【国　語】（四〇分）〈満点：一〇〇点〉

※字数を数える場合は、句読点・かぎかっこ等も一字と数えます。

一　次の文章を読み、問いに答えなさい。

　その音を聞いたのは、九月の終わりに差しかかった頃《ころ》の夜だった。まだ残る夏のむし暑さが、目に見えないうっすらとした膜《まく》のように、ぼくの上におおいかぶさっていた。

　その時ぼくが自分の部屋で何をしていたのか、はっきりとは覚えていない。きっと、何をしているわけでもなかったのだと思う。多くの少年にとってそうであるように、小学四年生だったぼくにとって、夜はただ眠《ねむ》りに落ちるのを待つ時間ではなかった。夜は、1耳しか持たない友人だった。ぼくは彼《かれ》にしか打ち明けられない秘密をいくつも抱《かか》えていた。誰《だれ》だってそうなんだろう。クラスのみんなも、大橋先生も、あの田島かなえだって、きっとそうだ。

　かたくて、軽い、かわいた音だった。パキリ、と短く、やけにはっきりとひびく音。それが庭から来ていたことは、明らかだった。都会にある家にしては大きな、お父さんの一番のお気に入りの庭。家を建てる時、お父さんは庭の位置から植える木ひとつひとつの種類まで指定して、かたくなにゆずろうとしなかった。「働き始めた頃からの夢だった」と言って。家族それぞれの部屋は二階にあって、ぼくの部屋が一番庭に近い。これまで、夜中に庭から聞こえる音と言ったら、風にゆすられた葉がこすれあう、ざわざわという音だけだった。

　何かが――それが果たして何なのかはわからないが――枝を踏《ふ》んづけたんだ、と思った。

「お父さん、それともお母さんかな。でも、二人とも部屋から出てきてない」

　考えたことを、2小さく口に出して言ってみる。なぜかわからないけれど、そうしたい気がした。

「お父さんでもお母さんでもないなら、誰なんだろう」

　全身を包むように頭から布団《ふとん》をかぶる。さっきまで感じていたむし暑さを、その時ばかりは忘れていた。眠りに落ちるその時まで、ぼくはシーツをにぎりしめていた……。

　目が覚めると、パジャマは汗《あせ》でじっとりとぬれていた。この時期にしてはするどすぎる日差しが目にささる。ニュースで、数十年ぶりの夏の長さだと言っていたのを思い出した。

　階段を降りて、食卓《たく》に向かう。お父さんはすでに席に着いていて、お母さんが持ってくる朝食を待っていた。お母さんが朝にいつも作るハムエッグ。食卓のそばの大きなガラス戸からは、庭の様子がよく見える。

「庭……」

　ぼくは、ガラス戸の向こうを眺《なが》めながら、何とはなしに口に出す。

「庭？　庭がどうかした？」

　ぼくの分の朝食を持ってきたお母さんが、顔をのぞきこむようにして言った。

　いや、とだけ答えて、庭を眺める。背の高い植木が外周を囲んで、真ん中に開けたスペースのある、大きな庭。夏の間に背を伸《の》ばした雑草が、日差しをこちらに跳《は》ね返している。食卓から見て正面の奥《おく》に、キンモクセイが植えられていた。いつもなら今頃花が咲《さ》いて、ぼくの部屋にまで香《かお》りをただよわせるが、今年はつぼみのまま、この暑さにうなだれ

MEMO

大切なことはメモしておこうネ！

2021年度

解　答　と　解　説

《2021年度の配点は解答欄に掲載してあります。》

＜算数解答＞ ≪学校からの正答の発表はありません。≫

1. ①　172　②　12　2. ①　27度　②　99度　3. 4500円　4. 48個

5. 645人以上666人以下　6. 12　7. ①　4：1　②　4：7

8. ①　2km　②　$2\frac{1}{3}$km　9. 7：5：9

○推定配点○

1.～2.　各7点×4　他　各8点×9(5.完答)　計100点

＜算数解説＞

1. （四則計算）

①　$\frac{1}{43\times47}+\frac{1}{47\times4}=\frac{47}{43\times47\times4}=\frac{1}{172}$　□＝172

②　$\frac{5}{\square}=\left\{\left(\frac{17}{18}-\frac{3}{4}\right)\times\frac{5}{7}+\frac{5}{6}\right\}\times\frac{7}{3}=\left(\frac{7}{36}\times\frac{5}{7}+\frac{5}{6}\right)\times\frac{3}{7}=\frac{5}{12}$

基本　2. （平面図形）

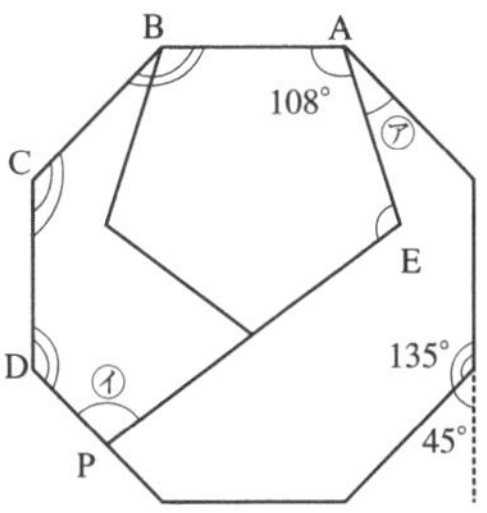

①　180－360÷8－(180－360÷5)＝27(度)

②　六角形ABCDPEにおいて，180×(6－2)

－(135×3＋108×2)＝99(度)

重要　3. （割合と比，相当算）

A君，B君，C君それぞれの最初の所持金をア，イ，ウとする。

$ア\times\left(1-\frac{7}{10}\right)=ア\times\frac{3}{10}$　　$イ=\left(1-\frac{4}{5}\right)=ア\times\frac{1}{5}$　　$ウ=\left(1-\frac{14}{17}\right)=ウ\times\frac{3}{17}$がそれぞれ等しいので，ア：イ：ウは$\frac{10}{3}$：5：$\frac{17}{3}$＝10：15：17　　したがって，$10\times\frac{7}{10}+15\times\frac{4}{5}+17\times\frac{14}{17}=7+12+14$＝33が9900円に相当し，B君の最初の所持金は9900÷33×15＝4500(円)

重要　4. （場合の数，数の性質）

各位の数の和が3の倍数になる場合は，1＋2＋3，1＋2＋6，1＋3＋5，1＋5＋6，2＋3＋4，2＋4＋6，3＋4＋5，4＋5＋6の8通りがある。　　したがって，3ケタの整数は3×2×1×8＝48(個)できる。

やや難　5. （論理）

生徒全員が，□＋80人いるとする。3×(□＋80)＋500＝3×□＋240＋500＝3×□＋740は2500以下であり，□＋80は(2500－740)÷3＋80＝$666\frac{2}{3}$より，666人以下である。また，4×□＋3×80は2500以上であり，□＋80は(2500－240)÷4＋80＝645(人)以上である。

重要　6. （数の性質）

最小の数がA, B＝A＋3であり，CとDの大小のうち，C＝A＋5(Bより，2大きい)，D＝A＋4(Cより，1小さい)の組み合わせの場合，4つの整数が成り立つ。　　したがって，Cは{40－(3＋5＋4)}÷4＋5＝12

重要 7. (立体図形，平面図形，割合と比)

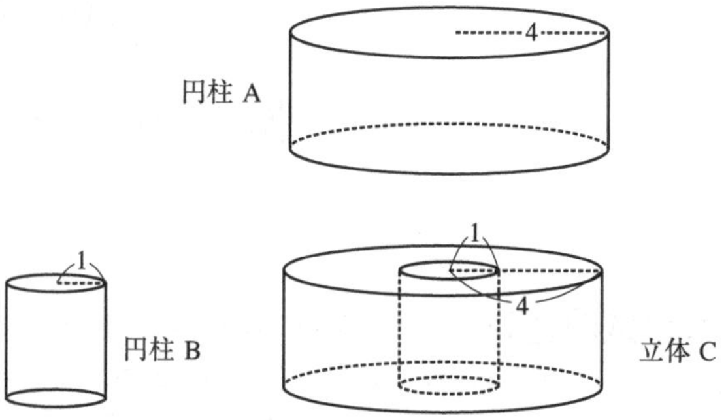

右図より，円柱Bの半径を1，立体Cの外径を4，内径を1とすると，2つの立体の体積比が1：(16－1)＝1：15になる。

①円柱AとBのそれぞれの底面の半径の比は，4：1である(底面積は16：1)。

②円柱Bと立体Cの底面積の差…(15－1)×3.14＝14×3.14

円柱Bと立体Cの側面積の差…4×2×3.14×高さ＝8×3.14×高さ

したがって，高さは14÷8＝$\frac{7}{4}$であり，求める比は1：$\frac{7}{4}$＝4：7

重要 8. (速さの三公式と比，単位の換算)

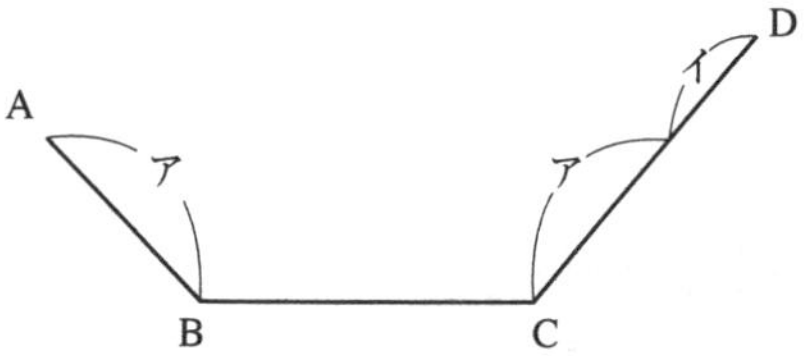

① 1kmを上るときと下るときの時間の差は$\frac{1}{4}-\frac{1}{6}=\frac{1}{12}$(時間)すなわち5分である。 したがって，AB間とCD間の距離の差イは1×(10÷5)＝2(km)

② ①より，次郎君が$\frac{2}{6}=\frac{1}{3}$(時間)遅れてC地点に着いたとき，太郎君はB地点から$5\times\frac{1}{3}=\frac{5}{3}$(km)進んでいる。 したがって，BP間の距離は$\frac{5}{3}+\left(3-\frac{5}{3}\right)\div 2=\frac{7}{3}$(km)

やや難 9. (平面図形，相似，割合と比)

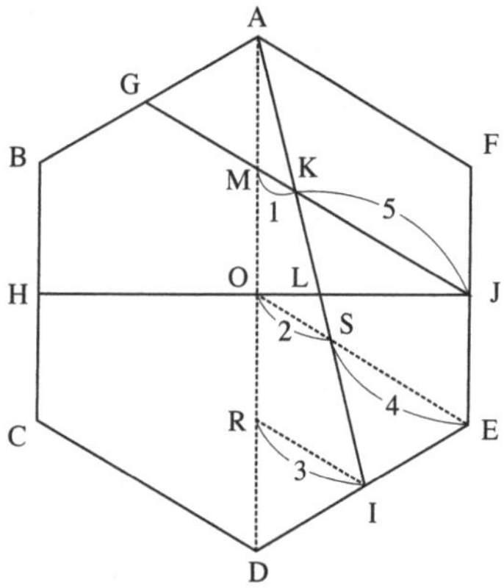

右図において，三角形AMK，AOS，ARIは相似であり，相似比は1：2：3である。三角形DIRとDEOは相似であり，RIが3のとき，OEは6である。三角形KLJとSLOは相似であり，KJは6－1＝5，OSは2であるからIL：LSも5：2 したがって，AK：KS：SIは(5＋2)：5：(2＋5＋2)＝7：5：9

★ワンポイントアドバイス★

5.「生徒全員の人数の範囲」は，簡単ではないが，その他の問題は，これといって難しい問題はない。問題をよく読み，早とちりしないで着実に取り組むとよい。9.「長さの比」は，正六角形のなかの相似な図形を利用する。

＜理科解答＞ ≪学校からの正答の発表はありません。≫

問1 1. 水 E アンモニア水 F 砂糖水 D 食塩水 C 食酢 A
うすい水酸化ナトリウム水溶液 × 石灰水 × 炭酸水 B
2. (エ) 3. 8(%) 4. 砂糖が炭になったから。
5. うすい水酸化ナトリウム水溶液 6. (カ), (ク)

問2 1. (オ) 2. ネズミなどのエサが多いから。
3. 天敵からおそわれる事が少ない。
4. ① 木の枝 ② 鳥のフン ③ スズメバチ
5. A 背骨 B ろっ骨 C 肺 D (キ)
6. (サ), (ス), (セ), (ソ) 7. (腹のうろこが大きいと)すべりやすい。

問3 1. ① 500 ② 256 ③ 30 ④ G ⑤ 長く ⑥ 409.6 ⑦ 0.4
⑧ 2 2. (1) 右図
(2) (カ), (ケ), (コ)

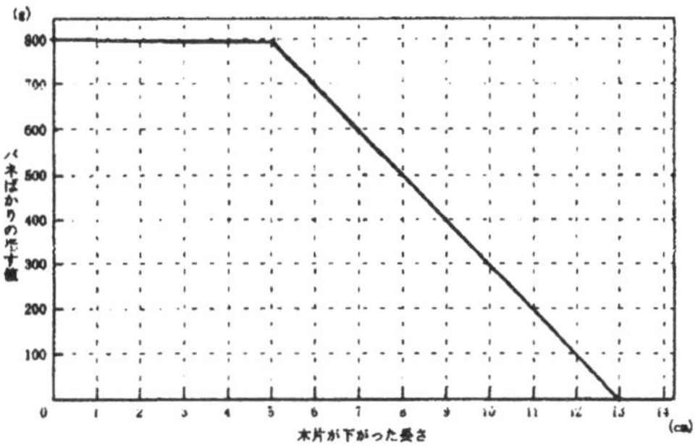

問4 1. (ウ) (理由) 身を守るため。 2. (キ) 3. 風, 雨
4. (サ) 5. ① (チ) ② (テ) 6. (ニ)

○推定配点○
問1 4 4点 他 各2点×12(6完答)
問2 1・4~6 各2点×9(6完答) 2・3・7 各4点×3
問3 1・2(2) 各2点×9(2(2)完答) 2(1) 4点
問4 1理由 4点 他 各2点×8 計 100点

＜理科解説＞

問1 (水溶液の性質－水溶液の判別)

1 BTB溶液を入れたときに黄色になったAとBは酸性，緑色になったC~Eは中性，青色になったF~Hはアルカリ性である。また，においがあり，加熱すると黒い固体が残ったAは，酸性の食酢であり，もう一つの酸性のBは炭酸水である。また，においがなく，加熱すると黒い固体が残ったDは，中性の砂糖水である。さらに，もう一つのにおいがあるFは，アルカリ性のアンモニア水である。中性で，加熱すると白い固体が残ったCは食塩水であり，中性で，加熱しても何も残らなかったEは水である。したがって，アルカリ性で，加熱すると白い固体が残ったGとHは，うすい水酸化ナトリウム水溶液か石灰水のどちらかであるが，この実験だけでは区別することはできない。

重要 2 ストローで息をふきこむと，うすい水酸化ナトリウム水溶液には変化が見られないが，石灰水は，炭酸カルシウムが生じて白く濁る。

3 蒸発皿の重さが35gなので，Cの食塩水の重さは，60(g)－35(g)＝25(g)，食塩の重さが，37(g)

$-35(\mathrm{g})=2(\mathrm{g})$なので，食塩水の濃さは，

$$\frac{2(\mathrm{g})}{25(\mathrm{g})}\times100=8(\%)$$

4 Dの砂糖水を加熱すると，水が少なくなり，茶色くなった後に，やがて分解して，黒色の炭素になる。

5 Bの炭酸水やCの食塩水はアルミニウムを溶かすことはないが，Hのうすい水酸化ナトリウム水溶液だけはアルミニウムを溶かし，水素が発生する。

重要 6 水素は無色無臭で，空気よりも軽く，水には溶けにくい気体である。

問2　(昆虫・動物－アオダイショウ)

1 ヤモリはヘビと同じは虫類の仲間である。なお，イモリは両生類，コウモリはほ乳類，ミミズは無セキツイ動物の環形動物の仲間である。

2 アオダイショウは，人里に多く生息するカエルやネズミ，鳥などを食べる。

3 毒を持たないアオダイショウは，毒を持つマムシに擬態《ぎたい》することで，天敵などから身を守ることができる。

重要 4 ① ナナフシは体も足も細長く，茶色や緑色をしていて，木の枝によく似ている。

② 2回脱皮したアゲハチョウの幼虫は，白と黒のまだらで鳥のフンに似ている。

③ カミキリの仲間であるトラカミキリは，スズメバチに擬態している。

やや難 5 ヘビの骨格には背骨とろっ骨しかない。また，左肺が退化していて，右肺が細長くなっている。

やや難 6 節足動物の甲殻《こうかく》類のアメリカザリガニとダンゴムシ，昆虫類のエンマコオロギは脱皮をして成長する。また，両生類のウシガエルは脱皮した皮を食べてしまう。

やや難 7 アオダイショウのうろこは，背中はひし形であるが，腹側は板状になっていて，つるつるしているので，前の方に進みやすい。

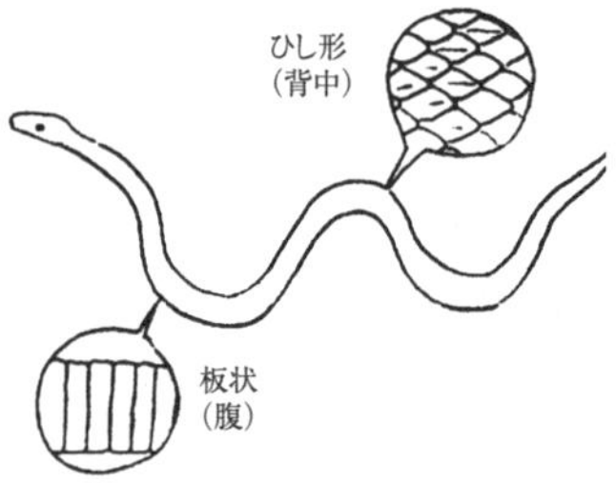

問3　(力のはたらき－木片にはたらく浮力)

1 ① 木片Cの水面下の長さは，$10(\mathrm{cm})-5.0(\mathrm{cm})=5.0(\mathrm{cm})$なので，水面下の体積は，$10(\mathrm{cm})\times10(\mathrm{cm})\times5.0(\mathrm{cm})=500(\mathrm{cm}^3)$である。

② 木片Fの水面下の長さは，$8(\mathrm{cm})-4.0(\mathrm{cm})=4.0(\mathrm{cm})$なので，水面下の体積は，$8(\mathrm{cm})\times8(\mathrm{cm})\times4.0(\mathrm{cm})=256(\mathrm{cm}^3)$である。

③ 木片Bの水面下の長さは，$10(\mathrm{cm})-7.0(\mathrm{cm})=3.0(\mathrm{cm})$なので，水面下の体積は，$10(\mathrm{cm})\times10(\mathrm{cm})\times3.0(\mathrm{cm})=300(\mathrm{cm}^3)$である。したがって，木片Bの体積は，$10(\mathrm{cm})\times10(\mathrm{cm})\times10(\mathrm{cm})=1000(\mathrm{cm}^3)$なので，水に沈んでいる体積は，全体の$\frac{300(\mathrm{cm}^3)}{1000(\mathrm{cm}^3)}\times100=30(\%)$である。

④ 木片DとGの密度は同じなので，同じ種類の木から作られていることがわかる。

⑤ 密度が最も小さい木片Aが水面上の長さが最も長い。

⑥ 木片A～Fにおいて，木片の重さと木片が水中にある体積が等しいことがわかる。したがって，木片Gの水面下の長さは，$8(\mathrm{cm})-1.6(\mathrm{cm})=6.4(\mathrm{cm})$なので，水面下の体積は，$8(\mathrm{cm})\times8(\mathrm{cm})\times6.4(\mathrm{cm})=409.6(\mathrm{cm}^3)$であり，木片Gの重さは，409.6gである。

やや難 ⑦ 木片Hの水面下の長さは，$10(\mathrm{cm})-6.0(\mathrm{cm})=4.0(\mathrm{cm})$なので，水面下の体積は，$10(\mathrm{cm})\times10(\mathrm{cm})\times4.0(\mathrm{cm})=400(\mathrm{cm}^3)$である。したがって，木片Hの重さは，400gであり，木片Hの体積は，$10(\mathrm{cm})\times10(\mathrm{cm})\times10(\mathrm{cm})=1000(\mathrm{cm}^3)$なので，$\frac{400(\mathrm{g})}{1000(\mathrm{cm}^3)}=0.4(\mathrm{g/cm}^3)$である。

やや難 ⑧ 木片Iの密度が0.4であり，体積が，$5(\mathrm{cm})\times5(\mathrm{cm})\times5(\mathrm{cm})=125(\mathrm{cm}^3)$なので，重さは，0.4

×125(cm^3)=50(g)である。したがって，水面下の体積が50cm^3となり，水面下の長さは，50(cm^3)÷25(cm^2)=2(cm)である。

やや難 2 (1) 木片Dは，重さが800gであり，高さが10cmである。また，木片Dの上面を水面から15cmの高さからゆっくり下げるので，15(cm)－10(cm)=5(cm)下げるまで800gのままである。その後，木片を，さらに，10(cm)－2.0(cm)=8.0(cm)下げ，全部で，5(cm)+8.0(cm)=13(cm)下げると，ばねはかりの示す値は0になる。

やや難 (2) 木片Bは，重さが300gであり，高さが10cmである。また，木片Bの上面を水面から15cmの高さからゆっくり下げるので，15(cm)－10(cm)=5(cm)下げるまで300gのままである。その後，木片を，さらに，10(cm)－7.0(cm)=3.0(cm)下げ，全部で，5(cm)+3.0(cm)=8(cm)下げると，ばねはかりの示す値は0になる。したがって，グラフの(ク)である。

木片Cは，重さが500gであり，高さが10cmである。また，木片Cの上面を水面から15cmの高さからゆっくり下げるので，15(cm)－10(cm)=5(cm)下げるまで500gのままである。その後，木片を，さらに，10(cm)－5.0(cm)=5.0(cm)下げ，全部で，5(cm)+5.0(cm)=10(cm)下げると，ばねはかりの示す値は0になる。したがって，グラフの(カ)は当てはまらない。

木片Fは，重さが256gであり，高さが8cmである。また，木片Fの上面を水面から15cmの高さからゆっくり下げるので，15(cm)－8(cm)=7(cm)まで下げるまで256gのままである。その後，木片を，さらに，10(cm)－4.0(cm)=6.0(cm)下げ，全部で，7(cm)+6.0(cm)=13(cm)下げると，ばねはかりの示す値は0になる。したがって，グラフの(ケ)は当てはまらない。

木片Gは，重さが409.6gであり，高さが8cmである。また，木片Fの上面を水面から15cmの高さからゆっくり下げるので，15(cm)－8(cm)=7(cm)まで下げるまで409.6gのままである。その後，木片を，さらに，8(cm)－1.6(cm)=6.4(cm)下げ，全部で，7(cm)+6.4(cm)=13.4(cm)下げると，ばねはかりの示す値は0になる。したがって，グラフの(キ)が当てはまる。

100gの木片はないので，グラフの(コ)は当てはまらない。

問4 (地層と岩石－チバニアン)

1 野外で地層観察をするときは，落石や危険な虫などから身を守るため，帽子をかぶり，軍手をして，長そで・長ズボンの服装にする。

2 貝は湖や海に生息している。

3 火山灰は，風雨によってしん食されやすい。

4 チバニアンは約77万年前から約13万年前に相当する比較的短い期間に，多量の泥が，流れの少ない深い海に堆積してできた地層である。

5 火山灰の層は，比較的短い期間に，広い範囲に堆積する。

6 現在，南極がN極，北極がS極である。したがって，チバニアンが堆積した当時は，南極がS極，北極がN極である。

★ワンポイントアドバイス★

理科の基本的な問題を十分に理解しておくこと。また，物理や生物の応用問題に十分に慣れておくこと。その上で，記述問題や作図の問題にも，しっかり取り組んでおく必要がある。

＜社会解答＞ ≪学校からの正答の発表はありません。≫

1) 1 ウ，オ　2 A イ→ア→ウ　B イ→ウ→ア

2) 1 X 長野県　Y イ　2 あ 酪農　い （富士見高原）産業　3 エ　4 ○
5 きれいな水が得られ，交通の便が良く，物流や通勤に便利な場所であれば構わないから。
6 ア　7 （第1次産業） ウ　（第2次産業） イ

3) 1 あ 新潟　い 釧路　う 博多　え 仙台　2 イ　3 ウ　4 松島
5 〈1〉 佐渡島・カ　〈2〉 知床・ア　〈3〉 水俣・セ　〈4〉 石巻・オ

4) 1 電信　2 （人物名） 伊藤博文　（国名） ドイツ[プロシア]　3 岩倉具視
4 光ファイバー　5 明治初期にはまだ東京から長崎までの鉄道も通っていなかったから。
6 殖産興業

5) 1 ① 川中島の戦い　② 定期市　2 エ　3 ア　4 ウ　5 歌川広重
6 枯山水　7 A ケ　B オ　C キ

6) 1 A 第一次世界大戦　B 東大寺　C モンゴル　2 （3番目） え
（5番目） お　3 い キ　え イ　お ウ　4 い(と)お

○推定配点○

1） 各2点×3(各完答)　2） 5 4点　他 各2点×9
3） 5 各2点×4(各完答)　他 各2点×7　4） 各2点×7　5） 各2点×10
6） 2・4 各2点×2(各完答)　他 各2点×6　計100点

＜社会解説＞

1） （融合問題－現在の日本に関する様々な数字の問題）

やや難 1. ウ　普通預金の金利は多少の幅があるがほぼ0.001％。　オ　スマートフォンの普及率は個人のレベルで既に7割になっており家庭単位ではさらに高いとみられる。

2. A イ 18％ ア 10.1％ ウ 4.3％（47人中2人）　B イ 60％弱 ウ 約50％ ア 2.2％

2） （日本の地理―地域の特徴に関する問題）

1. 設問の文章で説明されているのは長野県富士見町。長野県と山梨県との県境に位置し，八ケ岳の南にある。

2. あ　畜産業で牛乳を採るために牛を飼育するのが酪農。　い　富士見町には富士見高原産業団地が設けられている。産業団地は従来の工業団地よりも広範にその場所に集まる産業の分野を広げたもの。工業の他に運送業や倉庫業などの企業が加わることが多い。

重要 3. エ　高齢社会になってきたことで，医療・福祉業関係の求人は増えている。

4. 町役場の記号は○。市役所だと◎。

5. 半導体や集積回路などの工場は原材料や製品の重量がさほどなく，また製品の大きさも大きくないので，輸送に関しては，大型の船舶や大きなトラック，鉄道などに頼る必要がないので，一般的な製造業の工場の立地場所にはなりにくい場所も選択肢に入る。また最近の傾向として大きな機械などの組み立て工場の場合に，部品を工場内に大量に備蓄することを避け，その日の製造に必要な部品をその日の作業が始まる前までに集めるという形が採られるようになってきていることから，半導体や集積回路にしてもそれを必要とする工場へ小出しで必要数を運ぶことが望まれるため，小型軽量で単価が高い半導体や集積回路は一般的な輸送手段ではなく，普通の車やあるいは航空機などによる輸送を行っても採算がとれるので空港や高速道路へのアクセスがしやすい場所で，働く人が通勤しやすい場所に工場を設けることが増えている。

6. ア　Y町の人口密度は14000÷145＝96.55(人/km^2)で，日本全体の平均は347人/km^2。97÷347＝0.279なのでおよそ3割となる。
7. ウが第一次産業，イが第二次産業，アが第三次産業のグラフになる。

3)　(日本の地理―日本の各地の地誌に関する問題)

重要 1. あ　新潟は上越新幹線の終点になる。　い　釧路市の空港は市の北部にあり，釧路湿原はさらにその北から東に広がる。　う　博多は福岡市の一部。山陽新幹線の終点になる。　え　仙台駅まで東北新幹線に乗り，仙台駅から石巻駅までは仙石線に乗り換え，終点まで行く。
2. イ　現在，日本のトキは純粋に日本のものは絶滅してしまい，中国にいるトキを連れてきて日本で繁殖させたものを，放鳥して増やそうとしている。
3. ウ　ラムサール条約は「特に水鳥の生息地として国際的に重要な湿地に関する条約」で，イランのラムサールで開催された国際会議で採択されたことからラムサール条約と一般に呼ばれている。2020年末の段階で日本の登録地は52か所ある。
4. 日本三景は宮城県の松島，京都府の天橋立，広島県の安芸の宮島の3か所。
5. 〈1〉　佐渡島は新潟県の日本海側の海上にある島。　〈2〉　知床は北海道の東に突き出た2本の半島の北のもの。〈3〉　水俣は熊本県の南部にあり八代海の南にある。〈4〉　石巻は仙台湾の北，牡鹿半島の付け根近くにある。

4)　(日本の歴史―明治初期の産業の歴史に関する問題)

やや難 1. 電信はモールスが開発した，電磁石と電気信号を使って，信号を遠隔地に送るもの。19世紀半ばには実用化されヨーロッパに広がり始めていた。
2. 伊藤博文は岩倉遣欧使節団に同行して，欧米の進んだ科学技術などを目の当たりにしてきた。また，1885年に初代内閣総理大臣に就任した後，内閣総理大臣の職を割と早くに退き，憲法案の作成に取り掛かり，その際に手本としたのが君主権が強いドイツ帝国の憲法であった。
3. 岩倉具視は1871年～73年にかけて，条約改正の予備交渉のため欧米を訪問した。
4. 光ファイバーは石英ガラスや光を通しやすいプラスティックの細い繊維で，これを束ねたケーブルの中を電気信号をレーザー光線にしたものを通すことで信号を送って使う。単なる電線の中を電気信号を通すのよりもはるかに多い情報量をより早く送ることが出来，また電気信号と比べると，途中で信号が次第に失われていくのも少ない。

やや難 5. 明治初期の頃であれば，まだ東京から長崎までの鉄道も整備されておらず，陸路を馬で走って手紙を送るのが一般的な早い通信手段であった。
6. 殖産興業は産業を植え付け，生業を興すというもの。政府主導で西洋の近代的な産業の工場や会社を設立し，それが軌道に乗れば民間に払い下げるという手法が一般的にとられていた。

5)　(日本の歴史―「川」に関連する歴史の問題)

基本 1. ①　川中島の戦いは実際には5回にわたって，上杉と武田の軍勢が長野市の千曲川と犀川にはさまれた場所で対峙したもの。大きな合戦となったのはその中の第2次と第4次の戦いで，それ以外は小競り合い程度のものもあったとされる。　②　定期市は鎌倉時代に寺社のそばや交通の要衝などで開かれるようになり，鎌倉時代のは最初は月に3回であったので三斎市と呼ばれ，これが室町になると月に6回で六斎市となり，その後常に開かれている店へと変化していく。
2. 平安時代の半ば頃に仏法が廃れ末法の世になるとされていたことで，来世で救われることを阿弥陀如来に祈る浄土信仰が広まり，これによって平安時代に阿弥陀如来を祀った寺院が数多くつくられるようになる。エの平等院もその一つで，鳳凰堂の中の阿弥陀仏は池をはさんだ対岸から眺めると浄土のように見えるとされる。
3. ア　三途の川の渡し賃とされるのは六文で，仏教では，この世に生きるものがその業の結果として輪廻転生する世界が6あり，それぞれの世界の入り口にいる地蔵菩薩に1文ずつ渡すためのものともされる。

4. 「ゆく川の流れは絶えずして…」は鎌倉時代の鴨長明の「方丈記」の冒頭部分。川を流れている水は絶えることなく流れているが，その水は常に同じものではなく次々と変わっていくということが述べられていて，「無常」という世界を示すものとされている。これと似たものがウで，月日は永遠の旅人のようなもので，来ては過ぎていく年もまた同様のものということ。これは松尾芭蕉の「奥の細道」の冒頭部分。
5. ゴッホは19世紀のオランダの画家で，問題の絵の元になったのが歌川広重の『江戸名所百景』の中の「大はしあたけの夕立」という絵。
6. 枯山水は水を使わずに，石と砂，あとは地形などを利用して自然の水の有る風景を表すもの。

重要 7. A　江戸時代，街道などは整備されたものの，一方で江戸へ一気に攻め込まれるのを防ぐために，大きな川にはわざと橋を架けないで，川を超えるのには人足などに担いでもらったり渡し舟がないと渡れないようにしてあり，大井川もそのような川の一つで，東海道で通行の難しい場所となっていた。　B　源頼朝が1180年に伊豆で挙兵し石橋山の戦いで敗れ，一度は千葉に逃れたものの，その後再び軍勢を整え源義経も合流して，再度平氏と戦い破ったのが富士川の戦い。C　淀川は現在の大阪府の辺りでは淀川だが，さかのぼって京都府だと宇治川になり，さらにさかのぼって滋賀県では瀬田川となり琵琶湖に至る。

6)　**(日本と世界の歴史―感染症に関する歴史の問題)**

1. A　1914年に始まり1918年まで続いた第一次世界大戦の終わり頃の1917年～18年の時期に世界的に流行したインフルエンザがスペイン風邪と呼ばれるもの。　B　奈良時代に感染症や権力争い，自然災害などで社会不安が高まり，仏の力で国の乱れを鎮め護ってもらうということで，地方に国分寺や国分尼寺，都に東大寺の大仏を全国での祈りのためにつくった。　C　日本に二度にわたって元寇としてモンゴルが襲来したが，一方ではモンゴルの軍勢がヨーロッパの方にも攻め込んでいた。

基本 2. う　8世紀→か　14世紀→え　17世紀→あ　19世紀半ば→お　19世紀末→い　20世紀初頭の順。

重要 3. い　国際連盟設立は1920年。　え　参勤交代の制度が武家諸法度に盛り込まれたのは1629年。お　トルコのエルトゥール号が和歌山沖で遭難したのが1890年。

4. い，おがともにインフルエンザ。

★ワンポイントアドバイス★

ストレートに答えがわからなくても，大体であたりをつけながら他の問題と絡めて考えていくと前のものの答えが見えてくる場合もあるので，まずは短い試験時間を意識し，次々と問題を解き進めていくことが重要。

＜国語解答＞ ≪学校からの正答の発表はありません。≫

一　問一　オ　問二　ウ　問三　イ　問四　イ　問五　ア　問六　エ
問七　エ　問八　まじめな自分に息苦しさも覚える不器用な生き方。　問九　エ
問十　少し間をお　問十一　ア

二　問一　「大きな数」で語ってしまわず，一人一人の死者に目を向けた，「個」を尊重した追悼であるから。　問二　酷寒の異土　問三　エ　問四　ウ　問五　イ
問六　ウ　問七　C　カ　D　ア　問八　オ　問九　戦場での一人の死は，「個」の死として重要にあつかわれないから　問十　「個」への深いまなざし
問十一　イ

三　問一　1　看護　2　射　3　晴耕　4　賛否　5　暮　6　博覧
問二　1　A　功名　B　光明　2　A　担当　B　単刀

○推定配点○
一　問八　6点　他　各3点×10　二　問一　8点　問九　6点　他　各3点×10
三　各2点×10　計100点

＜国語解説＞

一　（物語－心情・情景，細部の読み取り，記述力）

基本　問一　直後にある「ぼくは彼にしか打ち明けられない～抱えていた。」に着目する。擬人法を使っているこの一文から，ぼくは秘密を話しているとわかる。線1中の「耳しか持たない」は相手は話さないということだから，「ただ黙ってきいてくれるだけ」ということなのでオである。

問二　「全身を包むようにして……」で始まる段落では，「布団をかぶる」，「むし暑さを忘れた」，「シーツをにぎりしめて」とある。これは，庭にだれかいるかもしれないという「不安」の表れであるのでウを選択する。

問三　心配そうに声をかけてきた父親に，かくさなくてもよかったと思うようなかくしごとをしてしまったのだ。それに対して疑いもせず喜んで対応する父の姿のことである。「かくさなくてもよかったな」は後ろめたい思いなのでイの「やましい思い」だ。

問四　後の展開で，田島かなえと話す場面がある。せっかく二人で話すのに聞いたことは，自分の親のことを何と呼ぶかである。つまり，先生にほめられてもそれを心から喜べるものなのかわからないのである。

重要　問五　「わけへだてない」とは，相手によって態度を変えないという意味の言葉である。田島かなえは，「田島かなえだって……」で始まる段落にあるように，誰とでも親しくできる明るい性格の女の子である。また，「その時ぼくが……」で始まる段落に唐突に「あの田島かなえだって」など，田島かなえは「ぼく」が色々なことを考えるとき出てくる人物である。このことは，田島かなえのことを意識している「ぼく」であることが読み取れる。「ぼく」はかなえを特別に思っているのに，かなえは「わけへだてない」ということは，かなえにとって自分は特別な存在ではないということになる。この違いが残こくと表現しているのだ。

問六　一度目は「お父さんはあわただしく……」で始まる段落にある。このときは，問三で考えたように，別にかくさなくてもいいのにかくしたことを「ウソをついたみたいな気分」と感じている場面だ。――線6は意識している田島かなえにどんなことを話したらいいのかわからなくなっている場面である。アは一度めには当てはまるがどちらにも当てはまることではない。イ，ウは，それぞれ「楽しみ」，「ほくそ笑む」が誤りだ。オは一度めには当てはまらない。

やや難 問七　ウとエで迷うところである。線7前後の内容から考えると，「友達と仲よくするためのテクニックとして」とも読み取れてウを選びたくなる。しかし，「学校にいてすることは……」で始まる段落で「遊びの種類が変わったって～楽しい。」や大橋先生に呼び出されて行くときも「不思議そう」ではあるが，きちんと「母」と言う「ぼく」が仲間外れにされていることは読み取れない。正しくは母と呼ぶべきだと知っていても，知らないふりをして無邪気にふるまっているほうが，友だち関係でも，先生との関係でもめんどうくさいことにならないという考えからということでエを選ぶ。

やや難 問八　「ぼく」は，父親の大切にしている庭にだれかが入ったかもしれないと知ったらどんな顔をするのかと考えたり，提出物を忘れて呼び出されればみんなに不思議そうに見られたり，田島かなえに「～めずらしいね」と言われたりしている。このことから考えても，きわめてきちんとしている少年像が読み取れる。また，田島かなえに返事をするとき「返事を頭の中で組み立て，子どもっぽくならないように」と考えるような性格でもある。「ぼく」は，自分をおさえ，人に気づかいをし，子どもっぽくならないようにときゅうくつに生きているのだ。

問九　問八で考えたように，「ぼく」は今の自分の生き方に息苦しさを感じていると考えられる。——線9直後にも「～夜がさけて～流れ出てくれれば」にも新たなものを望む心情が感じられるが，「自分の現状を打ち壊してほしい」という思いである。

重要 問十　「よく思われたい」というのだから，田島かなえと直接話している場面に限られる。「少し間をおいて～」の一文で，どのように言うかを考えるのは「ぼく」の性格だとしても，「ぶっきらぼうに聞こえないやつ」と気を回しているのは，かなえが悪い感じを持たないでくれることを考えているということだからこの一文を抜き出す。

問十一　イ　「やさしい両親の象徴」が誤りだ。　ウ　父は威圧感たっぷりの人とは描かれていないのでウは適切ではない。　エ　「侵入を許してしまった」も不確定であり，「無力感の象徴」は誤りだ。　オ　「いつまでも咲かないため挫折感を象徴」しているわけではない。　ア　問八，問九で考えたように「ぼく」は現状から脱したいという思いを持っている。キンモクセイはそのような心情のときに目に触れ，田島かなえを思い出させる木として登場しているので，アの内容が適切である。

二　(論説文－細部の読み取り，空欄補充，記述力)

やや難 問一　文章全体で一貫した考え方から意義深さを書くことができるが，冒頭から，線1直前の段落にわかりやすい内容がまとめられている。その段落中の「大きな数」がシベリヤ抑留で亡くなった名前のわかる4万6300人という数字だ。名前がわからない方たちを合わせれば6万人もの死者になるという。読み上げられた名前が「守られるべき個別の存在と価値」である。「意義深い」のは，多くの人が亡くなりましたで片付けず，一人一人の名を読み上げることで「個」を尊重した追悼だと思うからである。

基本 問二　「シベリア抑留は忘れてはならない……」で始まる段落が着目点になる。「酷寒の異土」に果てた人がシベリア抑留で亡くなった人ということになる。

問三　アとエで迷うところだ。「読んでいる人」であることは事実だが，「胸を突く」の意味としては，ショック受ける，衝撃を受ける，さまざまな思いがつのるなので，～を「押しつぶす」がやや異なる印象だ。エの「激しく心を動かす」のほうが適当だ。「読者」ではなく「我々」であっても不都合はないのでエを選択する。

問四　村山さんは定年退職後に力のかぎりをつくして作り上げたのだから「心血を注いで」である。

基本 問五　挙がっている＜発症者～人たち＞の歌は，五七五七七の定型詩であるので，「短歌」である。

問六　「良いほうのニュース」は，治った人ということではない。毎日のニュースで発症者数が発表されるとき，今日は二桁で「よかった」という感想を持ってしまうことを言っているのだ。感染した本人にとっては少しも良いニュースではないが，少なくなり良かったですというニュースになるのはウの発症者だ。

基本 問七　内容としては，問六から引き続き考えられる。ニュースを見て，今日は2桁で少なくて良かったと思う「全体」と，発症してしまった「個々」ということだ。また，文章全体の流れで考えても，「大きな数」と「個」について述べているのだから，「全体」と「個」を選べる。

やや難 問八　エとオで迷うところだ。文章の主題で考えればエの内容が適切と考えられる。「個」が「大きな数」として抽象化されてしまうことについて述べているからだ。迷う点は「なぜ『小さな』」の部分を取り出して問いにしていることだ。「個」をないがしろにして「大きな数」として発表することだけを問題とするなら，完全な「違和感」であって「小さな」と言ってしまったら，文意がくずれてしまう。戦争や，抑留とちがい，コロナの話題に限っては，「少なくなったことを喜ぶこと自体は誤りではないが……それでも数値で置き換えて抽象化することに違和感がある」ということだと読み取りオを選択する。

やや難 問九　主人公はその日戦場で亡くなった。「個」で考えれば，本人はもちろん，その家族，知り合いなど深い悲しみの出来事である。しかし，「個」の死として考えず，戦死者1名という数値に置きかえる視点から報告すれば，それは「異状なし」という状況になる。

問十　文章で一貫して訴えているのは「個」に対する視線の大切さである。それは，「村山さんは……」で始まる段落にあるように，「『個』への深いまなざし」が大切だということである。

問十一　ア　最終段落に「想像力は追いつかない」とあるが「限界」だとはしていない。　ウ　「村山さんは石原氏をご存じなかったようだ」とあるので影響を受けたとは言えない。　エ　「今日のコロナによる深刻な被害が」感覚を狂わせたのではない。　オ　「戦争に関する死だけが」が誤りである。　イ　「小さな数」という表記に惑わされるが，例えばその数を1とすれば，「個」が見えてくるのだからイを選択する。

三　(漢字)

基本 問一　1　「看」は全9画の漢字。1画目は右から左にはらう。　2　「射」は全10画の漢字。6画目も3画目の右側に突き出ない。7画目だけが右側に出る。　3　「晴耕(雨読)」。四字熟語として覚えよう。「耕」は全10画の漢字。6画目はとめる。　4　「賛」は全15画の漢字。4画目はとめる。8画目ははらう。　5　「暮」は全14画の漢字。9・10画目はどちらも8画目の上に出す。　6　「博」は全12画の漢字。右上の点は9画目である。

問二　1　A　「功名(こうみょう)」。「けがの功名」とは，失敗だと思われたこと，あるいは，何気なくやったことが，意外に良い結果になることという意味の言葉だ。　B　「光明(こうみょう)」。「一筋の光明」という言い方は，明るい見通しという意味だ。　2　A　「担当(たんとう)」は，一定のことがらを受け持つことだ。　B　「『単刀』直入」。四字熟語として学習していると思われるが「短答」と混同しないように気をつける。

★ワンポイントアドバイス★

課題文は長くはないが，40分という時間から見ても，決して楽ではない深く考えさせる設問が続く。しっかり読み取れるように学習しよう。

MEMO

大切なことはメモしておこうネ！

2020年度

★★★★★★★★★★★★★★★★★★★★★★★★

入　試　問　題

2020年度

慶應義塾普通部入試問題

【算　数】（40分）　＜満点：100点＞

【注意】 途《と》中の計算式なども必ず解答用紙に書きなさい。

1． □にあてはまる数を求めなさい。

① $\frac{2}{15}+\frac{2}{35}+\frac{2}{63}+\frac{2}{99}+\frac{2}{143}=\square$

② $0.25\times0.625\div0.05-4.5\div(\square\div0.25)=2$

2． ある学校の１年生の通学方法について調べました。電車を利用する人と利用しない人の人数の比は　7：1，バスを利用する人と利用しない人の人数の比は　3：1　でした。また，電車とバスを両方利用する人は100人，電車もバスも利用しない人はいませんでした。この学校の１年生は何人ですか。

3． 平行四辺形ABCDがあります。ABの真ん中の点はHで，AE＝EF＝FD＝GC です。点P，QはDHとEG，FGの交わった点です。HP：PQ：QD を求めなさい。

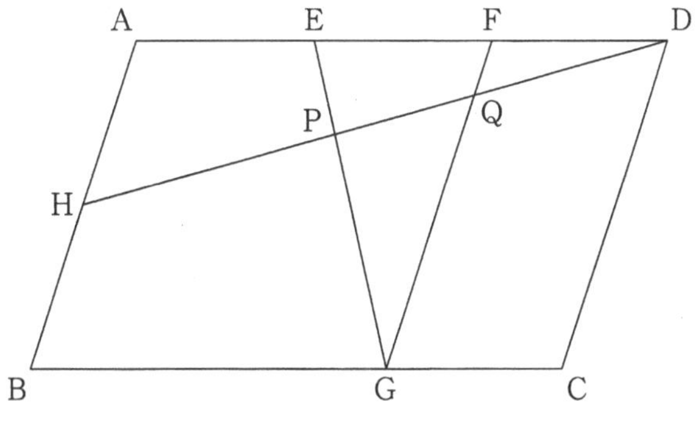

4． 川の上流にＰ町があり，12km下流にＱ町があります。この２つの町の間をＡとＢの船が１往復します。静水時の船の速さはＡが時速11km，Ｂが時速13kmで，川の流れの速さは時速１kmです。

Ａは Q町，ＢはＰ町を同時に出発します。ＡはＰ町で休まずにQ町へもどります。ＢはQ町で休んだあとにＰ町へもどります。

① ＢがQ町で$\frac{1}{7}$時間休んだあとにＢがＡとすれ違《ちが》いました。すれ違ったのはＢがQ町を出発してから何分後でしたか。

② Ｂが Q 町で休んだあとにＰ町と Q 町のちょうど真ん中でＢがＡとすれ違いました。Ｂは Q 町で何分間休みましたか。

5． ３から６の数が１つずつ書かれたカードが４枚あります。この４枚を

２×□＋□□－60÷□

の□に置いて式をつくります。たとえば，左から 3，4，5，6 のカードを順番に置くと

２×３＋45－60÷６

という式になり，計算すると答えは41になります。

このように式をつくって計算したとき，最も大きくなる答えはいくつですか。

6． 下の図で，3つの正方形はすべて同じ大きさです。また，図形ABCDは辺ADと辺BCが平行な台形で，ABが24㎝，DCが40㎝です。

① 正方形の一辺の長さは何㎝ですか。

② 台形ABCDの面積は何cm^2ですか。

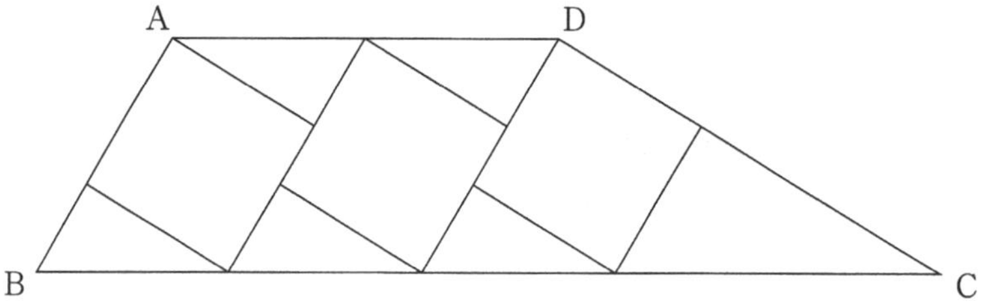

7． 下の図は，各面が正方形と正三角形だけでできた立体の展開図です。この立体の２つの頂点を結ぶ直線は全部で何本引けますか。ただし，立体の辺になっている直線は数えません。

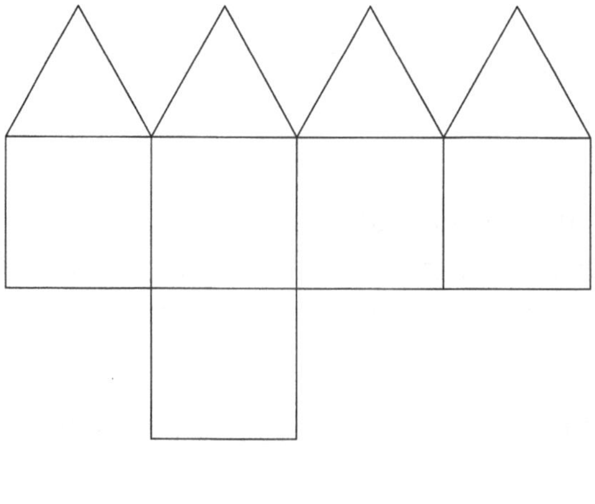

8． 右の図のように，数が書いてある８枚のカードがあります。この８枚のカードを１列に並べます。

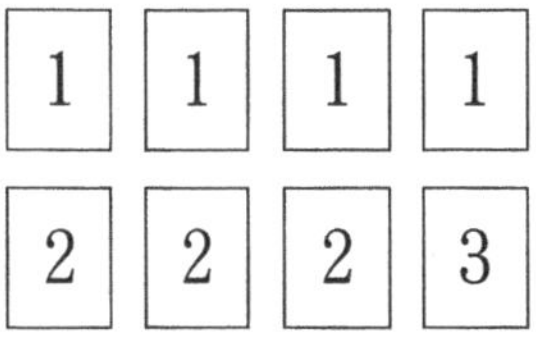

[1][2][1][2][1][2][1][3]のように，となりのカードと数が異なる並べ方は，これを含《ふく》めて何通りありますか。

9． ある長さのひもを，１m，２m，３mのひもに分けます。たとえば，３mの場合，１m＋１m＋１m，１m＋２m，２m＋１m，３mの４通りと考えます。

① ４mの場合，何通りに分けられますか。

② ７mの場合，何通りに分けられますか。

【理　科】（30分）　＜満点：100点＞

【注意】 □□□ の中には一文字ずつ書き，あまらせてもかまいません。

問1　ふりこの長さ，ふれ角，おもりの重さをいろいろ変えて，おもりが10往復する時間をそれぞれ3回ずつ測り，その結果を表にしました。図1のように，おもりが一番左までふれたときの位置をA，おもりが一番下のときの位置をB，一番右までふれたときの位置をCとします。ふりこのふれる角度の半分をふれ角といいます。AからCまでおもりが動いた道のりを，ふれる長さといいます。また，おもりが1往復する時間を1周期とよびます。あとの問いに答えなさい。

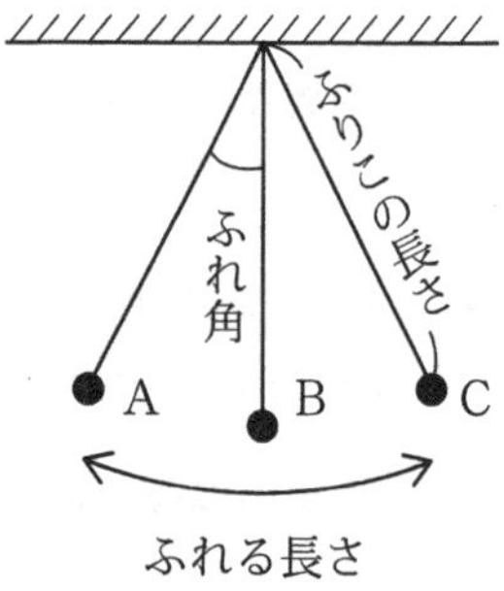

図1

実験番号	ふりこの長さ［m］	ふれ角［度］	おもりの重さ［g］	10往復する時間［秒］		
				1回目	2回目	3回目
(1)	0.3	15	50	11.0	11.0	11.0
(2)		30	50	11.2	11.2	11.2
(3)		45	50	11.4	11.4	11.4
(4)		45	100	11.4	11.4	11.4
(5)	0.6	15	50	15.6	15.6	15.6
(6)		30	50	15.8	15.8	15.8
(7)		45	50	16.2	16.2	16.2
(8)		45	100	16.2	16.2	16.2
(9)	0.9	15	50	19.1	19.1	19.1
(10)		30	50	19.4	19.4	19.4
(11)		45	50	19.8	19.8	19.7
(12)		45	100	19.8	19.7	19.8
(13)	1.2	15	50	22.1	22.1	19.9
(14)		30	50	22.4	22.5	22.4
(15)		45	50	22.9	23.0	22.9
(16)		45	100	22.9	22.9	22.9
(17)	2.4	15	50	31.2	31.3	31.2
(18)		30	50	31.6	31.7	31.6
(19)		45	50	29.1	32.4	32.3
(20)		45	100	32.3	32.3	32.3

1．前のページの表の中で，明らかに時間を測りまちがえている結果が2つあります。その結果をふくむ実験番号を答えなさい。また，この2つは同じまちがえ方でした。どのように時間を測りまちがえましたか。

2．①～⑤に入る適切な語句，数値を下の（ア）～（ス）から1つ選び，それぞれ記号で答えなさい。

実験番号（1），（5），（9）の結果を比べると，ふりこの長さが短くなると1周期が（　①　）ことがわかります。

実験番号（1），（2），（3）の結果を比べると，ふりこのふれ角が大きくなると1周期が（　②　）ことがわかります。

実験番号（2），（14）と（6），（18）の結果をそれぞれ比べると，ふりこの長さが4倍になると1周期がほぼ（　③　）になることがわかります。

実験番号（5），（17）の結果を比べると，（17）のおもりのふれる長さは（5）のおもりのふれる長さの（　④　）です。ふれる長さと周期から考えて，（17）のおもりの速さは（5）のおもりの速さの（　⑤　）です。

(ア)長くなる　(イ)短くなる　(ウ)変わらない　(エ)4分の1倍　(オ)2分の1倍
(カ)1倍　(キ)2倍　(ク)3倍　(ケ)4倍　(コ)5倍
(サ)6倍　(シ)7倍　(ス)8倍

3．実験番号（11）とどの実験結果を比べると，おもりの重さを変えても1周期はほとんど変わらないといえますか。実験番号を1つ答えなさい。

4．実験番号（1）のおもりの速さをグラフにすると，解答用紙の図2のようになりました。図下の□におもりの位置A～Cをかきこみなさい。また，実験番号（13）のグラフはどのような形になるか，かきこみなさい。

問2　次の会話文を読んで，あとの問いに答えなさい。

慶太くん「去年は①ノーベル賞も宇宙関係だったし，宇宙や天文が大きく取り上げられた年だったね。今年も何か宇宙に関係するニュースがあるかな。」

お父さん「今年の暮れに『はやぶさ2』が地球に帰ってくる予定だね。」

慶太くん「『はやぶさ2』かあ。何て星に行ったんだっけ。」

お父さん「（　A　）っていう天体なんだけど…実は（A）や前回の『はやぶさ』が行ったイトカワは正確には星じゃないんだよ。」

慶太くん「え，星じゃなかったら何なの。」

お父さん「小惑《わく》星っていう種類の天体だよ。星っていうのは②恒《こう》星のことで，太陽みたいに自分で光っている天体のことをいうんだよ。」

慶太くん「へえ，『はやぶさ』の映画を見たけど確かにイトカワはまぶしくなかったね。ところで太陽系には他にどんな天体があるの。」

お父さん「8つの惑星は知っているよね。他には，衛星，小惑星，彗《すい》星もあるよ。」

慶太くん「衛星は知っているよ。月みたいなやつでしょ。」

お父さん「そうだね。」

慶太くん「うん，③最近もよく見えてるよ。昨日，望遠鏡で見たら表面の（　B　）もちゃんと見えたよ。確か隕《いん》石の落ちた跡《あと》なんだよね。」

お父さん　「よく知っているね。そうそう，月といえば，いま地球上には④合わせて400kg以上の月の石があるんだよ。」

慶太くん　「そんなに。『はやぶさ２』は（A）から何kgぐらい石を持って帰れるかな。」

お父さん　「１gも持って帰れたら十分って計画みたいだよ。」

慶太くん　「なあんだ，たったそれだけか。」

お父さん　「いやいや，（A）は地球からだと月より800倍も遠いところにあるからね。１gだって持って帰れたら本当にすごいことなんだよ。」

1．本文中の（A）と（B）に入る言葉をそれぞれカタカナで答えなさい。

2．下線部①について，下の（C）に共通してあてはまるものを次の（ア）～（オ）から１つ選び，記号で答えなさい。

1995年，ミシェル・マイヨールとディディエ・ケローは新たな方法でペガスス座51番星の周りを公転する系外（　C　）の発見に成功しました。それまでは，太陽系の外にある（　C　）を観測するのはとても難しいことでした。両氏はこの業績で2019年にノーベル物理学賞を受賞しました。

(ア)恒星　　(イ)惑星　　(ウ)衛星　　(エ)小惑星　　(オ)彗星

3．下線部②について，太陽以外にどんな恒星がありますか。その名前を２つ答えなさい。

4．下線部③について，本日2020年２月１日の夕暮れ，南の空にある月はどれですか。最も近いものを次の（カ）～（コ）から１つ選び，記号で答えなさい。ただし，地平線は図の下の方にあります。

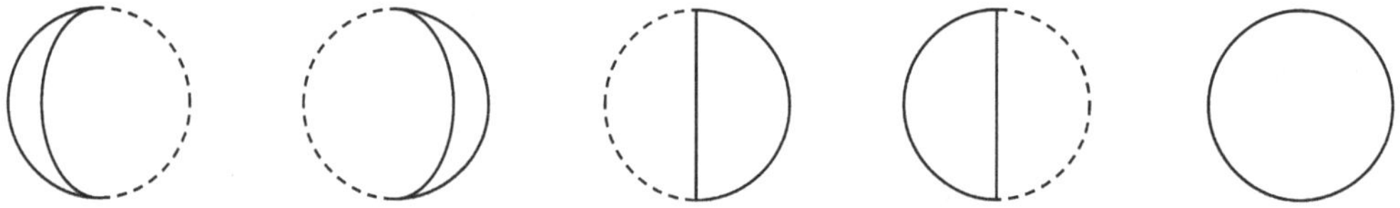

（カ）　　（キ）　　（ク）　　（ケ）　　（コ）

5．下線部④について，人類は合わせて400kg以上の月の石をどのように集めましたか。その方法を２通り答えなさい。

問３　次の表と図は，温度の異なる100gの水に砂糖がそれぞれどれだけ溶《と》けるかを表しています。あとの問いに答えなさい。

水温［℃］	砂糖が溶ける量［g］
0	179
20	204
40	238
60	287
80	362
100	485

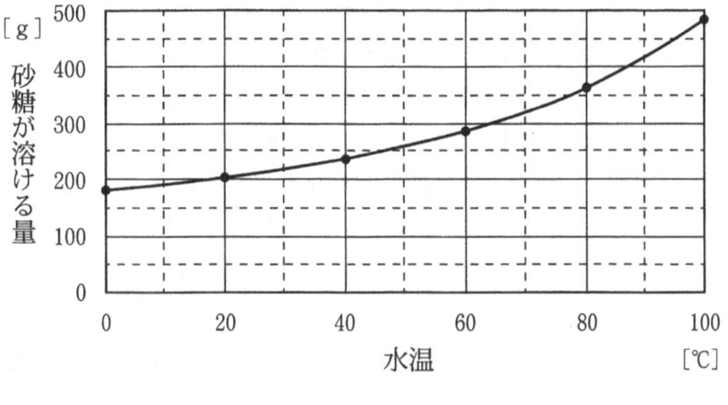

1．砂糖90ｇを80℃の水ですべて溶かすには，何ｇの水が必要ですか。整数で答えなさい。

2．80ｇの水に砂糖を240ｇ溶かすには水温を何℃まで上げればよいですか。前のページの図から読み取り，整数で答えなさい。

3．2．の砂糖水100ｇを煮《に》つめて90ｇにしました。これを20℃まで冷やして溶け残る砂糖は何ｇですか。整数で答えなさい。

問４　以下の文を読んで，下の問いに答えなさい。

（　①　）の（　②　）町で恐竜《きょうりゅう》のほぼ全身骨格の化石が発見されました。この恐竜は（②）竜と呼ばれ，2019年に新種となりました。恐竜はかつて（　③　）に近い生物と考えられていましたが，最近は（　④　）に近い生物と考えられるようになってきました。

1．①～④にあてはまるものを次の（ア）～（コ）から１つ選び，それぞれ記号で答えなさい。

（ア）鹿児島県　（イ）福井県　（ウ）北海道　（エ）むかわ　（オ）勝山

（カ）種子島　（キ）イモリ　（ク）トカゲ　（ケ）トリ　（コ）ゾウ

2．（②）竜はかつて海だった地層から発見されましたが，化石の特徴《ちょう》から海中で生活したとは考えられていません。（②）竜が生活していない海底で化石になったのはなぜか答えなさい。

3．（③）と（④）の分け方を，体のつくり以外に２つ答えなさい。

問５　エノコログサはイネの仲間です。次の問いに答えなさい。

1．エノコログサの別名を答えなさい。

2．エノコログサという名前は，ある動物の一部分に似ていることに由来しています。その部分を次の（ア）～（オ）から１つ選び，記号で答えなさい。

（ア）ウシの鼻　（イ）ヤギの角　（ウ）イヌの尾《お》　（エ）ネコの手　（オ）ネズミの耳

3．イネの仲間を次の（カ）～（コ）から２つ選び，記号で答えなさい。

（カ）ソバ　（キ）ムギ　（ク）クリ　（ケ）アワ　（コ）ゴマ

4．エノコログサの葉の付き方と根を図にかきこみなさい。ただし，葉脈はかかなくてよい。

5．エノコログサを食べる昆《こん》虫を次の（サ）～（ソ）から２つ選び，記号で答えなさい。

（サ）モンシロチョウ　（シ）トノサマバッタ　（ス）シオカラトンボ

（セ）イチモンジセセリ　（ソ）オオカマキリ

6．エノコログサの先端《たん》を穂《ほ》といいます。普通部でエノコログサの穂が緑色の時期はいつですか。次の（タ）～（ト）から１つ選び，記号で答えなさい。

（タ）１月～２月　（チ）３月～４月　（ツ）５月～６月　（テ）７月～９月　（ト）10月～12月

7．エノコログサの花の特徴《ちょう》を次の（ナ）～（ネ）から１つ選び，記号で答えなさい。

（ナ）花びらが見られる。

（ニ）おしべとめしべが１つの花につく。

（ヌ）花から甘《あま》い香《かお》りがする。

（ネ）虫が花粉《ふん》を運ぶ。

8．イネの仲間には，７．で選んだ花の特徴を持たないものがあります。その植物の名前を答えなさい。

【社　会】（30分）　＜満点：100点＞

1） 下の地図を見て，あとの問いに答えなさい。

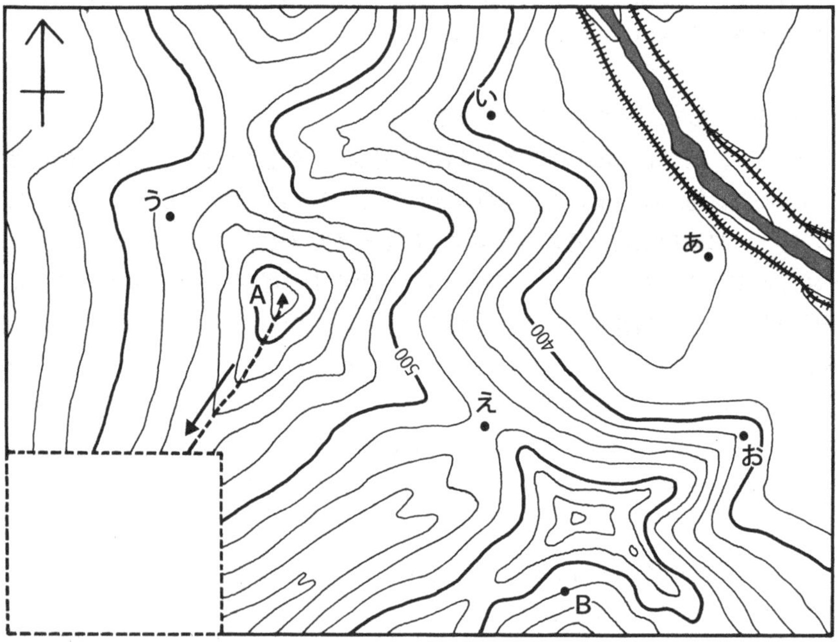

1．地図中で河川はどの方向へ流れているか，8方位で答えなさい。 ++++++++++ は堤《てい》防の記号です。

2．**あ**～**お**のうち，大雨が降った時に氾濫《はんらん》や土石流が起こりそうな場所を二つ選んで記号で答えなさい。

3．**A**山の山頂と**B**地点の高さの差はおよそ何mか書きなさい。

4．この地図の左下の部分は欠けていますが，**A**山の山頂から地図の左すみまで，矢印の方向にはずっと下りの山道（ --------- ）が続いています。欠けている部分に入る可能性がある地図を，下の**ア**～**エ**からすべて選んで記号で答えなさい。**ア**～**エ**の方位は上の地図と同じです。

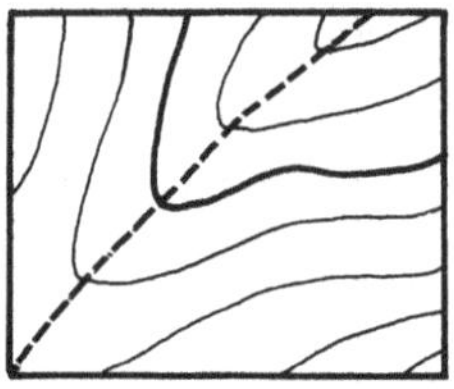
ア

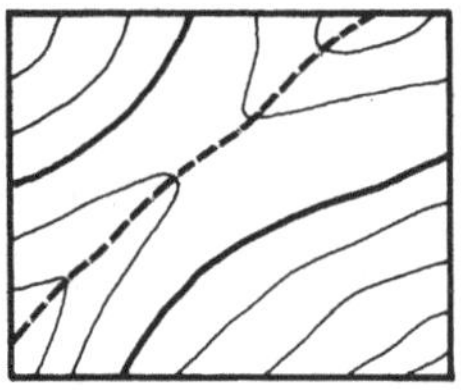
イ

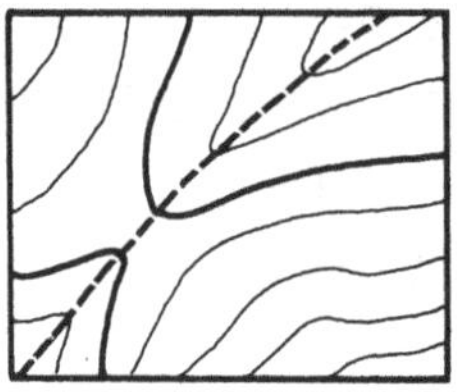
ウ

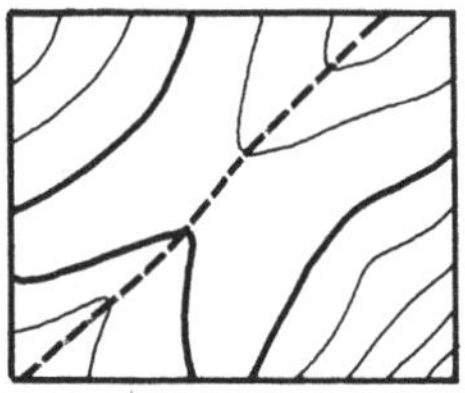
エ

2） 次の**あ**～**か**は，それぞれ日本のある時代の特徴《ちょう》的な遺跡《せき》の様子を説明したものです。これを読んで，あとの問いに答えなさい。

あ． 掘《ほ》り下げられた床《ゆか》と屋根を支えた柱をもつ建物の跡《あと》が残っています。

い． 建物を取り囲むようにつくられた廊《ろう》下や高い塔《とう》の跡，屋根の瓦《かわら》が残っています。

う．街道の両わきに，一定の距離《きょり》を示す目印として，こんもりとした塚《つか》が残っています。
え．人工の島と，大砲《ほう》を据《す》え付けるための台が残っています。
お．小山のような丘《おか》と，石のひつぎが残っています。
か．食べた貝の殻《から》のように，人にとって不用になったものが厚く積もって残っています。

1．**あ**～**か**のうち，つくられていた期間が2000年以上にわたるものはどれか，二つ選んで記号で答えなさい。
2．**え**が東京湾《わん》につくられるきっかけとなったできごとを，６字以内で書きなさい。
3．**お**・**か**の遺跡で他に見つかるものとして，よく知られているものは何ですか。当てはまるものを次の**ア**～**オ**からそれぞれすべて選んで記号で答えなさい。
　ア．はにわ　　**イ**．動物の骨　　**ウ**．銅鏡　　**エ**．土器　　**オ**．木簡
4．**い**・**お**の遺跡を真上から見た図面を，下の**ア**～**エ**からそれぞれ選んで記号で答えなさい。

ア

イ

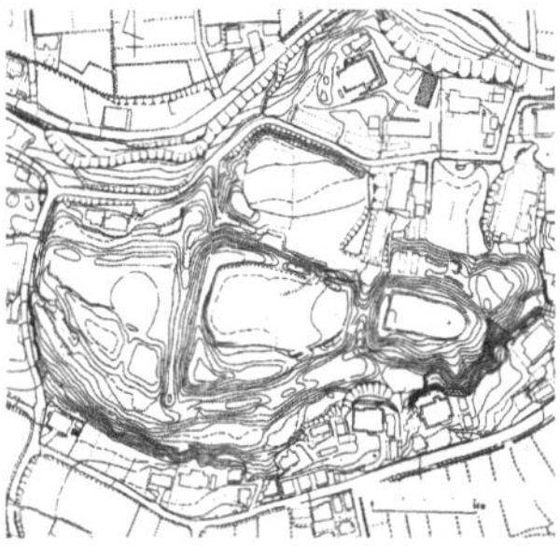
ウ

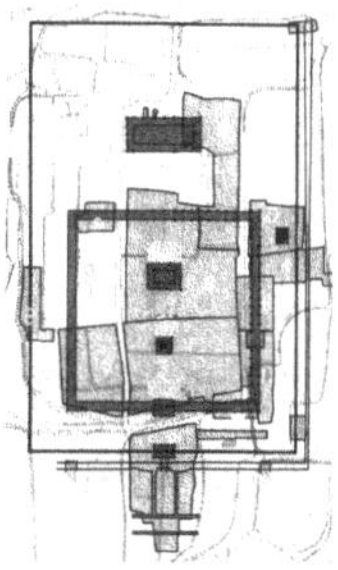
エ

5．**あ**の下線部を真上から見た様子を，簡単に図で示しなさい。屋根を支える柱は４本とします。

3） 次の文を読んで，あとの問いに答えなさい。

米は昔から日本人の主食ですが，①近年，国内での米の消費量は年々減少しています。その一方で，味の良さや安全性を重視する消費者が増えているため，産地や品種の決まっているブランド米に人気が集まっています。「（　**あ**　）」は日本で最も生産量が多く，さまざまな産地で栽培《さいばい》されている品種です。なかでも新潟県魚沼産の「（　**あ**　）」は人気があり，価格も高くなっています。米を販売している店に行ってみると，「あきたこまち」や「②ゆめぴりか」など，産地にちなんだ名前のブランド米がたくさん並んでいます。

米と並んで，世界の多くの地域で主食とされている穀物に麦があります。かつては日本でも，二毛作の裏作として麦の栽培が盛んでしたが，1960年代頃《ころ》から価格の安い③外国産の輸入が増加したため，国内での麦の生産量は激減しました。麦類のうち，世界で最も多く生産されているのは小麦で，④いろいろな食品に加工されて，食べられています。

米，麦にとうもろこしを加えて，世界三大穀物といいます。とうもろこしの粉で作るトルティーヤやそれにいろいろな具を挟《はさ》んだタコスは，とうもろこしを主食とする人が多い（　**い**　）の代表的な料理です。三大穀物のうち，現在最も多く生産されているのは，とうもろこしです。これは家畜の飼料や⑤バイオエタノールの原料として利用されているためです。

1．下線部①に関連した次の**ア**～**カ**の文のうち，内容の正しいものを二つ選んで記号で答えなさい。

ア．一般家庭の食料品への支出額をみると，今ではパンが米を上回っている。

イ．国内で米が余るようになったため，平均的な米の価格は下がり続けている。

ウ．第二次世界大戦後からバブル景気の頃まで，米の消費量は年々増加していた。

エ．アメリカ合衆国やヨーロッパへ向けた日本米の輸出量は，年々増加傾《けい》向にある。

オ．米の消費量が減少する一方，稲の作付面積と米の生産量はどちらも増加している。

カ．現在一人当たりの米の年間消費量は約30kgで，最も多かった時期から半減している。

2．下線部②を栽培している都道府県名を漢字で書きなさい。

3．下線部③について，2017年の日本の小麦輸入額の上位3か国はどこか，正しい組み合わせを次の**ア**～**オ**から選んで記号で答えなさい。また，下のグラフのうち，上位3か国の全輸入額に占《し》める割合が正しく示されているものを，**カ**～**ケ**から選んで記号で答えなさい。

ア．オーストラリア	ブラジル	カナダ
イ．アメリカ合衆国	アルゼンチン	中国
ウ．中国	ブラジル	オーストラリア
エ．ブラジル	アルゼンチン	カナダ
オ．カナダ	アメリカ合衆国	オーストラリア

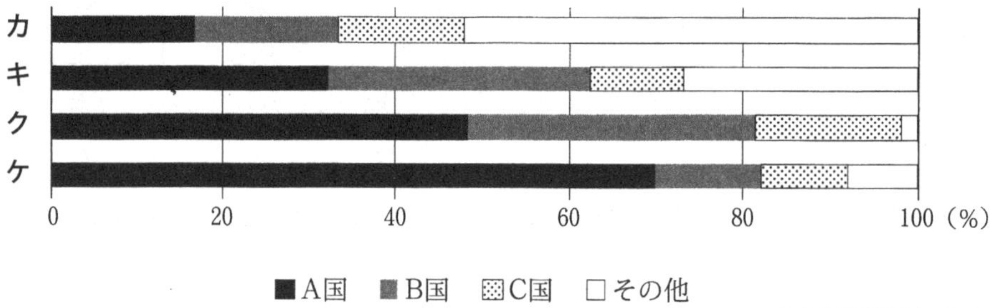

「日本国勢図会 2019/20」による

4．下線部④について，一般的に小麦を原料とした食品ではないものを，次の**ア**～**カ**からすべて選んで記号で答えなさい。

ア．タピオカ　**イ**．うどん　**ウ**．パスタ　**エ**．そうめん

オ．ナン　**カ**．もち

5．下線部⑤の原料として，とうもろこしを利用することには，いくつかの問題点が指摘《てき》されています。一つ書きなさい。

6．**（あ）**に当てはまる米の品種の名前を5字で書きなさい。

7．**（い）**に当てはまる国を次の**ア**～**エ**から選んで記号で答えなさい。

ア．ベトナム　**イ**．インド　**ウ**．メキシコ　**エ**．スペイン

8．次のページの表は，2016年に国内でとれた米，小麦，とうもろこしの地方ごとの収穫《かく》量の割合を示しています。

米，小麦，とうもろこしはそれぞれ**ア**，**イ**，**ウ**のどれか，記号で答えなさい。また，**A**～**D**に当てはまる地方名を次のページの地図から選んで書きなさい。なおここでのとうもろこしは，食用のスイートコーンで，統計上は野菜に分類されています。

	ア	イ	ウ
A	66	7	32
九　州	11	10	6
関東・甲信	10	18	41
東　海	6	6	6
近　畿	3	7	1
B	2	27	9
C	1	3	2
中　国	1	7	1
D	0	14	2

（単位：％「農林水産省統計」による）

四捨五入しているので，合計が100％になるとは限りません。また，0は収穫が全くないことを意味していません。

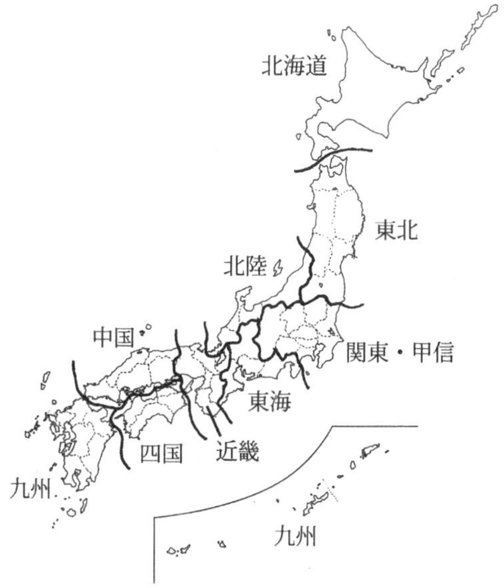

4）次の会話を読んで，あとの問いに答えなさい。

慶太　この数年で，外国人の観光客がずいぶん多くなっているね。

祖父　2018年には，一年間に来日した外国人の数がついに（　あ　）万人を超《こ》えたんだよ。5年前にはまだ（　い　）万人ちょっとだったから，3倍ほどに増えたことになるね。

慶太　①外国語の表示やアナウンスも多くなったね。でも日本で見かける外国人は，旅行者だけではないでしょう。

祖父　日本で生活する外国人の数も増加しているよ。日本に登録されている「在留外国人」は，2018年の12月には270万人で，この数は（　う　）市の人口とほぼ同じなんだよ。

慶太　そういえば，日本には昔からいろんな理由で海外から渡って来る人がいたんじゃないかな。

祖父　ほほう，面白いことに気がついたね。②卑弥呼が力をもったのも，③法隆寺が建てられたのも，そういう人たちがさまざまな道具や宗教，技術などを伝えたことが関係しているんだ。

慶太　外国から多くの人が来た時代は他にもあるのかな。

祖父　もちろん。ただし平和的に来た人ばかりではない。たとえば江戸時代のすぐ前には，④戦争で日本に多くの人が連れてこられた。江戸時代以降だと，日本が鎖《さ》国したすぐあとに中国で⑤清《しん》の王朝ができたときや，ロシア革命のときにも日本へ逃げてくる人がいた。

慶太　反対に日本から海外へ移り住んだ人はいなかったの。

祖父　江戸幕府が開かれたころは貿易が盛んで，いろんな場所に⑥日本町ができていたそうだ。その後，明治時代になると日本から海外への移民が始まって，ハワイへはたくさんの人が渡ったし，アメリカ大陸への移民も多いよ。今（　え　）と呼ばれるのは，そういう近代の移民の子孫たちだ。けれども移民がみんなその土地に根付くとは限らない。1932年に建てられた（　お　）とその周辺に渡った日本からの移民は27万人ほどいたけど，大部分は日本の敗戦で引き揚《あ》げた。混乱の中で亡くなった人もかなりいるんだ。

慶太　人が移住することで，新しい文化ができたり新しい問題が起きたり，いろんな影響《えいきょう》があるんだね。

1．（あ）と（い）に当てはまる数字の組み合わせとして最もふさわしいものを，次のア～エから選んで記号で答えなさい。

ア．あ…1000　い…300　　イ．あ…1500　い…500

ウ．あ…3000　い…1000　　エ．あ…6000　い…2000

2．（う）に当てはまる都市名として最もふさわしいものを，次のア～オから選んで記号で答えなさい。

ア．横浜　イ．大阪　ウ．福岡　エ．川崎　オ．札幌

3．（え）と（お）に当てはまることばをそれぞれ漢字3字で書きなさい。

4．下線部①で，公共施設や交通機関で使われる外国語として，英語に次いでよく使われていることばは何語か，二つ書きなさい。

5．下線部②と下線部③が起きたのは何世紀か，それぞれ算用数字を書きなさい。

6．下線部④は何のことか書きなさい。

7．下線部⑤で，その前に中国を支配していた王朝を何というか，漢字で書きなさい。

8．下線部⑥がつくられた場所として正しいものを，次のア～オからすべて選んで記号で答えなさい。

ア．ルソン　イ．シャム　ウ．セイロン　エ．カンボジア　オ．ハワイ

5） 次の文を読んで，あとの問いに答えなさい。

1970年代に誕生したコンビニエンスストアは，スーパーマーケットなどに比べて，狭《せま》い面積であるにもかかわらず，大きな売り上げを得るために，①さまざまな工夫をしています。店員が②客の性別や年齢《れい》などの情報を判断・推測し，その場でレジに入力することで，客が求めている商品を仕入れるようにしている店もあります。

近年，コンビニエンスストアでは，店内に［　　　　］をするためのスペースを設けるところが増えてきたり，③深夜の売り上げが多いにもかかわらず24時間営業をしない店が出てきたりなど，いろいろな変化が起きています。

1．下線部①の例として，正しいものを次のア～オから二つ選んで記号で答えなさい。

ア．客の目の高さにあわせて，よく売れている商品を配置する。

イ．落ち着いて商品を選ぶことができるように，特別な照明を使う。

ウ．売れている商品を入口の近くに集めて，店内が賑《にぎ》わっているように見せる。

エ．客が店内を1周するように，弁当・飲料・雑誌の置き場所を分ける。

オ．客の安心感を高めるために，見えるところにカメラを多く設置する。

2．最近，コンビニエンスストアでは，下線部②をレジで入力することが少なくなってきています。その理由として正しいものを，次のア～オから一つ選んで記号で答えなさい。

ア．これらの情報を集めることが，法律で制限されるようになったから。

イ．客の情報から売れやすい商品を推測することが困難になってきたから。

ウ．レジのカメラが自動的にこれらの情報を認識するようになったから。

エ．あらかじめ客の情報が入っているカードなどによる支払いが増えてきたから。

オ．外国人観光客が増え，1回限りの利用客が多くなったから。

3．□ に当てはまることばとしてふさわしいものを，次の**ア**～**カ**から二つ選んで記号で答えなさい。

ア．化粧《しょう》　**イ**．飲食　**ウ**．音楽鑑《かん》賞　**エ**．喫煙《きつえん》　**オ**．スポーツ観戦　**カ**．充《じゅう》電

4．下線部③はなぜか，簡単に書きなさい。

6）次の文を読んで，あとの問いに答えなさい。

昨年の５月には，天皇の退位による改元が行われました。退位された天皇の皇太子時代に，かつて慶應義塾長であった小泉信三は，その教育を任されていました。その際に，小泉による講義で使用されたのが，福澤諭吉の『帝《てい》室論』でした。『帝室論』は，1882（明治15）年に新聞『時事新報』に連載《さい》され，日本の皇室のあり方について福澤の考えを著したものです。福澤はこの中で，「帝室は独り万年の春にして，人民これを仰《あお》げば悠《ゆう》然として和気を催《もよお》すべし」(注１)と説きました。①皇室は政治から独立して日本国民の心を和らげ通じ合わせたり，学問芸術を奨励《しょうれい》したりするべきであるという福澤の考えは，終戦後の新しい時代の天皇の姿に通じるものであり，小泉は皇太子の教育にふさわしいと思ってこれを活用したのです。

新旧の憲法の間で，天皇の地位は大きく変化しました。旧憲法の（　**ア**　）憲法は1889年２月11日に発布されました。翌年の10月には，国家主義の理念から忠君愛国を主旨《し》とする「教育に関する（　**イ**　）」も発布されました。旧憲法下では天皇は神のように尊いとされ，国の政治の（　**ウ**　）者であり，（　**エ**　）を統帥《すい》(注２)しました。一方新憲法下では，政治への権限をもたずに，（　**オ**　）の助言と承認に基づき②国事行為《い》を行う存在となりました。

（注１）「国民が皇室を仰ぎ見る時に，皇室は国民の心の中に春の穏《おだ》やかで暖かな風を感じる万年の春のような存在であるべきである」ということ。

（注２）支配下に置いて指揮をとること。

1．（**ア**）～（**オ**）に当てはまることばをそれぞれ漢字で書きなさい。（**イ**）はひらがなでもかまいません。

2．下線部①のような考えは，新憲法の中で天皇の地位として何ということばで表されているか書きなさい。

3．下線部②について，憲法で決められた国事行為に当たらないものを次の**ア**～**オ**から二つ選んで記号で答えなさい。

ア．諸外国を訪問すること。　**イ**．外国の大使などをもてなすこと。

ウ．国会を召《しょう》集すること。　**エ**．衆議院を解散すること。

オ．震《しん》災などの被災地を見舞《ま》うこと。

の例でないものを一つ選び、記号で答えなさい。

ア　飛行機が空を飛ぶ原理は科学的に説明できても、あんな金属のかたまりが空を飛ぶはずはないと感じてしまう。

イ　空っぽのビンの中には空気が入っているわけだが、われわれはふつう何も入っていないと思ってしまう。

ウ　津《つ》波の被《ひ》害の様子はテレビで見て知っているつもりだったが、実際に来てみると予想をこえて深刻に感じられる。

エ　潮の満ち引きは月の引力によるものとは知っているが、自分の足を冷やす海がはるか頭上の月に引かれていると思えない。

オ　ボールペンの先は球状であると知っているが、書いている時にボールが先端《たん》についていると特に意識したりはしない。

問五　4どこかで　とありますが、意味の上でどの部分にかかっていますか。本文中の二重傍《ぼう》線部ア～オの中から記号で答えなさい。

問六　5ファンタジーとリアルの割合が、当時と今では違うように見えている可能性がある　とありますが、当時と今の違いを説明した文として正しいものを選び、記号で答えなさい。

ア　今ではリアルと感じているものの中に当時はファンタジーと受け止められていたものもあったということ。

イ　今ではファンタジーと感じているものの中に当時はリアルと受け止められていたものもあったということ。

ウ　当時はリアルとして感じたものの方がファンタジーとして感じたものよりも多くあったということ。

エ　当時はファンタジーとして感じたものの方がリアルとして感じたものよりも多くあったということ。

オ　当時はファンタジーとして感じたものを今ではファンタジーにもリアルにも感じてしまうということ。

問七　6今の私たちには知ることができない　とありますが、その理由となる、今の私たちにはないものの感じ方を本文中から二十六字で探し、その始めと終わりの四字をそれぞれ抜き出しなさい。

問八　7それ　が指している内容を本文中から探し、十四字で抜き出しなさい。

三　次の傍線部を漢字に直しなさい。

1　めいろう快活な友人。
2　古くなったえきしゃの建てかえ。
3　けいしょう地を訪ねる。
4　きりつを守って生活する。
5　さむけを覚える。
6　ようしょうのころから水泳を習う。
7　身のけっぱくを証明する。
8　せんもん家に任せる。
9　新聞をすっている。
10　日本チームの活躍《やく》に自分もふんきする。

なのだ、ということを、むしろ彼《かれ》らはどうやって知ることができるのか。本来なら季節も、地球のなかで完結しているものであるけれど、しかしそれだって彼らは知らない。季節によって見える星も違うのだから、星そのものにも春と夏と秋と冬が、同時に訪《おとず》れていると信じていたかもしれなかった。なにより私たちだって、3知識としては、北半球が夏の時、南半球は冬だ、と知っているけれど、感覚としては掴《つか》みきれていないだろう。4どこかでア自分がいる季節は、イ夜は、現在の世界ウすべてにエ染《し》み渡っているものだとオ信じてしまう。だって、どこまで歩いても走っても、自分は季節の中に、夜の中にいるのだから。

「天の川の橋に霜が降りる」というのは、非常にロマンチックでファンタジーだけれど、どこまで彼らがそれを「非現実的」と捉《とら》えていたかはわからない。天の川の伝説はもちろん、「伝説」であって、史実とは捉えていないだろうけれど、しかし、あの空の川のあたりにも、同じような秋が来て、同じような、夜が来ていると、当たり前のように思っていたかもしれない。冬の東京にいて、ふと、秩父《ちちぶ》のトトロの肩《かた》にも、今雪が降り積もっているのかも、なんて思うようなことだったのかもしれない。5ファンタジーとリアルの割合が、当時と今では違うように見えている可能性がある。

この歌の美しさは、だから本当のところ、6今の私たちには知ることができない。天の川の橋にも霜が降りている、という表現が現代では必要以上にロマンチックに見えてしまってはいないだろうか。当時の人も、このすべてを本気で信じていたわけはないだろうが、それでも。霜の気配を想像したとき、7それを信じきることができたはずなんだ。現実として目の前にある階段の霜、それから自らを深く沈《しず》める夜という時間、それらを伝うようにして、ふと、空を見上げる。白くて淡《あわ》い天の川が見える、黒い鳥の気配、橋の気配、それはフィクションであり、伝説であり、そこにはいないはずだけれど、でも、その橋が、自分の頬《ほお》を冷やす秋に触《ふ》れているかもしれない。フィクションが季節によって現実に降りてくるような感覚が、あったのかもしれないんだ。

（最果タヒ『百人一首という感情』より）

問一　1七夕　の読みをひらがなで答えなさい。

問二　（A）（B）にあてはまることばを本文中からそれぞれ一語で抜き出しなさい。ただし、（A）は二字、（B）は三字とします。

問三　2自分たちにやってくる夜や朝が、星にまったく関係のないものだとは思っていなかった　とありますが、どのようなことを言っていますか。最も適切なものを選び、記号で答えなさい。

ア　星とは関係のないものが夜や朝を作っているのだと思っていたこと。

イ　朝や夜がやってくるのは星の影響《えいきょう》によるものだと知っていたこと。

ウ　星が見えれば夜、消えれば朝と、生活に深く結びつけて考えていたこと。

エ　星にも地上と同様に夜や朝が訪れているだろうと想像していたこと。

オ　自分の住む場所と空に見える星とは別の世界だと信じきっていたこと。

問四　3知識としては、北半球が夏の時、南半球は冬だ、と知っているけれど、感覚としては掴みきれていない　とありますが、これと同様

オ　車が病院に向かうスピード感を表現できていない音だということ。

問八　8ダッシュでくると想像していた　とありますが、朝日はなぜこう考えたのですか。最も適切なものを選び、記号で答えなさい。

ア　カラーテレビに加えて特別なもてなしをするのだから、喜んでやってくるに違《ちが》いないと思ったから。
イ　ケーキだけではなくジュースも出すと言ったから、もうそれだけで勇んでかけつけるだろうと思ったから。
ウ　あれだけくわしく道案内をしておいたのだから、あとはもうただまっすぐに走ってくるだけだと思ったから。
エ　何に対しても「すごい」と感心する富樫くんだから、感動のあまり全力で走ってきているはずだと思ったから。
オ　だれからも相手にされない富樫くんだから、家に招かれて舞《ま》い上がらんばかりだろうと思ったから。

問九　9富樫くんはテレビに目を向けたまま、へっぴり腰でソファに近づき、おそるおそる腰を下ろした　とありますが、朝日の家に入ってからの富樫くんの行動からどのような様子が読み取れますか。三十字以内で書きなさい。

問十　10「マッハGoGoGo」が始まったのだ　とありますが、これ以降で朝日がテレビにくぎづけになっている様子がわかる部分を本文中から探し、九字で抜き出しなさい。

問十一　11朝日のようすのほうに驚いたようだった　とありますが、朝日のどのような様子に驚いたのでしょうか。最も適切なものを選び、記号で答えなさい。

ア　テーマ曲の最初から最後まで声を張り上げて歌っている様子。
イ　お客さんのためにサービス精神満点で歌をひろうしている様子。
ウ　テレビを観せてくれるはずなのに自分だけが楽しんでいる様子。
エ　せっかくのケーキを味わうこともせずにテレビを見ている様子。
オ　何も気にすることなくテレビにのめり込んで歌っている様子。

二　次の文章を読み、問いに答えなさい。

かささぎの渡《わた》せる橋に置く霜《しも》の
白きを見れば夜ぞ更《ふ》けにける　　中納言家持《ちゅうなごんやかもち》

かささぎは黒い鳥で、腹部と羽の一部分だけが白い。

1七夕の織姫《おりひめ》と彦《ひこ》星が天の川を渡って会う際に、かささぎたちが羽を重ねて橋を作ったという伝説があり、この歌はその橋のことを歌っている。また、宮中の階《きざはし》（階段のこと）を「かささぎの橋」と呼ぶことがあり、きっとそれも重なっている。「『かささぎの橋』にも白い霜が降りているのをみると、夜も、随《ずい》分更けたのだなあ。」という歌だ。目の前に見えた（　A　）の霜を通じて、頭上に広がる（　B　）にかかる橋へと思いを馳《は》せたのだろうか。

「遠くて見えないけれど、あそこの橋にも霜が降りているのかなあ。」

当時の人がどの程度、星を遠い存在だと思っていたのかはわからないけれど、しかし、2自分たちにやってくる夜や朝が、星にまったく関係のないものだとは思っていなかったのではと思う。宇宙は昼間も真っ暗問一　1カラーテレビがきて、ねずみ色は単にねずみ色になった　とありますが、白黒テレビではどうだったのですか。「白黒テレビでは」に続けて十五字以上二十五字以内で説明しなさい。

問二　2カラーテレビの映す色の感じは、絵の具よりも折紙に近かった　とありますが、どのような意味ですか。最も適切なものを選び、記号で答えなさい。

ア　折紙のようにはっきりとして均一に見えたということ。
イ　絵の具よりも色の種類が少なく感じられたということ。
ウ　折紙のようにやわらかく優《やさ》しい色合いだったということ。
エ　絵の具よりも境目が直線的でくっきりしていたということ。
オ　絵の具よりも輝《かがや》いて非現実的な美しさだったということ。

問三　3あくる日、富樫くんにもそのように教えた　とありますが、本文中の表現から、相手は富樫くん以外でもよかったことがわかります。その表現を十七字で探し、始めと終わりの四字をそれぞれ抜き出しなさい。

問四　4家で言いそこねた言葉だった　とありますが、言いそこねた理由としてあてはまらないものを一つ選び、記号で答えなさい。

ア　誕生日よりもカラーテレビが優先されているようでくやしかったから。
イ　クラスの半数が持っているのでわざわざ喜ぶほどでもなかったから。
ウ　嬉しさを押《お》しつけるような大人たちに対して素直になれなかったから。
エ　カラーテレビくらいで大騒《さわ》ぎするのは子どもっぽいと感じたから。
オ　本当は嬉しいのだがみんなから聞かれて照れくさくなったから。

問五　5なんもだ　とはここでは「たいしたことない」という意味で使われています。朝日がこのように言ったのはなぜですか。最も適切なものを選び、記号で答えなさい。

ア　ひたすらほめてくれるのが見えすいたお世辞に思えていやだったから。
イ　誕生日プレゼントがカラーテレビでごまかされそうだったから。
ウ　買ってもらった磁石は期待よりも威《い》力が弱く少し不満が残ったから。
エ　何度も感心されているうちに自慢しているようで気がとがめたから。
オ　本当は安くしてもらったのにあまり喜びすぎるとかっこうが悪いから。

問六　「6ケーキもあるでよ」　とありますが、このように朝日の気持ちが変化するまでの経過を述べた部分を探し、その始めと終わりの四字をそれぞれ抜き出しなさい。

問七　7ぜんぜん間に合わない音だった　とありますが、どのようなことを表しているのですか。最も適切なものを選び、記号で答えなさい。

ア　あわただしいだけで救急車の頼《たよ》りがいが表現されていないこと。
イ　まだまだ練習不足で危機的な感じが出ていない音であること。
ウ　深刻な状況《きょう》にはほど遠く不釣《つ》り合いな感じの音であること。
エ　救急車の出す大きな音量にまるで追いついていないこと。

「そこ」

とソファを指さし、富樫くんに座るよう促《うなが》した。9富樫くんはテレビに目を向けたまま、へっぴり腰でソファに近づき、おそるおそる腰を下ろした。

「つける?」

朝日が訊くと、下唇をちょっと噛《か》んで、首をすくめるようにしてうなずいた。朝日が電源を入れ、テレビがうつるまでも下唇をちょっと噛んでいて、カッパみたいな顔つきのままだった。足は内股だった。ソファに浅く腰かけていたので、足の裏が床《ゆか》についていた。

「お」

テレビが映り、朝日は声を上げた。チャンネルを変え、「マッハGo《ゴー》GoGo」の局にし、「もうすぐ始まるから」と台所にすっ飛んだ。

リボンジュースを入れ、冷蔵庫からケーキを出し、ごくちいさく切って、皿に乗せた。リボンジュースを入れたコップはオレンジ色と黄色の花のもようがついているもので、ケーキを乗せた皿にはピンク色の薔薇《ばら》があわく描かれていた。クリームがべったりついた果物包丁は流しに投げ入れた。ひとりのときに包丁を使うのはお姉ちゃんに禁じられているが、果物包丁はちいさいのでセーフ、というのが朝日の考えだった。

ケーキは今夜、家族で食べることになっていたが、自分のぶんは先に食べたことにすれば問題ないと理由をつけた。お父さんとお姉ちゃんが美味《おい》しそうにケーキを食べていても我慢《まん》しなければならないが、でも、きっと、お父さんが見るに見かねて半分か、それ以上くれるはずだ。

コップにストローをさし、ケーキを乗せた皿にフォークをそえ、「じゃーん」と居間に戻《もど》った。センターテーブルにおき、富樫くんの向かいに陣《じん》取り、ソファにあぐらをかく。

「お店みたいだね」

富樫くんがほっぺたを赤くして、かしこまった。

「ぼく、ストローで飲むの好きなんだ」

と朝日を見た。

「おれも」

お姉ちゃんが言ってたけど、曲がるやつもあるんだって、とつづけ、上半身を倒《たお》し気味にして腕を伸ばし、センターテーブルからケーキを取った。と思ったら、元に戻した。「10マッハGoGoGo」が始まったのだ。「風もふるえるヘアピンカーブ」と小声で口ずさみながら、また上半身を倒し気味にし腕を伸ばしてケーキを取った。頭で拍子《ひょう》を取りながら口ずさみつつ、ケーキを口に入れる。咀嚼《そしゃく》してもつづけ、いったん、ケーキの乗った皿を膝におき、コップを手に取り、口でストローを探すあいだもつづけた。

富樫くんはおとなしくテレビを観ていた。前屈《かが》みになって、ストローに口をつけはしたが、朝日のようにテーマ曲を歌ったりはしなかった。

「マッハGoGo、マッハGoGo」

テーマ曲の最後のほうで、朝日の声が大きくなった。

「いつもそうなの?」

富樫くんが訊《たず》ねた。

「いつもだけど?」

最終的に歌い上げるかたちになった朝日が富樫くんに目を移した。富樫くんは初めて観るカラーテレビよりも、11朝日のようすのほうに驚《おどろ》いたようだった。

(朝倉かすみ『ぼくは朝日』より)

日がたて笛で吹く音とまるでちがっていた。

朝日がたて笛で吹いていたのは、おもちゃみたいな救急車がだれも乗せずに走っているときに鳴らす音だった。古いドングリみたいにかさついて、硬《かた》そうで、口を少し開けているのになんにもしゃべらず、そうしてちっとも動かず、もののように運ばれる浜田さんのおばあさんを目にして、朝日の胸いっぱいに広がった「どうしよう」と「たいへんだ」というふたつの言葉には、7ぜんぜん間に合わない音だった。

朝日が吹いていたのは、ただ音を真似てみただけだった。ドキドキと脈打つ心臓がひびかせる恐《おそ》ろしさが抜《ぬ》けていた。あだやおろそかに吹いてはいけない。そんなことをしたら、また浜田さんのおばあさんが救急車で運ばれるかもしれない、と思ったのだった。

富樫くんはなかなかやってこなかった。8ダッシュでくると想像していたのだが、どうもそうではないようだ。

玄《げん》関ドアにくっつけていた朝日の背なかが温かくなった。眠《ねむ》気を誘う温かさだった。朝日はだんだんとしゃがんでいき、やがてお尻が地面にくっついた。体育座りの恰《かっ》好になってから、ごろりと仰《あお》向けに寝《ね》転んだ。朝日の家の玄関前はコンクリを流したポーチだった。四角いスペースには屋根がついていた。屋根をささえる柱が二本あり、柱と柱のあいだは十五センチくらいの段になっていた。

朝日は仰向けになったままからだを動かし、段を枕《まくら》にした。まだ青い空に向かってチャルメラとか石焼きいもとか「笑点」を吹いた。昼日中ではなかったが、夕方でもなかった。太陽がまぶしく感じられた。目をつむったら、まぶたがぬるみ、とてもよいこころもちになった。気を抜くと、たて笛が口から離れてしまいそうだった。すうっと夢の世界に持っていかれそうになったそのとき、頭上から声がした。

「なにしてるの？」

富樫くんが首をかしげていた。

「待ってた」

朝日は目を開け、からだをおこした。

「それは？」

富樫くんがたて笛を指差した。

「しゅみ」

あぐらをかいて、朝日はたて笛を掲《かか》げてみせた。音楽の時間に使うベージュのリコーダーである。

「へえ、しゅみ」

富樫くんは両手でおにぎりをこしらえるような仕草をした。

「切手とか、お金もあつめてる」

朝日は立ち上がり、玄関ドアを開けた。

「お金あつめって、ちょ金？」

富樫くんも玄関に入った。

「いや、生まれた年からの十円玉をあつめてる」

一円玉も、五円玉も、と朝日は靴《くつ》を脱《ぬ》いだ。富樫くんも脱いだ。朝日が靴を揃《そろ》えたら、富樫くんもそうした。

「消しゴムかけたり、お酢《す》につけたりすると、ぴっかぴかになる」

と言ってから、スリッパをすすめた。大人用のえんじ色の布製のスリッパだ。富樫くんは「いいよ、いいよ。病院じゃないし」と照れた。

「あれ」

リビングに案内し、朝日はテレビを目でさししめし、の家では特別な日にしか登場しない。ケーキの残りもあったが、それは、今夜、家族で食べることになっていたから、富樫くんには出せない。

こころに浮かぶさまざまな思いとはべつに、朝日の頭を横切る場面があった。

近所の公園で富樫くんを見かけたことがあった。富樫くんと同じクラスになる前だった。

夕方の、ちょっと遅《おそ》い時間だった。空が暗くなりかけていて、あそんでいるこどももういなかった。

富樫くんは逆上がりの練習をしていた。お母さんがそばにいた。お母さんは富樫くんと同じ顔をしていた。からだつきもそっくりだった。富樫くんと同じように笑いながら、富樫くんのお尻を持ち上げていた。富樫くんのお尻はなかなか持ち上がらなかった。空中を漕《こ》ぐように足をバタバタさせ、ドスンと地面に足を着けた。鉄棒を握ったまま、オランウータンみたいにからだを前後にだらだらと揺《ゆ》すったのち、その場を離《はな》れようとした。そしたら、「もう一回」というふうに、お母さんは指を立てた。「ね、もう一回」というふうに富樫くんの顔を覗《のぞ》き込んだ。

「行ってもいいの?」

富樫くんは首を引っ込めたままだった。机においていた握りこぶしをいったんひらき、また握った。

「べつにいいけど?」

朝日は髪の毛をかきまぜるようにした。みだれた髪をブン、と頭を揺すって直し、

「[6]ケーキもあるでよ」

と声をひそめた。

下校し、朝日は家の前で富樫くんを待った。

朝日の家はバス停の近くだった。バス通りに面しているのではなく、中野さんと浜《はま》田さんの家のあいだの空き地っぽいところのちょっと奥《おく》にあった。

くわしく言うと、商店で大根一本買うのにも「ハウマッチ?」と財布から一万円札を出してみせるおじいさんひとりで住んでいる中野さんの家と、頭のてっぺんが薄くなっているおばあさんが娘《むすめ》一家と住んでいる浜田さんの家のあいだの空き地っぽいところに、朝日のお父さんの白いサニーが駐《と》めてあって、そのすぐ奥に建っている、青い屋根の家だった。

富樫くんにはもっとくわしく説明しておいた。中野さんは禿《は》げていて、顔がウメ星デンカに似ていて、朝日が空き地っぽいところであそんでいると、トイレの小窓から監《かん》視していて、朝日がオンコの実を食べようとしたり、下水道を覆《おお》っている四角い石の蓋《ふた》を開けようとしたら、「コラッ」と怒《ど》鳴ることや、今年の初めに浜田さんのおばあさんが救急車で運ばれ、一命を取りとめたことを話した。

これだけ教えておけば、富樫くんは迷わないだろう。そう思ったが、やっぱり少し心配で、家の外で待つことにしたのだった。

最初は玄関ドアに寄りかかっていた。たて笛でチャルメラとか石焼きいもとか「笑点」を吹《ふ》いていた。前は救急車もやっていたが、浜田さんのおばあさんが運ばれて以来、やめていた。

あのとき、朝日は救急車が本物のサイレンを鳴らして到《とう》着し、古いドングリみたいな顔色をした浜田さんのおばあさんを担架《か》に乗せ、また本物のサイレンを鳴らして去っていくのを見た。そのサイレンの音は、朝

りだった。

「ボーナスのおかげだ」

バスの運転手をしているお父さんと、信用組合に勤めているお姉ちゃんの夏のボーナスを合わせて、カラーテレビを買ったようだった。

「アリマさんに安くしてもらったとか言ってたし」

朝日の口ぶりが「たいしたことない」というふうになったのは、富樫くんが何度も何度も「すごいなあ」とつぶやくせいだった。

「半分くらいかな」

教室を見わたした。クラスの半分くらいの家にはカラーテレビがあるのではないか、という意味である。だから、そんなにめずらしくもないし、すごくもないぞと、そう言いたかった。

「でも、すごい」

富樫くんの目も教室をひとめぐりした。

中休みの教室はさわがしかった。後ろのほうでは男子が馬乗りをやっていた。

馬乗りは、守りと攻《せ》めのふたつに分かれたチームでたたかう遊びだ。まず、守りの親が壁《かべ》に立って足を踏《ふ》ん張る。親の股《また》のあいだにべつのひとりが頭を入れ、というのを繰り返し、馬をつくる。攻めのチームは跳《と》び箱みたいにその馬に乗っていき、馬がくずれたら馬のチームが負けだ。乗るのに失敗したら乗るチームの負けで、馬がくずれるのと、乗るのに失敗するのが同時だったら、だいぶ揉《も》める。

いつもは朝日も馬乗りをやっていた。中休みも昼休みもやっていた。今日ももちろんやるつもりだったのだが、うっかり富樫くんに話しかけてしまい、やりそびれた。馬乗り仲間に声をかけられ、腰《こし》が浮《う》きかけたが、富樫くんが「どうぞ」というふうにニッコリ笑ったので、仲間に加わるのをよした。富樫くんは馬乗りに参加しない。今日だけでなく、いつもしない。誘《さそ》われても笑ってうなずくきりだ。

「ぼくからしたら、すごい」

富樫くんが目をふせた。首を引っ込め、頭も下げた。ちょっとあぶらっぽい髪《かみ》の毛に綿ぼこりのようなものがついていた。富樫くんは、からだの大きな肥満児で、勉強も運動もあんまりできない。長めの髪を七三にピッチリ分けていて、細い垂れ目で、その垂れ目を波線にしてニッコリ笑う。というか、だいたい笑っている。気がつくと、笑っている。なぜか笑う。声を立てずに、恥《は》ずかしそうに、くすぐったそうに、謝るように、笑う。

「観にくる？」

誘ったものの、朝日の内心はなかなかに複雑だった。

一、富樫くんが、ほんとうにあそびにきたらどうしよう。

二、富樫くんと話をしていると、なんでちょっとイライラするのだろう。

三、カラーテレビがきたことと、誕生日プレゼントをもらったことが、富樫くんを「かわいそうな感じ」にしたのではないだろうか。

四、「観にくる？」と誘ったことで、さらに富樫くんを「かわいそうな感じ」にしたように思う。カラーテレビを観る権利をめぐんでやるというような、そんな雰《ふん》囲気になってしまったのではないだろうか。

五、富樫くんが、ほんとうにあそびにきた場合、ジュースを飲ませてもいいのだろうか。

ジュースはゆうべ家族で祝った誕生会の残りだった。リボンジュースだ。カルピスみたいに原液をコップに少し入れ、水で薄《うす》めて飲む。朝日

【国　語】（四〇分）〈満点：一〇〇点〉

※字数を数える場合は、句読点・かぎかっこ等も一字と数えます。

一　次の文章を読み、問いに答えなさい。

U字型の磁石は、朝日の手のひらくらいの大きさだった。銀色をしていて、ずっしりと重く、なんだか武器っぽい。ガンマンみたいに構えてみたのだが、遠くにあるものは吸い寄せられなかった。そこで手が磁石の人間のフリをした。飛んでくる弾《だん》丸を受け止める場面を思い描《えが》き、サイボーグ００９の仲間の気分を味わった。

「サイボーグ００９」はおととしだったかそれくらいまでテレビでやっていたマンガである。００９のジョーの首にまいているのは主題歌によると赤いマフラーらしいのだが、朝日の家のテレビは白黒だったため、ねずみ色だった。

白黒テレビでは、白と黒以外の色は、全部、ねずみ色だ。朝日は、「ねずみ色だけど赤」、「ねずみ色だけど黄色」、「ねずみ色だけど青」と見当をつけたり、つけ忘れたりしながらテレビを観《み》ていた。

1カラーテレビがきて、ねずみ色は単にねずみ色になった。2カラーテレビの映す色の感じは、絵の具よりも折紙に近かった。近いのだけれど、折紙よりも強く「赤です！」「黄色です！」「青です！」と主張していた。ひとことでいうと、「なっまらカラー」（「すっごくカラー」）なのだった。

3あくる日、富樫《とがし》くんにもそのように教えた。富樫くんは四年生に上がったときのクラス替《が》えで同級生になった子で、隣《となり》の席だった。

「なっまらカラー？」

富樫くんは鼻の下を伸《の》ばし、上唇《くちびる》を下唇にかぶせた。

「なっっまらカラー」

朝日は渾《こん》身の力を込《こ》めて繰《く》り返した。

「いかったね」

富樫くんが蒸かしたての饅頭《まんじゅう》みたいな色白の顔をほころばせたので、

「なっまら嬉《うれ》しい」

と鼻をこすってから、腕《うで》を組んだ。4家で言いそこねた言葉だった。お父さんからも、お姉ちゃんからも、カラーテレビを運んできたアリマ電器店のアリマさんからも、「嬉しいか？」と訊《き》かれたが、「まあな」とだけ答えた。

「誕生日だったから、磁石ももらったしな」

机のすみのちいさな穴に埋《う》めた消しゴムのかすを鉛《えん》筆のお尻《しり》でつつきながら言った。こうやって毎日つついていれば、消しゴムのかすは徐《じょ》々にかたまり、やがて消しゴムになる。

「盆《ぼん》と正月がきたようだね」

すごいなあ、と富樫くんは机においていた手を握《にぎ》りしめた。指のつけねのえくぼが消えて、骨の山が白くできた。

「5なんもだ」

朝日は消しゴムのかすを鉛筆のお尻でつく作業をつづけていた。

カラーテレビが誕生日にくると知ったのは、おとといの夜、つまり、誕生日の前の晩だった。朝日のなかでは、カラーテレビがやってくる喜びよりも、カラーテレビが誕生日のプレゼントになってしまうのではないかとのいやな予感が勝り、もしそうなったら、「テレビはみんなで観るものだから、おれだけのプレゼントにはならない」と断固抗《こう》議するつも

2020年度

解　答　と　解　説

《2020年度の配点は解答欄に掲載してあります。》

＜算数解答＞ ≪学校からの正答の発表はありません。≫

1. ① $\frac{10}{39}$　② 1　2. 160人　3. 9：5：7　4. ① 36分後　② $20\frac{4}{7}$分間
5. 59　6. ① 15cm　② 1200cm^2　7. 20本　8. 14通り
9. ① 7通り　② 44通り

○推定配点○

1～3　各7点×4　他　各8点×9　計100点

＜算数解説＞

1. （四則計算）

① $\frac{1}{3}-\frac{1}{5}+\frac{1}{5}-\frac{1}{7}+\cdots-\frac{1}{11}+\frac{1}{11}-\frac{1}{13}=\frac{1}{3}-\frac{1}{13}=\frac{10}{39}$

② $\square=4.5\div\left(\frac{1}{4}\times\frac{5}{8}\times20-2\right)\times\frac{1}{4}=1$

重要 2. （割合と比，集合）

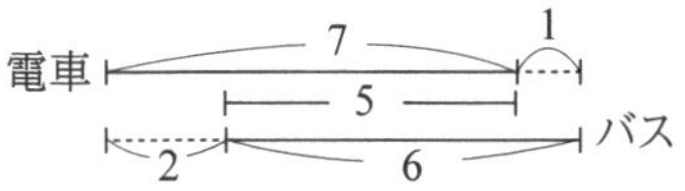

それぞれの比の和を7＋1＝8にすると，バス利用者と非バス利用者の比3：1が6：2になる。右図において，7－2＝6－1＝5が100人に相当し全体の人数は100÷5×8＝160（人）

重要 3. （平面図形，相似，割合と比）

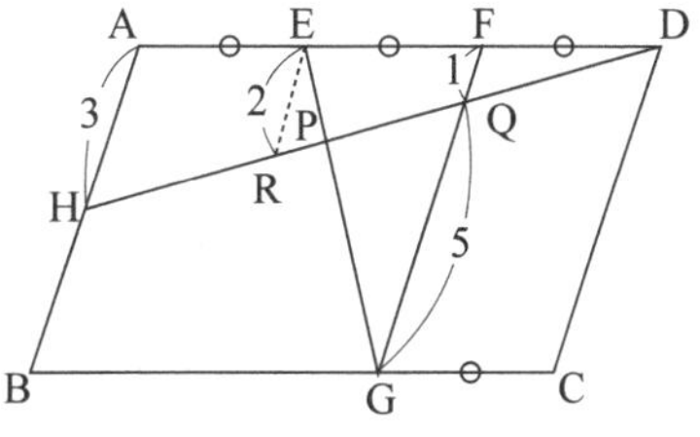

右図において，三角形AHD，ERD，FQDは相似であり，AH：ER：FQは3：2：1である。一方，三角形ERPとGQPも相似でER：GQ＝RP：PQは2：（3×2－1）＝2：5である。したがって，HP：PQ：QDは（2＋5＋2）：5：（2＋5）＝9：5：7

重要 4. （速さの三公式と比，流水算，単位の換算）

A：上りの時速11－1＝10（km）　下りの時速11＋1＝12（km）

B：上りの時速13－1＝12（km）　下りの時速13＋1＝14（km）

①Aは12÷10＝1.2（時間）でPに着き，
1.2＋12÷12＝2.2（時間）でQに着く。

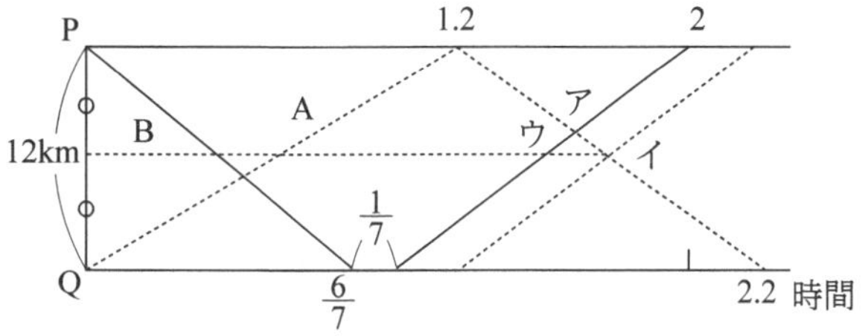

Bは12÷14＝$\frac{6}{7}$（時間）でQに着き，
$\frac{6}{7}+\frac{1}{7}$＋12÷12＝2（時間）でPに着く。
したがって，右のグラフにおいて，
アを共有する2つの相似な三角形の対応する辺の比は（2.2－1）：（2－1.2）＝3：2であり，アの時刻はBがQを出発して（2－1）÷（3＋2）×3＝0.6（時間後）すなわち36分後である。

②上のグラフにおいて，イの時刻は（1.2＋2.2）÷2＝1.7（時間後），ウの時刻は（1＋2）÷2＝1.5（時間後）

である。したがって，Bが止まった時間は，これらの時間差1.7－1.5＝0.2(時間)すなわち12分に$\frac{1}{7}$時間すなわち$8\frac{4}{7}$分を加えた$20\frac{4}{7}$分間である。

重要 5. (推理)

＋□□の数を60台にすると，2×4＋63－60÷5のとき，最大71－12＝59になる。

重要 6. (平面図形，相似)

①下図において，直角三角形ECD，FCG，EFHは相似であり，直角をはさむ2辺の長さの比はそれぞれ24∶40＝3∶5である。したがって，GF，GCがそれぞれ3，5のとき，3＋5＝8が40cmに相当し，正方形の1辺は40÷8×3＝15(cm)

②下図において，(1)より，EF：FCは3：5であり，三角形DEFは24×40÷2÷(3＋5)×3＝480÷8×3＝180(cm^2)である。したがって，全体の面積は180×4＋480＝1200(cm^2)

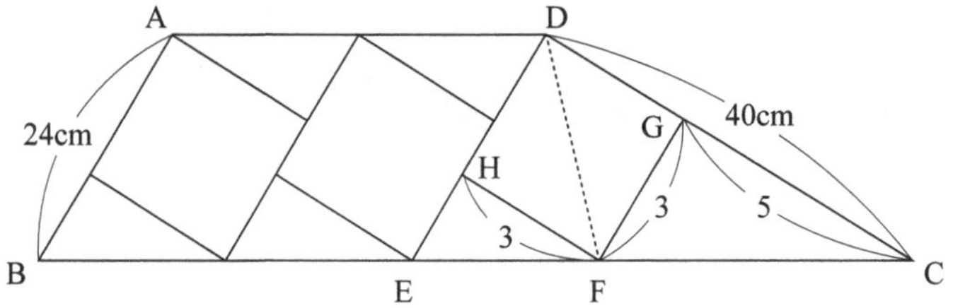

重要 7. (立体図形，平面図形，場合の数)

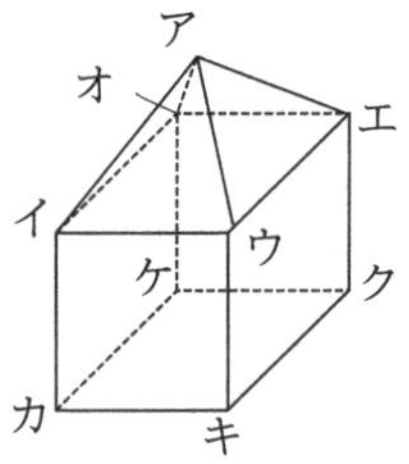

右図について，頂点を結ぶ直線の数を計算する。

ア…アカ　アキ　アク　アケ　　　イ…イキ　イク　イケ　イエ

ウ…ウカ　ウク　ウケ　ウオ　　　エ…エカ　エキ　エケ

オ…オカ　オキ　オク　　　　その他…カク　キケ

したがって，全部で4×3＋3×2＋2＝20(本)

重要 8. (場合の数)

以下の2＋2×6＝14(通り)があり，下線部について並べ方が2通りずつある。

[1][2][1][2][1][2][1][3]　　　[3][1][2][1][2][1][2][1]

[1][2][1][2][1][2][3][1]…2通り　[1][2][1][2][1][3][1][2]…2通り

[1][2][1][2][3][1][2][1]…2通り　[1][2][1][3][1][2][1][2]…2通り

[1][2][3][1][2][1][2][1]…2通り　[1][3][1][2][1][2][1][2]…2通り

9. (場合の数)

基本 ①　以下の7通りがある。

1＋1＋1＋1　　1＋1＋2…3通り　　1＋3…2通り　　2＋2

重要 ②　以下の44通りがある。

1＋6＋5＋10＋12＋4＋3×2＝44(通り)

1＋1＋1＋1＋1＋1＋1　　1＋1＋1＋1＋1＋2…6通り　　1＋1＋1＋1＋3…5通り

1＋1＋1＋2＋2…5×4÷2＝10(通り)←5つの位置から2つを選ぶ

1＋1＋2＋3…4×3÷2×2＝12(通り)　1＋2＋2＋2…4通り　　1＋3＋3…3通り

2＋2＋3…3通り

★ワンポイントアドバイス★

2.「通学方法と生徒数」は，比の和をそろえる。5.「数式とカード」は，あわてるとミスをするので思いこまずに試行する。7.「直線の数」，8.「並べ方」，9.「長さの和」についても，思いこまずに落ち着いて「場合分け」しよう。

＜理科解答＞ ≪学校からの正答の発表はありません。≫

問1 1.（実験番号）（13），（19）

（まちがえ方） 9往復する時間を測った。

2. ①（イ） ②（ア） ③（キ）

④（ケ） ⑤（キ）

3.（12） 4. 右図

4.

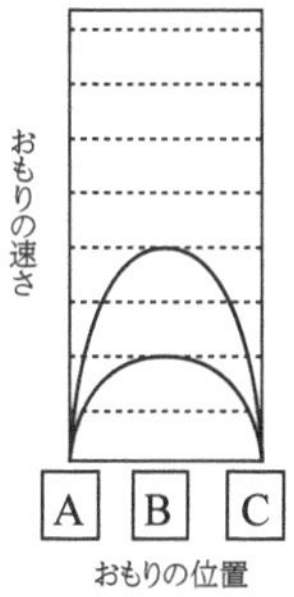

問2 1. A リュウグウ B クレーター

2.（イ）

3. ベテルギウス，リゲル[デネブ，シリウスなど]

4.（ク）

5. ▶アポロ計画により月から持ち帰られた。 ▶いん石として地球上に落下した。

問3 1. 25(g) 2. 62(℃) 3. 44(g)

問4 1. ①（ウ） ②（エ） ③（ク） ④（ケ）

2. 土地が沈んで海底になったから。

3.（③は）変温動物である。 （④は）恒温動物である。

問5 1. ネコジャラシ 2.（ウ） 3.（キ），（ケ）

4. 右図 5.（シ），（セ） 6.（テ）

7.（ニ） 8. トウモロコシ

○推定配点○

問1 1(実験番号)・2・3 各2点×8

1(まちがえ方) 4点 4 5点

問2 1～4 各2点×6 5 各4点×2

問3 各4点×3 問4 1 各2点×4 2・3 各4点×3

問5 1～3・5～8 各2点×9 4 5点 計100点

＜理科解説＞

問1 （物体の運動－ふりこ）

1 (13)の3回目と(19)の1回目は，いずれも，1往復分短い9往復する時間を測っている。

2 ① ふりこの長さだけが異なり，ふれ角・おもりの重さが同じ(1)(5)(9)の結果を比べると，ふりこが短いほど，ふりこの周期も短くなることがわかる。 ② ふれ角だけが異なり，ふりこの長さ・おもりの重さが同じ(1)(2)(3)の結果を比べると，ふれ角が大きくなると，ふりこの周期がわずかに長くなることがわかる。 ③ ふりこの長さが，1.2÷0.3＝4(倍)，2.4÷0.6＝4(倍)になり，ふれ角・おもりの重さが同じ(2)(14)と(6)(18)の結果を比べると，ふりこの周期が，2.2÷1.12(倍)，3.2÷1.6＝2(倍)になることがわかる。 ④・⑤ ふりこの長さが，2.4÷0.6＝4(倍)になり，ふれ角・おもりの重さが同じ(5)(17)の結果を比べると，ふりこの周期が，3.1÷1.6＝1.9…（倍)より，約2

倍になっているので，ふれる長さが4倍になり，かかる時間が2倍になることから，おもりの速さは，4÷2＝2(倍)になっていることがわかる。

3　おもりの重さだけが異なり，ふりこの長さ・ふれ角が同じ(11)(12)の結果を比べると，ふりこの周期はほとんど変わらないことがわかる。

やや難　4　おもりはAとCの位置では速さが0であり，Bの位置では最も速い。また，(1)と(13)を比べると，ふりこの長さが，1.2÷0.3＝4(倍)なので，2の④・⑤より，おもりの速さが2倍になっている。

問2　(星と星座，太陽と月－リュウグウ，月の満ち欠け)

重要　1　A　『はやぶさ2』は小惑星リュウグウの石を採取した。　B　月の表面には，いん石が衝突した跡《あと》であるクレーターが数多く残っている。

2「太陽と似ている恒星のまわりを公転する系外惑星の発見」に対して，ミシェル・マイヨールらに2019年度のノーベル物理学賞が与えられた。

重要　3　星座をつくる星は，すべて太陽と同じ恒星である。

重要　4　日の入りの頃の南の空には，右の図のように，上弦の月が見える。

やや難　5　アメリカ航空宇宙局(NASA)は，1961年から1972年にかけて実施されアポロ計画により，人類初の月への有人月面着陸に成功し，月から石を持ち帰った。また，月のクレーターができるときに，月の破片が地球上にいん石となり，降りそそいでくることがある。

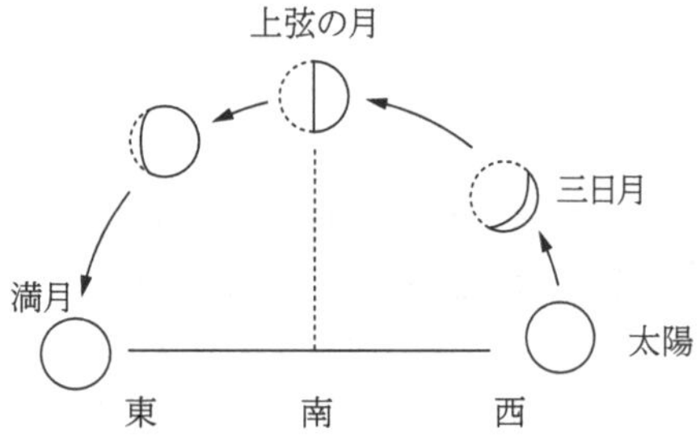

日の入りの頃に見える月

問3　(ものの溶け方－砂糖の溶解度)

1　砂糖は，80℃の水100gに362g溶けるので，90gの砂糖を溶かすのに必要な水は，$100\times\frac{90}{362}=24.8\cdots$ (g)より，25gである。

2　80gの水に砂糖は240g溶けるので，100gの水に溶ける砂糖は，$240\times\frac{100}{80}=300$(g)となる。したがって，表より，62℃と読み取れる。

やや難　3　2の砂糖水は，100gの水に砂糖が300g溶けて，100＋300＝400(g)の砂糖水になる。したがって，100gの砂糖水に溶けている砂糖は，$300\times\frac{100}{400}=75$(g)，水は，100－75＝25(g)である。次に，100gの砂糖水を煮つめて90gにしたので，100－90＝10(g)の水が蒸発し，残った水は，25－10＝15(g)である。一方，20℃の水100gに溶ける砂糖は204gなので，15gの水に溶ける砂糖は，$204\times\frac{15}{100}=30.6$(g)となり，溶け残る砂糖は，75－30.6＝44.4(g)より，44gである。

やや難　問4　(昆虫・動物，地層と岩石－恐竜の化石)

1　北海道のむかわ町で，恐竜の全身骨格の化石が見つかり，2019年に新種の恐竜の化石と判断された。なお，福井県勝山町にある中生代の地層(手取層)からも多くの恐竜の化石が見つかっている。

2　かつて恐竜が繁栄していたころ，この場所が海になったり湖になったことがあり，恐竜も海底で化石になった。

3　は虫類のトカゲは変温動物，鳥類のトリは恒温動物である。

問5　(植物のなかま，昆虫・動物－エノコログサ)

重要　1・2　エノコログサは，ネコジャラシとも呼ばれているが，夏から秋にかけてつける花の集まり(穂《ほ》)が，イヌの尾に似ていることから，「犬ころ草」と呼ばれ，転じてエノコログサと呼ばれるようになった。

やや難　3　エノコログサは，ムギやアワと同じイネ科の一年草である。なお，ソバはタデ科，クリはブナ科，ゴマはゴマ科である。

4　単子葉類のエノコログサの葉脈は平行脈，根はひげ根である。

やや難 5　トノサマバッタは，幼虫も成虫もイネ科の葉を食べる。また，イチモンジセセリの幼虫はイネ科の葉を食べる。

やや難 6・7　エノコログサは7～9月に緑色の穂をつける。また，一つ一つの花には花びらやがくがなく，おしべとめしべがえいに包まれている。

8　同じイネ科のトウモロコシは，雄花とめ花に分かれている。

エノコログサ

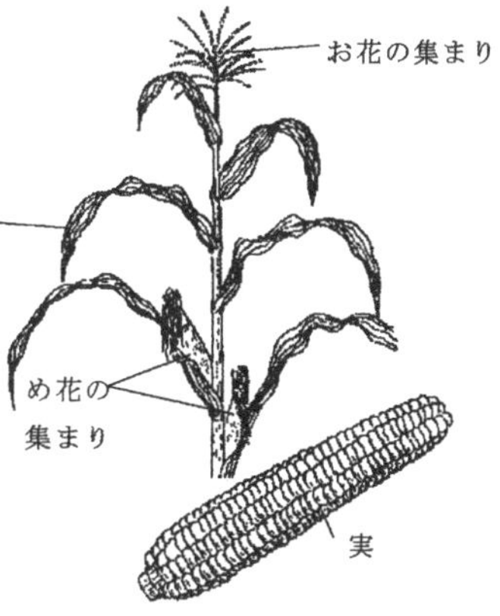

トウモロコシ

★ワンポイントアドバイス★

理科の基本的な問題を十分に理解しておくこと。また，物理や生物の応用問題に十分に慣れておくこと。その上で，記述問題や作図の問題にも，しっかり取り組んでおく必要がある。

＜社会解答＞ ≪学校からの正答の発表はありません。≫

1)　1.　南東(の方向に流れている)　2.　あ・い　3.　140(m)　4.　ア・エ

2)　1.　あ・か　2.　(例)　ペリーの来航
3.　お　ア・ウ　か　イ・エ
4.　い　エ　お　イ
5.　右図参照

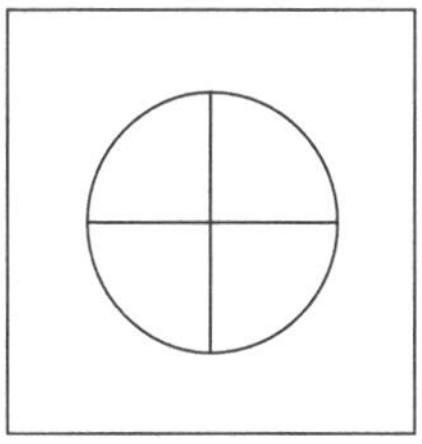

3)　1.　ア・エ　2.　北海道
3.　(国名の組み合わせ)　オ　(グラフ)　ク
4.　ア・カ
5.　(例)　とうもろこしの価格が上昇し，貧しい発展途上国の人々が買えなくなってしまう。
6.　コシヒカリ　7.　ウ
8.　(米)　イ　(小麦)　ア　(とうもろこし)　ウ
A　北海道　B　東北　C　四国　D　北陸

4)　1.　ウ　2.　イ　3.　え　日系人　お　満州国　4.　中国(語)・韓国(語)
5.　②　3(世紀)　③　7(世紀)　6.　(例)　豊臣秀吉による朝鮮侵略
7.　明　8.　ア・イ・エ

5)　1.　ア・エ　2.　エ　3.　イ・カ
4.　(例)　深夜に働く人を確保するのが難しいから。

6) 1.　ア　大日本帝国　　イ　勅語　　ウ　主権　　エ　陸海軍[軍隊]　　オ　内閣
2.　象徴　　3.　ア・オ

○推定配点○

1)　各3点×4(2，4各完答)　　2)　各2点×7 (1，3各完答)
3)　各2点×9(1，3，4，8(米・小麦・とうもろこし)(A～D))各完答)
4)　各3 点×10(4，8各完答)　5)　各3点×4(1，3各完答)
6)　各2点×7(3各完答)　　　計100 点

＜社会解説＞

1)　(地理－地形図の読み取り)

1.　地図中で，細い等高線は20m間隔，太い等高線は100 m間隔で引かれている。「あ」のすぐ近くを通る等高線は標高360 m,「い」のすぐ右(東)を通る等高線は標高 380mを示している。このことから，地図中の河川は，地図の左上(北西)から右下(南東)の方向へ流れていると判定できる。

2.　「あ」は河川に近接しているため，大雨が降った時に氾濫の起こる可能性が高い。「い」は谷に位置しているため，土石流が発生する可能性が高い。なお,「う」,「お」は尾根,「え」は鞍部に位置し，氾濫，土石流は起こりにくい。

基本　3.　A 山の山頂の標高は約620m，B 地点の標高は約480m。よって，両者の差は，620－480＝140(m)。

やや難　4.　矢印の方向にずっと下りの山道が続いているのは，アとエだけ。イ，ウは，地図の中央付近から左すみにかけて上り坂になっている。

2)　(日本の歴史－遺跡を題材にした日本の通史)

重要　1.　「あ」は竪穴住居。竪穴住居は，日本では，縄文時代早期から古墳時代まで普遍的に使われ，東日本では平安時代，鎌倉時代に至るまで継続した。「か」は貝塚。貝塚は古代人が食べ捨てた貝殻などが堆積した遺跡で，日本では縄文時代のものが多い。縄文時代は，紀元前1万年前後に始まり，紀元前4世紀頃まで継続した,

2.　「え」はお台場。お台場は，江戸時代における砲台の別称で，特に品川沖に設けられたものをさす。品川沖のお台場は，1853年のペリー来航を受けて建設されたもので，11か所を予定していたが，1854年に完成したのは5か所のみで，あとは中止となった。

基本　3.　「お」は古墳。はにわ(埴輪)は古墳の上や周囲に並べられた素焼きの土器。また，古墳からは，副葬品として，銅鏡，銅剣，玉類などが出土する。「か」は貝塚。貝塚からは，貝殻のほか，動物の骨や土器(縄文土器)のかけらなどが出土する。

4.　「い」は法隆寺。現在は，西院と東院の2つの地域に分かれ，前者は金堂と五重塔を東西に並べた法隆寺式の伽藍配置をなし，世界最古の木造建築の遺構をもつ。「お」は古墳。イは前方後円墳を真上から見た図面である。

5.　竪穴住居は，地面を浅く掘り，その上方に屋根をかけた半地下式の住居。深さ50～100・前後，平面は直径3 ～10m程度の円形のものが多い。

3)　(日本の地理－穀物を題材にした日本の農業など)

やや難　1.　ア：2008年以降，パン類の年間の支出額が米の支出額を上回っている。2012年の年間支出額は，パン類が32,335円，米が28,731円であった。エ：アメリカ合衆国に向けた日本米の輸出量は，2014年が81トン，2018年が1282トン，EU(ヨーロッパ連合)への輸出は，2014年が237トン，2018年が800トンと，いずれも増加している。

2. 「ゆめぴりか」は，北海道上川郡比布《ぴっぷ》町の北海道立上川農業試験場により育成された品種。「ぴりか」はアイヌ語で「美しい」の意味である。

3. 2017年の日本の小麦輸入額上位3か国は，アメリカ合衆国，カナダ，オーストラリア。アメリカ合衆国が48.3%，カナダが33.2%，オーストラリアが16.7%を占め，その他が1.8%しかない。

4. タピオカはキャッサバ，もちは米をそれぞれ原料としている。

重要 5. とうもろこしをバイオエタノールとして利用すると，食料として利用する分が少なくなる。また，その価格も高くなり，特に発展途上国の貧しい人々がとうもろこしを食べることができなくなる。

6. コシヒカリは，農林22号と農林1号の交配によって作出された米の品種で，粘りが強く食味が良好で，全国的に消費者の支持が高い。

7. トルティーヤやタコスはメキシコの代表的な料理。メキシコからアメリカ合衆国に伝わり，アメリカ合衆国のファストフードチェーンなどにより，世界に普及した。

やや難 8. まず，イは，関東・甲信が18%を占め，Bについで高い割合を占めていることから米と判定できる。すると，米の27%を占めているBが東北，14%を占めているDが北陸となる。また，3%と極端に低いCは四国で，残ったAが北海道である。次に，アは，北海道が66%を占め，九州，関東・甲信も10%程度と高いことから，小麦と判定できる。残ったウがとうもろこしとなる。

4) **（総合－外国との関係を題材にした日本の地理，歴史など）**

1. 2018年の訪日外国人数は，過去最高の3,119 万人であった。

やや難 2. 2018年現在，大阪市の人口は270 万人。なお，横浜市は374 万人，福岡市は153 万人，川崎市は149 万人，札幌市は195 万人である。

3. え　日系人は，外国国籍を持つ日本からの移民。広くその子孫までさすこともある。集団による移民は1868年，当時まだ独立国であったハワイに渡ったのが最初の一団とされる。　お　満州国は，1932年，中国東北部に建国された日本の傀儡政権。1931年，関東軍は満州事変を起こして，翌年満州国を建国。首都は長春(新京)。1945年 8月，対日参戦したソ連軍によって占領され，崩壊した。

4. 公共機関や鉄道などでは，日本語，英語に次いで，中国語，韓国語での表記が多い。これは，訪日外国人に占める中国人，韓国人の比率が高いことが背景にある。

基本 5. 卑弥呼が中国の魏に使いを送ったのは 239年。 3世紀の前半である。また，法隆寺が建てられたのは 607年と伝えられる。 7世紀の前半である。

6. 豊臣秀吉による朝鮮侵略に際し，朝鮮半島から多くの陶工が日本に連行された。これらの人々によって始められたのが九州の有田焼や薩摩焼である。

7. 明は，1368年，朱元璋(太祖)が元を滅ぼして建国。15世紀初めには成祖永楽帝が出て最盛期を現出したが，中期以降，政治の腐敗および北方民族や倭寇の侵略に悩まされ，1644年李自成の乱によって滅亡した。

8. 日本町は，16～17世紀，東南アジアにつくられた日本人居住地。ルソン(フィリピン)，シャム(タイ)，カンボジア，ベトナムなど東南アジア各地に散在した。

5) **（総合－コンビニエンスストアーの工夫など）**

1. ア：コンビニの陳列棚の中で最も消費者の目に留まりやすく，手に取りやすい位置のことを，一般に，「ゴールデンライン」とよぶ。新製品や話題性の高い商品，売れ筋商品は「ゴールデンライン」に並べられることが多い。エ：コンビニでは，店内に入ってきた消費者に 1品でも多く商品を買ってもらうため，「消費者が店内をできるだけ多く歩いてもらう」ための工夫がされている。例えば，売れ筋商品である弁当やおにぎりは，コンビニの一番奥に配置され，消費者の歩く距離が長くなるようにしている。

2. コンビニにおいても，キャッシュレスの流れが強まり，商品の支払いにクレジットカードや電子マネーを使用する消費者が増加している。このようなカードには，個人情報が含まれていることが多いので，レジで性別や年齢などの情報を入力する必要がなくなってきている。

3. 近年，店内に「イートインスペース」を設けるコンビニが増加している。「イートインスペース」は文字通り，コンビニで購入した商品を飲食するほか，スマホなどを充電することも可能である。

重要 4. 人手不足が深刻で，深夜に働く人を確保するのが困難になってきている。また，午後10時～午前5時の深夜労働に対しては25％以上の割増賃金を払う必要があり，いくら売上が多くても，深夜営業が黒字になるとは限らないという現実もある。

6) **(政治－憲法の基本原理，日本の政治のしくみなど)**

基本 1. ア 大日本帝国憲法は，1889年2月11日に発布された欽定憲法。7章，76条からなり，天皇の大権，臣民の権利義務，帝国議会の組織などに関して規定されている。1947年5月3日に日本国憲法が施行されるまで存続した。 イ 勅語は，大日本帝国憲法の下で，天皇が大権に基づき，国務大臣の副署を要さず，親しく臣民に対してなされた意思表示。天皇の署名，捺印がないのが通例だが，教育勅語には署名，捺印がある。 ウ 主権は，国家の政治のあり方を最終的に決める力。大日本帝国憲法の下では，主権は天皇にあったが，日本国憲法の下では，主権は国民にある。 エ 大日本帝国憲法第11条は，「天皇は陸海軍を統帥す」と明記していた。

2. 日本国憲法第1条は，「天皇は，日本国の象徴であり日本国民統合の象徴であって，この地位は，主権の存する日本国民の総意に基づく」と明記している。これは，天皇が日本の国や国民全体のまとまった姿をあらわす立場にあることを示している。

重要 3. 天皇の行為は，・憲法が定める国事行為，・象徴としての地位に基づく公的行為，・そのほかに行為の3種類に大別される。イ，ウ，エはいずれも日本国憲法第7条が定める国事行為である。一方，ア，オは，象徴としての地位に基づく公的行為である。

★ワンポイントアドバイス★

2)の5で，竪穴住居を上から見た図を書くというユニークな問題が出題された。このような問題にもあわてずに対応する必要がある。

＜国語解答＞ ≪学校からの正答の発表はありません。≫

一 問一 赤や黄色や青と同じようにねずみ色に映っていた。 問二 ア 問三 うっかり～てしまい 問四 エ 問五 エ 問六 近所の公 ～ 込んだ。
問七 ウ 問八 ア 問九 決して失礼や，迷わくをかけない行動をしようと気を使っている。 問十 口でストローを探す 問十一 オ

二 問一 たなばた 問二 A 階段 B 天の川 問三 エ 問四 ウ
問五 オ 問六 イ 問七 フィクシ～うな感覚
問八 天の川の橋にも霜が降りている

三 1 明朗 2 駅舎 3 景勝 4 規律 5 寒気 6 幼少 7 潔白
8 専門 9 刷 10 奮起

○推定配点○

一 問一・問九 各6点×2 他 各4点×9

二　問一　2点　　問二　各3点×2　　他　各4点×6
三　各2点×10　　　計100点

＜国語解説＞

一　（物語－心情・情景，細部の読み取り）

重要　問一　「白黒テレビでは……」で始まる段落に，白黒テレビはどのような色合いで映っていたのかが説明されているので，「白黒以外は全部ねずみ色」ということはおさえられる。このことから，「ねずみ色」に映っていたのだが，青や赤は「ねずみ色だけど青」などと，自分なりに区別して見ていたのだ。もともとねずみ色なら，そのような区別をしない単にねずみ色だ。

やや難　問二　絵の具より折紙に近いという比較をしている。その折紙よりカラーテレビのほうが強い色という比較を重ねているのだから，強い方から，カラーテレビの色，折紙，絵の具ということになる。エも迷うが，「直線的」ということは読み取れない。色の強さの順序から考えて，折紙と比較するべきなのでアだ。

問三　「いつもは朝日も……」で始まる段落に着目する。ふだんは馬乗りをやっているし，「今日ももちろんやるつもりだった」のだが，「うっかり富樫くんに話しかけてしまい」そのままズルズル話し込んでしまったため馬乗りができなかった状況である。つまり，どうしても富樫くんに話したかったわけではないことがわかる。

問四　「あてはまらないもの」という条件に注意する。ア　誕生日プレゼントがカラーテレビになってしまったら抗議するつもりだったのだから当てはまる。　イ　クラスの半分くらいの家庭にカラーテレビはあるのだから，それほどでもないと思っているのであてはまる。　ウ・オ　周囲のみんなに「嬉しいか？」と言われて「まあな」とそっけなく答えているのは照れなのであてはまる。　エ　本心は嬉しいのだから子どもっぽいと思われることを気にしている心情は読み取れないのでエがあてはまらない。

問五　アとエで迷うところである。が，富樫くんは心から感心しているので，「見えすいたお世辞」というわけではない。一方，「誘ったものの，……」で始まる段落にある箇条書き中の三と四が，自慢げにならないかを心配している項目なので，エだ。

やや難　問六　「ジュースは……」で始まる段落の最終文には「富樫くんには出せない」と決めているのに，——線6では変化している文の流れを考えると，「近所の～顔を覗き込んだ」までが回想場面になっていることに気づく。この回想場面が，ケーキを出すことにしようというきっかけになる内容としてはっきりしたものがないので難しいが，このような場面を思い出したことで，声をひそめて「ケーキもある」と言いだしたことは事実なので，この回想場面が経過とする。

問七　「ぜんぜん間に合わない」とは，「どうしよう」と「たいへんだ」という驚きの気持ちにほど遠いという意味である。知り合いが救急車に乗って運ばれる緊急事態に出くわすまでは，のんきにマネをしていたのだが，実際に驚きの現場で聞いた音はまったく届かない不釣り合いなものだったと実感したのである。

問八　イ　ケーキのことは富樫くん本人に言ったが，ジュースのことは言っていない。　ウ　くわしい道案内だと朝日は思っているが，実際は道案内としてほとんど役に立たない内容である。
エ　「走ってきている」は，待っている朝日という状況に合わない。　オ　馬乗りに参加しない，富樫くんの様子や体型の描写からオの内容も想像できるが，はっきりとそのように読み取れる箇所はない。　ア　そもそも，カラーテレビを観にくるかということから誘いが始まったのだから，前半は正しい。ケーキもあると付け加えているのだから，富樫くんにとっては喜ばしいはずだと思うのだ。喜びでダッシュでくるだろうと想像していたのだ。

やや難 問九　靴を脱ぐところから，朝日の行動をそのままマネしている。スリッパをすすめれば，遠慮している。――線9の「おそるおそる」は，おそらく朝日のマネではなく自分で行動しなくてはならないからぎくしゃくした様子だったのだろう。朝日と同じ行動なら，朝日から失礼な奴だと思われなくてすむ。すすめられるままにスリッパなどをはいたら，図々しいやつだと思われるのではないかなど，朝日に，失礼な人だと思われないよう，迷わくだと思われないような行動をしようとしているのだ。

問十　番組が始まったばかりのときは「小声で口ずさむ」程度だった。が，ケーキを口にし，ジュースを飲もうするときまでは，コップを手に取っているのだから，まだ食器にも注意をはらっていたと思われる。しかし，目がテレビ画面から離れないから，「口でストローを探す」という行動をしているのだ。

問十一　最初は小声だったのに，「最終的には歌い上げるかたちになった」のだ。「歌い上げる」とは，最後まで歌うという意味ではあるが，ただ歌うというより，熱唱する，力をこめて歌う様子を言い表す場合が多い。課題文の場合も，熱をこめて歌ったと考えられる。富樫くんにしてみれば，自分を招待して，一緒に見ているのに，その状況におかまいなく熱唱していることにおどろいているのだからオだ。

二　（短歌鑑賞文－細部の読み取り，指示語の問題，空欄補充，漢字の読み）

基本 問一　「たなばた」と読む熟字訓である。

重要 問二　（A）　(A)には，「目の前に見えた」景色が入ることになるはずだ。霜が降りているのは「階(階段のこと)」とある。また，「この歌の美しさは……」で始まる段落には，はっきりと「目の前にある『階段』の霜」としているので「階段」だ。（B）　(B)には，頭上に広がるものが入ることになる。目の前の霜の降りた階と重ねて見ているのは「天の川」である。

問三　――線2の内容からは「関係あると思っていた」ということが読み取れる。ただし，――線2前後の内容は，現代人と比較して，科学的な知識を持った関係を考えていたのではないことを述べている。筆者は，当時の人々は，昼夜や季節も「地球の中で完結している」とは知らないけれど，自分たちの生活と同じように，星そのものにも昼夜や四季が訪れていると考えていたのだろうと推測している。したがってエを選択することになる。

問四　「同様の例でないもの」という条件に注意する。――線3は，知識や経験で知ってはいるが，実感，体感ではそれを感じられないということだ。ウ以外は，そのような条件に当てはまる。ウは，現実を見て，むしろ実感したということになるので当てはまらない。

基本 問五　「どこかで」⇒「信じてしまう」というつながり方である。

やや難 問六　「天の川の橋にも霜が降りている」は，非常にロマンチックでファンタジーだと「今」の私たちは思っている。が，問三で考えたように，当時の人は星そのものにも昼夜や四季が訪れていると考えていたのだろうと推測しているわけだから，「忠実」とは思わないまでも，リアルな部分を感じていたかもしれないということだからイである。

問七　――線6直前の「だから」は，線5の内容を指し示している。そして，線6直後から，「知ることができない」理由を説明しているという流れだ。当時の人が，「天の川の橋にも霜が降りている」と本気で信じていたわけではないかもしれないが，それでも実感としての「自分の頬を冷やす秋に触れているからかもしれない」から，今の私たちより信じるのかもしれないのように読める。「自分の頬を～触れている」ということを，「フィクションが～感覚」と言い換えているので，この26字を解答とする。

基本 問八　「天の川の橋にも霜が降りている」という表現について，当時の人がどのように思っていたかを考える文なので，信じることができたのは「天の川の橋にも霜が降りている」ということである。

三　（漢字の書き取り）

1 「朗」は全10画の漢字。「食」ではないので気をつける。　2 「舎」は全8画の漢字。5画目は3画目より長く書く。　3 景勝地とは，景色のすぐれている土地のこと。　4 「規」は全11画の漢字。4画目は止める。「夫」ではない。　5 「寒」は全12画の漢字。11・12各目の向きに注意しよう。6 「幼」は全5画の漢字。「刀」ではなく「力」だ。また「少」を「小」と混同しないように気をつける。　7 「潔」は全15画の漢字。7画目はやや右上方向に書く。　8 「専」は全9画の漢字。右上に点を打ち，全10画の漢字にしないように。また「問」と混同しないようにしよう。　9 「する」とは「印刷」するということ。全8画の漢字。4画目は3画目につける。　10 「奮」は全16画の漢字。「隹」部分をやや平たく書くとバランスがとれる。

★ワンポイントアドバイス★

記述は，抜き出し形式が多いが，文脈を追った読み方をしないと，時間ばかり浪費してしまう。しっかりした読みを心がけよう。

MEMO

大切なことはメモしておこうネ！

2019年度

★★★★★★★★★★★★★★★★★★★★★★★★

入　試　問　題

2019年度

慶應義塾普通部入試問題

【算　数】 (40分)　　＜満点：100点＞

【注意】 途《と》中の計算式なども必ず解答用紙に書きなさい。

1. □にあてはまる数を求めなさい。

① $\left\{1\frac{3}{8}+3.5-\left(2\div1\frac{1}{3}+7.5\right)\times\frac{5}{16}\right\}\times\frac{4}{11}=\square$

② $\left(\frac{1}{3}-\frac{1}{673}\right)\div10=\frac{3\div0.0375+\square}{4038}$

2. □△67は４けたの整数で，13でわっても17でわってもわりきれます。この４けたの整数を求めなさい。

3. 濃《こ》さが10％の食塩水Ａと濃さのわからない食塩水Ｂ，Ｃがあります。Ａを200ｇ，Ｂを100ｇ取り出して混ぜたところ濃さは９％になり，Ｂを250ｇ，Ｃを200ｇ取り出して混ぜたところ，濃さは8.2％になりました。Ｃの濃さは何％ですか。

ただし，食塩水の濃さとは，食塩水の重さをもとにした食塩の重さの割合のことをいいます。

4. 宿舎から展望台まで２㎞あります。Ａ君は宿舎を出発し，時速３㎞で展望台まで歩いて行きました。展望台で20分間休み，帰りは時速５㎞で宿舎へもどりました。Ａ君が宿舎を出発してから16分後にＢ君は宿舎を出発し，自転車で展望台へ行きました。展望台で20分間休み，帰りはＢ君の行きの速さの４倍の速さで宿舎にもどりました。Ｂ君は宿舎にもどってくる途中，展望台と宿舎のちょうど真ん中の地点でＡ君を追いこしました。

①　Ａ君が帰りの途中でＢ君に追いこされたのは，Ａ君が出発してから何時間何分後でしたか。

②　Ｂ君の行きの速さは時速何kmでしたか。

5. 下の図に，三角形はいくつありますか。それぞれ求めなさい。

①

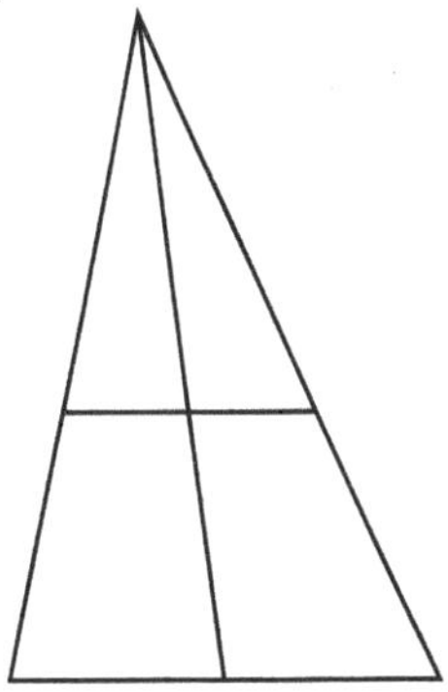

②

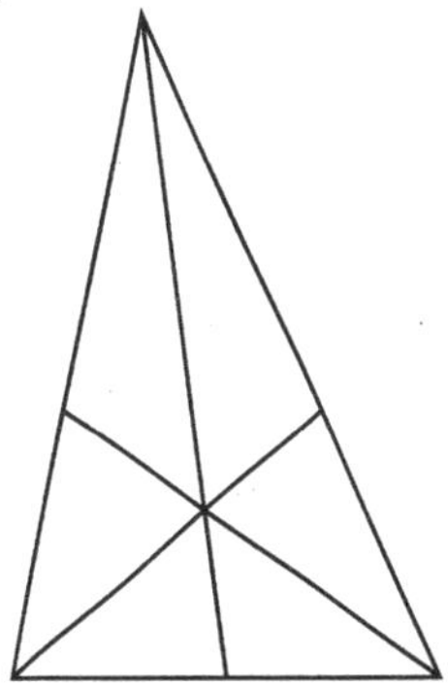

6. AD＝75㎝で，ＡＢの長さがわからない長方形ABCDがあります。その長方形の内側に，３辺の長さがAE＝60㎝，ED＝45㎝，DA＝75㎝の直角三角形AEDと，CF＝21㎝，FB＝72㎝，BC＝75㎝の直角三角形CFBを置いたところ，下の図のようになりました。

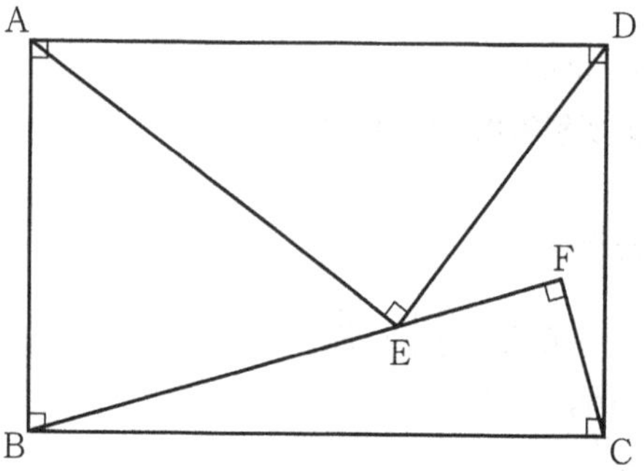

① 底辺をADとしたときの三角形AEDの高さを求めなさい。

② ABの長さを求めなさい。

7. 下の図は，１辺の長さが12㎝の立方体を，ある平面で切り取った残りの立体です。
CD＝６㎝，IF＝９㎝，JG＝３㎝です。

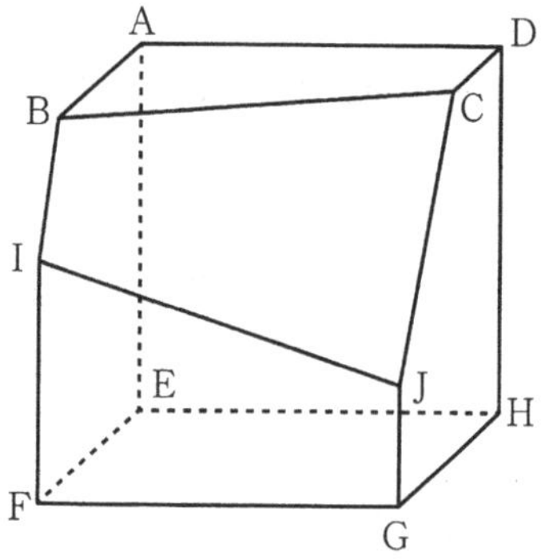

① ABの長さを求めなさい。

② 切り取った立体の体積を求めなさい。
ただし，角すいの体積は（底面積）×（高さ）÷３です。

8. 下の図のDに石を置きます。１から６の目があるサイコロをふって，奇《き》数の目が出たら左へ，偶《ぐう》数の目が出たら右へ，出た目の数だけ石を動かします。AやGをこえたら，こえた分だけ逆向きに石を動かします。たとえば，４が出たらD→E→F→G→Fへ，次に１が出たらF→Eへ石を動かします。

はじめにDに石を置いた後，サイコロを３回ふって動かしたとき，石がGにある目の出方は何通りですか。

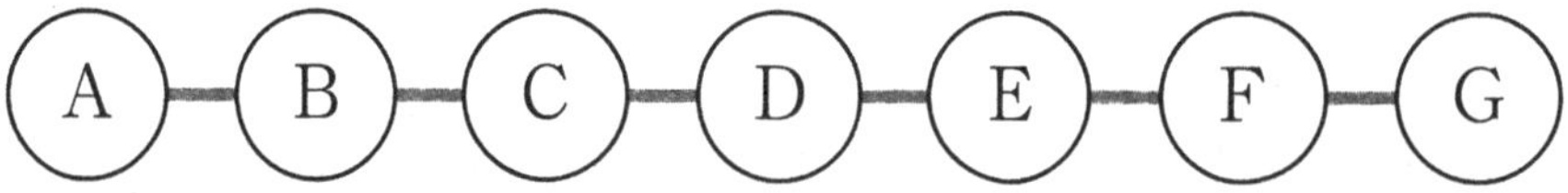

9. 下の展開図を組み立ててできる立方体にあてはまるものをア～エよりすべて選び，記号で答えなさい。

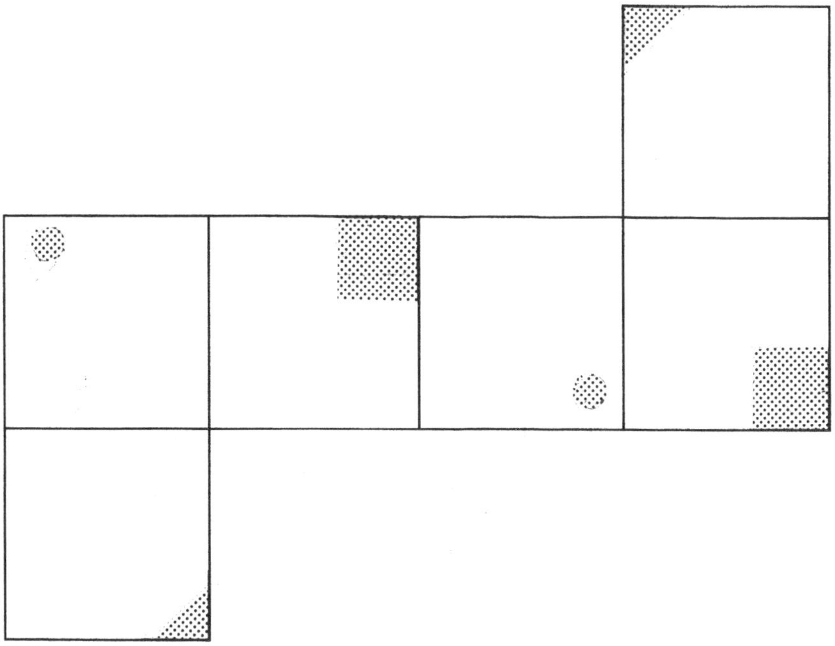

ア　イ　ウ　エ

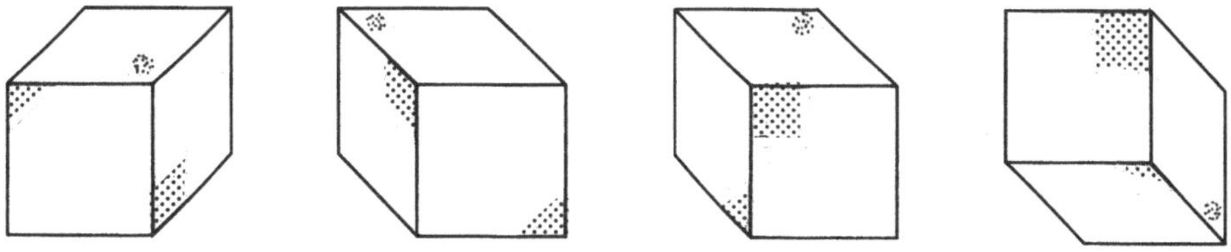

【理　科】（30分）　＜満点：100点＞

【注意】 □□□ の中には一文字ずつ書き，あまらせてもかまいません。

問１　次の①～③の実験や観察をして，その結果をそれぞれグラフ①～③に表しました。

①　ビーカーに100ｇの水を入れ，砂糖が何ｇまで溶《と》けるか温度ごとに調べました。別のビーカーで，食塩を使って同じ実験をしました。

②　沖縄と北海道で，日の出時刻を一年間調べました。

③　校庭に１ｍの棒を立て，春分，夏至，冬至に正午前後の影《かげ》の長さを測りました。

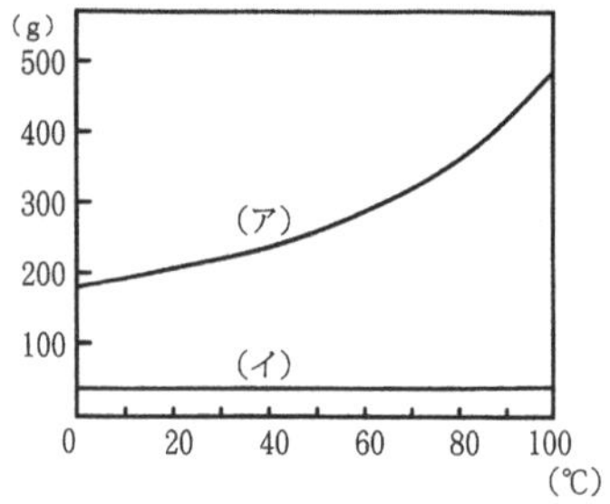

グラフ ①

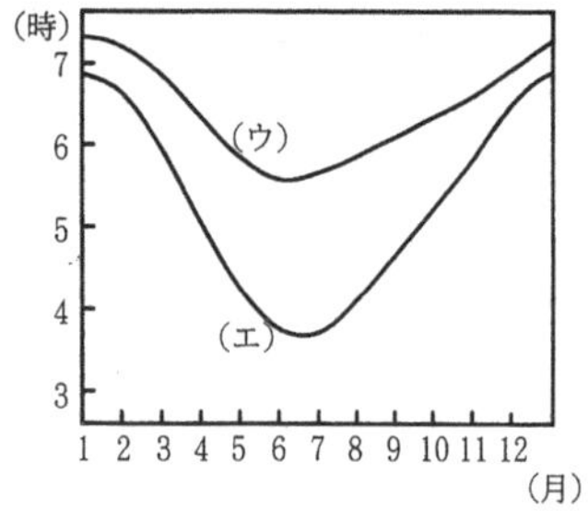

グラフ ②

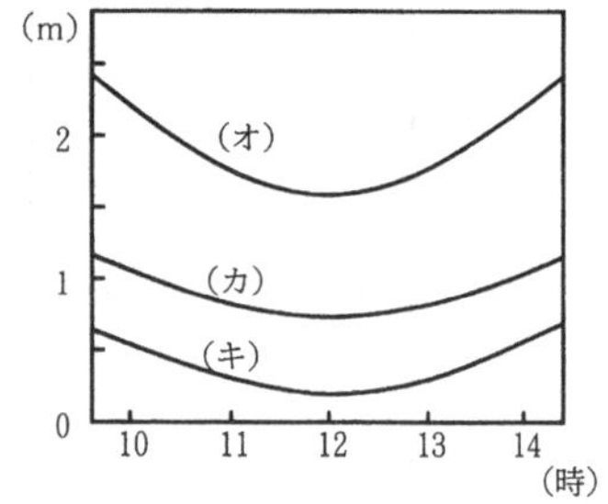

グラフ ③

1. グラフ①で，砂糖のグラフは（ア），（イ）のどちらですか。記号で答えなさい。
2. グラフ②で，北海道のグラフは（ウ），（エ）のどちらですか。記号で答えなさい。
3. グラフ③で，夏至のグラフは（オ）～（キ）のどれですか。記号で答えなさい。

次の（サ）～（テ）の関係や変化をグラフに表しました。

（サ）　ガスバーナーで水を温め始めてからの時間と水温の関係

（シ）　男子小学生の平均身長の変化

（ス）　東京湾《わん》での海水面の高さの時間変化

（セ）　標高と気圧の関係

（ソ）　長さが同じ振《ふ》り子のおもりの重さと周期の関係

（タ）　振り子の長さと周期の関係

（チ）　空気中でものを落としたときの時間と落ちる速さの関係

（ツ）　ある日の気温の時間変化

（テ）　横浜の毎月の平均気温の変化

4. 次のページのグラフ④～⑨はどの関係や変化を表していますか。（サ）～（テ）からそれぞれ１つ選び，記号で答えなさい。
5. 次のページのグラフ④～⑥のたて軸《じく》の単位を，それぞれ答えなさい。

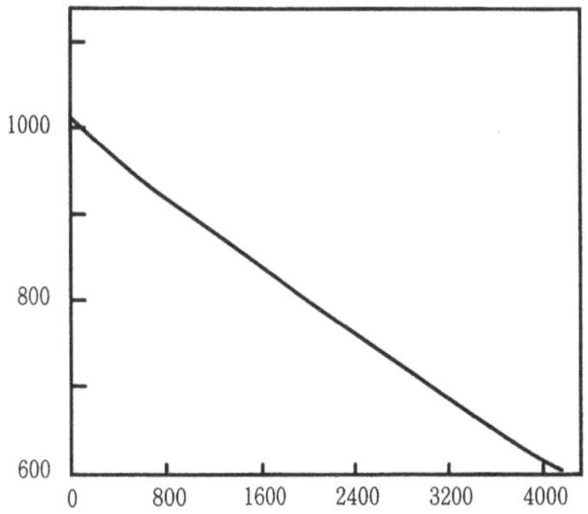

グラフ ④

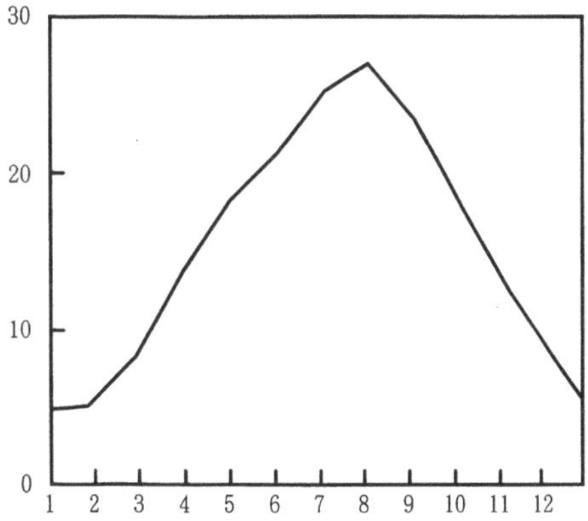

グラフ ⑤

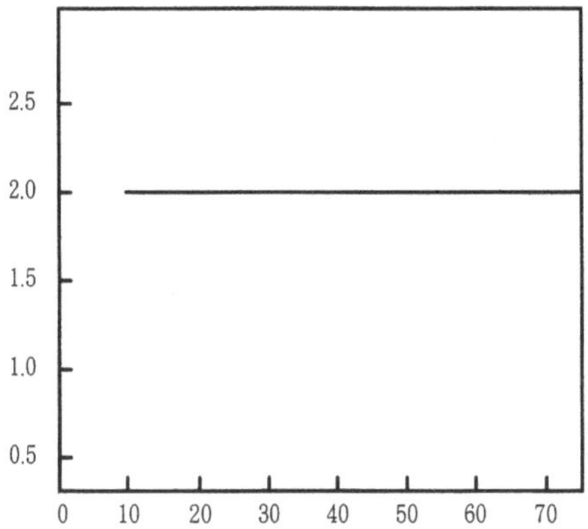

グラフ ⑥

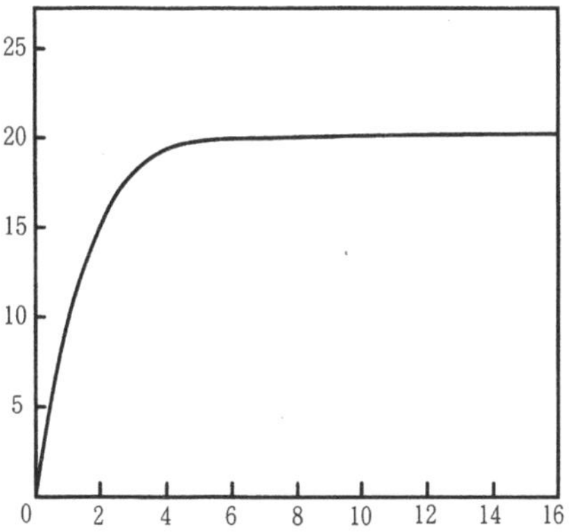

グラフ ⑦

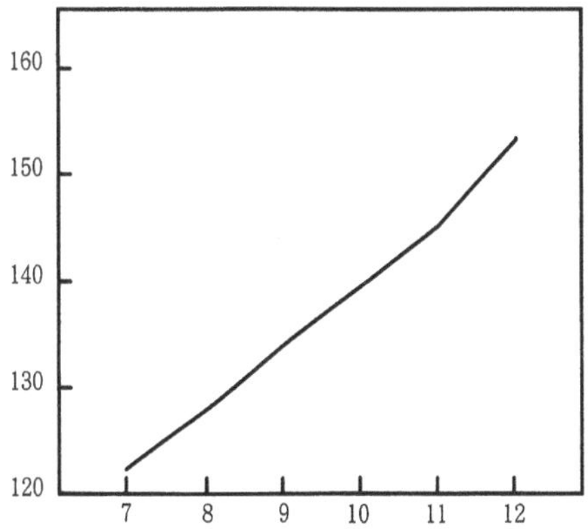

グラフ ⑧

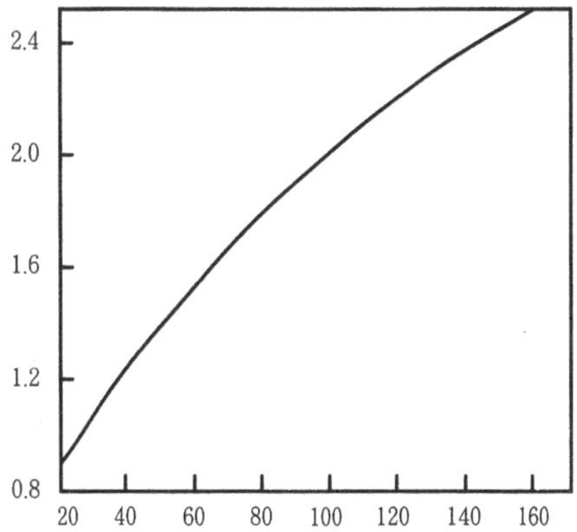

グラフ ⑨

問２　図１は，ある火山Ａが噴《ふん》火したときに出た溶《よう》岩や大きな石が到達した範《はん》囲と降り積もった火山灰の厚さを示したものです。

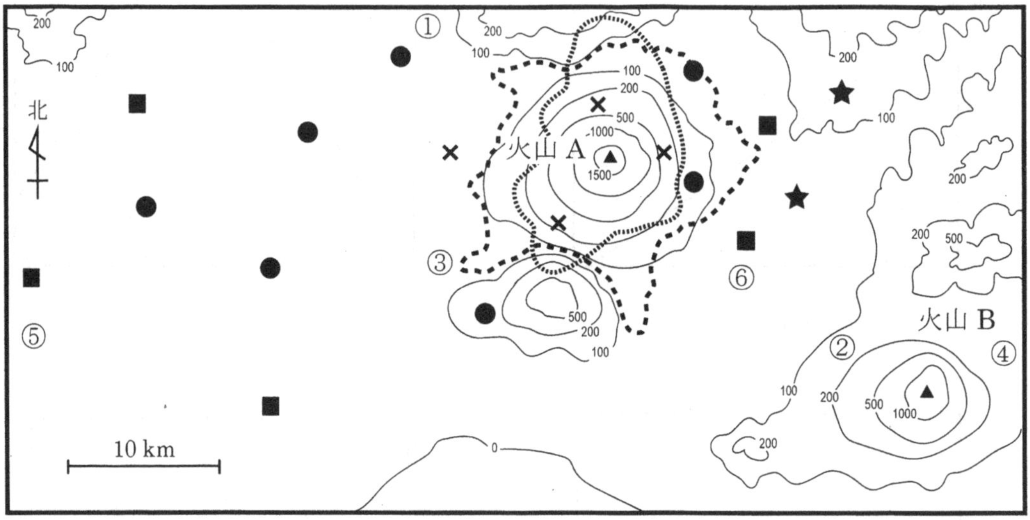

▲火山　［ア］が到達した範囲　［イ］が到達した範囲　×火山灰の厚さ 50 cm 以上

●火山灰の厚さ 30～50 cm　■火山灰の厚さ 10～30 cm　★火山灰の厚さ 10 cm 以下

図１

1. 図１の空らん［ア］には「溶岩」「大きな石」のどちらが入るか答えなさい。
　また，判断した理由を答えなさい。
2. 図１からわかることを次の（カ）～（コ）からすべて選び，記号で答えなさい。

（カ）　火口の真東の方向では火口に近いほど火山灰は厚く積もった。

（キ）　火口から10㎞の地点では，どこでも火山灰が50㎝以上積もった。

（ク）　火口から20㎞先にも，溶岩や大きな石が到達している。

（ケ）　噴火した当時の上空の風は西から東へ吹いていた。

（コ）　噴火した当時の上空の風は東から西へ吹いていた。

図２は，図１の①～⑤の地点で行ったボーリング調査の結果を図に表したものです。図２を見ると，過去にも火山Ａや火山Ｂの大きな噴火があったことがわかります。

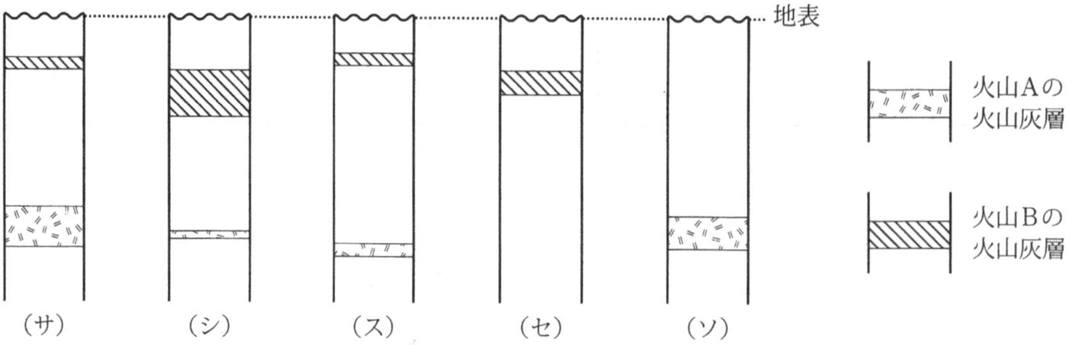

図２

3. 前のページの図２では火山Ａの火山灰と火山Ｂの火山灰が見分けられています。堆《たい》積している火山灰が異なる火山から出てきたものであると見分けるには，どのような作業が必要か答えなさい。
4. 前のページの図１の①と②の地点での調査結果として最もふさわしいものを，図２の（サ）～（ソ）からそれぞれ１つ選び，記号で答えなさい。なお，この地域の地形や気候は過去に大きな変化をしなかったものとします。
5. 前のページの図１の⑥で，図３のような調査結果が得られました。このような結果が得られた理由を答えなさい。

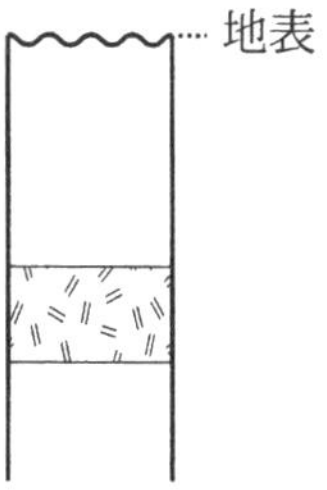

図３

問３　音は，ものの振《しん》動が空気や水に伝わることで進みます。空気そのものの振動だったりもします。音を水中で聞くとどの方向から来るのかわからなかったり，SF映画の宇宙戦争で爆《ばく》発の効果音に首をかしげたり，住宅街では上空のヘリコプターがどこにいるのか分からなかったりします。部屋のカーテンは遮《しゃ》音にも役立っていたりします。男の子は変声期を境に低い音，低い声になります。音を高くしていくとやがて人の耳には聞こえない音になったり，風上と風下では聞こえ方に違《ちが》いがあったりもします。次の問いに答えなさい。

1. 水中での音の速さは空気中と比べてどのようですか。あてはまるものを選び，記号で答えなさい。
空気中と比べて（ア．速い　　イ．遅《おそ》い　　ウ．ほぼ同じ速さ）。
2. 図１のように水を少しだけ入れたフラスコ内に鈴《すず》を二個つるし，栓《せん》をしました。あてはまるものを選び，記号で答えなさい。

　フラスコを小さくゆすると鈴の音は①（ア．よく聞こえる　　イ．聞こえにくい）。それは振動が伝わる順に　鈴→フラスコの中の空気→②（ア．フラスコ　　イ．栓）→フラスコの外の空気→③（ア．耳　　イ．口）だからである。フラスコの周りに厚い布を巻いてからフラスコを小さくゆすると鈴の音は④（ア．よく聞こえる　　イ．聞こえにくい）。

　布をとり，栓をあけてフラスコを下から加熱し，底の水が見えなくなったら加熱をやめてすぐに栓をして，フラスコを小さくゆすると鈴の音は⑤（ア．よく聞こえる　　イ．聞こえにくい）。フラスコをそのまま置くと再びフラスコの底に水がたまる。このときフラスコを小さくゆすると鈴の音は⑥（ア．よく聞こえる　　イ．聞こえにくい）。

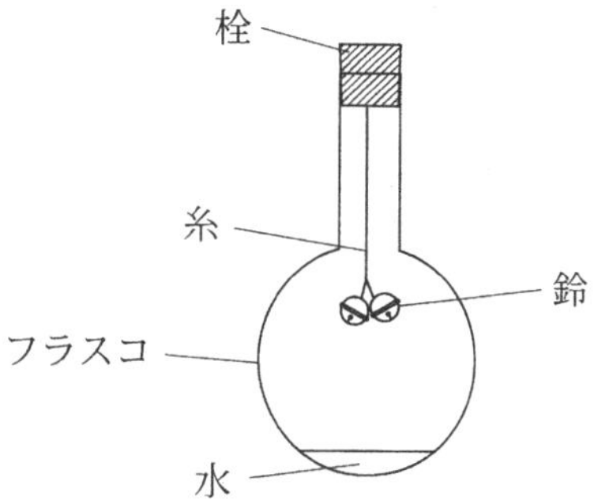

図１

3. 南から北へ進む音を図２の矢印で表しました。西からの横風の中では，また南からの追い風の中では，音は無風の時と比べてそれぞれどのような矢印で表すことができますか。

図２

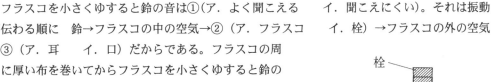

4. トンネルの中でドブネズミが鳴きました。ネズミの鳴き声が慶太君にはどのように届くのかを3本の線で表しなさい。

5. 図3を見て，下の文中にあてはまるものをそれぞれ選び，記号で答えなさい。

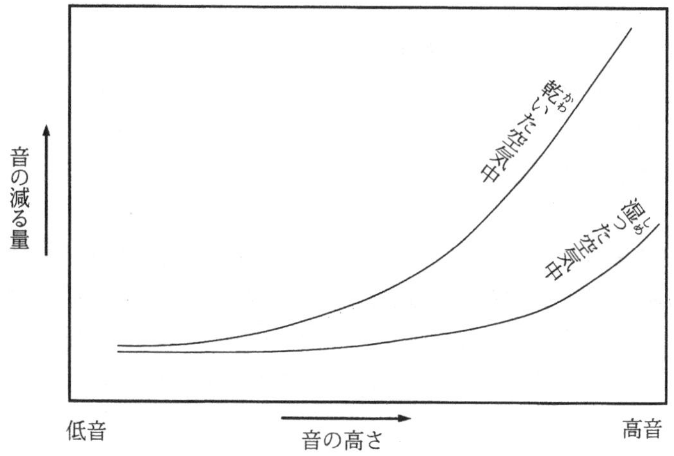

図3　音が空気中を進んだときの音の減り方

・上空でかみなりが発生したときは高い音も低い音も混ざっている。耳に届くかみなりの音は ①（ア．高い音だけ　イ．低い音だけ　ウ．混ざった音）である。

・聞こえないくらいに高い音を出すコウモリは，暗闇《やみ》で遠くを飛ぶ虫に ②（ア．気づきにくい　イ．気づきやすい）。

・船が出す合図としての汽笛は ③（ア．高い音　イ．低い音）である。

・④（ア．高い　イ．低い）音ほどよく伝わる。

・⑤（ア．乾《かわ》いた　イ．湿《しめ》った）空気中のほうが音はよく伝わる。

問4　次の文を読んで，下の問いに答えなさい。

池や沼《ぬま》の水をくみ出して，もともとその場所にいなかった生物やごみやAを取り除き，底に太陽の光を当てることを「かいぼり」といいます。

1. Aにあてはまる語句を書きなさい。

A	ヘ		

2. 関東地方でかいぼりをするのに最もよい季節は冬です。その理由を2つ答えなさい。

3. かいぼりで取り除く生物を（ア）～（カ）からすべて選び，記号で答えなさい。

（ア）　アメリカザリガニ　　（イ）　メダカ
（ウ）　スッポン　　（エ）　オオクチバス
（オ）　カワセミ　　（カ）　タニシ

4. 3. で選んだものを取り除きました。その後，水を入れてしばらくすると増加する生物を（ア）～（カ）から1つ選び，記号で答えなさい。またその生物を図に描《えが》きなさい。

東京の井の頭公園の池でかいぼりを行った後，この池で見られなくなっていたイノカシラフラスコモという水草が再び見られるようになりました。イノカシラフラスコモは花や種子をつけな

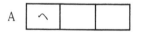

い水草です。

5. イノカシラフラスコモのように花や種子をつけないものを（サ）～（ソ）からすべて選び，記号で答えなさい。

（サ） ハス　　（シ） ワカメ

（ス） マツ　　（セ） マツタケ

（ソ） タケ

6. かいぼりをして水がきれいになり，イノカシラフラスコモが再び見られるようになりました。この理由を１つ答えなさい。

【社　会】（30分）　　＜満点：100点＞

1） 次の**ア**～**エ**の文で説明しているものの名前を漢字で書きなさい。ただし，**イ**の答えは漢字で書く必要はありません。

ア．唯《ゆい》一東京だけにある，司法権をもつ機関。

イ．悪いことだと知ったうえで，人をだまして金品などを奪《うば》う行為《い》。

ウ．地方自治体の議会で決定され，その自治体に限って適用される規則。

エ．改正によって選挙権年齢《れい》が18歳《さい》以上となった，選挙に関する法律。

2） 下の地図を見て，あとの問いに答えなさい。

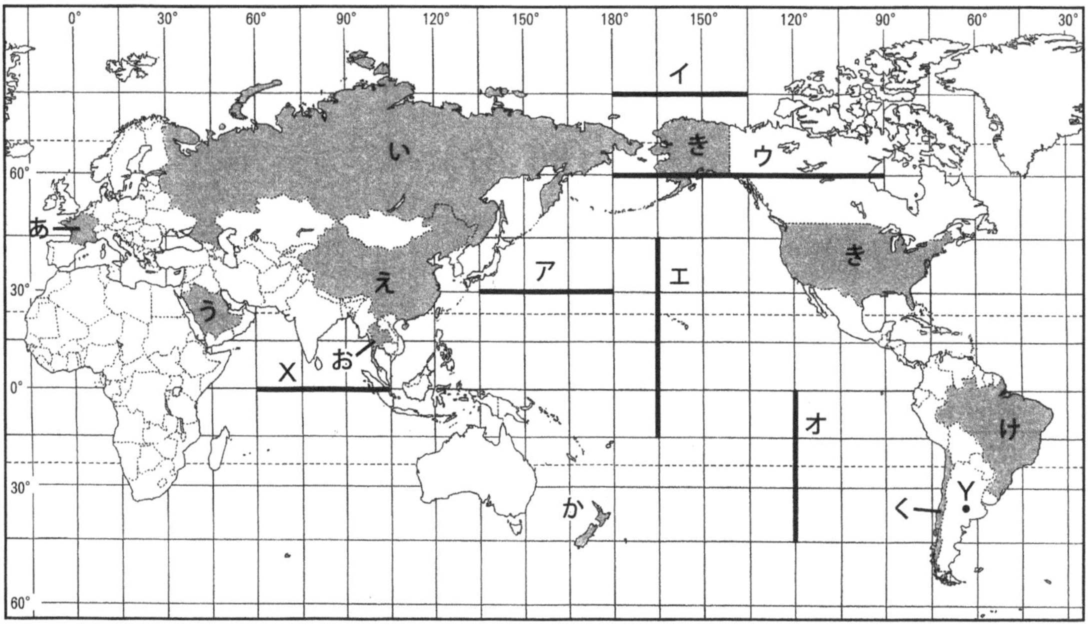

1. 地図中の線**ア**～**オ**のうち，線Xと実際の地球上でほぼ同じ距《きょ》離となる線を，すべて選んで記号で答えなさい。

2. 点Yは南緯《い》35度，西経65度です。地球上で点Yの真裏に当たる地点の緯度と経度を答えなさい。

3. 次のA～Fは，それぞれ地図中に示した**あ**～**け**のいずれかの国に住んでいる人が，日本を訪れた際に語った内容です。A～Fに当たる国名を書き，その場所を**あ**～**け**からそれぞれ選んで記号で答えなさい。ただし，正式な国名でなくても構いません。

A　東京の冬はあまり寒くないですね。私の国の首都では，冬にはマイナス20℃ぐらいになることもあるし，国内にはもっと気温が低くなる地域もあります。しかし，温暖化で永久凍《とう》土がとけだして，大きな問題になっています。日本への輸出品で最も多いのは原油です。

B　私の国では7～8月なら山に雪が降るのでスキーができます。しかし，2月には無理なので，今回は北海道にスキーをしに来ました。今私が着ているセーターは，牧羊の盛んな私の国で生産された羊毛で編まれたものなんですよ。

C　去年は日本でも台風による大きな被《ひ》害が出たようですね。私の国でも，昨年「フローレンス」と名付けられたハリケーンが南東部を襲《おそ》い，大きな被害を出しました。私の国では最先端《たん》の科学技術の研究が盛んで，世界中から有能な人材が集まってきます。

D　私の国の首都の気候は，旭川市の気候に似ています。最近，私の国で海外の旅行先として日本はとても人気があります。形や意味が少し違いますが，同じ文字が使われているので，街の案内表示などもだいたい理解できます。

E　日本ではとにかく雨がたくさん降って，緑が多いことに驚いています。私の国では雨がほとんど降らず，街から出ると広大な砂漠《ばく》が広がっています。私の国は産油国で，日本も私の国から，たくさんの原油を輸入しています。

F　とにかく寒いです。こんな寒さは初めて経験しましたし，雪を見るのも初めてです。私の国は年中暑く，少なくなりましたが，野生の象も生息しているんですよ。私の国には日本企《き》業の工場がたくさんあり，私はその一つで働いています。

4. **あ～け**のうち，2017年の貿易額で，日本の最大の輸出国と輸入国をそれぞれ選んで記号で答えなさい。同じ記号を選んでも構いません。

5. 来日する外国人の増加にともなって，外国人にも分かりやすい案内用の図記号が使用されるようになっています。この案内用の図記号を何と呼びますか。次の**ア～エ**から選んで記号で答えなさい。

ア. ガイドピクチャー　　**イ**. ランドマーク　　**ウ**. シンボルグラフィー　　**エ**. ピクトグラム

3） 国内43県のうち，面積が広島県より狭《せま》く，岡山県より広い県は5つあり，これを**ア～オ**県とします。**ア～オ**県は広い順に並んでいるとは限りません。**資料1**は，**ア～オ**県の人口を表したグラフです。**資料2**は，各県の県庁所在地の特色です。次のページの**資料3**は，各県の海岸線の一部について県の面積が広い順に並べた地図です。**資料1～3**を見て，あとの問いに答えなさい。

資料1　各県の人口

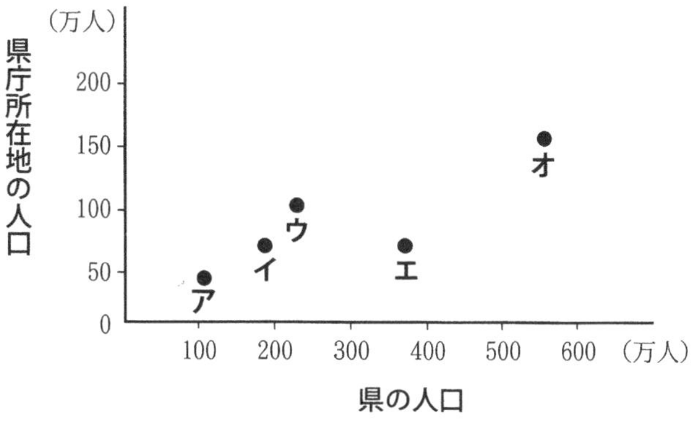

資料2　各県の県庁所在地の特色（ア～オ県の順に並んでいるとは限りません。）

・市内にある有名な城や公園には，市営の路面電車を利用して行くことができる。
・毎年8月初旬にこの市で開催《さい》される七夕《たなばた》祭りには，全国から多くの観光客が訪れる。
・冬でも温暖な気候であり，プロスポーツのキャンプ地として利用されることが多い。
・古い歴史を持ち，「枕《まくら》草子」に名前が記されている有馬温泉はこの市の北部にある。
・羽衣伝説で知られる三保の松原は，世界文化遺産の構成資産として登録されている。

資料３　各県の海岸線の一部（**地図１～５の縮尺は同じで，方位は上が北です。一部の島は省略してあります。**）

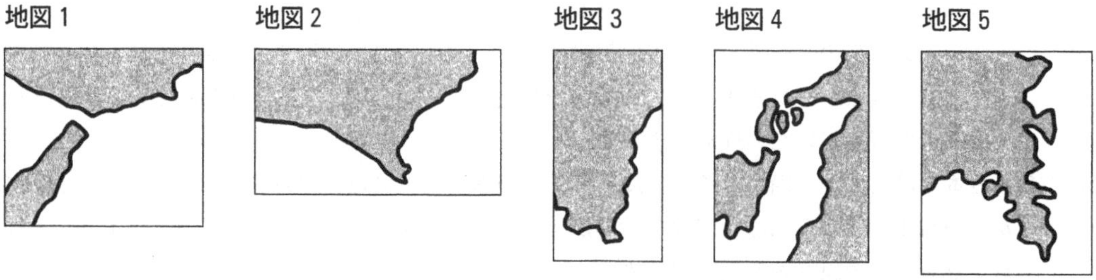

1. **ア～オ**県を面積が広い順に並べて，記号で答えなさい。また，それぞれの県名を漢字で書きなさい。
2. **ア～オ**県の県庁所在地のうち，その名前が県名と異なるものをすべて漢字で書きなさい。
3. **ア～オ**県のうち，平成になってから昨年までのあいだに起きた大地震《しん》の際に，県内で震度７が観測され，甚《じん》大な被害に見舞《ま》われた県を３つ選んで，地震が起きた順番に記号を並べなさい。

４） 次の文を読んで，あとの問いに答えなさい。

あ．1～３世紀ごろ，日本の各地にまわりを堀や柵《さく》で囲った大きな集落があらわれました。①佐賀県の遺跡《せき》が有名です。

い．3～７世紀ごろ，九州から関東のあちこちに古墳《ふん》がつくられましたが，とりわけ大きな古墳は５世紀ごろ，近畿《き》地方を中心につくられるようになりました。②大阪府堺市の古墳が有名です。６世紀になると，近畿地方以外の古墳は小さくなっていきます。

う．③埼玉県にある５世紀後半につくられた古墳から出土した鉄剣《けん》には，「大和朝廷《てい》の大王を補佐《さ》した」と刻まれています。

え．８世紀の終わりから９世紀にかけて，桓《かん》武天皇は蝦夷《えみし》と戦うために坂上田村麻呂らを東北地方に派遣《けん》しました。

お．12世紀後半になると，武士の力が強くなり，東国の武士たちと共に平氏を倒《たお》した④源頼朝が，鎌倉に幕府を開きました。

か．1221年，承久の乱で鎌倉幕府の御《ご》家人たちが朝廷の軍を破ると，⑤朝廷に味方した西国の武士の領地が没《ぼっ》収されて鎌倉幕府の御家人たちに与《あた》えられました。

き．1274年と1281年に元が攻《せ》めてきた時，幕府は全国の御家人だけでなく，それ以外の武士も集めて九州北部で戦いました。

く．幕府は戦いで活躍《やく》した武士に十分な恩賞を出せませんでした。また，蒙《もう》古襲《しゅう》来の戦いが終わっても，幕府は襲来に備え続けたため，武士の負担は軽くなりませんでした。そのため，生活に困る武士や幕府の命令に従わない武士が出てくるようになりました。

1. 下線部①～③をそれぞれ何というか書きなさい。
2. 下線部④は，京都での戦乱に敗れて伊豆に流されました。この戦乱を何というか書きなさい。
3. 下線部⑤について，このとき西国に領地をもらい，戦国時代には大名として中国地方で最も強い勢力を持ち，江戸時代にも大名であった家の名前を書きなさい。
4. **あ～え**の文に記されている１～９世紀にかけて，王の力はどのように変化していったのか，次の

ア～**ウ**から正しいものを一つ選んで記号で答えなさい。

ア．1～3世紀に各地に王が誕生し，5世紀ごろには近畿の王が強くなって関東にも勢力を広げた。6世紀以降さらに力をつけた王は，8世紀には東北地方にまで勢力を広げた。

イ．1～3世紀には各地で戦争が起こり，各地の王の力は衰《おとろ》えた。6世紀には近畿の王が強くなって関東まで勢力を広げたが，8世紀には東北地方の王との戦いに敗れた。

ウ．1～3世紀に各地に王が誕生し，6世紀ごろに彼《かれ》らは力を合わせて近畿の王を倒した。その中心にいたのが関東の王で，8世紀には東北地方にまで勢力を広げた。

5. **お**～**く**の様子から，鎌倉幕府の力はどのように変化していったのか，4の**ア**～**ウ**の書き方を参考にしながら説明しなさい。

5） 次の文を読んで，あとの問いに答えなさい。

あ．この支配者は，全国に家来を派遣して村ごとに田畑の面積や収穫《かく》量を調べる [A] を行い，領主たちに対して①農民らから武器を取り上げるよう命じたことで知られている。

い．この支配者は，自分に従うことを誓《ちか》った②領主が1年おきに政治の中心地と領地の間を行き来することを定めた。その数年後に大きな一揆《き》が起きると外国との関係も大きく変化させた。

う．この政治家は，木戸孝允《たかよし》らと共に欧《おう》米各国を回り，帰国後は政府が外国の技術や知識を導入しつつ国の産業を盛んにする政策を進める中で指導的な役割を果たした。同じ藩《はん》出身の人物を中心とする大きな士族の反乱が起きるとこれをしずめる側に立ち，翌年に暗殺された。

え．この人物は，都で10年余りも続くことになる [B] が起こった年に，山口を中心に力をもつ守護大名の船で明《みん》に渡った。帰国後に制作した代表作は，③日本三景の一つとして知られる場所を描《えが》いたものである。

お．この人物は，日本の美術品の大切さに目を向け，日本の芸術のすばらしさを世界に伝えようと努力する一方，国内で美術家の育成に力を注いだ。④1884年にはアメリカ人の学者フェノロサと共に [C] を調査して，その境内に建つ「夢殿《どの》」の秘仏を確認したことで知られる。

1. **あ**～**お**の～～部の人物名をそれぞれ漢字で書きなさい。
2. [A] ～ [C] に当てはまる最もふさわしいことばをそれぞれ書きなさい。
3. 下線部①･②を定めた命令や決まりに含《ふく》まれる文を，次の**ア**～**カ**からそれぞれ一つ選んで記号で答えなさい。

ア．一本の草，ひとつかみの土をもって協力したいという者がいればこれを許す。

イ．朝早く起きて草を刈《か》り，昼は田畑を耕し，夜は縄《なわ》をない，俵を編み，油断なく仕事にはげめ。

ウ．五百石以上の大きな船を作ってはならない。

エ．仏の恵《めぐ》みを受けるから，百姓《しょう》はこの世だけでなく，死んだ後も救われるだろう。

オ．戸籍《せき》をつくり，人々に田を割りあてて耕作させなさい。

カ．新しい知識を世界に学び，国を大いに盛んにしよう。

4. 下線部③はどこか漢字で書きなさい。
5. 下線部④の時点の状況《きょう》を記した文として間違っているものを，次の**ア**～**オ**からすべて選んで記号で答えなさい。

ア．まだ憲法は発布される前で，国会が開かれるかどうかも決まっていなかった。

イ．平塚らいてう《(ちょう)》が女性の地位の向上を目指す運動を行っていた。

ウ．すでに藩という組織は廃《はい》止されており，県が置かれていた。

エ．すでに学校の制度が定められており，国民は９年間の義務教育を受けることになっていた。

オ．条約改正が行われる前であり，日本は関税自主権をもっていなかった。

6） 次の文を読んで，あとの問いに答えなさい。

明治政府が，明治５（1872）年の11月９日に，「改暦《れき》」をすることを発表しました。それまで，日本では細かい改暦はあるものの，約1200年もの間，太陰《いん》暦が使われてきました。太陰暦では，□を暦《こよみ》の基準にしました。文明開化を推し進める新政府にとっては，これまでの太陰暦をやめて欧米各国が採用している新暦の（　**ア**　）暦に改めることは必要なことだったのです。この改暦にともなって，この年の12月３日が翌明治６（1873）年１月１日になりました。

国民への発表から23日後の改暦の実施《し》はあまりに急で，改暦の評判は国民には悪かったようです。そこで福澤諭吉は解説書として『改暦弁』という本を発行しました。福澤は，分かりづらいことを誰にでも分かりやすいように説明することが得意でしたから，新暦が分からないという人々にとっては，公転や自転の仕組みなど，最適な解説書になりました。

さらに，西洋で行われている次の三つのことがらについて説明しています。一つ目は，「西洋にては一七日《ひとなのか》を一（　**イ**　）と名づけ，世間日用の事，大抵《てい》一（　**イ**　）にて勘《かん》定せり」，「ソンデイ（サンデー）は休日にて，商売も勤めも何事も休息する」と紹介《しょうかい》し，二つ目には，「一年は十二に分かち，十二箇《か》月とす。その名と日の数，左のごとし」として，一年の月の名前と日数のことを紹介しています。三つ目には，改暦と同時に変えられた（　**ウ**　）の表し方について「まず短針の指す所を見て次に長針の居所《いどころ》を見るべし」と述べています。

1. (**ア**)～(**ウ**) に当てはまることばをそれぞれ書きなさい。
2. □ に当てはまることがらを書きなさい。
3. 下線部について，明治５年には「文明開化七つ道具」が流行語になりましたが，それに含まれるものを次の**ア**～**オ**からすべて選んで記号で答えなさい。

   ア．郵便　　**イ**．蒸気船　　**ウ**．電灯　　**エ**．ラジオ　　**オ**．活動写真
4. 最近，夏を中心とした時期に標準時を１～２時間程度早める制度を導入するかどうかが話題になりました。この制度を何と言いますか。また，この制度がねらいとしている効果に当たるものを，次の**ア**～**オ**から２つ選んで記号で答えなさい。

   ア．労働者の睡眠《すいみん》時間を増やしたい。

   イ．労働者の休日を増やしたい。

   ウ．日中の暑さを回避《ひ》したい。

   エ．海外からの観光客を大幅《はば》に増やしたい。

   オ．経済面で個人の消費を増やしたい。

る侮辱である　とありますが、それはなぜですか。最も適切なものを一つ選び、記号で答えなさい。

ア　想像という行為は、もっと神聖でおごそかに行われるべきものだから。

イ　気ままな想像から小説のヒントを得るなど、仕事の流儀《ぎ》に反するから。

ウ　想像の良さは、目的を持たずとりとめなく行うところにあるから。

エ　現実の生活を考えると、せっかくの想像の世界が台無しになるから。

オ　想像を愛する人は、一般《ぱん》的に小説というものを軽視しがちだから。

問四　3掌の中の小さなロボット　とありますが、これを言いかえた表現を本文中から探し、五字でぬき出しなさい。

問五　4鋼鉄の手足を持たず、強力な兵器も備えてはいない善人ヅラのロボットに、地球を乗っ取られてしまった　とありますが、これは現在の私たちの状況《きょう》をたとえた表現です。どのようなことを言おうとしているのですか。「〜こと。」に続くように三十字以内で書きなさい。

問六　5考える間もなく一斉に、ロボットの知識を頼る　とありますが、これと同じ内容の表現を本文中から三十字で探し、始めと終わりの五字をぬき出しなさい。

問七　6はっきり言って、つまらん　とありますが、そう思う理由を「〜から。」に続くように本文中から十五字以内でぬき出しなさい。

問八　次のア〜カの中で、本文の内容と合っているものを二つ選んで、記号で答えなさい。

ア　人間に敵対するSF小説のロボットに比べ、私たちの掌の中のロボットははるかに巧妙《こうみょう》に生活に入りこみ悪い影響《えいきょう》をおよぼしている。

イ　この文章は創造とはよべないが、結論の出ない議論に熱中したりして過ごした経験が、これを書く上で確実に役立っている。

ウ　「歩きスマホ」が好ましくないのは、一般的に言われる安全上の問題ばかりではなく、別の理由も存在する。

エ　ロボットの欠点はいろいろあるが、たとえば「デブ」の語源のような複雑な問題にすぐ回答できないことなどが大きな問題である。

オ　人間は考える葦であるのだから、ロボットをさらに進化させ、一緒《しょ》に考える時間を大切にしていかなければならない。

カ　疑問に思ったことがらをすぐにスマートフォンで調べて答えを知ってしまうことは、便利であるとは言えない。

三　次の傍《ぼう》線部を漢字に直しなさい。

1　答案用紙をうらがえす。
2　先生の教えを胸にきざむ。
3　身をこにして働く。
4　さいしんの注意をはらう。
5　彼《かれ》は野球でほんりょうを発揮した。
6　かしカードを見ながら声を出す。
7　患《かん》者の容体はしょうこう状態だ。
8　ふっきゅう工事が進んでいる。
9　各国のしゅのうが集まる。
10　受付できちょうをしてください。

想像する時間を奪われ、急激に想像力を喪失した人類は、やがてごく特定の分野を除いて、おそらく正当な創造を停止すると思われる。

そう言えば、このごろはぼんやりと物思うどころか、切実に考える時間も（　D　）。

正しくは、考えたり議論をしたりする間もなく、だれかが解答を調べてしまうのである。

たとえば、かつて編集者のみなさんと会食中に、お定まりのダイエット談議となり、ついつい話の流れで「デブ」という言葉の語源におよんだことがあった。

私が"development"《デベロップメント》の略語説を唱えると、ある編集者は江戸時代の文献《けん》にも「でっぷりと肥えた」などの表現はある、と反論した。またある人は"double chin"《ダブルチン》すなわち「二重アゴ」だろうと主張した。さらには、「出不精《しょう》」を略して「デブ」だという説も現れた。

議論を戦わすこと数時間、結論は出なかったのだが、たいそう充《じゅう》実したひとときであったと記憶する。もっとも、結論を見る必要はない。想像に満ちた時間は楽しく、なおかつ十数年もの時を経て、※注本稿《こう》の創造にもこうして益するのである。

しかし、このごろではどうなるかというと、5考える間もなく一斉《せい》に、ロボットの知識を頼《たよ》るのである。つまり、考える前に調べてしまう。

デブの語源までとっさに教えてくれるとは思えぬが、どうやら進化をとげたロボットは、世の中の疑問のたいていをたちまち解いてくれるらしい。

6はっきり言って、つまらん。それではまるで、ろくに考えもせずにクイズの解答を見てしまうようなものではないか。あるいは卑《ひ》近なたとえをするなら、翌日の新聞でレース結果を見て、同時にあっけなく散財を知るようなものではないか。

科学者はどうか知らぬが、文科系の思考回路を持つ人々は、結論に重きを置かないものである。むしろ、前述のごとく議論の経緯《い》を楽しみ、結論を見ることは何につけてもむなしいとさえ思う。

しかし、文明の利器はだれかれかまわず結論を提示してしまうのである。むろん便利にはちがいないが、その便利さによって社会が一元的に使用すれば、人間は考える楽しみを失ってしまう。

そしてもうひとつ、これは私たちにとって肝《かん》心なことだが、世界中の人々が一元的にこの方法をとれば、伝統的な教養主義に支えられてきた日本は、まっさきに脱《だつ》落し、堕《だ》落してしまうと思うのである。

札幌からの帰り途《みち》、窓側の席でぼんやりと雲海をながめながら、何を調べるでもなくだれに訊《たず》ねるでもなく、そんなことを考えた。

人間は考える葦《あし》である。すなわち、考えてこその人間である。

（浅田次郎「考える葦」より）

※注　本稿…この文章のこと

問一　(A)～(D)にあてはまる最も適切な語句をそれぞれ選び、記号で答えなさい。記号はくり返し使えないものとします。

ア　悪くない　　イ　少なくなった　　ウ　増えてきた

エ　みな同じである　　オ　そうはいない　　カ　多い

問二　1かく言う私は窓側派である　とありますが、筆者にとって窓側の席での楽しみはどんなことでしょうか。二十字以内で書きなさい。

問三　2小説の構想を練るなどとんでもない。それはむしろ、想像に対す通路側の席を希望する人は、まずいないという意味であろう。しかし大型旅客《かく》機の場合は、左右を他人にはさまれたまん中の席を希望する人はいないにしても、通路側をあえて指定する乗客は（　A　）。

第一の理由は、出入りに際して気遣《づか》いをする必要がない、ということであろう。また、心理的な開放感もあるし、足元にも多少の余裕《ゆう》を感じる。

1かく言う私は窓側派である。機内から下界を俯瞰《ふかん》し、あるいは雲のかたちや風の行方《ゆくえ》をながめながらぼんやりと物思う。至福の時間である。ヨーロッパ路線はシベリア上空をえんえんと飛行するが、人間の営みを感じさせない大地の姿はなぜか見飽《あ》きない。

アメリカの内陸部では、砂漠《ばく》の只《ただ》中に緑なす大農場が忽《こつ》然と出現する。専用滑《かっ》走路付きの家があり、子供たちは飛行機で通学しているのかな、などと考える。

日本海からユーラシア大陸へ、また太平洋からアメリカ大陸へと入る瞬《しゅん》間は見逃《のが》せぬ。ふしぎな感動がある。海外旅行が「洋行」という壮《そう》挙であった時代の父祖たちの記憶《おく》が、胸に甦《よみがえ》るのであろうか。

月見は機上に限る。さすがに太平洋の景色は面白くもおかしくもないけれど、満月の夜ならば幸運である。幼心に聞いたまま、忘れていたはずの物語のくさぐさが思い起こされる。

このごろいくらか大きくなった気がする窓に顔を寄せて、私はぼんやりと物思う。あくまでぼんやりと。2小説の構想を練るなどとんでもない。それはむしろ、想像に対する侮辱《ぶじょく》である。

ところで、このごろ私たちが、急激に想像力を喪《そう》失していることにお気付きだろうか。実に急激に、である。

ぼんやりと物思うことがなくなった。書物や新聞が、SNSやゲームに入れかわっただけではなく、多くの人が物思う時間を3掌《てのひら》の中の小さなロボットに奪《うば》われてしまった。

今や通勤電車の車窓から、沿線の風景をながめている人も少なくなった。いわゆる「歩きスマホ」は危害予防上の禁忌《き》ではあるが、人間は本来、歩きながらさまざまの想像をめぐらしている。そうした貴重な時間まで、掌の中のロボットにささげているように思える。

ロボットと言えば、人類がみずから造り出したロボットたちに世界を支配されてしまう、というSF小説や映画のストーリーがある。これに類するものは、SFの定番と言えるくらい枚挙にいとまない。

ロボットたちは優秀《しゅう》な人工知能と強力な兵器を備えており、とうとう発明者たる人類を圧倒《とう》するのだが、彼《かれ》らには「心」がない。そこで、力こそ劣《おと》るが「心」のある人類が、苦心の末に文明を奪還《だっかん》する。ストーリーの骨格は（　B　）。

心がないということはつまり悪役なので、これらロボットはいかにもそれらしい姿をしている。だが、どうだろう。世の中を見渡《わた》せば、悪党ヅラをした悪人など、（　C　）。

もしや私たち人類は、4鋼鉄の手足を持たず、強力な兵器も備えてはいない善人ヅラのロボットに、地球を乗っ取られてしまったのではあるまいか。祖先たちが何千年もかけて、営々と築き上げてきた文明を。

想像は創造の母である。どうでもよさそうな想像をかき集め積み重ねた混沌《とん》の中から、創造という行為《い》が生まれる。物を考えずに何かが造り出されるなどありえない。

としたのでしょうか。最も適切なものを一つ選んで、記号で答えなさい。

ア　灯台守の動きにしたがって光が点滅《めつ》するように見えたこと。
イ　イギリス英語を使って灯台守に感激を伝えられたこと。
ウ　灯台守が光のリズムを見事に記憶《おく》していたこと。
エ　昼間なのに灯台のスイッチを入れてくれたこと。
オ　灯台の光が圧倒《とう》されるほど力強く明るかったこと。

問八　6ぼくは言いつのった　とありますが、どういうことですか。最も適切なものを一つ選んで、記号で答えなさい。

ア　何度も言葉につっかえながら言った。
イ　どう言おうか言葉を選びながら言った。
ウ　興奮してますます激しく言った。
エ　相手を厳しくたしなめるように言った。
オ　一方的に決めつけるように言った。

問九　7なんの権利もないのに、ずうずうしくほかの人の場所を取ろうとしているような気がした　とありますが、「ほかの人」とはだれですか。最も適切なものを一つ選んで、記号で答えなさい。

ア　灯台守が空想で作り出した「少年」。
イ　この町に住むイギリス人の「少年」。
ウ　灯台守の記憶の中の「ぼく」。
エ　一年後に灯台を訪れた「ぼく」。
オ　この地で長年働き続けた「灯台守」。
カ　新しくこの場所に来た若い「灯台守」。

問十　8もちろん自分ではこの変化、このぎこちない時期を見られはしなかった　とありますが、どのようなことをいっているのでしょうか。必ず「自覚」という言葉を用いて、二十五字以内で書きなさい。

問十一　9だれか知らない人のことを話しているような調子で、そうぼくは言った　とありますが、このときの「ぼく」の胸中について述べた文として、最も適切なものを一つ選んで、記号で答えなさい。

ア　たった一年で「ぼく」を見忘れてしまった灯台守への怒《いか》りから、努めて冷淡《たん》な態度で接しようとしている。
イ　「ぼく」のことをわからなかった灯台守の気持ちも理解できる気がして、彼の思う通りに振《ふ》る舞おうとしている。
ウ　ケーキまで送ってあげた灯台守が「ぼく」を忘れていたのがショックで、必死に動揺《よう》をかくそうとしている。
エ　年老いて「ぼく」を忘れてしまった灯台守の態度に納《なっ》得がいかず、しかたなく話を合わせようとしている。
オ　灯台守のあまりに予想外の反応と自分の変化に戸惑った「ぼく」は、自分がだれかもわからないほど混乱している。

問十二　一年後、再会した二人はそれぞれに思いがけない変化をしていました。そうなることを読者に予感させる一文を本文中から探し、始めの五字をぬき出しなさい。

二　次の文章を読み、問いに答えなさい。

窓側か通路側か。

座席を指定する際の選択《たく》である。ただしこの質問は航空機に限る。列車や長距離《きょり》バスの場合は窓側の席から埋《う》まっていって、「あいにく通路側の席しかあいていませんが、よろしいですか」となる。

なわれていく時期にさしかかっていた。8もちろん自分ではこの変化、このぎこちない時期を見られはしなかったが、灯台守の前に立っていたそのとき、ぼくはもう二度と――ほんとうに二度と――去年のぼくほど「いい子」にはなれないことを感じとったのだ。

「まったく、じつにいい子だったな」灯台守はもう一度言って、自分の考えに沈《しず》んでいった。

「ふうん、そうなんですか」9だれか知らない人のことを話しているような調子で、そうぼくは言った。

（アルトゥーロ・ヴィヴィアンテ「灯台」より）

問一 ①にあてはまる最も適切な語句を一つ選んで、記号で答えなさい。

ア 誘《さそ》っている　イ 戸惑《まど》っている　ウ 眠《ねむ》っている

エ 断《ことわ》っている　オ 語っている

問二 1あらゆる意味で、ぼくの歩みは今の半分の重さしか運ばずにすんでいた　とありますが、この文章の語り手である今の「ぼく」は当時と比べてどうなっているのでしょうか。適切なものを二つ選んで、記号で答えなさい。

ア 体力が衰《おとろ》え少年のころのようには動けなくなった。

イ ある程度の地位について軽率《そつ》な行動が許されなくなった。

ウ 物事の善悪をきちんと判断できるようになった。

エ 長い年月を経て大人の体格になり体が重くなった。

オ 思った通りのことをすぐに実行することはなくなった。

カ ふだん持ち歩く物の種類や量も格段に多くなった。

キ 大人の力を頼れなくなり何事も自力で行うようになった。

問三 2ファシストの脅し、ののしり、自画自賛などがまだ耳に生々しく残っていたぼくは、これを聞いてとてもうれしかった　とありますが、こののち、「ぼく」の祖国では「ファシスト」が実権をにぎり、一家はある運命をたどることになります。「ぼく」が置かれることになる立場を本文中から探し、二字でぬき出しなさい。

問四 3海と陸とをへだてる細い線の上にいて、どちらにも属しているし、またどちらにも属していないのだった　とありますが、「陸の人間」である「ぼく」にとって、灯台守はどのような存在だったのでしょうか。最も適切なものを一つ選んで、記号で答えなさい。

ア 普通の子供を特別にもてなす不思議な存在。

イ 海の世界への橋渡《わた》しをしてくれる存在。

ウ 理解できる部分とできない部分が混じった存在。

エ 海と陸両方についてあらゆる知識を持つ存在。

オ 現実離れした幻《げん》想的な雰囲気をまとう存在。

問五 ②にあてはまる最も適切な言葉を一つ選んで、記号で答えなさい。

ア ながい　イ くらい　ウ ふかい

エ あわい　オ まるい

問六 4ぼくのためだけに、まさかほんとうにスイッチを入れてくれるとは思わなかった　とありますが、灯台守がこんなにも歓迎してくれる理由を、灯台守にふだんからどのような思いがあったからだと「ぼく」は推測しているでしょうか。灯台守の胸の内が書かれた部分を本文中から三十字で探し、始めと終わりの四字をぬき出しなさい。

問七 5ぼくはうっとり見入った　とありますが、どんなことにうっとり

「そうかい。光がついたり消えたりするこのリズムは、世界じゅうみんなちがうんだよ。だから船長は、灯りを見て拍子をとれば、世界のどこの灯台の光なのかわかるのさ」

　ぼくはうなずいた。

「さて、お茶でもどうかね?」と灯台守は言った。そして戸だなから青と白の模様のカップと受け皿を取り出し、お茶を注いでくれた。ビスケットも出してくれた。「そのうち、暗くなってから灯りを見においで」と彼は言った。

　ある晩遅《おそ》く、ぼくはもう一度行ってみた。灯台の投げかける光は、海を、船を、そして遊歩道をひろびろと照らし出していた。光のあとに生じた闇《やみ》はこれまでになく濃《こ》くみえた。闇はあまりにくろぐろと果てしなく広がり、永遠に去らないように思えて、強力な灯台の光でさえも蛍《ほたる》の光と同じくらいちっぽけに、同じくらいはかなく感じられた。

　夏の終わりに、ぼくはイタリアに帰った。クリスマスが来ると、パンフォルテ――フルーツケーキの一種で、ぼくの町の名物だ――を買って、灯台守に送った。もう二度と会うことはないだろうと思っていたのだが、一年後、ぼくはまたウェールズに行くことになった、今回は休みをすごしにではなく、難民として。着いてまもないある朝、灯台に行ってみると、老いた灯台守は引退していた。

「でも今でもまだ来るよ」と、ずっと若い後任の男は言った。「天気がよければ、午後にはいつもすぐ外に座《すわ》っているさ」

　昼ごはんのあともう一度行ってみると、はたして、ドア脇《わき》の出っぱりに腰《こし》をおろしてパイプをふかしていたのは、ぼくの灯台守だった。小さな犬がそばにいた。彼は去年よりも重たげに見えた。それはでも太ったからというより、その場にしっかり体を据えられてしまって、助けを借りなければ立ち上がるのも容易でないような感じがしたからだった。

「こんにちは」ぼくは言った。「ぼくのこと覚えてますか? 去年ここに来たんだけど」

「どこから来たんだい?」

「イタリアです」

「うん、昔イタリアから来た男の子がいたよ。じつにいい子だったな。クリスマスにフルーツケーキを送ってくれてね」

「それ、ぼくですよ」

「うん、まったくいい子だったなあ」

「ケーキ送ったの、ぼくなんです」

「イタリアから来た子でね。じつにいい子だった」

「それ、ぼく、ぼくですよ」と、6ぼくは言いつのった。

　一瞬、灯台守はぼくの目をまっすぐに見つめた。その目はぼくを認めなかった。ぼくは、自分が侵《しん》入者になったような気がした。7なんの権利もないのに、ずうずうしくほかの人の場所を取ろうとしているような気がした。「いやあ、まったくいい子だった」彼はくり返した。目の前に立っている少年はけっして去年の子供にかないはしない、そう言いたげだった。

　そしてぼくは、灯台守がそんなにいい子としてぼくを憶《おぼ》えているのを知って、もう、それ以上言わなかった。彼の思い出をこわしたくなかったのだ。ぼくはその頃《ころ》ちょうど、少年が急にぎこちなくなってきて、二度と取り戻《もど》せない何か――若葉のような雰《ふん》囲気、ある種のみずみずしさ――を失い、いろいろなことが重なって動き一つひとつの優雅《が》さがそこくるのが、まったく自然なことだと思っているようだった。ぼくくらいの年頃《ごろ》の男の子は、もちろん灯台を見たがるものだと、態度の一つひとつが言っているようにみえた。興味をもつ人、訪ねてくる人がもっといてもよさそうなものなのに、そう言っているみたいだった。何だかまるで、この人は知らない人に灯台を見せるのが仕事であって、灯台は博物館か由緒《しょ》ある塔かなにかなのだ――ぼくはそんな気になってきた。

　でももちろん、そんなはずはない。この灯台を無数の船が頼《たよ》りにしていたのだ。船のマストはぼくらの目線と同じ高さだった。どの窓を見ても、カモメが四方八方を飛び交《か》っている。港の外側はブリストル海峡《きょう》で、約三十マイル向こうには、対岸のサマセット海岸がたなびく雲のようにぼんやり見えていた。うしろを見れば、スレート屋根の街並み、そして遊歩道が見えて、上から見られているとも知らずに人々が歩いていた。

　灯台にはよく磨《みが》かれた真鍮《ちゅう》の大きな望遠鏡があって、台座に据《す》えられ、海の方を向いていた。覗《のぞ》いてごらん、と灯台守は言ってくれた。ぼくはブリストル海峡を船が一隻《せき》進んでいくのを、遠くで波が砕《くだ》けてしぶきが跳ね散るのをながめ、はるかな岸を、そして空を舞《ま》うカモメをながめた。すぐ近くを飛んでいくカモメは、目の前を一瞬《しゅん》横切っていく影《かげ》のように見え、ずっと遠くを飛ぶカモメは、宙で羽を休めているかのようにほとんど止まって見えた。ぼくも彼らといっしょに休んでいた。翼《つばさ》をしっかりはばたかせて、まっすぐ飛んでいるカモメもいたが、（　②　）空の上、ほとんど進んでいるようには見えなかった。望遠鏡がとらえる空は、そんなにも広かったのだ。

「で、これが」と灯台守は言った。「気圧計だよ。この針が下がると、嵐《あらし》が来るしるしだ。小型船は要注意だな。今は『不安定』を指しているね。これからどうなるのか、気圧計にもわからないってことだよ――わしら人間と同じにな。そしてあれが」と、いちばんいいものを最後までとっておいた、という調子で灯台守は言った。「灯りだよ」

　見上げると、何千カンデラもの電球を収めた巨大なレンズがあった。

「日が暮れると、こうやって電気をつけるんだ」灯台守は壁《かべ》ぎわにある制御《ぎょ》箱のところへ行って、レバーに手をかけた。

　4ぼくのためだけに、まさかほんとうにスイッチを入れてくれるとは思わなかった。ところが、実際そうしてくれたのだ。ゆっくりと、力強く、いかにも力強そうな感じに灯りがついた。ぼくは頭上に熱を感じた。まるで太陽のような熱だ。大喜びで目をかがやかせているぼくを見て、灯台守は満足げだった。「うわあ《アイ・セイ》！　断然いいね《ザッツ・ジョリー・グッド》。すごいや《スーパー》！」ぼくは、覚えたてのイギリス英語を総動員して叫《さけ》んだ――もちろん、「きれい《ビューティフル》」とか「すてき《ラブリー》」とか、前から知っていた言葉も使ったけれど。

「三秒間ついたら、二秒間消えるんだ。いち、にい、さん。いち、に」まるでピアノの先生のように灯台守は拍子《ひょう》をとり、光は命じられるがままについたり消えたりした。光がどれくらいのあいだついているのか、灯台守はしっかり把握《はあく》していた。「いち、に、さん」と数えて、まるで指揮者のように手を下ろす。それから、神さまが光あれというように両手をあげて光を求める。すると灯りがつくのだ。

　5ぼくはうっとり見入った。

灯台守がスイッチを切った。光はゆっくりと弱まり、やがて消えた。

「どこから来たんだい？」と灯台守はたずねた。

「イタリア」

【国　語】（四〇分）〈満点：一〇〇点〉

※字数を数える場合は、句読点・かぎかっこ等も一字と数えます。

一　次の文章を読み、問いに答えなさい。

板張りの遊歩道が尽《つ》きて、桟《さん》橋がはじまるところに、古い灯台は立っていた。白くてまるい塔《とう》で、小さなドアがあり、てっぺんはぐるりと窓になっていて、巨《きょ》大な灯《あか》りがついている。ドアはたいてい半開きになっていて、中のらせん階段が見えた。いかにも（　①　）ような風情《ふぜい》に、ぼくはある日、思い切って中へ入っていった。中に入ると今度は、階段を上ってみずにはいられなかった。当時ぼくは十三歳《さい》、黒い髪《かみ》をした元気のいい少年だった。1あらゆる意味で、ぼくの歩みは今の半分の重さしか運ばずにすんでいた。今では入れないような場所にも、ぼくは入ることができた。どこにでもするっと入って、歓迎《かんげい》されないんじゃないかなんていう不安はこれっぽっちも感じなかった。

その町は南ウェールズ地方の、良い港に恵《めぐ》まれた海辺の避《ひ》暑地で、ぼくにとっては異国の地だった。ぼくの家は、海から遠く離《はな》れたイタリアの高原の町にあった。夏のあいだウェールズの知り合いの家に泊《と》めてもらって英語を上達させようと、両親がぼくを送り出したのだ。イタリアを離れたのははじめてだった。見知らぬ外国の町、海、夏休み、すべてがぼくの浮《う》き浮きした気分をもりあげていた。時もひと役買っていた。一九三七年。この年イギリスは再軍備を始め、何かが動き出す気配があたりに満ちていたのだ。「ブリストルの方では」と、泊めてくれていた一家の父親が、静かな声で控《ひか》えめな微笑《びしょう》を浮かべながら言ったのをぼくは覚えている。「ひと月に百機以上の飛行機を造ってるそうだ」。2ファシストの脅《おど》し、ののしり、自画自賛などがまだ耳に生々しく残っていたぼくは、これを聞いてとてもうれしかった。実際、何を見ても何を聞いてもうれしかったのだ。ぼくが見守るなか、カモメは空で豪《ごう》快に輪を描《えが》き、芝生《しばふ》にやってくるコマドリはいかにも人馴《な》れして見えた。イタリアでは、広場のハト以外、鳥が人に近づいたりはしない。見たこともない激しさで、波がすさまじい音とともに桟橋にたたきつけるのをぼくはながめた。波はたたきつけてはまた跳《は》ね返り、攻《せ》めてくる次の波を出迎《むか》えて、その勢いを抑《おさ》えた。そしてぼくは、いろんなことをはじめて体験した。凧《たこ》あげ、ローラースケート、鍾《しょう》乳石の垂れ下がる洞穴《どうけつ》の探検、潮が引いた後に残った水たまりでのボートこぎ、それから灯台に行ったこと。

そう、灯台に行ったのだ。ぼくはらせん階段を上っていき、てっぺんのドアをノックした。開けてくれたのは、いかにも灯台守《もり》という感じの男の人だった。パイプをくわえ、白髪《しらが》まじりのあごひげをはやしている。船乗りのように、金ボタンつきの厚手のネイビーブルーの上着を着て、よく合うズボンとブーツをはいていた。とはいえ、どこか陸の人間らしいところもあった。落ち着いた顔つきで、しっかり地に足のついた様子をしていたし、ブーツも農夫のブーツみたいだった。一方では海に洗われ、もう一方では岩に支えられて、灯台と灯台守はそのちょうど境い目に立っていたのだ。3海と陸とをへだてる細い線の上にいて、どちらにも属しているし、またどちらにも属していないのだった。

「さあさあ、入りなさい」とその人は言った。世の中には不思議と人を安心させる力をもった人がいるものだが、この灯台守もそうで、たちまちぼくをくつろいだ気分にしてくれた。彼《かれ》はこの灯台に男の子が訪ねて

2019年度

解　答　と　解　説

《2019年度の配点は解答欄に掲載してあります。》

＜算数解答＞《学校からの正答の発表はありません。》

1. ①　$\frac{3}{4}$　②　54　2.　5967　3.　9.7%　4.　①　1時間12分後　②　時速3.75km
5. ①　6個　②　16個　6.　①　36cm　②　50cm　7.　①　10cm　②　156cm^3
8. 15通り　9.　ア，イ，エ

○推定配点○

8.・9.　各8点×2(9. 完答)　他　各7点×12　計100点

＜算数解説＞

1. (四則計算)

①　$\left(1\frac{3}{8}+3\frac{4}{8}-\frac{45}{16}\right)\times\frac{4}{11}=\left(4\frac{7}{8}-2\frac{13}{16}\right)\times\frac{4}{11}=\frac{3}{4}$

②　$\square=\left(\frac{1}{3}-\frac{1}{673}\right)\div10\times4038-3\div\frac{3}{80}=(1346-6)\div10-80=54$

基本　2. (数の性質)

13×17＝221　221×7＝1547　221×27＝5967

重要　3. (割合と比，濃度)

200g：100g＝2：1より，食塩水Bの濃さを□にすると，2×10＋1×□＝(2＋1)×9＝27　□＝7
同じく，250g：200g＝5：4より，食塩水Cの濃さを△にすると，5×7＋4×△＝(5＋4)×8.2＝73.8
したがって，Cの濃さは(73.8－35)÷4＝9.7(%)

重要　4. (速さの三公式と比，旅人算，単位の換算)

右のグラフにおいて，Aは60×2÷3＝40(分)で展望台に着き，60×2÷5＝24(分)で宿舎に戻る。

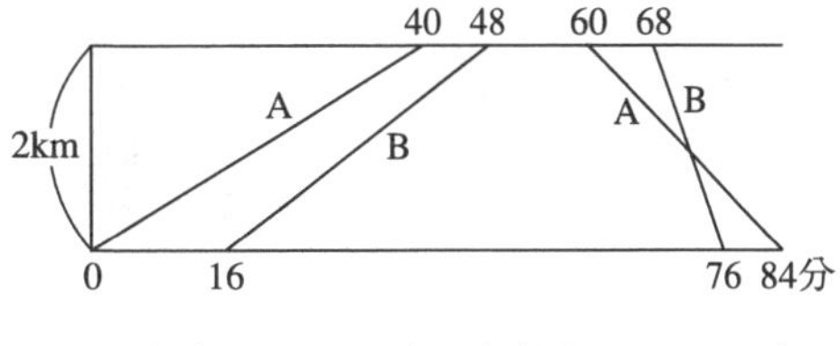

①　Aが展望台から1km進んだのは，40＋20＋24÷2＝72(分後)すなわち1時間12分後である。

②　①より，Bは，行きの2kmと速さを4倍にした帰りの1kmを72－(16＋20)＝36(分)で進む。したがって，行きの2kmの時間と帰りの1kmの時間の比は(2÷1)：(1÷4)＝8：1，行きの時間は36÷(8＋1)×8＝32(分)であり，行きの時速は$2\div\frac{32}{60}=3.75$(km)

5. (平面図形，場合の数)

図1

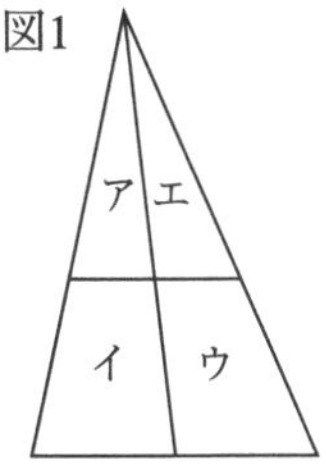

図2

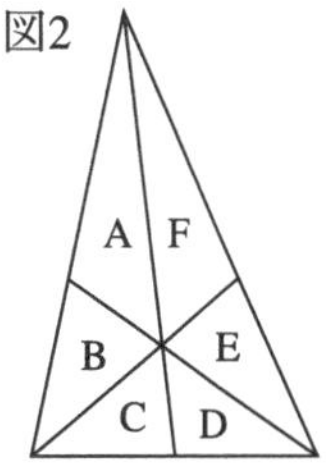

基本　①　図1において，ア，エ，アとイ，アとエ，エとウ，アとイとウとエの6個の三角形がある。

重要　②　図2において，A，B，C，D，E，F，AとB，CとD，EとF，AとBとC，BとCとD，CとDとE，DとEとF，EとFとA，FとAとB，AとBとCとDとEとFの6＋3＋6＋1＝16(個)の三

角形がある。

重要 6.（平面図形，相似）

① 右図において，高さHEは60×45÷75＝4×9＝36(cm)

【別解】 三角形AEDとEHDは相似で対応する辺の比は60：45：75＝4：3：5であり，HEは45÷5×4

② 三角形AEDとAHEは相似で対応する辺の比は4：3：5であり，AHは60÷5×4＝48(cm)である。三角形BCFとBEKも相似でCF：FBが21：72であるから，EKは48÷72×21＝14(cm)であり，①より，ABは36＋14＝50(cm)である。

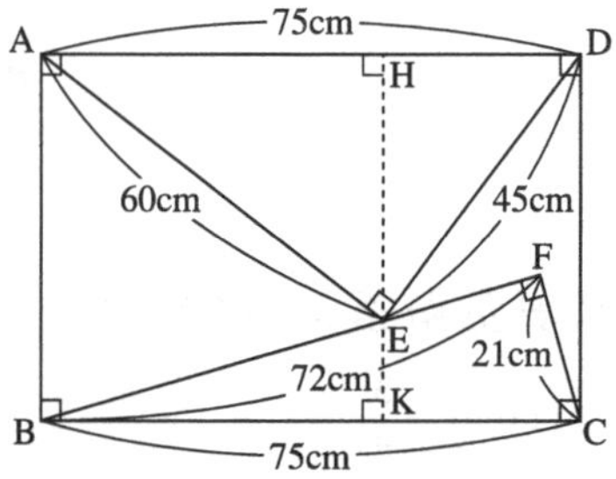

重要 7.（立体図形，平面図形，相似）

① 右図において，三角形LIBとKJCは相似で対応する辺の比が9：6＝3：2であり，LBは2cmであるからABは12－2＝10(cm)である。

② 三角錐O－KJCとO－LIBは相似で相似比が3：9＝1：3であり，体積比は1：27である。したがって，切り取った三角錐台の体積は9×6÷2×12÷(3－1)×3÷3÷27×(27－1)＝27×6÷27×26＝156(cm^3)である。

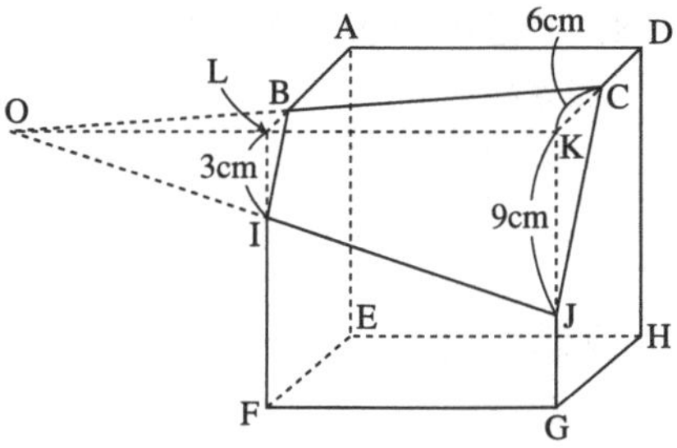

やや難 8.（場合の数）

以下の15通りがある。

1－2－2　1－6－2　2－1－2　2－3－4　2－5－6　3－2－4　3－4－2
4－1－2　4－3－4　4－5－6　5－2－2　5－6－2
6－1－4　6－3－6　6－5－4

重要 9.（立体図形，平面図形）

下図において，立方体アとイとエが展開図にあてはまる。

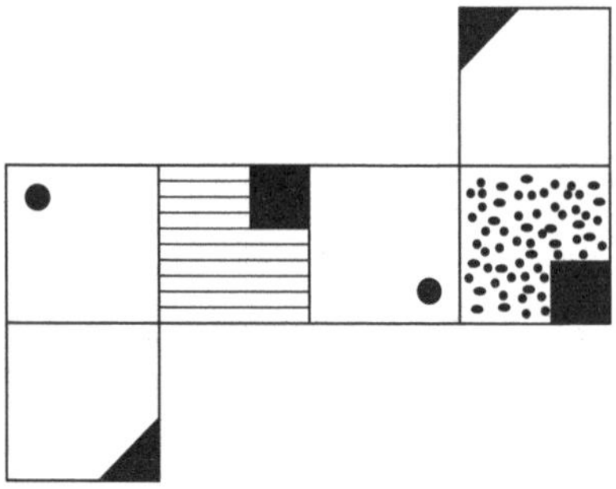

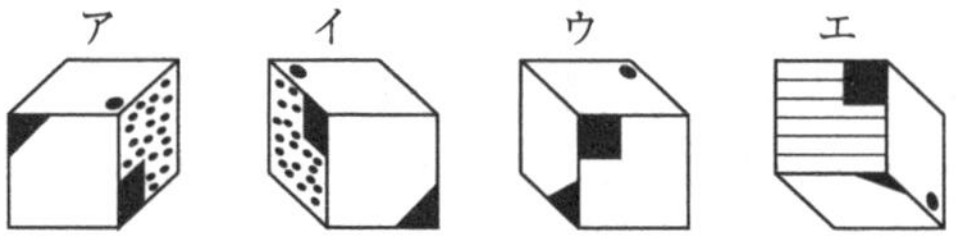

★ワンポイントアドバイス★

5.「三角形の数」，8.「目の出方」は，まちがいやすく注意が必要である。他の問題は，単純ではないが，各分野においてよく出題される内容が並んでおり，実力のある解答者にとっては難しくない。1.で着実に得点しよう。

＜理科解答＞《学校からの正答の発表はありません。》

問1　1.（ア）　2.（エ）　3.（キ）　4. ④（セ）　⑤（テ）　⑥（ソ）　⑦（チ）
⑧（シ）　⑨（タ）　5. ④ hPa　⑤ ℃　⑥ 秒

問2　1. ア　溶岩　（理由）標高が低い所に流れているから。　2.（カ），（コ）
3. 水で洗った火山灰に含まれる鉱物を調べる。　4. ①（ス）　②（シ）
5. 火山Bの火山灰層がけずり取られたから。

問3　1. ア　2. ① ア　② ア　③ ア　④ イ　⑤ ア　⑥ イ

3.

4.

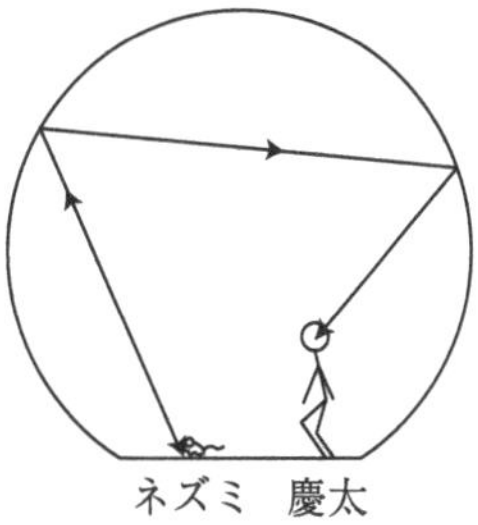

5. ① イ　② ア　③ イ　④ イ　⑤ イ

問4　1.（ヘ）どろ　2.（理由①）酸素が十分にあるから。
（理由②）魚が活動しないから。　3.（ア），（エ）
4. メダカ（右図）　5.（シ），（セ）　6. 日光が底の方にも届くから。

○推定配点○

問1　各2点×12　問2　1ア・2・4①・②　各2点×4（2は完答）　1理由・3・5　各4点×3
問3　1・2・5　各2点×12　3・4　各4点×3
問4　1・3・4メダカ・5　各2点×4（3・5は完答）　2・4図・6　各3点×4　計100点

＜理科解説＞

問1　（総合問題―溶解度，太陽の動き，気象，物体の運動）

重要　1　（ア）は，温度が上がると大きく増加しているので，砂糖の溶解度を表している。また，（イ）は，温度によって溶解度がほとんど変化していないので食塩の溶解度を表している。

重要　2　緯度が高い北海道の方が緯度が低い沖縄よりも，日の出の時刻が大きく変化する。（ウ）が沖縄，（エ）が北海道のグラフである。

重要　3　夏至の南中高度が一年で最も高く，冬至の南中高度が一年で最も低い。したがって，影の長さが最も短い（キ）が夏至のグラフである。なお，（カ）が春分，影の長さが最も長い（オ）が冬至のグラフである。

やや難　4・5　④　標高0mの気圧は1気圧で1013hPa（ヘクトパスカル）である。また，標高が100m高くなると，気圧は約10hPaずつ減少する。　⑤　横浜の平均気温は，1月・2月が約6℃，8月が約27℃である。　⑥　長さが1mの振り子の周期は，おもりの重さには関係なく，2.0秒で変わらない。
⑦　雨粒のような軽い物体が空気中を落下するときは，大きさによっても違ってくるが，最初は時間（秒）とともに速くなり，最終的には速さ（m/秒）は一定になる。　⑧　横軸が年齢（才），縦軸が男子小学生の平均身長（cm）を表している。　⑨　横軸が振り子の長さ（cm），縦軸が周期（秒）を表している。

問2　(大地の活動，地層と岩石ー火山の噴火，地層)

やや難　1　アが到達した範囲は，標高の低い地点だけなので，溶岩が到達した範囲であることがわかる。一方，イが到達した範囲は，標高の高い地点でも見られるので，大きな石が到達した範囲であることがわかる。

やや難　2　(カ)　火口の真東では，火口の近くで厚さが50cm以上の火山灰が積もっていて離れるに従って，厚さがうすくなっている。　(キ)　火口の真東では，火口から10kmの地点では，火山灰の厚さは10～30cmである。　(ク)　火口から20km先の地点には，溶岩や大きな石は到達していない。
(ケ)・(コ)　火山の西側の方が，遠くまで，火山灰が飛ばされているので，噴火した当時の上空の風は東から西に吹いていたことがわかる。

やや難　3　火山灰を見分けるには，ふつう，火山灰に含まれている鉱物を双眼実体顕微鏡などで観察する。

やや難　4　火山Bの近くにある地点②と④には，火山Bの火山灰の層が多く含まれているはずである。したがって，火山Bの火山灰層しか含まれていない(セ)が地点④の地層である。また，火山Bの火山灰層が多く含まれていて，火山Aの火山灰層も少し含まれている(シ)が地点②の地層である。さらに，火山Aの火山灰層しか含まれていない(ソ)が，最も西寄りの地点⑤の地層である。一方，火山Aの近く北西にある地点①と南西にある地点③には，火山Aの火山灰層が多く，特に，南西の地点③の方が地点②よりも多いはずである。したがって，(サ)が地点③であり，(ス)が地点①の地層である。

5　地点⑥では，火山Aの火山灰層の上側には，火山Bの火山灰層があるはずであるが，地表がけずられて，火山Bの火山灰層が見られなくなった。

問3　(光や音の性質－音の伝わり方)

重要　1　音は，空気中では秒速が約340m，水中では秒速が約1400m，鉄中では秒速が約5000mである。

重要　2　フラスコに鈴を入れた後，フラスコを小さくゆすると，鈴の音が聞こえるが，フラスコの周りに厚い布を巻くと，布が音を吸収するので，フラスコを小さくゆすっても，鈴の音は聞こえにくくなる。また，フラスコに水を入れて加熱すると，水が水蒸気になり，体積が約1700倍になるので，空気が追い出される。さらに，水蒸気のときは，音が伝わるが，水蒸気が冷やされて，再び，水になると，フラスコの中が真空に近くなり，音はほとんど伝わらなくなるので，鈴の音は聞こえにくくなる。

3　西からの横風の時は，空気は東に動くので，空気中を伝わる音も，東にずれる。また，南からの追い風の時は，空気中を伝わる音の速さは無風の時よりも速くなる。

やや難　4　ネズミの鳴き声は，慶太君には，直接聞こえる場合・一回反射する場合・二回反射する場合など，いろいろあるが，3本の線で表すので，二回反射する音を考える。

やや難　5　①・②　乾いた空気でも，湿った空気でも，高い音は，音の減る量が大きいので，遠くに届くのは，低い音だけである。　③～⑤　船の汽笛も低い音を出すことで，遠くまで伝えることができる。また，湿った空気の方が，音の減る量は少ないので，遠くまで伝わる。

問4　(生態系ーかいぼり)

1　かいぼりとは，池や沼の水をぬき，底にたまったへどろや土砂を取り除き，水質を改善することである。

やや難　2　かいぼりを冬に行うのは，水の温度が低いことで，「水に酸素が十分にとけていること」「魚などがほとんど活動しない上に，数も少ないこと」「もなどが繁殖しなかったり，ものがくさりにくいので，水の汚れが少ないこと」などの理由が考えられる。また，夏場にかいぼりを行うと，温度上昇によって魚が多く死ぬことがある。

やや難　3　アメリカザリガニ・オオクチバスなどの外来種を駆除することによって，在来種を保護することができる。なお，現在，スッポン・タニシの一部には外来種が混じっていることがある。

4　メダカの天敵であるオオクチバスなどがいなくなることで，メダカなど在来の生物の数が増える。

やや難　5　藻類のワカメ，菌類のマツタケは花が咲かない。なお，タケは，120年に1度しか花を咲かせない。

やや難　6　水質が改善されることで，水底まで日光が届くようになり，イノカシラフラスコモなどの水草が光合成を行うことができるようになり，繁殖することができるようになった。

★ワンポイントアドバイス★

理科の基本的な問題を十分に理解しておくこと。また，物理や生物の応用問題に十分に慣れておくこと。その上で，記述問題や作図の問題にも，しっかり取り組んでおく必要がある。

＜社会解答＞《学校からの正答の発表はありません。》

1)　ア　最高裁判所　　イ　詐欺　　ウ　条例　　エ　公職選挙法

2)　1. ウ・オ　　2.（緯度）北緯35（度）　（経度）東経115（度）

3. A（国名）ロシア　（場所）い　　B（国名）ニュージーランド　（場所）か
C（国名）アメリカ合衆国　（場所）き　　D（国名）中国　（場所）え
E（国名）サウジアラビア　（場所）う　　F（国名）タイ　（場所）お

4.（輸出国）き　（輸入国）え　　5. エ

3)　1.（面積が広い→面積が狭い）（記号）オ→エ→ア→イ→ウ
（県名）兵庫（県）→静岡（県）→宮崎（県）→熊本（県）→宮城（県）　　2. 神戸，仙台
3. オ→ウ→イ

4)　1. ①　吉野ヶ里（遺跡）　②　大仙[大山]（古墳）　③　稲荷山（古墳）　　2. 平治の乱
3. 毛利（氏）　　4. ア　　5.（例）12世紀後半に源頼朝が鎌倉幕府を開き，13世紀前半に起こった承久の乱では，幕府の御家人らは朝廷軍を破り，恩賞として領地を得た。13世紀後半の元寇のときは，御家人を中心に戦って元軍を退けたが，十分な恩賞が得られず，幕府に対する不満が高まった。

5)　1. あ　豊臣秀吉　　い　徳川家光　　う　大久保利通　　え　雪舟　　お　岡倉天心
2. A　太閤検地　　B　応仁の乱　　C　法隆寺　　3. ①　エ　②　ウ　　4. 天橋立
5. ア・イ・エ

6)　1. ア　太陽　　イ　週[週間]　　ウ　時計　　2.（例）月の満ち欠け　　3. ア・イ
4.（制度）サマータイム　（記号）ウ・オ

○推定配点○

1)　各3点×4　　2)　各2点×10（1.，2.，4.は完答，3.は国名と場所で各完答）
3)　各3点×4（1.は記号で完答，県名で完答，2.，3.は完答）　　4)　5. 6点　　他　各2点×6
5)　各2点×12（5.は完答）　　6)　各2点×7（4.は完答）　　計100点

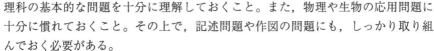

<社会解説>

1) (政治ー政治用語の意味，表記)

ア　最高裁判所は，司法権の最高機関で，日本の裁判所の頂点にある終審の裁判所。長官と14名の裁判官で構成される。

イ　詐欺《さぎ》は，人をだまして，金品などを奪うなどの損害を与えること。民法上，詐欺によって意思表示をした者は，原則としてそれを取り消すことができ，損害を受けた者は，損害賠償を請求することができる。また，刑法上，詐欺罪で罰せられる。

基本　ウ　条例は，地方議会の議決により成立する地方公共団体の法規。日本国憲法第94条は「法律の範囲内で条例を制定することができる」と，地方公共団体に条例制定権を認めている。

基本　エ　公職選挙法は，衆議院議員，参議院議員，地方公共団体の議会議員と首長の選挙に関する法律。選挙が公明・適正に行われ，民主政治の健全な発展を期することを目的とする。1950年制定。

2) (地理ー世界の国々，日本の貿易など)

やや難　1. 線Xは，赤道上に引かれ，東端と西端では経度45度の差がある。線オは，北端と南端では緯度45度の差がある。よって，線Xと線オはほぼ同じ距離である。線ウは，北緯60度上に引かれ，東端と西端では経度90度の差がある。北緯60度上では，経度1度の距離が，赤道上の経度1度の距離が半分となるので，線Xと線ウはほぼ同じ距離である。なお，線ア，線イは，線Xより短い。また，線エは，線Xより長い。

2. 地球上のある地点の真裏にあたる地点は，ある地点の緯度が南緯のときは北緯に，北緯のときは南緯となり，数字はそのままである。また，ある地点の経度が東経のときは西経に，西経のときは東経となり，数字は180からある地点の経度を引いたものとなる。

基本　3. A 「首都では，冬にはマイナス20℃ぐらいになることもある」，「永久凍土」，「日本への輸出品で最も多いのは原油」などからロシアである。　B 「7月～8月なら山に雪が降る」から季節が日本と逆になる南半球の国。「牧羊の盛んな私の国」からニュージーランドである。　C 「ハリケーン」，「最先端の科学技術の研究が盛ん」などからアメリカ合衆国である。　D 「首都の気候は，旭川市の気候に似ています」，「形や意味が少し違いますが，(日本と)同じ文字が使われている」などから中国である。　E 「広大な砂漠」，「産油国」などからサウジアラビアである。
F 「年中暑く，…野生の象も生息している」，「日本企業の工場がたくさんあり」などからタイである。

重要　4. 2017年現在，日本の最大の輸出相手国はアメリカ合衆国，日本の最大の輸入相手国は中国。なお，同年，日本の最大の貿易相手国(輸出額と輸入額を足した数値が最も大きい国)は中国である。

5. ピクトグラムは，絵文字または絵を使った図表など。非常口の案内表示などが代表的。

3) (日本の地理ー都道府県の人口，面積など)

やや難　1. アは宮崎県，イは熊本県，ウは宮城県，エは静岡県，オは兵庫県。また，地図1は兵庫県，地図2は静岡県，地図3は宮崎県，地図4は熊本県，地図5は宮城県。

2. それぞれ県庁所在地は，ア(宮崎県)が宮崎市，イ(熊本県)が熊本市，ウ(宮城県)が仙台市，エ(静岡県)が静岡市，オ(兵庫県)が神戸市である。

3. 兵庫県・阪神淡路大震災(1995年)→宮城県・東日本大震災(2011年)→熊本地震(2016年)。

4) (日本の歴史ー弥生時代～鎌倉時代の歴史)

重要　1. ①　吉野ヶ里遺跡は，佐賀県東部，吉野ヶ里町と神埼市にまたがる弥生時代主体の遺跡群。1986年以来の発掘で，弥生時代の環濠集落跡や墳丘墓などが発見された。　②　大山(大仙)古墳は，大阪府堺市大仙町にある前方後円墳。日本最大の古墳で，面積では世界最大級の墳墓とされる。　③　稲荷山古墳は，埼玉県行田市の埼玉(さきたま)古墳群内にある前方後円墳。1978年，保存修理中に，鉄剣の表裏にわたり　115字の金象嵌《きんぞうがん》の銘文が発見された。

2. 平治の乱は1159年に起こった内乱。藤原通憲《みちのり》（信西《しんぜい》）と藤原信頼《のぶより》の対立，平清盛と源義朝との対立が原因で，信頼は義朝と，通憲は清盛と組んで戦ったが，源氏は平氏に敗れ，義朝は逃走の途中で殺害され，その長子である頼朝は伊豆に流された。
3. 毛利氏は，戦国から江戸時代の中国地方の大名。祖は大江広元の四男季光(すえみつ)で，相模国毛利荘に住んだことから毛利氏を称した。承久の乱後，季光は安芸国吉田荘の地頭職を得て，以後相伝され，元就《もとなり》の時代に戦国大名として中国地方に勢力を伸ばした。
4. 「1～3世紀に各地に王が誕生」したことは「あ」の文から読み取れる。「5世紀ごろには近畿の王が強くなって関東にも勢力を広げた」ことは「い」，「う」の文から読み取れる。「6世紀以降さらに力をつけた王は，8世紀には東北地方にまで勢力を広げた」ことは「え」の文から読み取れる。
5. 御家人の動きが最大のポイント。承久の乱のときは，恩賞として領地が与えられたため，御家人の幕府に対する信頼が高まった。しかし，元寇のときは，恩賞として領地が不十分であったため，御家人の幕府への不満が高まり，これが結局，幕府滅亡につながっていった。

5）（日本の歴史ー室町時代～明治時代の歴史）

1. あ　太閤検地や刀狩を行ったのは豊臣秀吉。　い　参勤交代を義務化したり，島原・天草一揆を受けて鎖国への道を歩んだのは徳川家光。　う　岩倉使節団の一員として欧米各国を回り，帰国後は殖産興業政策で指導的役割を果たしたのは大久保利通。しかし，1877年の西南戦争ではこれを鎮める側に立ち，翌年，紀尾井坂の変で暗殺された。　え　山口を中心に力をもつ守護大名大内氏の保護を受けた画僧は雪舟。水墨画の大成者である。　お　アメリカ人フェノロサとともに日本の美術のすばらしさを世界に伝えようとしたのは岡倉天心。東京美術学校校長として美術家の育成にあたるとともに，日本美術院を創設した。

基本

2. A　太閤検地は，1582年以降，豊臣秀吉の命令で実施された全国的な検地。農民は，土地の耕作権が認められたが，年貢は確実に納めなければならなくなった。　B　応仁の乱は1467年(応仁元年)，室町幕府8代将軍足利義政の後継者争いに，守護大名の勢力争いがからんで起こった大乱。約10年間の戦乱により京都は焼け野原になってしまった。　C　法隆寺は，奈良県生駒郡斑《いか》鳩《るが》町にある聖徳宗の総本山。607年，聖徳太子の開基創建と伝わる。世界最古の木造建築物で，世界文化遺産に登録されている。
3. ①は刀狩令。1588年に発布され，第一条で一揆防止という支配者側の理念を示し，第二条で没取した武器は大仏建立の釘などに用いること，第三条で農民は農耕に専念することが平和で幸せであることを説いている。②は寛永の武家諸法度。参勤交代を義務化するとともに，大船の建造を禁止した。
4. 天橋立は，京都府宮津市宮津湾の砂州。延長約3kmの白砂の松林が伸びる。宮島(広島県)，松島(宮城県)とともに日本三景に数えられる。

やや難

5. ア　1881年に国会開設の詔が発布されたので，1884年の時点で国会が開かれることは確定していた。　イ　平塚雷鳥は生まれたのは1886年。1884年の時点では，まだ生まれていない。
エ　戦前の義務教育は，最初は4年間，のちに6年間に延長された。9年間になったのは戦後である。ウー廃藩置県は1871年。オー日本が関税自主権を回復したのは1911年。

6）（総合ー文明開化，サマータイムの導入など）

1. ア　太陽暦は，地球が太陽の周囲を1公転する時間を1年とする暦。　イ　週は，日・月・火・水・木・金・土の7曜日を1期とする数え方。　ウ　時計は，時刻を示し，時間を計測する器械。
2. 太陰暦は，月の満ち欠けを基準として日数を区切る暦。月は平均29.53日の周期で規則正しく満ち欠けするので，自然に発生したとされる。

やや難　3. 一般に,「文明開化七つ道具」とされるのは，新聞社，郵便，ガス灯，蒸気船，写真絵，軽気球，陸《おか》蒸気などである(あんパン，博覧会を入れることもある)。なお，電灯が普及し始めたのは明治末期から大正期，ラジオ放送が開始されたのは大正末期の1925年，活動写真が初めて輸入されたのは1896年。

4. サマータイムは，中高緯度に位置する国・地域で，日の出が早くなる初夏から初秋にかけて，時間を標準時より1時間進める制度。1時間早く朝を迎えることで，照明・冷房のエネルギーを節約できる，日中の暑さを回避できる，勤務後の余暇時間が増えて，消費が拡大するなどの利点があるとされる。

★ワンポイントアドバイス★

やや長めの論述問題が1題出題されている。このような傾向は今後も続くと思われるので，十分な対策が必要である。

＜国語解答＞《学校からの正答の発表はありません。》

一　問一　ア　　問二　オ・キ　　問三　難民　　問四　ウ　　問五　オ　　問六　興味をも　～　のなのに　　問七　ア　　問八　ウ　　問九　ウ　　問十　無じゃ気な少年期を終えていく自覚はなかったこと。　問十一　イ　　問十二　これからど

二　問一　A　ウ　　B　エ　　C　オ　　D　イ　　問二　機外に目をやりぼんやり物思いにふけること　　問三　ウ　　問四　歩きスマホ　　問五　スマホを手放さず想像も創造もできなくなり文明を失いそうである　　問六　考えたり議　～　べてしまう　　問七　考える楽しみを失ってしまう　　問八　ア・ウ

三　1　裏返　　2　刻　　3　粉　　4　細心　　5　本領　　6　歌詞　　7　小康　　8　復旧　　9　首脳　　10　記帳

○推定配点○

一　問六・問十二　各4点×2　　問十　5点　　他　各3点×9

二　問二・問五　各5点×2　　問六・問七・問八　各4点×3　　他　各3点×6

三　各2点×10　　計100点

＜国語解説＞

一　(物語ー論理展開・段落構成，心情・情景，細部の読み取り，空欄補充，ことばの意味，記述力)

基本　問一　直後が,「……ある日，思いきって中へはいっていった」である。半開きのドアは，入っておいでと「誘っている」ように感じたのである。

やや難　問二　――線1直後にある「どこにでもするっと～感じなかった」から考えられることは，少年独特の感性で行動しているということなので,それが今は失ってしまったということでオが選べる。「そしてぼくは，灯台守がそんなにいい子として……」で始まる段落に「その頃ちょうど」とあるので,『今』と表現しているのが，二度目に灯台を訪れた14歳の時ではなく，14歳の頃のことも回想であると思えるが，だからといってア・イ・エのように成人または老人になった『今』とは確定できないし，ある程度の地位についているかも不明である。また，13歳の時に灯台に行っ

たことが「悪」ではないので「善悪の判断」としているウは誤りだ。キの「何事も自力で」にもはっきりした根拠はないが，この物語が，少年のみずみずしさを失っていく頃というテーマであるのでキを選ぶ。

問三　「ファシストの脅し……」があった頃とは，イタリアのムッソリーニが，ドイツのヒトラーと提携を深めることになった頃，1939年に始まる第二次世界大戦直前の頃である。「夏の終わりに……」で始まる段落に，「一年後ウェールズに行くことになった」とあるのは，戦争被害，人種差別，民族迫害などさまざまな理由で，自分の身を守るために国外に脱出する「難民」になって行ったのである。

問四　ウとオで迷うところである。「いかにも灯台守という感じ」という印象を受けているので「現実離れした幻想的」という表現には違和感がある。「細い線の上」と表現しているのは，子どものような,それでいてもう子どもとは言えないような不安定な時期と重ねていると考えられる。したがってウのような心情といえる。

重要　問五　状況を考えよう。見ているのは望遠鏡である。(②)直後に「望遠鏡がとらえている空」とある。つまり，望遠鏡から見える空なので「まるい」空である。

問六　「ふだんからどのような思いがあったからだと『ぼく』は推測しているか」が設問である。灯台守自身ではなく，「ぼくの推測」であることに注意しよう。「そう，灯台に……」で始まる段落に着目しよう。灯台守は突然訪れた「ぼく」に驚くどころか「まったく自然なことだ」と思っているらしい態度だった。この部分でも内容としては解答になるが字数が合わない。そこで「興味を持つ～よさそうなものなのに」「そう言っているみたい」に着目すると，灯台もりの気持ちとぼくの推測が成り立つ。

問七　明かりもすばらしいものだったが，――線5で見入っているのは「神さまが光あれ」というように，そして，指揮者のように手を動かすと，それに合わせてすばらしい光が点滅する動きをすることなのでアだ。

問八　「言いつのる」とは，調子に乗ったり，興奮したりして次第に激しい口調になること，この場合は，自分であることを懸命に思い出してもらいたい「興奮」であるのでウだ。

重要　問九　灯台守の中では，一年前の「ぼく」が「イタリアから来た男の子」であるのだ。「灯台守の記憶の中」の「ぼく」以外は「ぼく」ではないのだから，「ほかの人」は，彼の記憶のなかの「ぼく」である。

やや難　問十　「この変化」とは，「その頃ちょうど，……」以降に書かれている「少年が～失い」の頃の変化である。「男の子」とは呼べなくなる年頃だろう。しかし，それが自分でわかるのはその時期を過ぎた頃だ。つまり，「自覚」がないままに，その時期を通り過ぎるのである。

問十一　灯台守が，去年の自分であることを認識できなかったことに対して怒りを覚えているのではない。自分自身で去年の自分とは異なることを理解し始めたのだ。したがて，怒りやショックというア・ウは誤りだ。また，「混乱している」，「納得がいかず」のエ・オも誤りである。

問十二　「予感させる一文」である。「灯台にはよく磨かれた……」で始まる段落に，灯台守が気圧計を説明している場面がある。「これからどうなるか～人間と同じにな。」が「予感」を表す言葉である。

二　(随筆－要旨・大意，細部の読み取り，空欄補充)

重要　問一　A　(A)をふくむ段落に，「通路側を希望する人は，まずいない『しかし』……」と展開している。最近ではあえて指定する乗客が「増えてきた」という流れが自然だ。　B　SF小説でも映画でも，筋は「みな同じ」だということになる。　C　「心がない悪役はいかにもそれらしい姿をしている『だが』……」と「だが」でつないでいることから考える。悪人ヅラした悪人など

「そうはいない」のだ。　D　ぼんやりでも，切実にでも考える時間も「少なくなった」と論の展開をはかっている。

問二　――線1の次の文に「至福の時間である。」とある。「至福」とは，この上ない幸福ということだ。変化していく機外に目をやりながらぼんやりともの思いにふけるのが幸福なのだ。真剣に考えるのではなく「ぼんやり考える」ことが良いというのは，「このごろいくらか……」で始まる段落にもくり返し「あくまでもぼんやりと。」と強調している。

問三　筆者は「想像」を「創造の母」と表現し非常に大切なものと位置づけている。そのままであればアも当てはまりそうだが，「想像は創造の母……」で始まる段落に「どうでもよさそうな想像をかき集め……」に着目すると「神聖でおごそかに行うべき」は当てはまらない。特に目的もなく想像したもの，その混沌とした中から創造という行為が生まれるということのだからウである。

問四　――線3直後から始まる段落から考えると，掌の中にあり，疑問をたちまち解いてくれるものということだからスマホであることは察しがつくが，五字という指定に合わない。“歩きスマホ”で五字になるが，「小さなロボット」の言い換えに，一般的には「歩きながらスマホを操作すること」という意味である“歩きスマホ”とするにはやや抵抗感はあるが，通勤電車の中や歩きながらなど，かつては物思う時間に操作しているものとして「歩きスマホ」とする。

やや難　問五　まず，地球を乗っ取られるがどんなことを意味しているかを考えるために，「ロボットたちは……」で始まる段落のSF小説，映画のストーリーを見る。「苦心の末に文明を奪還する」とあるので，とられるのは「文明」だ。――線4直後にも「堂々と築き上げてきた文明を。」としている。――線4後半は「文明を失いそう」な状況だとまとめられる。――線4前半はITに頼りきってということになるが，この文章では「スマホ」についての言及なので「スマホを手放さず」その結果「想像」も「創造」もできなくなるとまとめることができる。

重要　問六　「ロボットの知識を頼る」とは，すぐ調べてしまうということだ。「正しくは，……」で始まる段落に，「考えたり議論したり～解答を調べてしまう」という30字の表現がある。

問七　～そこで「しかし，文明の利器……」で始まる段落の「考える楽しみを失ってしまう」を抜き出すことになる。なお，――線6直後の「クイズの解答」を「造り出されるもの」と考えると，「想像は想像の母……」で始まる段落の「物を考えずに～造り出される」も別解として成立するだろう。

問八　イ　「本稿の創造にも……」とあるので，「創造とはよべないが」は誤りだ。　エ　「デブ」の語源は，例として挙げているだけなので，これが回答できないことを「大きな問題」としているわけではない。　オ　「ロボットをさらに進化させ」ということを述べていはいない。
カ　「しかし，文明の利器は……」で始まる段落にあるように「便利にはちがいないが……」とあるので，「便利であるとは言えない」は誤りだ。　ア　SF小説などのロボットはいかにも悪党ヅラしていたが，今の「ロボット」はそのようなことはほとんどなくスルリと入りこんで，想像したりする時間をうばっているのだから合っている。　ウ　「今や通勤電車……」で始まる段落にウの内容はある。

三　（漢字の書き取り）

1　「裏」は全13画の漢字。7画目は上に突き出ない。　2　「刻」は全8画の漢字。6画目はとめる。
3　「粉」は全10画の漢字。7・8画目の始点はつけない。　4　「細」は全11画の漢字。訓読みは「ほそ-い」「こま-かい」である。　5　「領」は全14画の漢字。6画目は「令」のように長くしても，とめてもよい。　6　「歌詞」である。「詩」と混同しないようにしよう。　7　「康」は全11画の漢字。5画目は右側に出す。　8　「フク」には「複」という同音の漢字があるので混同しないようにする。

「旧」は全5画の漢字。離れすぎると「1日」のようになってしまうのでバランスを考える。
9 「脳」は全11画の漢字。5～7画目の向きに注意する。 10 「帳」は全11画の漢字。2画目ははねる。

★ワンポイントアドバイス★

40分の時間ではかなり厳しい内容である。てきぱきと解答し，時間配分に気をつけよう。

MEMO

大切なことはメモしておこうネ！

平成30年度

★★★★★★★★★★★★★★★★★★★★★★★★

入　試　問　題

平成30年度

慶應義塾普通部入試問題

【算　数】（40分）　　＜満点：100点＞

【注意】 途《と》中の計算式なども必ず解答用紙に書きなさい。

1． □にあてはまる数を求めなさい。

①　$12\times14+14\times16+16\times18+18\times20=\square$

②　$7\frac{1}{2}-(3.3+2\div\square)+9.6\times\frac{3}{8}=5$

2． 右の図のような平行四辺形ABCDがあります。AE：ED＝３：５，DF：FC＝３：２，BG：GC＝７：５，AH：HB＝２：１　です。三角形HBGの面積が14cm^2のとき，六角形AHGCFEの面積を求めなさい。

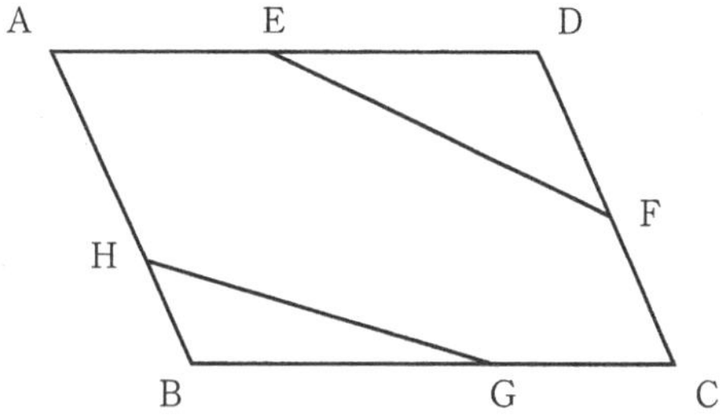

3． 一辺が16cmの正方形と半径が８cmの円の一部で，右の図のような斜《しゃ》線部の図形を作りました。この図形の周りを半径が２cmの円が動いて一周するとき，その円が通過する部分の面積を求めなさい。ただし，円周率は3.14とします。

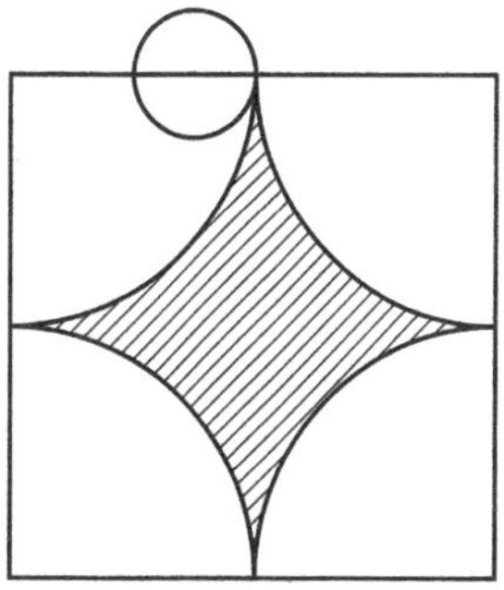

4． 林間学校の宿舎にはA，B，Cの３種類の部屋があり，部屋の数の比は２：３：５です。A，B，Cの各部屋に生徒が５人ずつ泊《と》まると３部屋あまります。Aに６人ずつ，Bに５人ずつ，Cに４人ずつ泊まると，すべての部屋がうまり全員がちょうど泊まれます。生徒は全員で何人ですか。

5． １から６までの目がある大小２つのサイコロがあります。この２つを同時に投げ，出た目がともに偶《ぐう》数であればその２つの数の和を，それ以外の場合は積を得点とするゲームを行います。得点が６の倍数となる目の出方は何通りありますか。

6． 同じ大きさの立方体がたくさんあります。この立方体の何個かを，面と面がぴったり重なるようにのりではり合わせて立体を作りました。この立体を正面と右の２方向から見ると，次の図のようになりました。このとき，使っている立方体の数として考えられる最大の数は14個です。では，最小の数はいくつですか。

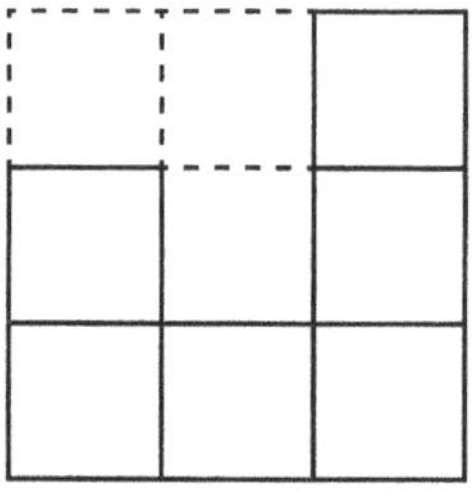

正面から見た図

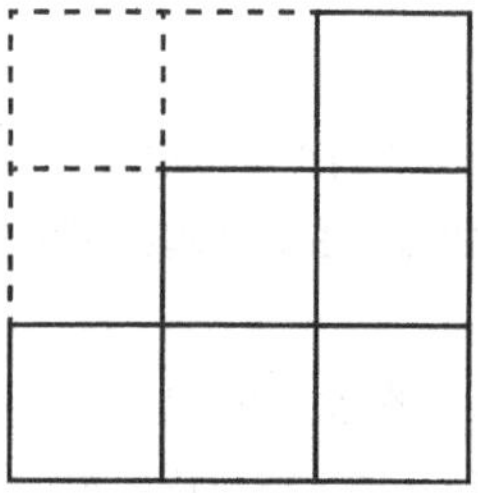

右から見た図

7． ある駅から，電車は午前４時50分から16分ごと，地下鉄は午前５時10分から12分ごと，バスは午前５時30分から20分ごとに出ています。電車，地下鉄，バスがこの駅から同時に出発する２回目の時刻を求めなさい。

8． Ａ君は時速４㎞でＱ町を出発して下のグラフのように往復します。Ｂ君は時速８㎞でＱ町を出発してグラフのように往復します。Ａ君がＱ町を出発すると同時に，Ｃ君はＰ町を出発してＱ町へ向かい，１㎞進むごとに15分休けいをとります。Ｃ君は１時間25分でＱ町に着き，Ｑ町で15分休けいした後，Ｐ町へ休けいせずに時速８㎞でもどります。

① Ｃ君が出発してから２時間たつまでに進むようすをグラフにかきいれなさい。

② Ｃ君がＢ君と４回目に会うのは，Ｃ君がＡ君と初めて会ってから何時間何分後ですか。

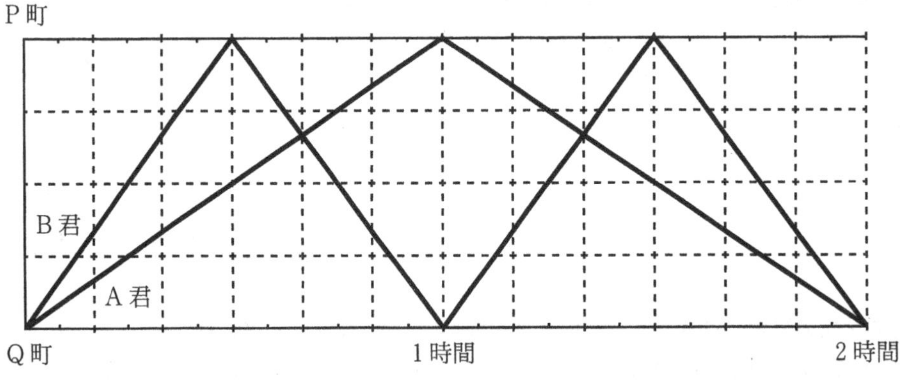

9． Ａ地点を出発して，Ａ－Ｂ－Ｃ－Ｆ－Ｅ－Ｄのように各地点を１回ずつ通る道は，これを含《ふく》めて何通りありますか。

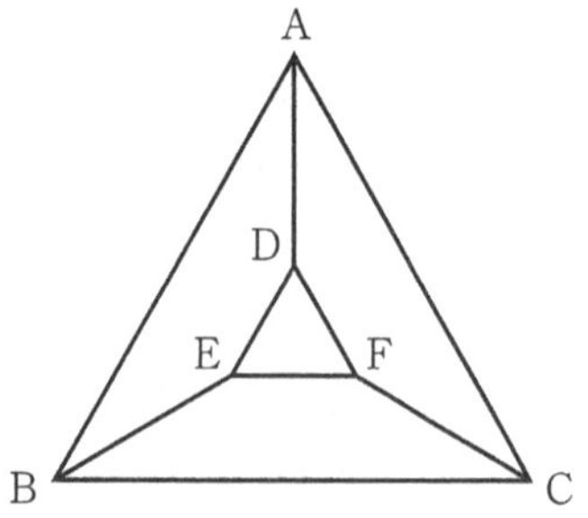

10. 右の図のように一辺が12cmの立方体から４つの立体を切り取りました。

① 切り取った立体の体積は，底面積×高さ÷３になります。残った立体の体積を求めなさい。

② 残った立体の表面積を求めなさい。

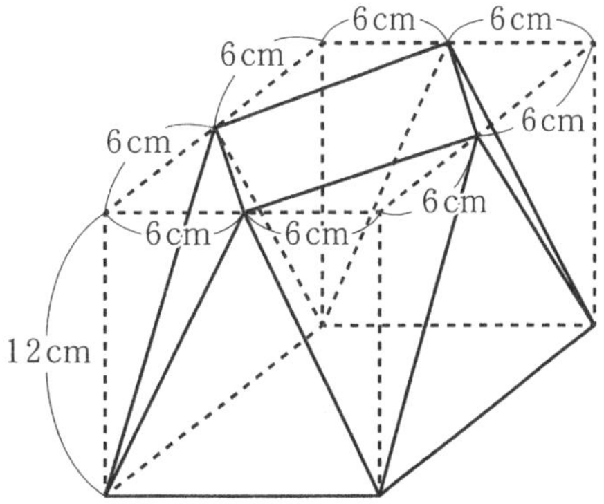

【理　科】（30分）　＜満点：100点＞

【注意】 □□□ の中には一文字ずつ書き，あまらせてもかまいません。

問１

次の測定や観察について，間違《ちが》っていることをそれぞれ（ア）～（カ）からすべて選び，記号で答えなさい。

１．気温を測る。

（ア）温度計の下の方を手で持つ。　（イ）温度計にひもをつけ，さげて持つ。

（ウ）日なたで５分間待つ。　（エ）日かげで５分間待つ。

（オ）地面から15cmの高さで測る。　（カ）地面から1.5mの高さで測る。

２．顕微《けんび》鏡で観察する。

（ア）対物レンズを一番高い倍率にする。

（イ）対物レンズを一番低い倍率にする。

（ウ）接眼レンズとプレパラートをすれすれまで近づける。

（エ）対物レンズとプレパラートをすれすれまで近づける。

（オ）接眼レンズをのぞきながらピントを合わせる。

（カ）調節ねじで明るさを調節する。

３．星座早見盤《ばん》を使って星空の観察をする。

（ア）方位磁針で観察する方位を調べて，その方位を向く。

（イ）方位磁針で観察する方位を調べて，その方位と反対を向く。

（ウ）観察する日時の目盛をあわせる。

（エ）観察する緯《い》度の目盛をあわせる。

（オ）星座早見盤を上にかざし，星と見比べる。

（カ）星座早見盤を下に置き，星と見比べる。

問２

次の１～４のことをしようと思います。例のように手順を正しく並べ，それぞれ記号で答えなさい。使わないらんには × を書きなさい。

例　ビンの中にある薬品のにおいをかぐ。

（ア）ガラス棒でかきまぜる。

（イ）手であおいでにおいをかぐ。

（ウ）ふたを開ける。

例：［ウ］→［イ］→［×］

１．ガスバーナーを使って加熱する。

（ア）マッチの火をつける。　（イ）ガス調整ねじで炎《ほのお》の大きさを調節する。

（ウ）空気調整ねじをあけて火を近づける。　（エ）ガス調整ねじをあけて火を近づける。

（オ）元栓《せん》を開ける。　（カ）空気調整ねじをあけて青い炎にする。

２．アサガオのタネをまく。

（ア）水をかける。　（イ）タネの丸い方を上にして置く。

（ウ）タネのまっすぐな方を上にして置く。　（エ）土に割りばしで深さ１cmの筋をつける。

（オ）土に指で深さ１cmくらいの穴をあける。　（カ）タネに土をかける。

３．20％食塩水を100ｇ作る。（水１mLは１ｇとする）

(ア)はかった食塩をメスシリンダーにいれる。
(イ)メスシリンダーの80mＬの目盛まで水を入れる。
(ウ)メスシリンダーの100mＬの目盛まで水を入れる。
(エ)はかった水と食塩をメスシリンダーでよくまぜる。
(オ)はかった水と食塩をビーカーに入れてよくまぜる。
(カ)食塩20ｇを上皿天秤《びん》ではかりとる。

4．炭を使って電池を作る。
(ア)水200mLと砂糖70ｇをまぜて砂糖水を作り，キッチンペーパーにしみこませる。
(イ)水200mLと塩70ｇをまぜて食塩水を作り，キッチンペーパーにしみこませる。
(ウ)炭にキッチンペーパーを巻き，さらにその上にアルミホイルを巻く。
(エ)炭にアルミホイルを巻き，さらにその上にキッチンペーパーを巻く。
(オ)モーターの導線を炭とアルミ箔《はく》にそれぞれつなぐ。
(カ)モーターの導線をキッチンペーパーとアルミ箔にそれぞれつなぐ。

問３　潮干狩《が》りで３種類の貝（貝Ａ，貝Ｂ，貝Ｃ）を10個ずつとりました。貝Ａ，貝Ｂ，貝Ｃの殻《から》の長さ，高さ，幅《はば》を図１のように測り，それらの関係を図２，図３のグラフにまとめました。

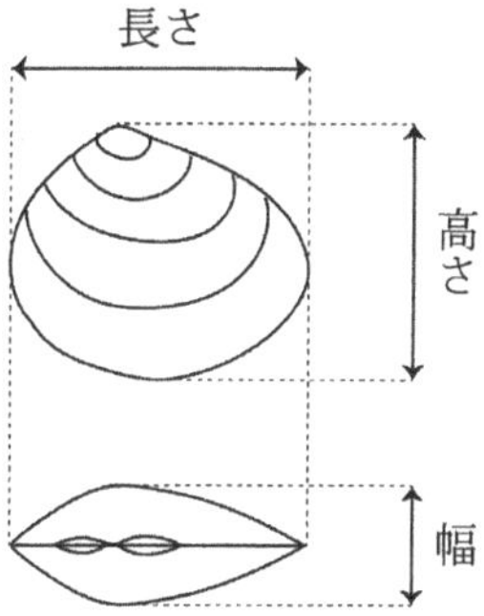

図１　貝の殻の長さ、高さ、幅

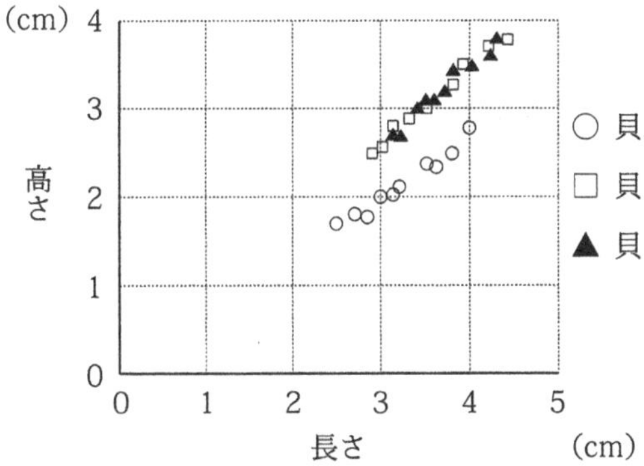

図２　殻の長さと高さの関係

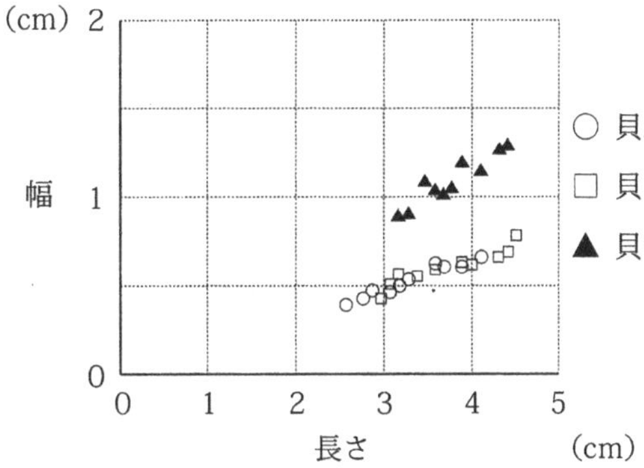

図３　殻の長さと幅の関係

1．次の文の①～④にあてはまる貝をＡ～Ｃから選び，それぞれ記号で答えなさい。
同じ長さの貝Ａと貝Ｂを比べると，貝（　①　）の方が高さが大きい。
同じ長さの貝Ａと貝Ｃを比べると，貝（　②　）の方が幅が大きい。
貝（　③　）と貝（　④　）は，長さと高さの関係からだけでは，区別できない。

2．貝A，貝B，貝Cのスケッチとして正しいものを次の（ア）～（ウ）から選び，それぞれ記号で答えなさい。図4は，それぞれの貝の殻の長さが同じになるように拡大または縮小しています。

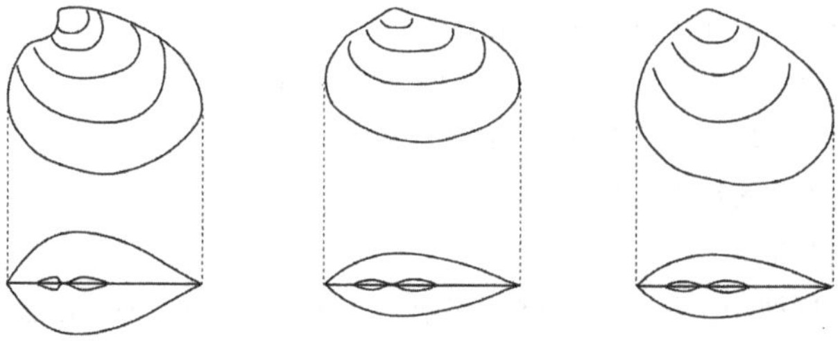

（ア）　　　（イ）　　　（ウ）

図4

3．潮干狩りで採った別の貝Dでみそ汁を作りました。その手順について書かれた下の文の①～④にあてはまる語や数字として正しいものを（カ）～（ソ）から選び，それぞれ記号で答えなさい。

持ち帰ってきた貝の殻はほぼすべて（　①　）。貝を（　②　）を入れた容器に移し暗いところに置いておくと，殻のすき間から（　③　）本の管のようなものをのばし水をはき出した。一晩おいたものをなべでゆでた。ゆでたあと，貝の殻は（　④　）。最後にみそを入れた。

(カ)氷水　(キ)水道水　(ク)海水　(ケ)はずれていた

(コ)閉じていた　(サ)開いていた　(シ)割れていた

(ス) 1　(セ) 2　(ソ) 3

4．貝Dの管は図5の矢印のところからのびていました。この貝が砂の中にいるときの様子を描《か》きなさい。

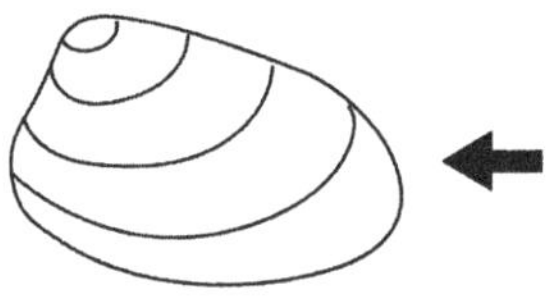

図5　貝Dの管がのびる位置

5．貝Dの化石は大昔の地層（タ）～（ツ）からも見つかりました。それぞれの地層から見つかった貝Dの殻の様子と数を表1にまとめました。地層（ツ）はどのようなところで作られた地層と考えられるか説明しなさい。

表1　地層（タ）～（ツ）から見つかる貝Dの様子と数

殻の様子	地層（タ）	地層（チ）	地層（ツ）
くだけていた	0	0	52
はずれていた	7	2	118
開いていた	47	14	16
閉じていた	14	51	4

6．潮干狩りではとれない貝E，貝Fの殻（図6）を集めて，図7のグラフにまとめました。貝E，貝Fの点が並ぶのはあとの（ナ）～（ノ）のうちどれか，それぞれ記号で答えなさい。

（図6，図7は次のページにあります。）

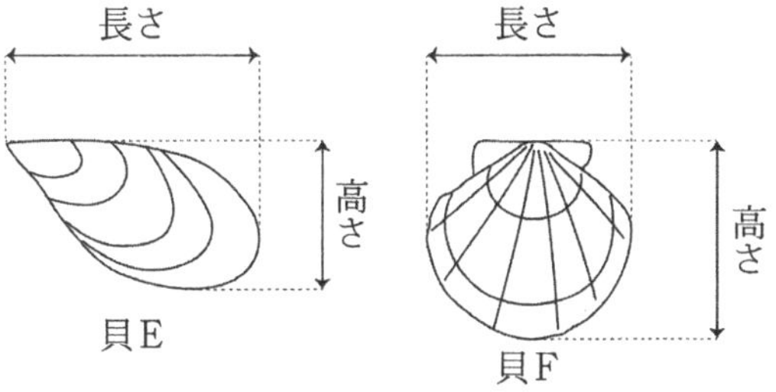

図6

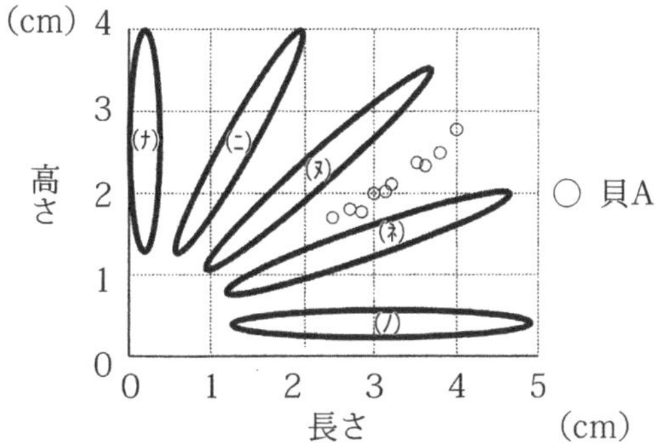

図7

問4　Ⅰ～Ⅲの実験をして，結果を表や図にまとめました。下の問いに答えなさい。

（図1～図3，実験結果は次のページにあります。）

実験Ⅰ　図1のように，1.5Lのペットボトルの底から2㎝のところに直径3㎜の穴をあけ，水道水を満杯にしたあとゴム栓《せん》でふたをして台に乗せた。ゴム栓を外したときから時間を決めて水面の高さと流れ出る水の距離《きょり》を測定した。

実験Ⅱ　直径6㎜の穴を開けた1.5Lのペットボトルで，実験Ⅰと同じような実験を行った。

実験Ⅲ　直径3㎜の穴を開けた350mLのペットボトルで，実験Ⅰと同じような実験を行った。

1．実験Ⅰで下線部の手順を行うのはなぜですか。理由を答えなさい。

2．実験Ⅱと実験Ⅲについて水面の高さと水の距離の関係をそれぞれ書き入れなさい。

3．実験Ⅰで60秒後からペットボトルの口に水道水を注ぎはじめたら，水面の高さは15㎝のままになりました。このときの水の距離は何㎝ですか。

4．実験Ⅰのペットボトルで，穴の横にもう一つ同じ大きさの穴を開けて実験しました。新しい穴から出る水の距離は実験Ⅰと比べてどうなりますか。次の（ア）～（エ）から1つ選び，記号で答えなさい。

(ア)半分くらいの距離になる。

(イ)2倍くらいの距離になる。

(ウ)同じくらいの距離になる。

(エ)距離はほぼ0㎝になる。

5．実験Ⅰ～Ⅲからどのようなことがわかりますか。下の（カ）～（コ）から正しい文をすべて選び，記号で答えなさい。

(カ)水が出なくなるまでの時間が最も長いのは実験Ⅰである。

(キ)水が出なくなるまでの時間が最も短いのは実験Ⅱである。

(ク)水面の高さが異なれば水の距離も異なる。

(ケ)同じ穴の大きさでもペットボトルが小さいと水面の高さはゆっくりと低くなる。

(コ)同じ大きさのペットボトルでも穴が大きいと水の距離はゆっくりと小さくなる。

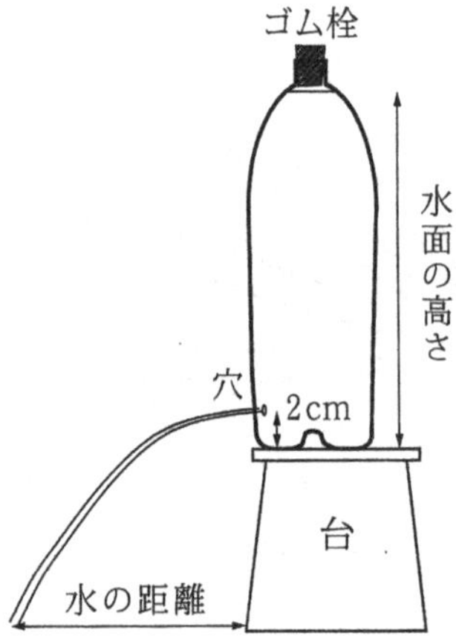

図1

実験結果

実験Ⅰ		
時間（秒）	水面の高さ（cm）	水の距離（cm）
0	29.0	35.0
20	22.5	33.0
40	19.0	31.5
60	16.0	28.5
80	13.0	26.0
100	11.0	24.0
120	8.5	21.0
140	6.5	17.0
160	5.0	14.0
180	4.0	10.0
200	3.0	5.5

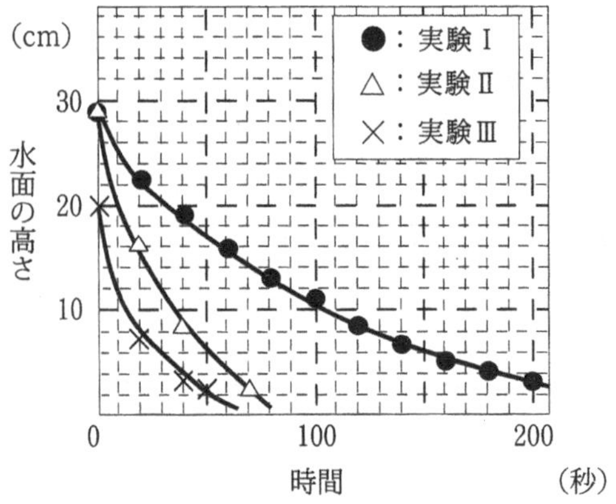

図2

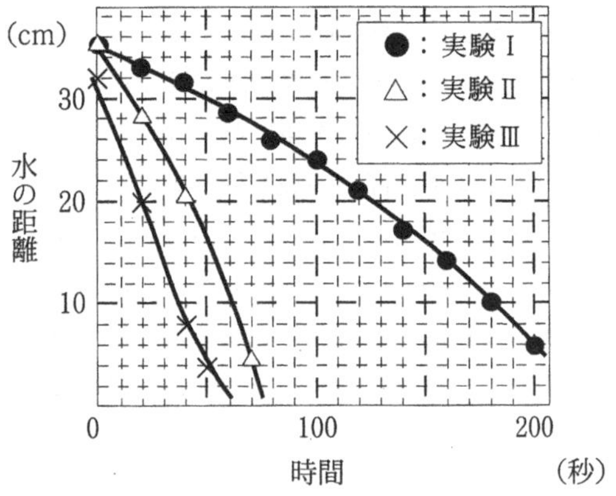

図3

問5　動物が次の①～④の地域ごとにまとめられている動物園があります。この園内で（ア）～（ク）の動物を見ました。下の問いに答えなさい。

①ヨーロッパ・アジア　②アフリカ　③南北アメリカ　④オーストラリア

（ア）キリン　（イ）シマウマ　（ウ）パンダ　（エ）ナマケモノ　（オ）コアラ

（カ）タヌキ　（キ）アライグマ　（ク）ゴリラ

1．①～④の地域に入る動物を（ア）～（ク）からそれぞれすべて選び，記号で答えなさい。

2．草原にすむ動物を（ア）～（ク）からすべて選び，記号で答えなさい。

3．おもに木の上で生活する動物を（ア）～（ク）からすべて選び，記号で答えなさい。

4．キリンの模様，パンダの模様を描《か》きなさい。

5．魚の目のように，目が顔の横についている動物を（ア）～（ク）からすべて選び，記号で答えなさい。また，その利点を答えなさい。

6．マダガスカル島は大陸から古くに分かれたため，独自の進化をした動物がたくさんいます。マダガスカル島の動物と同じような進化をしている動物を前のページの（ア）～（ク）から１つ選び，記号で答えなさい。また，選んだ動物と同じ特徴《ちょう》を持つ動物の名前を（ア）～（ク）以外から１つ答え，その特徴を書きなさい。

7．外来種として日本にすんでいる動物を（ア）～（ク）から１つ選び，記号で答えなさい。また，その動物が日本のどんな生き物にどのような影響《えいきょう》を与えているか書きなさい。

8．動物園にはいろいろな動物に親しんだり，癒《いや》されたりする以外にも重要な役割があります。それは何か１つ答えなさい。

【社　会】（30分）　＜満点：100点＞

１） 次の①・②の下線部を漢字の表現に，③～⑤の下線部をカタカナの表現に直したとき，下の**あ**～**と**から，最もふさわしいものをそれぞれ選んで記号で答えなさい。

①海岸に工場をつくる際には，環《かん》境アセスメントを行う必要がある。

②遺伝子組み換《か》え技術によって，食品トレーサビリティに注目が集まっている。

③大きな地震《しん》で水道や電気・ガスなどが止まって，住民の生活に影響《えいきょう》がでている。

④これからの時代，大きな技術革新が起こると，今ある職業はなくなるかもしれない。

⑤近年の外国からの訪日需《じゅ》要の増大に対応するため，大都市ではホテルが増えている。

あ．対策会議	**い**．消費期限	**う**．影響事前評価	**え**．持続可能性
お．有機栽《さい》培	**か**．追跡《せき》可能性	**き**．緊《きん》急輸入制限	**く**．品質表示
け．セキュリティ	**こ**．ユニバーサル	**さ**．ライフライン	**し**．インバウンド
す．マスメディア	**せ**．ビッグデータ	**そ**．ラッシュ	**た**．リストラ
ち．イノベーション	**つ**．ハイブリッド	**て**．リピーター	**と**．コンプライアンス

２） 次の文を読んで，あとの問いに答えなさい。

慶太くんは夏休みの自由研究で田老《たろう》という町を調べました。現在，田老は（　**あ**　）県宮古市の一部になっています。右と次のページの３枚の地図は，田老周辺の地図（**地図１**），田老の2006年の地図（次のページの**地図２**）と2017年の地図（次のページの**地図３**）です。田老には①この町周辺の特徴《ちょう》的な地形を生かした漁港があり，②漁業や水産加工業がとても盛んでした。一方，この地域は昔から③度重なる津波に襲《おそ》われ，何度も被《ひ》害を受けてきました。その経験から，田老は長年をかけて大きな（　**い**　）を建設し，世界中から多くの見学者が来るほど有名な津波防災の町になりました。

しかし，2011年（　**う**　）月（　**え**　）日に田老を襲った大津波では，多くの人命が失われてしまいました。被害の規模が大きかったため，その直後から，④災害救助法に基づいた幅《はば》広い対応が行われました。現在，この大災害から６年を経て，この町では⑤新たな「まちづくり」事業が進み，再び津波に強い町に生まれ変わりつつあります。

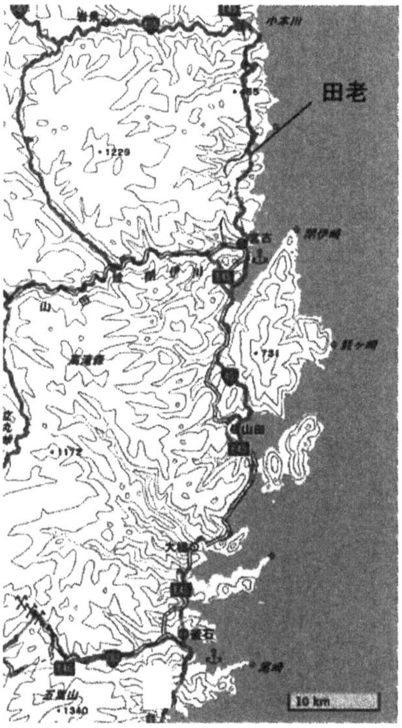

地図１

１．（**あ**）～（**え**）に当てはまることばや数字を書きなさい。

２．下線部①を何というか書きなさい。

３．下線部②について，次の**ア**～**エ**から内容の正しいものを一つ選んで記号で答えなさい。

ア．日本でも有数の遠洋漁業の基地で，マグロやカツオの水揚《あ》げ量が多かった。

イ．天然ワカメの採取と同時に養殖《しょく》も盛んで，町ではその加工業も行われていた。

ウ．真珠《じゅ》の養殖が盛んで，この町で加工された真珠は海外でも有名だった。

エ．ハマチやタイなど養殖した魚を生きたまま全国の市場に出荷していた。

4．下線部③のほとんどは，沖《おき》合の地震で起きたものですが，それ以外の場所で起こった地震によって発生したものもあります。その場所を次の**ア**～**オ**から一つ選んで記号で答えなさい。

ア．日本海　**イ**．南西諸島　**ウ**．インドネシア　**エ**．オーストラリア　**オ**．チリ

5．下線部④として正しくないものを，次の**ア**～**エ**から一つ選んで記号で答えなさい。

ア．必要に応じて外国に医師団の派遣《けん》を依頼《いらい》する。

イ．炊《た》き出しなどをして食品や飲用水を配る。

ウ．被災者のための避《ひ》難所を設置する。

エ．被災者の救出や行方不明者の捜索《そうさく》を行う。

6．自然災害による被害を予想して，自治体などが作成している地図を何というか，カタカナ７字で書きなさい。

7．下線部⑤について，「津波に強い町」に向けた取り組みとして，下の**地図２・３**を比べて読み取れることを一つ書きなさい。

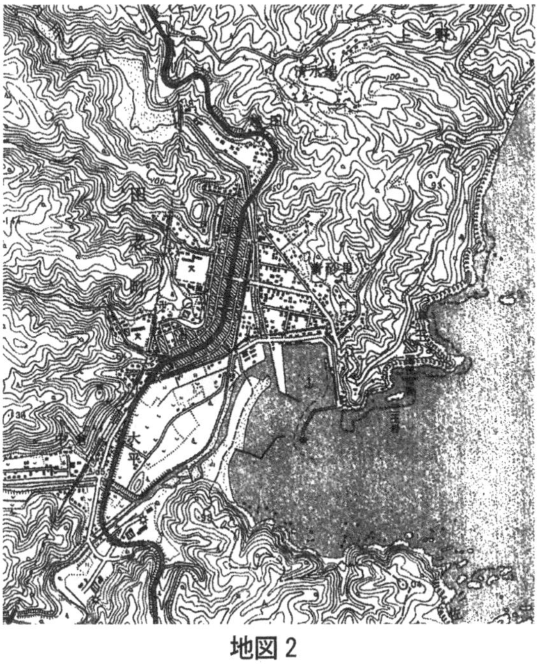

地図２

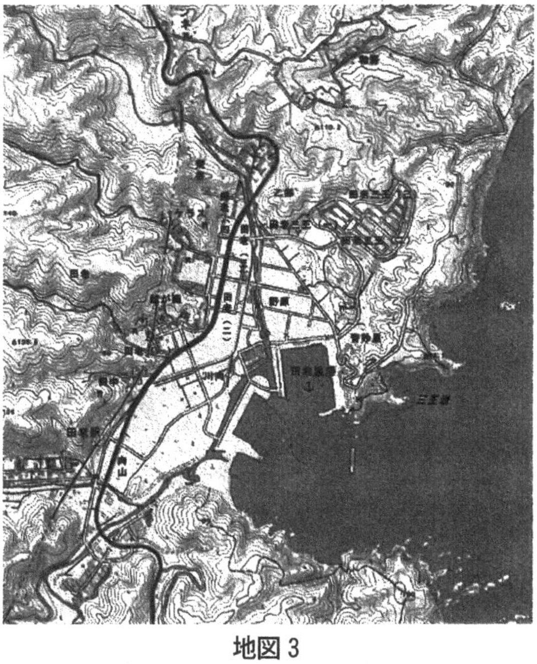

地図３

３） 関東・中部・近畿の３つの地方について，次の問いに答えなさい（工業については2014年，その他は2015年の統計に基づきます）。

1．次のページの**Ａ～Ｄ**のグラフは，下の**ア**～**エ**のいずれかについて，３つの地方の合計が日本全国の中で占《し》める割合を示したものです。**Ａ～Ｄ**に当たるものを**ア**～**エ**からそれぞれ選んで記号で答えなさい。

ア．人口　**イ**．面積　**ウ**．ジャガイモの収穫《かく》量　**エ**．印刷業・製本業などの出荷額

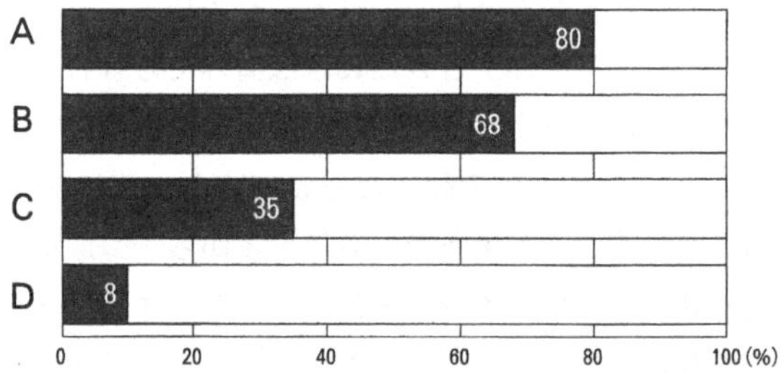

2．次のＡ～Ｄの地図は，下の**ア～カ**のいずれかについて，３つの地方の中で上位３都府県と下位３都府県を示したものです。Ａ～Ｄに当たるものを**ア～カ**からそれぞれ選んで記号で答えなさい。

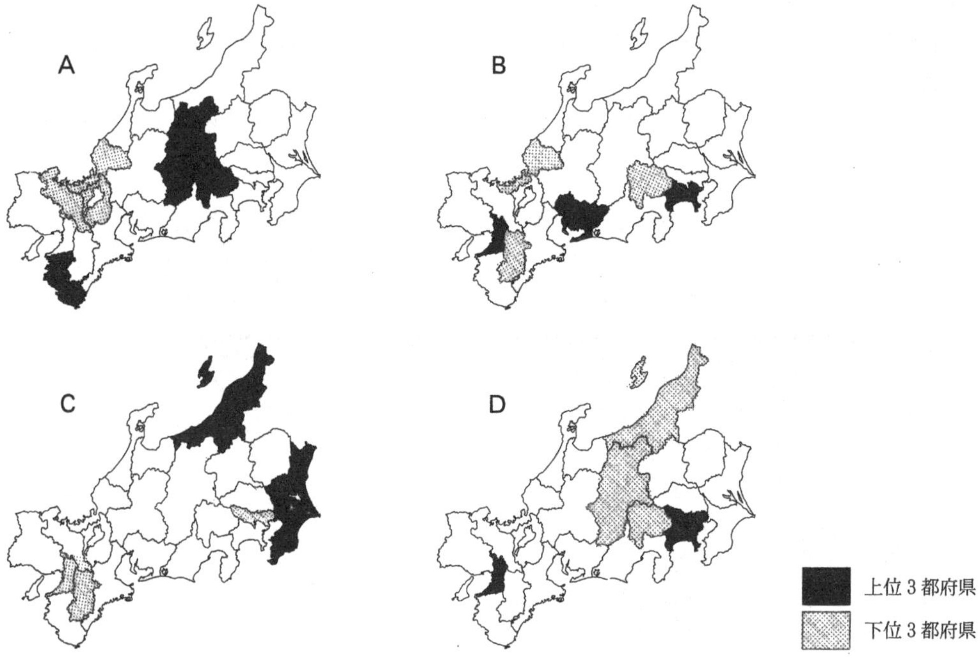

ア．果物の産出額　**イ**．人口密度　**ウ**．森林面積
エ．工業製品出荷額　**オ**．平均標高　**カ**．耕地面積

3．３つの地方の中で，次の**ア～ウ**の説明に当てはまる都府県名をそれぞれ漢字で書きなさい。都・府・県もつけて答えること。

ア．工業地帯が広がる。島（周囲0.1km以上）の数が最も多い。
イ．一年の中では冬の降水量が最も多い。政令指定都市がある。
ウ．内陸に位置している。江戸時代の五街道が通っていない。

4） 次の文を読んで，あとの問いに答えなさい。

1854年，（　**ア**　）にやってきたペリーは，蒸気機関車の模型，電信機などを贈《おく》り物として持参しました。こうした輸送手段や通信の仕組みは，その後の日本で重要なものとなっていきます。

明治時代に入ると1872年に鉄道が新橋・（　**ア**　）間で開通します。その後鉄道網《もう》は全国に広がり，1900年代に入るとバスも運行され始めました。また，①電信による電報の取り扱《あつか》いは東京・（　ア　）間で1870年に始まりました。電信網は全国に広がっていき，1877年の②鹿児島における士族の反乱の際にも利用されました。やがて電信は無線化され，1925年には無線通信技術を利用した（　イ　）放送が始まります。このように，ペリーがもたらした贈り物の技術は庶《しょ》民に広く利用されるようになっていきました。

第二次世界大戦後になると，この流れは加速します。③戦後の経済復興期を経て高度経済成長期に入ると，無線で音声だけでなく映像も伝える白黒テレビが家庭に普及《きゅう》し，電気洗濯《たく》機，（　ウ　）とともに，「（　エ　）」と呼ばれました。さらに1963年に名神高速道路が開通して自動車輸送の時代が本格化し，翌年には東海道新幹線が開通しました。テレビはカラー化し，自家用車，（　オ　）とともに「３Ｃ」と呼ばれました。カラーテレビは1960年に発売され，1964年の東京オリンピックをきっかけに普及が始まりました。

1．（ア）～（オ）に当てはまる地名やことばを書きなさい。

2．下線部①について，電信がなかった江戸時代に手紙を運ぶ仕事をしていた人を何というか書きなさい。

3．下線部②は何という出来事か，また反乱の中心となったのは誰《だれ》か書きなさい。

4．下線部③と最も関係が深かった戦争を何というか書きなさい。

５） 次の文を読んで，あとの問いに答えなさい。（　）の中の記号が同じものには，同じことばが入ります。

日本の歴史をたどると，人々はさまざまな動物との関《かか》わりの中で暮らしてきたことがわかります。

まず動物は人々の命をつなぐ食料です。ただし日本人が食べる動物には時代によって変化があります。例えば①文明開化のころには（　あ　）の肉を煮《に》て食べることが流行しましたが，それまでは［Ａ］の考え方の影響もあって一般《ぱん》的ではありませんでした。また，今では鹿児島，宮崎など全国で飼われている（　い　）は（　う　）を家畜《ちく》化したものですが，やはり江戸時代までは一般的な動物ではありませんでした。十二支の動物に中国では（　い　）が入っていますが，日本では（　う　）になっているのはそのためかもしれません。一方，現在国際的に捕獲《ほかく》が厳しく制限されている（　え　）の漁は江戸時代には大変盛んになり，紀伊や土佐などでは専門的な集団が多くの船や網《あみ》，銛《もり》を使って捕《と》らえました。（　お　）は古くから食用となってきましたが，②安土城ができると，その城下に滞《たい》在したことでも知られる［Ｂ］人らが，これの卵を使ってカステラなどの菓《か》子を作る技術を伝え，用途《と》が広がったと見られます。

動物は人々の生活を助ける目的でも飼われてきました。（　か　）は貝塚《づか》が盛んにつくられた時代にていねいに埋葬《まいそう》された例があるので，［Ｃ］をする時，人々を助けていたとされています。（　あ　）や（　き　）は運搬《ぱん》や農耕のために用いられ，（　お　）も時を告げる動物として知られていたことが日本の神話に書かれています。また③「いざ鎌倉」に備えていた時代には武芸をみがく中で（　き　）に乗って（　か　）に矢を当てる競技も盛んでした。徳川家光が作らせた［Ｄ］には，（　く　）が眠《ねむ》る姿をモデルにした有名な木彫《ぼ》りの作品があります。この動物との関わりは江戸時代よりずっと古く，食料を守るため遣唐使船に乗せられていたという話もあります。また『枕草子』には，ある天皇が（　く　）をとてもかわいがったことが記されており，そのころ人に飼われていたことがわかります。

第二次世界大戦後にインドから象が，また1972年には中国からパンダが贈《おく》られたように，動物は［ E ］をすすめるために活用されることもあります。

1．(い)・(え)・(く) に当てはまる動物は何か，それぞれひらがなで書きなさい。

2．(あ)は貴族の乗り物を引く動物としても知られています。この乗り物を何というか漢字で書きなさい。

3．(か)・(き) には20世紀の戦争で戦場に送られ，帰ってこなかったという歴史があります。さまざまな戦いのうち，満州事変についての説明として，次の**ア～カ**から正しいものをすべて選んで記号で答えなさい。

ア．戦いの前に日本は国際連合に加盟していた。

イ．鉄道の爆破事件が事変の起こるきっかけとなった。

ウ．北京郊《こう》外の武力衝《しょう》突が事変の起こるきっかけとなった。

エ．戦いの中で中国の首都南京が日本軍によって占領された。

オ．戦いの前に日本は国際連盟を脱《だっ》退し，孤《こ》立を深めていた。

カ．この事変によって中国東北部に日本と結びつきの深い国が作られた。

4．［ A ］・［ C ］・［ D ］に当てはまることばをそれぞれ書きなさい。解答用紙の１マスに１字ずつ書くこと。

5．［ B ］に当てはまる国名を２つ書きなさい。

6．下線部①～③とほぼ同じ時期のできごとを，次の**ア～ク**からそれぞれ一つずつ選んで記号で答えなさい。

ア．東大寺の大仏が完成した。

イ．欧《おう》米との不平等条約が改正された。

ウ．応仁の乱が起きた。

エ．室町幕府が滅《ほろ》んだ。

オ．観阿弥《み》や世阿弥が活躍《やく》した。

カ．宇治平等院が完成した。

キ．廃藩《はいはん》置県が行われた。

ク．承久の乱が起きた。

7．［ E ］に当てはまることばを５字以上10字以内で書きなさい。

6）次の文を読んで，あとの問いに答えなさい。

日本の政治参加は，基本は国や地方自治体で選ばれた代表者が，国民から託《たく》されて（　あ　）や地方議会で実際に決定をすることになっています。昨年は，［　　A　　］ことを受けて，10月22日に（　い　）が行われました。そこで新しく選ばれた代表者は，召《しょう》集されて何よりも先に［　　B　　］ことから始めたのは記憶《おく》に新しいと思います。

一方，国の政治に国民が直接に参加して全員で決定するという方法は，今までは課題が多く，地方自治では実施《し》されるケースもありましたが，①国政では限定して行われてきました。しかし近年では，単に投票だけをみればインターネットの普及などの技術の進歩もあって，全員参加による決定が実現する可能性もでてきています。ただ全員で決定することになると，プラス面だけでなく②問題点もあるという指摘《てき》もされています。

1．(**あ**)・(**い**) に当てはまることばをそれぞれ漢字で書きなさい。

2．上の文が正しくなるように A ・ B にふさわしいことばをそれぞれ書きなさい。

3．下線部①について，実際に行われている例を一つ書きなさい。

4．下線部②について，指摘されていることとして最もふさわしいものを，次の**ア**～**オ**から選んで記号で答えなさい。

ア．死票がより多く出てしまう。

イ．一票の格差がより拡大してしまう。

ウ．活動的な若者中心の政治になってしまう。

エ．海外で生活している日本国籍《せき》の人が投票に参加できなくなる。

オ．争点によって国民の関心が予想以上に左右されて，政治が安定しなくなる。

に、何かを採取するという喜びを教えたのは祖母であった。

オ　幼いころに身に付いた何かを採取するという喜びは、だんだんと薄れてはいくものの、やはり秘密めいた思い出とともによみがえってくる。

三

問一　1ビニール袋にずしりと重たい手応え　とありますが、袋の中身は何ですか。本文中から探し、四字でぬき出しなさい。

問二　2時空を大きく超えた　とありますが、その内容を具体的に言いかえている箇《か》所を含《ふく》む一文を探し、始めの六字をぬき出しなさい。

問三　3祖母は、生まれつきの名女優だったのだ　とありますが、この表現によって、筆者が伝えたいのはどのようなことですか。次の中から最も適切なものを一つ選んで、記号で答えなさい。

ア　祖母が『山椒大夫』を演じたり、ドングリを食べて耳が聞こえなくなったふりをしたりするのが得意だったということ。

イ　ドングリを拾ってはいけないのに、それでも拾いたくなる不思議な魔力を祖母が声音に込めていたということ。

ウ　祖母が『山椒大夫』を読んで聞かせてくれた時の凄みのある声音は、小さなころから女優をしていたからだということ。

エ　今思い出してみると虫歯の原因を母にたずねられたときの祖母のしらばっくれようが、とても見事だったということ。

オ　祖母はドングリにおっかないイメージを与えることが、『山椒大夫』の読み聞かせ同様に上手だったということ。

問四　4こっそりと、にんまりと　とありますが、筆者は何を感じていますか。傍《ぼう》線部4より後の本文から十一字で探し、ぬき出しなさい。

問五　5秘密を共有した二人　とありますが、「秘密」の具体的な内容を三十五字以内で書きなさい。

問六　6人間の知恵の凄さに感嘆する　とありますが、わたしが感嘆した知恵にはどのようなものがあるでしょうか。あてはまるものを次の中から二つ選んで、記号で答えなさい。

ア　黒くなった指先もハンケチで拭けばきれいになるとわかっていること。

イ　洗濯したハンケチの糊とアイロンの手間を省く技術があること。

ウ　雑草の間に生えているツクシを目ざとく見つけ手早く摘めること。

エ　ツクシのような野草を不味いとはいえ食べられるように料理すること。

オ　無数のツクシの中から美味しいものを見分ける方法を知っていること。

カ　孫が何に困っているかを察してすぐにハンケチを出してくれること。

問七　7雲泥の差　と近い意味のことばを次の中から一つ選び、記号で答えなさい。

ア　ぬかにくぎ　イ　水と油　ウ　花に嵐《あらし》

エ　月とすっぽん　オ　猫《ねこ》に小判　カ　アメとムチ

問八　次の中から本文の内容とあっているものを一つ選んで、記号で答えなさい。

ア　今でも何かを採取するということに魅了《みりょう》されている筆者には、その行為に関連した、祖母との秘密をともなう思い出がある。

イ　何かを採取するということの喜びは、そこに秘密めいているという条件が加わってこそ、本来のものになることができる。

ウ　今にして思うと、筆者にとって祖母との思い出は、秘密を共有したことによる親近感に彩《いろど》られている。

エ　おばあちゃん子であった筆者に、秘密ごとの持つ楽しみととも

「ママやパパには内緒にしとくんだよ」

言外に、「口外したら大変なことになるよ」というニュアンスをほのめかしながら、祖母は自分のへそくりで、何かと口実を作っては私にマーブルチョコの筒《つつ》を買い与《あた》えるのだった。秘密ごとを持つ後ろめたさと、素《す》晴らしい美味《おい》しさへの抵抗《ていこう》不能な誘惑《ゆうわく》。ドングリのときと同じように板挟みになりながら、やはり私はそれを、母や父の目の届かぬところで4こっそりと、にんまりと、むさぼった。指の先についた、人工着色料の赤や黄色を舌できれいになめ尽《つ》くして証拠《こ》隠滅《いんめつ》を図《はか》ったが、虫歯という代償《しょう》を免《まぬか》れることはできなかったのだ。

「どうしてこんなに虫歯ができちゃうのかしら」

「さあ、どうしてかねぇ」

首をかしげる母に対し、そんな風にしらばっくれながらも、祖母にも罪悪感があったのだろう。だからこそ、私の歯医者通いの送迎《げい》を自ら買って出たに違いないのだ。そしてその帰り道、5秘密を共有した二人きりのツクシ摘み。

「開ききっちゃってんのはね、中の粉が飛んじゃってて美味しくないから摘むんじゃないよ」

雑草を上手にかき分け、物慣れた素早さで作業をこなしていく祖母の手元をまね、私もまた、せっせとツクシを摘んだ。

「たんと摘んだねえ。もうそのくらいで十分だ」

黒くなった指の先をどうしたものかと迷ったが、マーブルチョコのようになめるわけにもいかず途《と》方に暮れていたら、「ハンケチでお拭《ふ》き」と祖母が助け舟《ぶね》を出してくれた。そのハンケチは、洗濯後、いつも数枚ずつお風呂場の壁にピシッと伸《の》ばして貼《は》り付けられていた中の一枚だった。

「こうすりゃあ糊《のり》とアイロンの手間が省けっだろ?」

お風呂場の壁を指差して、三歳《さい》児に手仕事の指南をしてみせた祖母。ツクシといい、ハンケチといい、おばあちゃんてば、ホントにスーパーマンみたいだ！　まだひらがなも読めなかった私は、6人間の知恵《え》の凄さに感嘆《たん》することしきりだった。

袋一杯《ぱい》に摘まれたツクシはその後、祖母の手でていねいに袴《はかま》を取られ、卵とじや佃煮《つくだに》に姿を変え、夕餉《げ》の箸《はし》休めとして食卓《たく》に並んだ。

マーブルチョコとは7雲泥《でい》の差のその不味《まず》さに私は辟《へき》易としたが、それでもツクシを摘む行為《い》そのものは楽しかったし、「よく摘めた」と褒《ほ》められれば嬉《うれ》しかった。それになによりも、秘めごとのもたらす快楽という、あの隙《すき》間の人間感情を、祖母と二人きりのツクシ摘みという経験を通して私は覚えてしまったのだった。

「ドングリ採取時代」「ツクシ摘み時代」から半世紀もの時間が流れた今、地球の反対側で私は相も変わらず、地べたにしゃがみ込んで何かを採取する快楽の僕《しもべ》であり続けている。内緒にする秘密があろうがなかろうが、それはいつもぞくぞくする嬉しさで私を虜《とりこ》にする。西洋人の多くにとって不可能な「（かかとをつけた状態で）しゃがむ姿勢」が、幸いにして私は大得意。そもそもが採取生活向きなのだ。

そうしてこの日も、美術館の裏庭でかかとをつけてしゃがみ込むこと十五分。幼い日のドングリの代わりに手にしていたのは、薄《うす》オレンジ色の果肉に覆《おお》われたたくさんのぎんなんの実だった。独特の匂《にお》いを胸いっぱいに吸い込みながら重たいビニール袋をぶら下げ、チューリッヒの街なかを意気揚《よう》々と、満面の笑みで引き上げんとするところだったのである。

（長坂道子『旅に出たナツメヤシ』より）

れまでは辛抱《しんぼう》していたい。

イ　子どもの自分が考えるべき問題とは違うので、大人になるまであたためておきたい。

ウ　幼い自分でも何とかのりこえられたので、より楽に解決できる大人になってから考えたい。

エ　今の自分には重すぎる課題なので、それに対処できるようになるまで考えずにいたい。

オ　まだ小さい子どもには厳しすぎる現実なので、いっそ一生思い出さずに過ごしていきたい。

問八　本文中の波線部ア～オの中には、ほかのものとは性質の違う言葉が一つあります。記号で選んで、答えなさい。

ア　だらだら　イ　にこにこ

ウ　すうすう　エ　どんどん

オ　もやもや

二　次の文章を読み、問いに答えなさい。

市立美術館の裏側。表通りから死角になったその小さな中庭には立ち入る人など誰《だれ》もいない。三方を囲むコンクリートの建物が外界の音を遮《しゃ》断するのだろう、扇《おうぎ》形の葉っぱのじゅうたんを踏《ふ》みしめる自分の足音が、かえってあたりの静けさを際《きわ》立たせるようである。念のため、背後に目をやり、人目がないことを確かめてから、やにわに地べたにしゃがみ込《こ》む。カニの横ばいよろしく左右に少しずつ移動しながら一気に拾う。黙《もく》々と拾う。1ビニール袋《ぶくろ》にずしりと重たい手応《ごた》えを感じながらよっこらしょ、と立ち上がるときには、こぼれる笑みをもう抑《おさ》えきれなくなっている。

ああそうだ、きっとそうだった。これと全く同じ笑みを、あのときもまた、自分は浮かべていたに違いない。ほっぺたにたっぷり肉がついたまん丸い童顔で、ニタニタしていたに違いない。2時空を大きく超《こ》えた連想にいざなわれ、あの頃《ころ》よりはいくぶんほっそりした（けれど相変わらず丸い）今の顔で、ますます笑いが止まらない。

地べたにしゃがんで無心にドングリの実を拾っていた遠いあの日の快感は、それにしても一体なんだったのだろう。スカートの裾《すそ》を風呂敷《しき》代わりにして、拾い集めたドングリを家に持ち帰り、空き缶《かん》や空き瓶に詰《つ》めることに、一体、どんな悦《よろこ》びがあったのだろう。

「ドングリの実を食べると耳が聞こえなくなるからね、絶対に食べんじゃないよ」『山椒大夫《さんしょうだゆう》』を夜の床《とこ》で読んで聞かせてくれた時と同じ凄《すご》みのある声《こわ》音で、幼かった私たち兄弟姉妹を脅《おど》す3祖母は、生まれつきの名女優だったのだ、と今にして思う。ドングリに憑依《ひょうい》して離《はな》れない「おっかないイメージ」。そして、それにもかかわらず、どうしても拾わずにはいられなくなる不思議な魔《ま》力。その板挟《ばさ》みになりながら、結局は魔力の方に引き寄せられ、秋が深まる頃になると、近所の森へ、椎《しい》や樫《かし》の大木の下へと一目散に飛んで行かずにはいられないのだった。

その同じ祖母と一緒《しょ》に、バスで二駅のところの土手でツクシを摘《つ》んだことも、やはり不思議に秘密めいた快感の記憶《おく》と共に思い出される。土手の近くに神谷さんという歯医者さんがあって、幼稚《ち》園生だった私は、祖母に手をひかれてそこに幾《いく》度か通ったものだった。虫歯の原因は、十中八九、祖母が私にこっそり買ってくれていたマーブルチョコの食べ過ぎだった。

ア　子どもでも十分わかる話なのにそれを聞かせたがらないこと。
イ　ママはお酒が飲めないのに大人といっしょにいる方を選んだこと。
ウ　子どもは飲めないと知っていながら大人がお酒を飲みたがること。
エ　自分を大人だと思っていてもお酒だけは飲ませてもらえないこと。
オ　子どもは早く寝るものだと大人が一方的に決めつけていること。
カ　大人がお酒を口実に自分たちの会話から子どもを外そうとすること。

問四　4わたしはその場に立ったまま、一歩も動けなかった　とありますが、この時のわたしの気持ちとして最も適切なものを次の中から一つ選んで、記号で答えなさい。
ア　ママが泣いているという衝撃《しょうげき》的な場面にいきなり出くわして、どうしていいのかわからなくなった。
イ　ママやほかの大人たちのいつもとは違《ちが》う緊迫《きんぱく》した会話を耳にして、自分も覚悟《ご》して聞こうと思った。
ウ　そのつもりはなく立ち聞きしてしまったが、今逃《に》げ出すと見つかるのではないかと強く緊張した。
エ　深刻そうな話は自分たちにもかかわる不幸を予感させ、おそろしさで足がすくんでしまった。
オ　大人の仲間入りをしたつもりの自分は、ママの秘密をどうしても聞きたくてしかたがなくなった。

問五　5大きい船からも降ろされて、小さなボートからも降ろされて、ひとりぼっちでまっくらな海に浮かんでいるみたいだった　について、
①「大きい船からも降ろされて」とは、どのようなことをたとえた表現ですか。「～こと。」に続くように本文中より十一字で探し、ぬき出しなさい。
②「小さなボートからも降ろされて～浮かんでいるみたいだった」とありますが、この時わたしはどのようなことを感じていますか。次の中から最も適切なものを一つ選んで、記号で答えなさい。
ア　ハッチとさえ分け合えない孤《こ》独というものがあること。
イ　ハッチの心はもともと自分とは別のところにあったこと。
ウ　ハッチからもとうとう完全に見放されてしまったこと。
エ　ハッチも自分ももう子どもではいられないということ。
オ　ハッチを守るためには苦しみをのりこえねばならないこと。

問六　6こんなこわい思い　とありますが、どのようなこわさですか。次の中から最も適切なものを一つ選んで、記号で答えなさい。
ア　ぬすみ聞きという罪をおかしてしまったこわさ。
イ　肝《かん》心なことがわからないまま取り残されたこわさ。
ウ　ハッチにさえも秘密を作ってしまったこわさ。
エ　大人たちのいさかいにまきこまれたこわさ。
オ　最後には家じゅうが静まり返ってしまったこわさ。

問七　7だからそれまでは～忘れていようって　とありますが、ここにはわたしのどのような思いが表れていますか。次の中から最も適切なものを一つ選んで、記号で答えなさい。
ア　お酒を飲めるようにならないと本当のことはわからないので、そ

れともべつのだれかのことなのか……考えても考えても、いろんなことがわからなすぎて、いろんなことが遠すぎて……5大きい船からも降ろされて、小さなボートからも降ろされて、ひとりぼっちでまっくらな海に浮《う》かんでいるみたいだった。

「ハッチ?」

　布団から顔を出してもう一度呼びかけてみるけど、ハッチは返事をしない。いつもだったら、すぐに肩《かた》を揺《ゆ》すってハッチを起こして、話を聞いてもらうところだけど……。今日はそうしなかった。6こんなこわい思いをするのは、わたしひとりだけでじゅうぶんだ。

　眠れなくて、頭がグルグルして、お腹の底がきゅーっとなるたび、あしたは碌山《ろくざん》美術館に行って、大王わさび農場に行って、安曇野《あずみの》でおいしいおそばを食べようね……って、レストランにいるときみんなで話したことを思い出した。それから、じっさいそういうふうに楽しく過ごすあした一日のことを想像した。

　でも、いくらそういう楽しいことを想像しても、最後にはおんなじことを考えた――わたしがこのまま大きくなって、いつかママみたいに子どもたちのママになって、きょんちゃんみたいにがんがんお酒を飲むようになって、どこからどうみても立派な大人になったとしても……今日、こうやってひとりぼっちで眠れなかった夜のことを、ぜったいに忘れないようにしようって。ほんとうの大人になって、それからどんなに悲しいことがあっても、つらいことがあっても、こんな夜をひとりぼっちでのりこえたわたしだったらきっとなんでもできる、なにがあっても大丈夫だって……7だからそれまでは、やっぱり今晩のことはすっかり忘れていようって。

　いつのまにか、窓の外は明るくなっていた。

　ヤマガラやツグミのさえずりを聴《き》きながら、わたしはダンゴ虫みたいにからだを小さく丸めて、まだつめたいままのつまさきをぎゅうっと両手に握《にぎ》っていた。

（青山七恵『ハッチとマーロウ』より）

問一　1もしかしたら、とどきどきしながらわたしは聞いた　とありますが、どのようなことを許可してもらえるのをわたしは期待しているのでしょうか。二十五字以内で答えなさい。

問二　2わたしはなんだか、イヤだな、と思った　とありますが、なぜそう思ったのですか。次の中から最も適切なものを一つ選んで、記号で答えなさい。

ア　子どもたち二人だけで起きていてもおもしろくないと思ったから。

イ　わざとらしい笑《え》顔に大人の悪意がかくされていることに気づいたから。

ウ　料理や掃除や洗濯など都合のよいときだけ大人あつかいされるから。

エ　好意的な態度を見せつつ実は大人たちが壁《かべ》を作っていると思ったから。

オ　大人たちのきげんが良いのはきっと今だけだという予感がするから。

問三　3わたしたちは、そうだよね、そうだよね、と何度もうなずきあって　とありますが、二人の不満にはわずかなちがいがあると思われます。「わたし」と「ハッチ」が最も不満に思っていることを次の中からそれぞれ選んで、記号で答えなさい。

歯をみがいて二階の部屋に戻《もど》ってから、ハッチに言った。

「わたしたち、もしいつか赤ちゃんを産んで、その赤ちゃんがいまのわたしたちくらいに大きくなって、今日みたいにみんなで集まってご飯を食べるようなとき……その子たちがいるときには、ぜったいにお酒を飲まないようにしようね」

ハッチは「ん……」と小さな声で言ってから、閉まったドアのほうに目をやった。それからもう一度、「うん」と強くうなずいてくれた。

「約束ね。わたしたち、子どもを仲間はずれにはしないよね」

「うん、約束。わたしもずっと思ってた。大人って、どうしてあんなにお酒が好きなんだろうね。コーヒーとか紅茶だけでも、じゅうぶん楽しくだんらんできるのにね」

3 わたしたちは、そうだよね、そうだよね、と何度もうなずきあってから、ベッドに入った。電気を消して今日一日のことを話しあっているあいだ、ハッチの返事はすこしずつとぎれとぎれになってきて、そのうちウすうすう寝息が聞こえるだけになった。

でもわたしは、眠《ねむ》れなかった。

いまごろ大人たちが子どもたちにはきっと聞かれたくないなにかを話しこんでいるんだと思うと、あの大きな船がエどんどん遠ざかっていくんだと思うと、胸がどきどきして、そわそわして、オもやもやして……。

たまらなくなって、布団を払《はら》って起きあがった。それからハッチを起こさないようにそーっとベッドをぬけだすと、静かに部屋のドアを開けた。

吹《ふ》きぬけのリビングからは、大人たちの声がぼそぼそ聞こえてくる。テレビはついていないみたいだ。わたしはそのまま忍《にん》者みたいなぬきあしさしあしで、階段の降り口まで近づいていった。

「だって、会いたくないんだもん！」

したから突《とつ》然聞こえてきたママの声に、はっと息をのんだ。

「そんなこと言っても……」なだめているのはきょんちゃんだ。

「わたし、だれからなにを言われても、ぜったいに、ぜったいにイヤだから」

それから、ママがしゃくりあげる声。

「落ちついて考えてよ、えみだけのことじゃないんだから……」

ママが泣いている。これは聞いちゃいけない話だ、わかっているのに4 わたしはその場に立ったまま、一歩も動けなかった。

「えみ、待ってよ」

きょんちゃんがそう言うのと同時に、だれかが階段を上がってくる音が聞こえた。きっとママだ。あわてて部屋に戻ろうとしたけど、間にあわなかった。でもママは廊《ろう》下に立っているわたしには気づかず、反対側の自分の部屋に走りこんで、バンと音を立ててドアを閉めてしまった。

それからドアの向こうも、したのリビングでも、だれの声も聞こえなくなった。

はだしのつまさきが、氷みたいにつめたくなっていた。

わたしは静かに自分の部屋に戻った。

「ハッチ？」

呼びかけても、寝息を立てているハッチは返事をしない。

布団にもぐって目をつむっても、ちっとも眠れなかった。いろんなことを考えた。ママたちがしたでなにを話していたのか、ママが会いたくないって言ってたのはだれなのか、わたしたちのパパのことなのか、そ

【国　語】（四〇分）〈満点：一〇〇点〉

※字数を数える場合は、句読点・かぎかっこ等も一字と数えます。

一　次の文章を読み、問いに答えなさい。

> 「わたし」と「ハッチ」は小学六年生のふたごの姉妹である。母親と三人暮らしだが、前の年の大みそかに母親がとつぜん大人の義務を放棄《き》すると宣言したために、現在はふたごが家事を担当している。

家に帰ると、大人たちにせかされて、ハッチとわたしがいちばんにお風呂《ふろ》に入ることになった。

お風呂から上がると、四人はリビングでまた紅茶を飲んでいた。いつもはがらんとしているこのリビングにそうして大人が四人もアだらだらしていると、ちょっとヘンな感じがする。ソファの横には、今日干した布団《とん》が一組畳《たた》んで積んである。このリビングには小野寺さんが寝《ね》て、きょんちゃんとますみくんはお客さん用の部屋で寝るそうだ。そういえば、この森の家に熊《くま》倉田のおじちゃんとゆうすけくん以外の男のひとが泊《と》まるのって、これがはじめてかもしれない。

「ふたりとも、髪《かみ》をかわかしたらすぐ寝なさいね。ママたちはもうすこし起きてるから」

カーペットにじかに座《すわ》って、スツールに寄りかかっているママが言う。

「ねえママ、わたしたちも起きてちゃダメ?」

1もしかしたら、とどきどきしながらわたしは聞いた。

「いいけど、二階でね」

「ここにいちゃダメなの?」

「うーん、大人はこれからお酒の時間だからね」

「お酒……」

わたしはハッチと顔を見あわせた。ママはぜんぜんお酒を飲めないけど、きょんちゃんはざるっていう、いくらでもお酒が飲めるタイプのひとなのだ。よく見ると、テーブルのしたにはワインの瓶《びん》が何本か並んでいて、ワイングラスも用意してある。

「わかった。じゃあ、おやすみなさい」

挨拶《あいさつ》すると、みんなも「おやすみ」とイにこにこ笑って言ってくれたけど、2わたしはなんだか、イヤだな、と思った。

いままでも何人か、東京からママの友だちがこの家にあそびにきてくれたことがある。でも、夜になってこうしてお酒が出てくると、ハッチとわたしはとたんに二階に上げられてしまうのだ。それまでは、みんなと同じようにしゃべったり食べたり、大人も子どもも関係なくぜんいん平等にそこにいる感じがしていたのに……お酒が出てきたとたん、いきなりあなたたちはあっちのボートね、ばいばい！　って、いっしょに乗っていた大きな船から降ろされちゃうみたいに。

わたしたちは去年の大みそかから大人になったわけだから、今日は大丈《じょう》夫かなって、ちょっとだけ期待していた。でも、やっぱりダメだった。どんなに上手に自分でご飯を作れても、お掃除《そうじ》や洗濯《たく》をかんぺきにできても、自分を自分で大人だって思っていても、わたしたちはやっぱり、あそこでお酒を飲む大人たちとは、根っこのところがぜんぜんちがっているのかな……。

「ねえハッチ」

MEMO

大切なことはメモしておこうネ！

平成30年度

解答と解説

《平成30年度の配点は解答用紙に掲載してあります。》

＜算数解答＞ 《学校からの正答の発表はありません。》

1. ① 1040　② $\frac{5}{7}$　2. 103cm^2　3. 251.2cm^2　4. 235人　5. 13通り
6. 8個　7. 10時10分　8. ① 解説参照　② 1時間17分後　9. 10通り
10. ① 1440cm^3　② 720cm^2

＜算数解説＞

1.（四則計算）

① 16×(14＋18)＋144＋24＋360＝256×2＋428＝512＋528＝1040

② □＝2÷(7.5＋3.6－5－3.3)＝2÷2.8＝$\frac{5}{7}$

重要 2.（平面図形，割合と比）

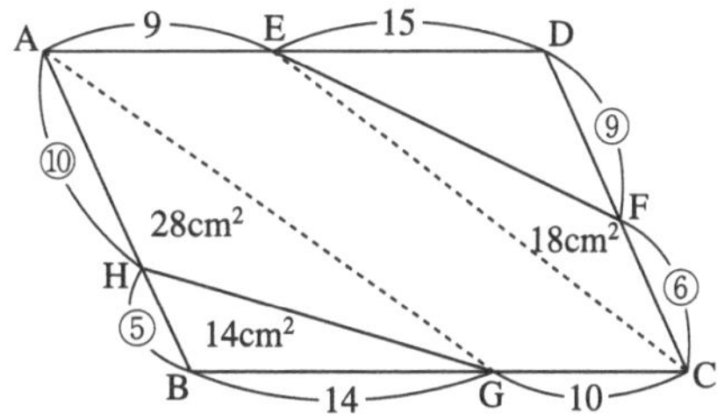

右図において，AE：ED＝3：5，BG：GC＝7：5であり，AD＝BC＝24にすると，AE＝9，ED＝15，BG＝14，GC＝10である。同様に，AB＝CD＝15にすると，AH＝10，HB＝5，CF＝6，FD＝9である。三角形HBGが14cm^2であるから，三角形AHGは14×2＝28(cm^2)，三角形ABGが14＋28＝42(cm^2)であり，台形AGCEは42÷14×(9＋10)＝57(cm^2)である。また，三角形HBGとECFの面積比は(5×14)：(6×15)＝7：9であり，三角形ECFは14÷7×9＝18(cm^2)，六角形AHGCFEは28＋57＋18＝103(cm^2)である。

重要 3.（平面図形，図形や点の移動）

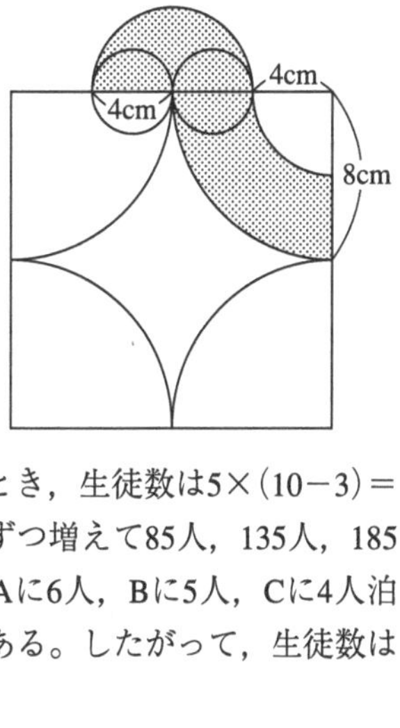

右図において，色がついた部分の面積の4倍は4×4×3.14×2＋(8×8－4×4)×3.14＝(32＋48)×3.14＝251.2(cm^2)である。

やや難 4.（割合と比，数の性質）

A・B・Cの部屋がそれぞれ2，3，5部屋で合計2＋3＋5＝10(部屋)のとき，生徒数は5×(10－3)＝35(人)であり，部屋数が全体で2倍，3倍，…になると，生徒数は50人ずつ増えて85人，135人，185人，…と変化する。一方，A・B・Cの部屋がそれぞれ2，3，5部屋でAに6人，Bに5人，Cに4人泊まると生徒数は6×2＋5×3＋4×5＝47(人)であり，47×5＝235(人)である。したがって，生徒数は235人になる。

基本 **5.（場合の数，数の性質）**

以下の13通りがある。

$1\times6=6$　$2\times3=6$　$2+4=6$　$3\times2=6$　$3\times4=12$　$3\times6=18$　$4+2=6$　$4\times3=12$　$5\times6=30$
$6\times1=6$　$6\times3=18$　$6\times5=30$　$6+6=12$

重要 **6.（立体図形）**

右図(例)より，最少の数は8個である。

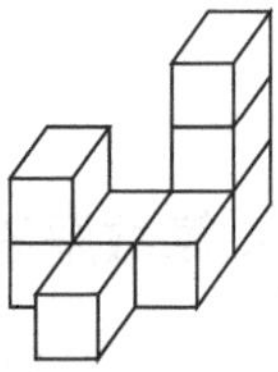

基本 **7.（数の性質，単位の換算）**

〈出発時刻〉

電車	4：50	5：06	5：22	5：38	5：54	6：10
地下鉄	5：10	5：22	5：34	5：46	5：58	6：10
バス			5：30		5：50	6：10

したがって，16分，12分，20分の最小公倍数は240分＝4時間であり，2回目に同時に出発するのは6時10分から4時間後の10時10分である。

8.（速さの三公式と比，旅人算，グラフ，単位の換算）

重要 ①　Cは$60+25=85$(分後)に4km先のQに着くまでに3回，$15\times3=45$(分)休憩するので1km進むのに$(85-45)\div4=10$(分)かかる。したがって，グラフは右図のようになる。

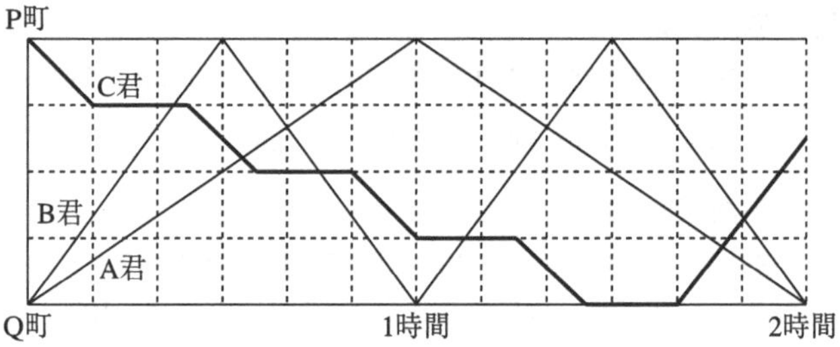

やや難 ②　Aの分速は$4\div60=\frac{1}{15}$(km)，Bの分速は$\frac{2}{15}$km，Cの行きの分速は$1\div10=\frac{1}{10}$(km)である。

CとAが初めて出会う時刻…25分後，2人の間は$4-\left(1+\frac{1}{15}\times25\right)=\frac{4}{3}$(km)であり，$25+\frac{4}{3}\div\left(\frac{1}{10}+\frac{1}{15}\right)=33$(分後)

CとBが4回目に出会う時刻…Cが1時間40分後にQ町を出発するとき，2人の間は$4-\frac{2}{15}\times(40-30)=\frac{8}{3}$(km)であり，1時間40分の$\frac{8}{3}\div\left(\frac{2}{15}\times2\right)=10$(分後)で1時間50分後

したがって，求める時刻は1時間50分後－33分後＝1時間17分後である。

重要 **9.（平面図形，場合の数）**

以下の10通りがある。

A・B・C－F・D・E　　A・B・C－F・E・D
A・B－E・D・F・C
A・C・B－E・D・F　　A・C・B－E・F・D
A・C－F・D・E・B
A・D・E－B・C・F　　A・D・E－F・C・B
A・D・F－C・B・E　　A・D・F－E・B・C

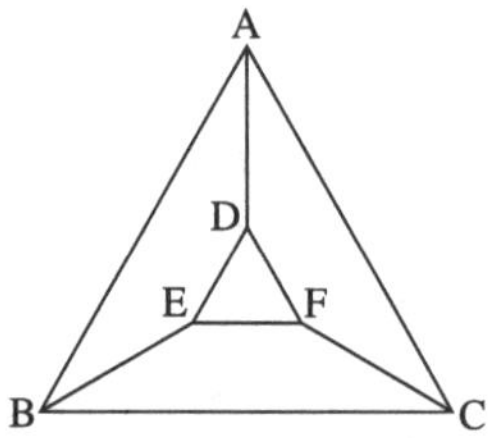

重要 **10.** （立体図形，平面図形）

① $12\times12\times12-6\times6\times2\times12\div3=144\times12-144\times2=1440$（$cm^3$）

② 図1における三角形BCDの面積は，図2より，$12\times12-(12\times6+6\times6\div2)=54$（$cm^2$）である。したがって，図1の立体の表面積は$12\times12\div2+12\times12+54\times4+12\times12\times2=72+216+144\times3=288+432=720$（$cm^2$）である。

図1

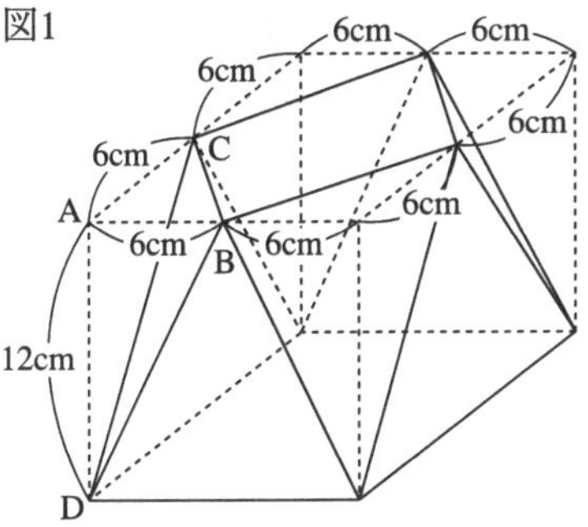

図2

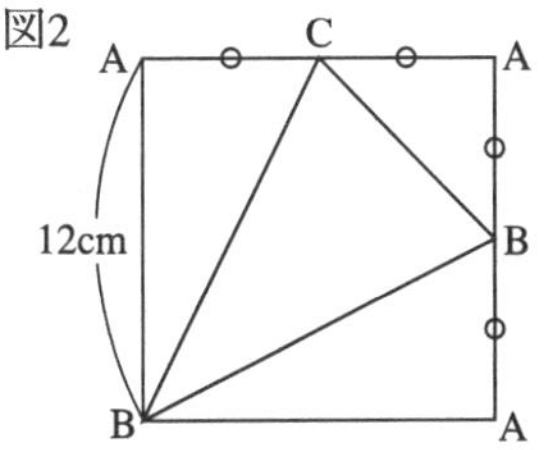

★ワンポイントアドバイス★

容易でないのは4.「生徒数」であるが，これも難問ではなく，8.②「2人が出会う時刻差」も計算が容易ではないが，①を利用できれば考え方自体は難しくない。まず，1.で着実に得点しよう。

＜理科解答＞ 《学校からの正答の発表はありません。》

問1 1. (ア)，(ウ)，(オ)　2. (ア)，(ウ)，(カ)　3. (イ)，(エ)，(カ)

問2 1. (オ)→(ア)→(エ)→(イ)→(カ)→×　2. (オ)→(イ)→(カ)→(ア)→×→×
3. (イ)→(カ)→(オ)→×→×→×　4. (イ)→(ウ)→(オ)→×→×→×

問3 1. ① B　② C　③ B　④ C
2. A (イ)　B (ウ)　C (ア)
3. ① (コ)　② (ク)　③ (セ)　④ (サ)
4. 右図　5. 水の流れが速かったところ。
6. E (ネ)　F (ヌ)

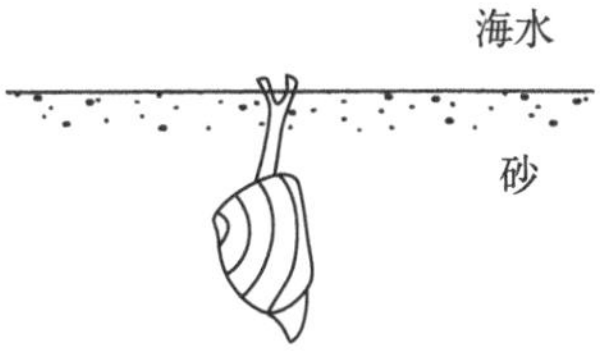

問4 1. 水が出ないようにする
2. 右図
3. 28(cm)
4. (ウ)
5. (カ)，(ク)

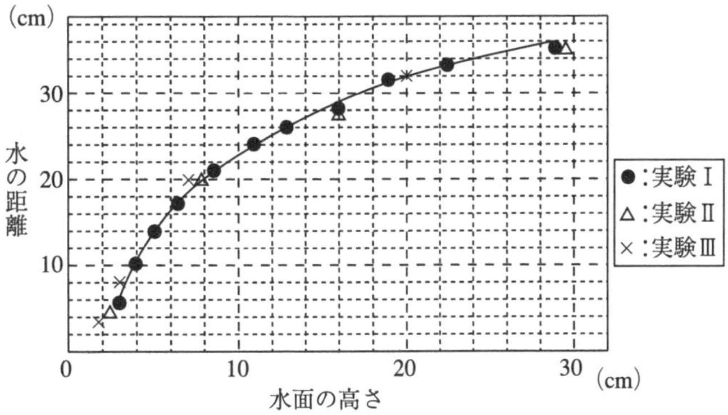

問5 1. ①（ウ），（カ）　②（ア），（イ），（ク）　③（エ），（キ）　④（オ）

2.（ア），（イ）　3.（エ），（オ）

4. 右図

5.（ア），（イ）　（利点）視野がとても広い(ため，敵を早く見つけられる。)

6.（オ）　（名前）カンガルー

（特徴）腹にある袋で子を育てる。

7.（キ）　（影響）農作物や養殖魚などが食べられている。

8. 動物の生態を研究する。

＜理科解説＞

重要 問1（器具の使用法ー温度計，顕微鏡，星座早見盤）

1　温度計で気温を測るときは，直射日光が当たらない風通しの良い，1.5mほどの高さで，ひもをつけて測る。

2　顕微鏡を使うときは，最も低い倍率にする。その後，接眼レンズをのぞきながら，反射鏡を動かして明るくする。さらに，ステージの上にプレパラートを置き，横から見ながら，対物レンズとプレパラートをできるだけ近づけた後，接眼レンズをのぞきながら，対物レンズとプレパラートを離しながら，ピントを合わせる。

3　星座早見盤を使うときは，方位磁針で観察する方位を調べて，その方位を向き，観察する日時を合わせて，上にかざして，星と見比べる。

問2（小問集合ーガスバーナー，アサガオのたねまき，食塩水の作り方，電池）

重要 1　ガスバーナーを使うときは，まず，二つのねじが閉まっていることを確認してから，元栓を開ける。次に，マッチの火をつけてから，ガス調節ねじを開けて火を近づけて点火する。その後，ガス調節ねじで炎の大きさを調節して，空気調節ねじを開けて，青い炎にする。

2　アサガオのタネをまくときは，土に1～2cmほどの穴をあけ，タネの丸い方を上にしながら，1個ずつ，4～5cmぐいの間隔でまく。タネまきが終わったら，水をたっぷりと与える。

3　20％の食塩水をつくるので，20gの食塩と80mL(80g)の水を用意して，ビーカーの中でガラス棒を使って混ぜて，食塩をとかす。

4　炭(備長炭《びんちょうたん》)を使い電池をつくるときは，最初に，食塩水をしみこませたキッチンペーパーを炭に巻き，その上に，キッチンペーパーよりもやや小さめのアルミホイルを巻く。その後，モーターの導線を炭(＋極)とアルミホイル(－極)につなぐと電流が流れ，モーターが回る。

問3（昆虫・動物ー貝）

1　図2のグラフより，同じ長さの貝を比べると，貝Aだけが高さが小さく，貝Bと貝Cは同じくらいであることがわかる。また，図3のグラフより，同じ長さの貝を比べると，貝Cだけが幅が大きく，貝Aと貝Bは同じくらいであることがわかる。

2（ア)は，幅が大きいことから貝Cである。また，(イ)は，高さが小さいことから貝Aである。したがって，(ウ)は貝Bである。

3　貝を海水中に入れると，入水管と出水管をのばして海水を吸いこんだり，はき出したりする。また，なべでゆでると，貝は死んでしまうので，貝の殻は開く。

やや難 4　貝は，砂の中にあしを使って入り，砂から上に，二本の管を出した状態になる。

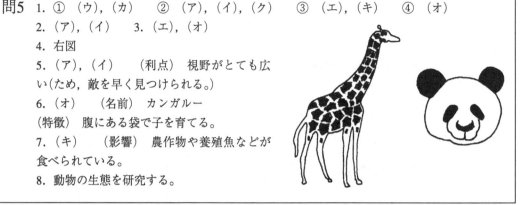

5　地層(ツ)では，くだけたり，2枚の貝の殻がはずれている貝の化石が多いことから，他と比べて，流れが速かったり，波が激しい場所であったことが考えられる。

6　貝Eは，長さが高さの2倍近くあるので，図7の(ネ)を選ぶ。また，貝Fは，長さと高さがほぼ等しいことから，図7の(ヌ)を選ぶ。

問4 (力のはたらき一水圧と水が飛ぶ距離の関係)

1　ゴム栓でふたをすることで，ペットボトルの下の方にあけた穴から水が出ないようにすることができる。

2　図2と図3から，同じ時間における「水面の高さ」と「水の距離」の関係をグラフに表すと，実験1～実験3において，ほぼ同じ形のグラフになる。

3　グラフから，水面の高さが15cmになったときの水の距離を読み取ると，28cmになっている。

4　水の距離は水面の高さによって決まるので，穴の横にもう一つ同じ大きさの穴を開けても，水の距離は変わらない。

5　実験1～実験3の結果から，水が出なくなるまでの時間は，実験1が最も長いことが分かる。また，実験1と実験3の結果を比べると，同じ穴のペットボトルでは，ペットボトルが大きい実験1の方が，水面の高さはゆっくりと低くなっている。さらに，実験1と実験2の結果を比べると，同じ大きさのペットボトルでは，ペットボトルの穴が小さい実験1の方が，水面の高さはゆっくりと低くなっている。

問5 (昆虫・動物一動物と動物園)

やや難　1・2　キリンとシマウマはアフリカの草原，パンダは中国の竹の林，ナマケモノは中央・南アメリカの熱帯林，コアラはオーストラリアのユーカリの林，タヌキはアジア・ヨーロッパの山野，アライグマは北アメリカの森林，ゴリラはアフリカの森林にそれぞれ生息する。

3　ナマケモノとコアラは，ほぼ一日中，木の上で生活する。

やや難　4　キリンには独特の模様がある。また，パンダの顔は，耳・鼻・目のまわりが黒くなっている。

5　草原に住むキリンとシマウマの目は顔の横についているので，ライオンなどの肉食動物を素早く見つけて，逃げることができる。

やや難　6　オーストラリアにすんでいるコアラやカンガルーは，子どもを早い時期に産み，メスの腹にある袋の中で育てる。

やや難　7　日本やヨーロッパなどでは，ペットとして輸入されたアライグマが，外来種として繁殖している。また，アライグマは雑食で，トウモロコシやスイカなどの農作物やコイなどの養殖魚が食べられる被害が発生している。

やや難　8　動物園には，動物の生態を観察したり，研究したりする役割がある。また，絶滅危惧種の動物を保護したりする役割もある。

★ワンポイントアドバイス★

理科の基本的な問題を十分に理解しておくこと。また，物理や生物の応用問題に十分に慣れておくこと。その上で，記述問題や作図の問題にも，しっかり取り組んでおく必要がある。

＜社会解答＞《学校からの正答の発表はありません。》

1） ① う　② か　③ さ　④ ち　⑤ し

2） 1. あ 岩手　い 防潮堤　う 3　え 11　2. リアス海岸　3. イ　4. オ
5. ア　6. ハザードマップ　7.（例） 津波の被害を受けにくい高台に住宅を建設した。

3） 1. A エ　B ア　C イ　D ウ　2. A ア　B エ　C カ　D イ
3. ア 東京都　イ 新潟県　ウ 奈良県

4） 1.　ア 横浜　イ ラジオ　ウ 電気冷蔵庫　エ 三種の神器　オ クーラー
2. 飛脚　3.（出来事） 西南戦争　（人名） 西郷隆盛　4. 朝鮮戦争

5） 1.　い ぶた　え くじら　く ねこ　2. 牛車　3. イ・カ
4. A 仏教　B 狩り[狩猟]　D 日光東照宮　5. ポルトガル・スペイン
6. ① キ　② エ　③ ク　7.（例） 国と国との友好関係

6） 1. あ 国会　い 衆議院議員選挙　2. A （例） 衆議院が解散された
B （例） 内閣総理大臣を指名した　3.（例） 最高裁判所裁判官の国民審査　4. オ

＜社会解説＞

1） （総合－現代用語の意味，表記）

重要　① 環境アセスメントは，環境に著しい影響を及ぼす事業に対して，事前に調査・予測・評価をすること。地方公共団体や住民にその結果を公表し，それに対する意見を計画に反映させて，事業による環境破壊を未然に防止する。1977年に川崎市が条例を施行し，1997年には環境アセスメント法が制定された。

やや難　② 食品トレーサビリティは，食品が，いつ，どのように，だれによって生産，加工，流通されたのかなどの生産履歴をチェックできるようにするシステムのこと。BSE(牛海綿状脳症)の発生や遺伝子組替作物の流通，さらに食品の産地偽装問題などを背景に，食の安全性が問われるようになり，積極的に導入されるようになった。BSE(牛海綿状脳症)の発生を受けて，牛肉についてはほぼ完全なトレーサビリティが構築されている。

③ ライフラインは，市民生活の基盤となる生命線で，電気，ガス，上下水道，電話，交通，通信などの総称。地震などの災害時に被害を受けたときの社会的な影響は深刻で，日本では1978年宮城県沖地震を契機にライフライン被災が注目され，1995年の兵庫県南部地震以降は危機管理の一環として対応策を見直された。

④ イノベーションは，オートメーションなどの新しい科学技術の導入や新しい経営方式の導入などをいう。これによって，コストが低下し，利潤の拡大が図れる。オーストリア生まれのアメリカの経済学者シュンペーターは，イノベーションが経済発展の原動力であると説いた。

やや難　⑤ インバウンド(inbound)の本来の意味は，外から内に向かうことであるが，観光業界，旅行業界などでは，訪日外国人のことを指して使用される。

2） （日本の地理－自然災害，地形図の読み取りなど）

1. あ　田老は，岩手県東部，宮古市北東部の旧町名。2005年，新里村とともに宮古市に編入された。　い　防潮堤は，高潮，津波などによる被害を防ぐための堤防。防潮堤の高さは，過去の最高潮位に波高を加え，さらに若干の余裕をみて決める。　う・え　2011年3月11日午後2時46分ごろ，東北地方沖の太平洋の海底を震源とするマグニチュード9.0の大地震が発生(東北地方太平洋沖地震)。地震による巨大な津波で，東北・関東地方の太平洋沿岸部に壊滅的な被害が発生した

（東日本大震災）。

基本 2. リアス海岸は，山地が海に沈んでできた鋸歯状の複雑な海岸。スペイン北西岸でこの種の入江をリア(Ria)よぶことに由来する。日本では三陸海岸のほか，志摩半島（三重県），若狭湾（福井県）などが著名。

3. 岩手県はわかめの養殖で日本一。2015年現在，全国生産の39%を占めている。田老は，ワカメ，アワビ，ウニの採取，養殖が盛んである。

4. 1960年5月22日午後7時11分（現地時間），チリ南部沖合で発生したマグニチュード9.5の地震によって，津波が発生。日本へは24日（日本時間）午後に第一波が太平洋沿岸に到達し，三陸沿岸では高さ5～6mに達した（チリ地震津波）。三陸地方を中心に死者・行方不明者142名，家屋全壊1,500余りの被害が発生した。

5. 災害救助法は，災害に際し，国が地方公共団体，日本赤十字，国民などの協力のもとに，応急的に救助を行い，被災者の保護と社会秩序の保全を図ることを目的とする法律。この法律では，外国に医師団の派遣を依頼することは想定されていない。

重要 6. ハザードマップは，洪水，噴火，地震，津波などの災害がどの範囲まで及ぶか，危険規模を想定し，適切，迅速な避難ができるように作成された地図。日本語では災害予想地図，防災地図という。

7.「青砂里」付近の高台に新たに住宅地が造成されたことが地図2，地図3から読み取れる。

3）（日本の地理―関東・中部・近畿の自然，産業，人口など）

やや難 1. ジャガイモの収穫量は，北海道が圧倒的に多く，全国生産の79%を占める。よって，Dがジャガイモの収穫量である。関東地方の面積は32,430km^2，中部地方の面積は66,806km^2，近畿地方の面積は33,126km^2で，それぞれ全国の面積の8.6%，17.7%，8.8%を占めている。よって，Cが面積である。関東地方の人口は42,992千人，中部地方の人口は21,466千人，近畿地方の人口は22,544千人で，それぞれ全国の人口の33.8%，16.9%，17.7%を占めている。よって，Bが人口である。残ったAが印刷業・製本業などの出荷額である。東京都が全国生産の約2割を占め全国一で，これに埼玉県，大阪府，愛知県，神奈川県などが次いでいる。

やや難 2. 和歌山県はみかん，かき，うめの生産が日本一。長野県はりんご，ぶどうの生産が2位，ももの生産が3位。山梨県はもも，ぶどうの生産が日本一。よって，この3県が上位であるAが果物の産出額である。工業製品出荷額は，愛知県が日本一で，これに神奈川県，大阪府が次いでいる。よって，この3府県が上位であるBが工業製品出荷額である。大阪府は日本の47都道府県中，2番目に面積が狭い。また，東京都は3番目に狭い。耕地面積もそれだけ狭くなるので，この2都府が下位であるCが耕地面積である。人口密度は，東京都が47都道府県中で最も高く，これに大阪府，神奈川県が次いでいる。よって，これらの都府県が上位であるDが人口密度である。

3. ア　島（周囲0.1km以上）の数が多い都道府県トップ10は，長崎県（971），鹿児島県（605），北海道（508），島根県（369），沖縄県（363），東京都（330），宮城県（311），岩手県（286），愛媛県（270），和歌山県（253）である。なお，東京都は神奈川県とともに京浜工業地帯を構成する。　イ　1年の中で冬の降水量が最も多いのは雪がよく降る日本海側。本州の日本海側にある政令指定都市は新潟市のみである。　ウ　江戸時代の五街道は，東海道，中山道，甲州街道，日光街道，奥州街道。奈良県はいずれの街道も通っていない。

4）（日本の歴史―江戸時代～昭和時代の通史）

基本 1. ア　1854年に再度日本に来航したペリーは，武力を背景に神奈川（現在の横浜市神奈川区の海浜地域）で幕府と交渉し，日米和親条約に調印した。　イ　日本での最初のラジオ放送は，1925年3月22日に社団法人東京放送局（現在の日本放送協会）が，東京高等工芸学校内の図書館を仮放送所として放送したのが最初。同年7月12日に東京愛宕山から本放送も始まった。　ウ・エ　高度経済成長期の1960年代，所得の向上に伴い，白黒テレビ，電気洗濯機，電気冷蔵庫の三種類の家電製品が，人々にとって家庭に備えておきたいものとなり，「三種の神器」とよばれるようになった。本来の「三種の神器」は皇位の象徴として歴代の天皇が受け継いできたとする八咫鏡《やたのかがみ》，草薙《くさなぎの》剣《つるぎ》，八坂瓊曲玉《やさかにのまがたま》の三種の宝物の総称。　オ　3Cは，英語の頭文字がいずれもCで始まる，カラーテレビ，自動車，クーラーの総称。

2. 飛脚は，江戸時代，手紙・品物などを遠方に送り届けることを職業とした人のこと。幕府専用の継飛脚，諸大名の大名飛脚，民間営業の町飛脚などがあった。

基本 3. 西南戦争は，1877年に起こった最後にして最大の士族の反乱。西郷隆盛が征韓論をめぐる権力闘争に敗れて官職を辞し，鹿児島に設立した私学校の生徒たちが中心となって2月に挙兵。しかし，熊本城を攻略できないうちに政府軍の反撃にあって敗北。9月，西郷隆盛が自刃して終結した。

4. 1950～1953年の朝鮮戦争を機に，米軍発注の戦略物資，サービスなどの特需によって，日本の景気は一気に好転(特需景気)。鉱工業生産は戦前の水準に回復して恐慌を脱し，高度経済成長の基盤が形成された。

5)　(日本の歴史ー人と動物の関わりをテーマにした日本の通史)

1. い　豚は猪を改良した肉用の家畜。日本では弥生時代に大陸の影響を受けて豚を飼育することが一時行われたが，古墳時代以降は衰退した。　え　くじら資源の保護をはかるために，1949年に日本，ソ連，ノルウェー，アメリカ合衆国，カナダなど17か国が国際捕鯨委員会(IWC)を設立。各国の捕鯨頭数などに規制を加えることになり，1982年に商業捕鯨を全面禁止する決定をし，日本の南氷洋捕鯨は1987年に，沿岸捕鯨も1988年に終止符を打った。現在は，調査捕鯨と沿岸小型くじらを対象としたものが小規模に行われている。　く　日光東照宮を飾る「眠りねこ」は，江戸時代の建築・彫刻の名工，左甚五郎の作として有名である。なお，「あ」は牛，「う」は猪，「お」は鶏，「か」は犬，「き」は馬である。

やや難 2. 牛車は，牛に引かせた乗用の屋形車。主に平安時代用いられ，車の種類により乗用の階級が定められたが，金銀の装飾を施し，華美を競うようになった。しかし，武家の時代になって衰え，やがて使用されなくなった。

重要 3. イー1931年9月18日夜，奉天(瀋陽)北部の柳条湖で，南満州鉄道の線路が爆破され，これをきっかけに満州事変が勃発した。カー南満州鉄道の線路の爆破を，中国軍の行為とし(実際には関東軍の自作自演)，1931年のうちにほぼ満州全域を関東軍が占領。翌1932年には傀儡国家である満州国を建国した。アー日本の国際連合加盟は1956年。国際連合は第二次世界大戦後の1945年に成立。なお，日本が国際連盟に加盟したのは1920年。ウー北京郊外の武力衝突(盧溝橋事件)(1937年)は日中戦争のきっかけとなった事件。エー中国の首都南京が日本軍によって占領されたのは日中戦争の始まった1937年の12月。オー日本が国際連盟を脱退したのは1933年。

4. A　殺生(生き物を殺すこと)は，仏教では十悪の一つとされる。　C　犬は最も古く家畜化された動物の一つとされ，嗅覚が鋭いことから狩り(狩猟)などに利用された。　D　日光東照宮は栃木県日光市山内(さんない)にある徳川家康をまつる神社。1616年に没した家康の遺体は，いったん駿河国の久能山に葬られたが，遺言により1617年日光に改葬された。その後，3代将軍徳川家光が社殿の大規模な改築を行い，現在の日光東照宮ができた。

5. カステラは天正年間(1573～1592年)にポルトガル人がその製法を日本に伝えたとされる。カステラの名はスペインの地名カスティリャにちなむといわれる。なお，当時，ポルトガル人，スペイン人のことをまとめて南蛮人とよんだ。

6. ①「文明開化のころ」は明治時代の初期。例えば，新橋・横浜間に日本最初の鉄道が開通したのは1872年。廃藩置県が行われたのは1871年。　②　安土城が完成したのは1579年。室町幕府が滅んだのは1573年。　③「いざ鎌倉」に備えていた時代」は鎌倉時代(1185～1333年)。承久の乱が起こったのは1221年。

7. 1972年，田中角栄首相が中国を訪問し，中国の周恩来首相とともに日中共同声明に調印して国交を回復。これにより，日中間の戦争状態は終結し，日中間の友好を記念して中国から日本に2頭のパンダが贈られた。

6)　**(政治ー国民の政治参加と政治のしくみ)**

1. あ　選挙で選ばれた代表者が，国民(住民)から託されて，国会や地方議会で実際の決定をするしくみを，間接民主制(代議制)という。　い　2017年10月22日に衆議院議員選挙が実施され，与党の自由民主党，公明党が勝利。安倍晋三首相が続投することになった。

2. A　内閣総理大臣は，日本国憲法第7条の3の規定により，いつでも自分の考えで衆議院を解散することができる。　B　日本国憲法第54条①は，「衆議院が解散されたときは，解散の日から40日以内に，衆議院議員の総選挙を行い，その選挙の日から30日以内に，国会を召集しなければならない。」と規定する。このときに開かれる国会を特別国会(特別会)といい，会議の冒頭，すべての案件に先だって，内閣総理大臣の指名を行う。

やや難
3. 最高裁判所の裁判官は，任命後，初めて行われる衆議院議員選挙のときに国民審査を受け，その10年経過後，初めて行われる衆議院議員選挙のときも国民審査を受け，以後も同様になっている(日本国憲法第79条)。この投票で，国民の過半数が不適任と判断すると，その裁判官はやめさせられる。これは主権者である国民が司法権のはたらきを直接監督するという意味がある。なお，国の政治に国民が直接に参加して全員で決定するという方法は，他に憲法改正についての国民投票がある。

4. イギリスでは，2017年に実施された国民投票により，EU(ヨーロッパ連合)からの脱退が決定した。しかし，離脱派が51.9%，残留派が48.1%と僅差での決定であり，また判断に必要な情報が十分に国民に示されていなかったなどの指摘もあり，国民投票の実施に懐疑的な意見が聞かれるようになっている。

★ワンポイントアドバイス★

現代用語の意味，表記を問う問題が大問として出題されている。日頃から意識してテレビのニュースや新聞を見ておく必要がある。

＜国語解答＞《学校からの正答の発表はありません。》

一　問一　お酒の時間になっても一階で大人と一緒に過ごすこと。　問二　エ
問三　(わたし)　カ　(ハッチ)　ウ　問四　ア　問五　①　二階に上げられてしまう　②　ア　問六　イ　問七　エ　問八　ウ

二　問一　ぎんなん　問二　「ドングリ採　問三　オ　問四　秘めごとのもたらす快楽
問五　祖母が両親に内緒でチョコを私に与え，それが原因で虫歯になっていること。
問六　イ，ウ　問七　エ　問八　ア

三　問一　飛ぶ昆虫は幼虫時代と成虫時代を持つのか　問二　①　葉　②　蜜　③　他種

とのうばい合いがない　④　時期がごく限られている　⑤　食草を探し出して卵を産み付ける

四　1　拝観　2　縮尺　3　散策　4　管制　5　苦言　6　仲裁　7　私財　8　徒労　9　雨垂　10　装

＜国語解説＞

一　(物語ー心情・情景，細部の読み取り，ことばの用法，記述力)

重要　問一　――線1直前の「わたし」の言葉でおおよそ見当はつくが，「わたしたちは去年の～」で始まる段落の内容できちんと確認しよう。「～大人になったわけだから，今日は大丈夫かなって，ちょとだけ期待していた～」とある。

問二　「いままでも何人か～」で始まる段落に，これまでの経験ではあるが，同じように「嫌だな」と思ったことを説明している。お酒の時間になるまではまったく対等のようにふるまっているのに，お酒の時間になると，急に別々であることを明らかにする態度に不満をかんじているのだから，エである。このことからイは「わざとらしい笑顔」が誤りである。

やや難　問三　問二で考えたように，「わたし」は，お酒の時間になると，これまでとは打って変わって子どもを「外す」態度になることに大きな不満を持っている。この内容にふさわしいのはカである。一方，「ハッチ」は，「うん，約束～」の発言で，「～コーヒーでも紅茶だけでも，じゅうぶん楽しくだんらんできるのに～」と言っている。もちろんハッチも不満に思ってはいるが，「なぜお酒なのだろう」が中心だ。「わざわざお酒にしなくてもいいではないか」という内容はウである。

基本　問四　イ・オはそれぞれ「覚悟して聞こう」・「どうしても聞きたくなった」が誤りである。
ウ　あまりにも驚いてしまったので，動けなくなってしまった状況であるので「今逃げだすとまずい」のような冷静さはない。　エ　確かに楽しそうな話ではないことに緊張はしているが，話の内容の真意は想像できていないので「自分たちにもかかわる不幸を予感させ」が読み取れない。
ア　この場での驚きは「ママが泣いている」ことである。一体何事なのだろうという気持ちだ。思いもよらずそのような場面に出くわしてしまい身動きが取れなくなってしまったということでアである。

問五　①「どのようなことをたとえた表現か」という問いをしっかり確認する。「大きい船からも降ろされて」は比喩表現である。したがって，具体的にどのようなできごとについてそう表現しているのかということだ。同じ比喩表現が「いままでも何人か，～」で始まる段落にある「いきなりあなたたちはあっちのボートね，バイバイ！って一緒に載っていた大きな船から降ろされちゃうみたい」が着目点である。これは「～とたんに『二階に上げられてしまう』」ことをたとえている場面である。　②「ハッチ？」と呼びかけても眠ってしまっている。本当なら，今見た衝撃的な出来事をハッチと共有したい気持ちだが，それができない，また，そうするべきでないと考える「わたし」は不安と孤独感でいっぱいなのである。このことからアが適切である。

問六　問五で考えたように，本当は一人ではかかえきれないほどの衝撃を受けてしまったのに，それに一人で耐えているのだ。「こわさ」はそれにつながるものであるはずなので「取り残されてしまった」孤独のこわさである。

やや難　問七　イ・ウ・エで迷うところである。前半部はイの内容がふさわしいように思えるが，「より楽に解決できる大人になってから」部分が誤りである。イは「子どもの自分が考えるべき問題とは違う」が誤りだ。考えるべき問題かどうかを判断しているのではなく，考えられないのである。また，本文の「すっかり忘れていよう」は「あたためておこう」ではなく，「忘れたようにしていたい」という意志である。このことから，エの内容が適切だ。

基本 問八　すべての選択肢は品詞としては副詞に分類される語であるが，ウ以外は「擬態語」である。それに対してウは「擬声語」と分けることができる。

二　（随筆一要旨・大意，心情・情景，細部の読み取り，慣用句，記述力）

基本 問一　あわてて「ドングリ」としないように十分注意する。出だしの場面は，この文章における「現在」である。それから回想場面が織り込まれ，「そうしてこの日も，～」から始まる段落がはっきりとした「現在」の続きになる流れの文章である。そこで拾っているのは「ぎんなん」である。

問二　問一で考えたように，「現在」と「回想」が織り混ざっている。――線2直後が「連想にいざなわれ」だから，言いかえれば，幼いころの思い出にいざなわれ，ということになる。したがって「『ドングリ採取時代』～僕であり続けている。」の一文が，過去の思い出にいざなわれて今も続いているということになる。

問三　イとオで迷うところであるが，祖母は「拾ってはいけない」と注意しているのではない。「『山椒大夫』を夜の床で～同じように凄味のある声で」とある。そして，そこから「ドングリはおっかない」としっかり印象づけたということなのだからオを選択する。

重要 問四　直前の「母や父の目の届かぬところで」に着目する。これは「こっそり・秘密で」ということだ。つまり，チョコもおいしいが，それ以上に「内緒で食べること」が「にんまり」なのである。「マーブルチョコとは雲泥の～」で始まる段落に，「秘めごとのもたらす快楽」とある。

問五　まず一つは，問四で考えたように，祖母が両親に内緒で「チョコを与えた」ということだ。しかし，共有した秘密は，それだけではない。虫歯になることを不思議がる母に「しらばっくれ」ている祖母は虫歯の原因も知っているのである。

問六　「祖母の知恵」と問われているのではない。「人間の知恵」である。祖母はその人間の知恵を身につけていて，孫に伝えているのだ。孫である私は，受け継がれてきた「人間の知恵」に感嘆しているのである。したがってカのような「祖母の愛情」のようなものはふさわしくない。またアの「ハンケチでお拭き」も迷うところだが，「ハンケチで拭けばきれいになる」という昔からの知恵があるのではない。そのハンケチは洗濯の際，お風呂場の壁にビシッと貼り付け「アイロンの手間が省ける」と幼い孫に教えている。このような，先人が日常生活で得た知識を「人間の知恵」としているのだ。このように考えると，どういうツクシが美味しいかは昔からの知恵であり，それを素早く物慣れた手つきで摘んでいるのに感嘆しているのだかイとウを選ぶ。

基本 問七　「雲泥の差」とは天と地ほどのへだたり，大変な違いという意味の語である。このように大きな差を言う慣用句は「月とすっぽん」だ。ちなみに，アは「手応えがないこと」。イは「正反対の性格，性質をもつもののたとえ」。ウは「良いことには，とかく邪魔が入りやすいことのたとえ」。オは「価値のわからない者に高価なものを与えてもムダであることのたとえ」。カは「しつけなどにおいて，甘やかす面と厳しくする面のどちらも使って行うことのたとえ」である。

問八　イ　「『ドングリ採取時代』～」で始まる段落に，「内緒にする秘密があろうがなかろうが」とあるので誤り。　ウ　祖母との秘密の共有という思い出は色濃くあるが，本を読んでもらったり，人間の知恵を学んだりと，秘密以外にも祖母とのつながりは大きい。　オ　今でも採取しているのだから，「だんだん薄れて」が誤りである。アとエで迷うところだが，「何かを採取するという喜びを教えたのは祖母」は，「マーブルチョコとは～」で始まる段落にある，「秘めごとのもたらす快楽を祖母と二人きりのツクシ摘みという経験を通して覚えてしまった」と異なる。今でも採取を続けるのは「快楽の僕」としているので祖母が教えたこととはできない。したがって，アの内容が適切なものとなる。

三 （説明文－主題・表題，細部の読み取り）

やや難 問一　冒頭の段落から「多くの飛ぶ昆虫は～」で始まる段落までは，羽があれば色々便利なのに幼虫期があることが昆虫に成功をもたらしている主旨が述べられている。そして，「多くの飛ぶ昆虫は～」で始まる段落から昆虫がどのように，また，なぜそのように生きているのかを説明している。まとめは「植物にとっては～」で始まる段落である。「多くの飛ぶ～」最後までを読むと，昆虫は生涯を通して植物と関わっていることは共通している。しかし，それぞれの時代では関わり方が違うこともわかる。冒頭の文にもあるように，「羽があればきわめて有利なのに」幼虫期には飛ばないのにはしっかりした理由があるのだ。全体の「疑問」は，飛べば有利なのになぜ幼虫期などを持つのかということだ。冒頭の段落にある「幼虫時代を成虫時代をもち，～環境を利用できることも大きく寄与している」に着目し，なぜ「幼虫期と成虫期を持つのか」とできる。

重要 問二　①　「多くの飛ぶ～」で始まる段落に「葉」を食べるとある。　②　①を考える文の直後に「蜜や樹液」とある。一字なので「蜜」とする。　③　「昆虫の幼虫は～」で始まる段落に着目する。「同一の餌をめぐって『他種とのうばい合いがない」ため」とある。　④　「ただし葉はいつでも～」で始まる段落に，「時期がごく限られている」と花の説明をしている。　⑤　「たっぷり食べて～」で始まる段落に，「子のために『食草を探し出して卵を産み付ける」ことを「目的」としている。

四 （漢字の書き取り）

1　「拝」は全8画の漢字。横棒は四本である。　2　「尺」は全4画の漢字。4画目は1画目と3画目の接点から，つけて書き出す。　3　「策」は全12画の漢字。「束」にして全13画の漢字にしないよう気をつける。　4　「カン」は同音の「官」と混同しないようにしよう。　5　「苦言」とは，言われる人にとっては良い気持ちはしないが，その人のためにあえて言う忠告のこと。「苦」は全8画の漢字。4画目は1画目より長めに書く。　6　「中」と混同しないように気をつけよう。　7　「私財」とは，個人の財産のこと。「財」は全10画の漢字。10画目は9画目の右側に少し出す。　8　「徒」は全10画の漢字。6画目は4画目よりやや長く書く。　9　「垂」は全8画の漢字。7画目と8画目の間に一本横棒を入れて全9画の漢字にしてしまう誤りが多いので気をつける。　10　「装」は全12画の漢字。2・3画目の向きに気をつけよう。

★ワンポイントアドバイス★

試験時間がやや短い設定なので，スピード力も大切だ。

平成29年度

★★★★★★★★★★★★★★★★★★★★★★★

入　試　問　題

平成29年度

慶應義塾普通部入試問題

【算　数】（40分）　＜満点：100点＞

【注意】 途《と》中の計算式なども必ず解答用紙に書きなさい。

1. 次の□にあてはまる数を求めなさい。

① $13\times13\times16+289\times8-143\times18-102\times21=\square$

② $0.625-\left(1\frac{3}{7}\times0.875-\frac{3}{4}\right)\times\square=\left(\frac{1}{2}+\frac{1}{3}+\frac{1}{4}\right)\div2$

2. 右の図のＡからＬには数が１つずつ入っていて，となり同士の３つの数の合計は必ず2017になっています。例えば，Ｋ＋Ｌ＋ＡもＣ＋Ｄ＋Ｅも2017です。Ｆ＝456，Ｋ＝789であるとき，Ａ＋Ｄはいくつですか。

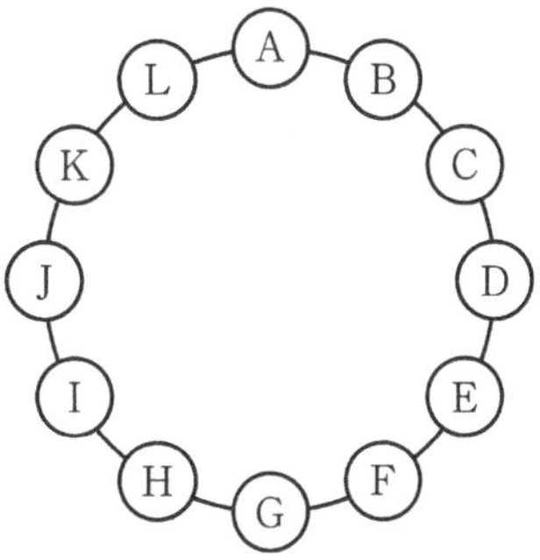

3. ２けたの数で，10の位と１の位の数をかける計算をします。例えば，37なら ３×７＝21 になります。できた数が１けたになったら計算をやめます。この計算を３回繰《く》り返して８になる数のうち，最も大きい数と最も小さい数はそれぞれいくつですか。

4. Ａ，Ｂ，Ｃの３人がおはじきを持っています。ＡがＢへ５個あげたらＡとＢの個数の比が８：７になりました。その後，ＢがＣへ４個あげたところ，ＢとＣの差は１個になり，ＣはＡより８個少なくなりました。３人のおはじきの合計が100個以上だったとすると，はじめに何個ずつ持っていましたか。

5. Ａ地点から16㎞下流にＢ地点があり，Ａ地点から４㎞下流にＣ地点，Ｃ地点から８㎞下流にＤ地点があります。下のグラフのように，船アは９時にＡ地点を出発して，Ｃ地点，Ｄ地点でそれぞれ

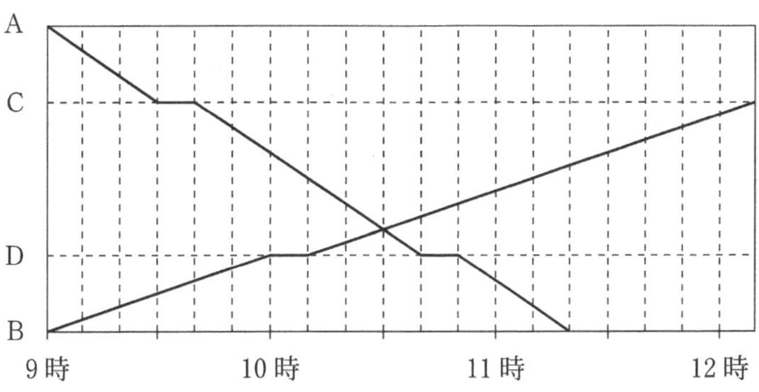

10分間休けいしてＢ地点に着きます。船イは９時にＢ地点を出発して，Ｄ地点で10分間休けいしてＣ地点に着きます。船アと船イの静水での速さは同じです。動力船ウは９時30分にＡ地点を出発して，Ｂ地点で20分間休けいしてＣ地点まで行きます。動力船ウの静水での速さは時速14kmです。

① 川の流れの速さを求めなさい。

② 動力船ウは他の船と４回出会います。動力船ウのようすをグラフにかき，３回目に出会った時刻を求めなさい。

6. 図１のように正三角形６つでできている立体があります。図２には，図１の立体の辺AD，BC，BD，DEを切ったときにできる展開図の一部がかいてあります。展開図の残りと頂点の記号をかきなさい。

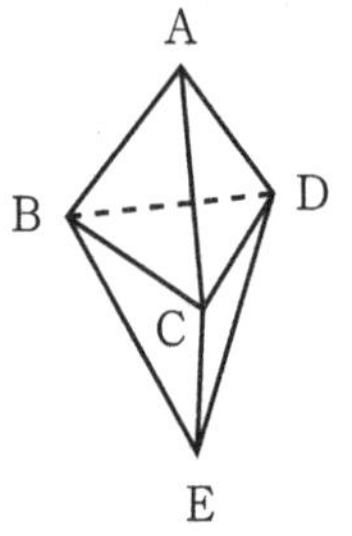

図１

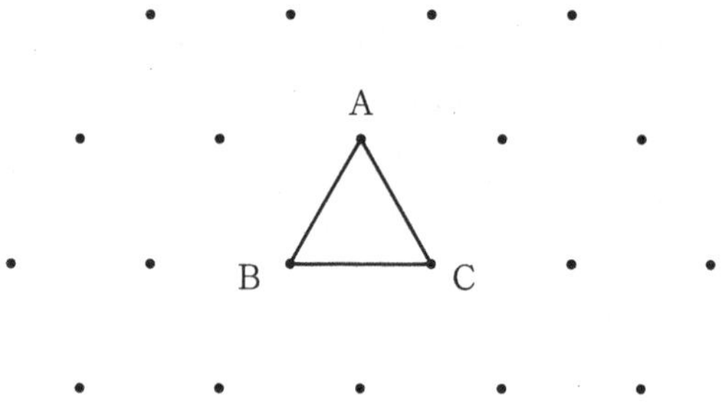

図２

7. 右の図のように数がかいてある５種類のカードが２枚ずつ，合計10枚あります。これらから３枚を選び，その数を足します。例えば，［3］［5］［5］と選ぶと13です。

このように足してできる数は何通りありますか。

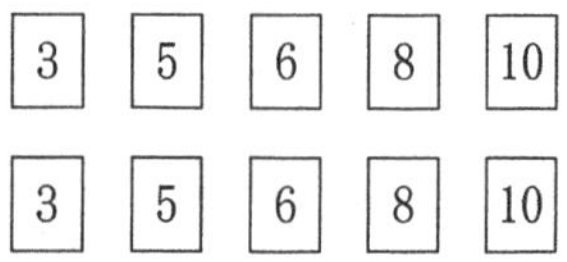

8. 右の図の平行四辺形ABCDの面積は855cm²で，AE:ED＝１：２，BF：FC＝５：７，DG：GC＝２：１です。

三角形EHIの面積を求めなさい。

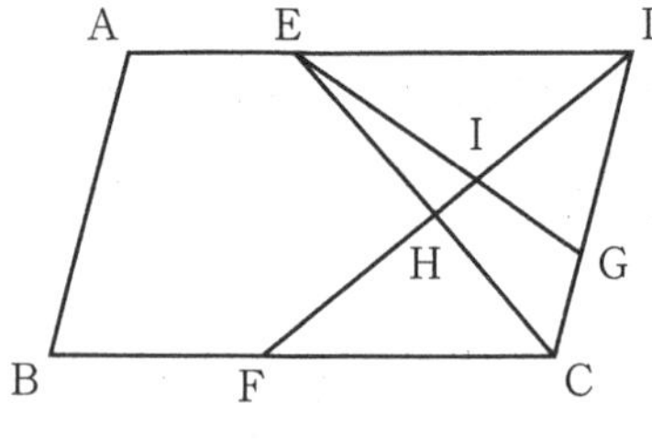

9. ものさしＡは，一方の端《はし》を０の目盛り，他方の端を100の目盛りとし，その間を100等分する目盛りが書かれています。ものさしＢは，ものさしＡの1.5倍の長さですが，一方の端を０の目盛り，他方の端を90の目盛りとし，その間を90等分する目盛りが書かれています。

① ものさしＡ，Ｂを０の目盛り同士をぴったり合わせて並べたとき，２つのものさしの目盛りがぴったり合っているところは全部で何か所ありますか。

② あるひもの長さを測ろうとしたところ，ものさしＡ，Ｂのどちらよりも長かったので，ものさしＢとものさしＡをすきまなくつなげて長いものさしを作りました。

このひもをものさしＢの０の目盛りから測ると，ものさしＡの20の目盛りまでありました。ものさしＢとＡの位置を入れ替《か》えて，このひもをものさしＡの０の目盛りから測ると，ものさしＢのいくつの目盛りまでありますか。

10. 右の図の円は半径が12㎝で，ＡＣ＝ＢＣです。斜《しゃ》線部の面積を求めなさい。
ただし，円周率は3.14とします。

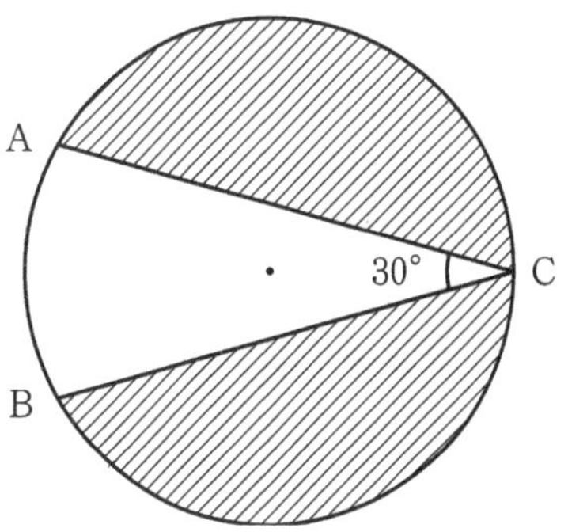

【理　科】 (30分)　＜満点：100点＞

【注意】 □□□ の中には一文字ずつ書き，あまらせてもかまいません。

問１　５つの液Ａ～Ｅについて，次の問いに答えなさい。

Ａ　アルコール　　Ｂ　うすい過酸化水素水　　Ｃ　食塩水　　Ｄ　食酢《す》　　Ｅ　灯油（石油）

1. 次の(ア)～(オ)にあてはまる液を上のＡ～Ｅから１つ選び，それぞれ記号で答えなさい。あてはまるものがなければ，×を書きなさい。

(ア)　じかに火をつけると燃える。

(イ)　紙に吸わせてから火をつけると，すすを出しながら燃える。

(ウ)　黄色がかった色をしている。

(エ)　長い間置くと白い固体が残る。

(オ)　アルカリ性のにごった液である。

2. 次の(カ)～(コ)にあてはまる液を上のＡ～Ｅからすべて選び，それぞれ記号で答えなさい。あてはまるものがなければ，×を書きなさい。

(カ)　アルコールランプに使う。　　(キ)　中の液が赤い温度計に使う。

(ク)　消毒薬に使う。　　(ケ)　サイダーやコーラに使う。

(コ)　暖房《ぼう》器具にさかんに使われていた。

3. Ａ～Ｅのうち１つを選び，その液の量を変えながら二酸化マンガンをそれぞれ入れました。発生した気体の量を測ったら，次の表１のようになりました。下の(サ)～(タ)から正しいものをすべて選び，記号で答えなさい。

表１

二酸化マンガンの重さ［g］	0.1	0.1	0.1	0.5	0.5	0.5	1	1	1
選んだ液の重さ［g］	10	20	30	10	20	30	10	20	30
発生した気体の量［mL］	100	200	300	100	200	300	100	200	300

(サ)　二酸化マンガン１ｇをこの液40ｇに入れたとき，気体は400mL発生する。

(シ)　二酸化マンガン８ｇをこの液50ｇに入れたとき，気体は800mL発生する。

(ス)　二酸化マンガン４ｇをこの液60ｇに入れたとき，気体は400mL発生する。

(セ)　二酸化マンガン１ｇをこの液10ｇに入れたとき，気体発生後の液の重さは11ｇちょうどである。

(ソ)　二酸化マンガン0.5ｇをこの液20ｇに入れたとき，気体発生後の液の重さは20.5ｇより重い。

(タ)　二酸化マンガン0.1ｇをこの液30ｇに入れたとき，気体発生後の液の重さは30.1ｇより軽い。

4. Ａ～Ｅのうち１つを選び，その液の量を変えながら砕《くだ》いた卵の殻《から》をそれぞれ入れました。発生した気体の量を測ったら，次のページの表２のようになりました。下の(ナ)～(ノ)から正しいものをすべて選び，記号で答えなさい。

(ナ)　卵の殻3.2ｇをこの液20ｇに入れたとき，気体は320mL発生する。

(ニ)　卵の殻0.6ｇをこの液30ｇに入れたとき，気体は120mL発生する。

(ヌ)　卵の殻1.2ｇをこの液40ｇに入れたとき，気体は160mL発生する。

(ネ)　卵の殻1.6ｇをこの液40ｇに入れたとき，気体は320mL発生する。

(ノ)　卵の殻1.6ｇをこの液50ｇに入れたとき，気体は320mL発生する。

表2

卵の殻の重さ［g］	0.2	0.4	0.8	0.4	0.8	1.6	1.2	2.4	4.8
選んだ液の重さ［g］	10	10	10	20	20	20	30	30	30
発生した気体の量［mL］	40	80	80	80	160	160	240	240	240

5. 下の(ハ)～(ホ)は気体の性質に関する文です。 3. の実験で発生する気体にあてはまる文には③，4. の実験で発生する気体にあてはまる文には④，どちらの気体にもあてはまる文には◎，どちらの気体にもあてはまらない文には×を書きなさい。

(ハ) 空気中に約2割含《ふく》まれている。

(ヒ) 水に溶《と》ける。

(フ) オゾン層を破壊《かい》している。

(ヘ) 空気より重い。

(ホ) 燃料電池に使われている。

問2 マメの仲間について，次の問いに答えなさい。

1. マメの仲間の特徴《ちょう》として誤っているものを次の(ア)～(オ)から1つ選び，記号で答えなさい。

(ア) 花びらの色は，白，赤，黄などさまざまである。

(イ) 花が咲《さ》く時期は，春，夏，秋とさまざまである。

(ウ) 花びらの数は，3枚，4枚，5枚とさまざまである。

(エ) くきは，やわらかい草，かたい木とさまざまである。

(オ) サヤに入っている種子の数は，さまざまである。

2. カラスノエンドウの花を次の(カ)～(コ)から1つ選び，記号で答えなさい。

(カ)　(キ)　(ク)　(ケ)　(コ)

3. カラスノエンドウの葉を描《か》きなさい。

4. 豆（種子）の大きさが大きい順に並べたものを次の(サ)～(ソ)から1つ選び，記号で答えなさい。

(サ) ソラマメ，ダイズ，ラッカセイ

(シ) ラッカセイ，ダイズ，ソラマメ

(ス) ソラマメ，ラッカセイ，ダイズ

(セ) ラッカセイ，ソラマメ，ダイズ

(ソ) ダイズ，ソラマメ，ラッカセイ

5. 未熟なダイズをエダマメといいます。エダマメを収穫《かく》する季節を答えなさい。

6. ダイズが原料のものを次の(タ)～(ノ)からすべて選び，記号で答えなさい。

(タ) うどん粉　(チ) 片栗《くり》粉　(ツ) きな粉　(テ) 砂糖　(ト) しょうゆ

(ナ) 食酢《す》　(ニ) 豆腐《とうふ》　(ヌ) 納豆　(ネ) バター　(ノ) みりん

7. 白あんの原料を次の(ハ)～(ホ)から１つ選び，記号で答えなさい。

(ハ) インゲン　(ヒ) エダマメ　(フ) エンドウ　(ヘ) ソラマメ　(ホ) ラッカセイ

8. ゆでてサヤごと食べるものを次の(マ)～(モ)からすべて選び，記号で答えなさい。

(マ) インゲン　(ミ) エダマメ　(ム) エンドウ　(メ) ソラマメ　(モ) ラッカセイ

9. 日当たりの良い屋上の花だんに，ラッカセイの豆（種子）をまきました。世話をせずに放っておいてもよく育ち，10月にたくさんの豆がとれました。よく育った理由を２つ答えなさい。

問３　身近な昆《こん》虫の生活について調べ，下の表にまとめました。①～⑥には，アカトンボ，オオカマキリ，カブトムシ，クロゴキブリ，トノサマバッタ，ナナホシテントウのいずれかが入ります。

	①	②	③	④	⑤	⑥
幼虫の食べ物	虫や魚	落ち葉や木の 腐《くさ》ったもの	アブラムシ	葉	H	雑食
成虫の食べ物	A	B	アブラムシ	葉	H	雑食
幼虫のすみか	水中	土の中	草むら	草むら	草むら	Z
成虫のすみか	陸上 空中	陸上 樹上	草むら	草むら	草むら	Z
さなぎの 時期があるか	ない	C	E	F	ない	ない
冬の越《こ》し方	幼虫	D	成虫	G	卵	卵　幼虫 成虫

1. Ａ～Ｈに入る言葉を書きなさい。
2. Ｂに集まる昆虫を次の(ア)～(オ)からすべて選び，記号で答えなさい。

(ア) アゲハチョウ　(イ) オオムラサキ

(ウ) カナブン　(エ) ゲンジボタル

(オ) ダンゴムシ

3. 土の中に卵を産むものを①～⑥からすべて選び，記号で答えなさい。
4. 夏から秋に草むらで④や⑤を探していると，①の成虫がたくさん飛んできます。その理由を書きなさい。
5. ③の背中のもようを描きなさい。
6. ⑥がＺにすんでいる理由を２つ書きなさい。

問４　次のページの図１は，ある日南の空に見えた月を望遠鏡で観察し，スケッチしたものです。図１から，月には明るく見える「高地（陸）」と，暗く見える「海」があることがわかります。また，宇宙からの石や岩の衝突《しょうとつ》でできたクレーターというくぼ地がたくさんあることがわかります。月の表面の様子をよく観察すると，月の大地の変化がわかります。

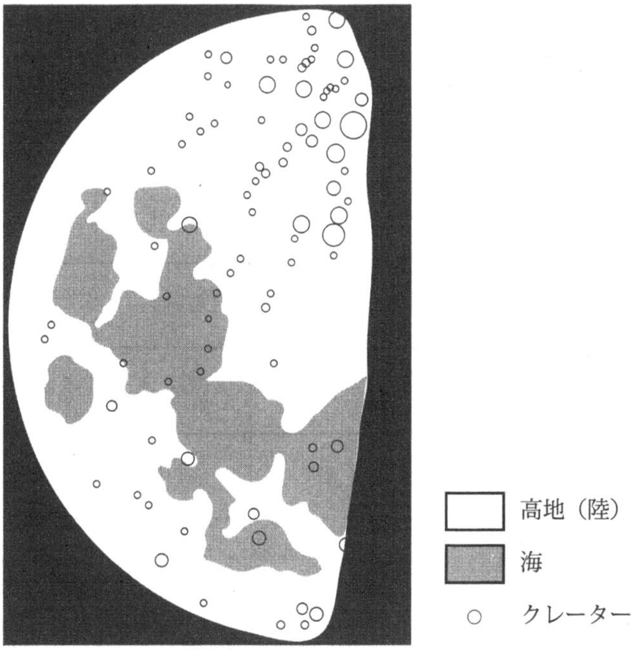

図 1

1. 図2のように望遠鏡で月を観察したとき，月はどのように見えますか。下の(ア)～(エ)から1つ選び，記号で答えなさい。

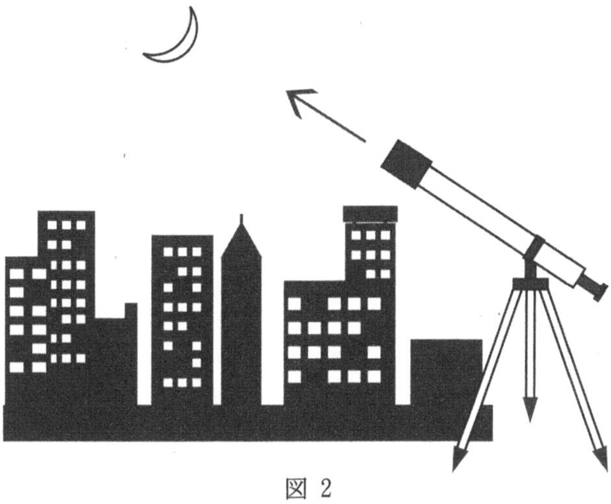

図 2

（ア）

（イ）

（ウ）

（エ）

2. 図1のスケッチは何時に観察したものですか。次の(カ)～(ケ)から1つ選び，記号で答えなさい。

(カ) 0時　(キ) 6時　(ク) 12時　(ケ) 18時

3. 次の(サ)～(セ)から正しい文をすべて選び，記号で答えなさい。

(サ) 月の海は平らな低地である。

(シ) クレーターは月面に均等に分布している。

(ス) 月を肉眼で観察するときは必ず遮《しゃ》光板を使う。

(セ) 日食が起きるときは，太陽，月，地球がこの順に並んでいる。

4. 地球の表面には，月に見られるようなクレーターがあまり見られません。その理由として誤っているものを，次の(タ)～(テ)から１つ選び，記号で答えなさい。

(タ) 地球では，海洋や森林が表面を覆《おお》っているため。

(チ) 地球では，火山活動により大地の様子が変化するため。

(ツ) 地球では，過去に石や岩の衝突がほとんどなかったため。

(テ) 地球では，大気や水の力によって大地が削《けず》られるため。

5. 月の海の表面で採取した岩石は，伊豆大島三原山の表面の岩石とよく似ています。月の海の表面の大地は，どのようにして作られたと考えられますか。次の①，②にあてはまる言葉を書きなさい。

月の海の表面の大地は，かつてあった（　①　）により，（　②　）で埋《う》められたことで作られた。

6. 図３は，月面のくわしい図です。Ａ～Ｄの大地を作られた順に並べなさい。

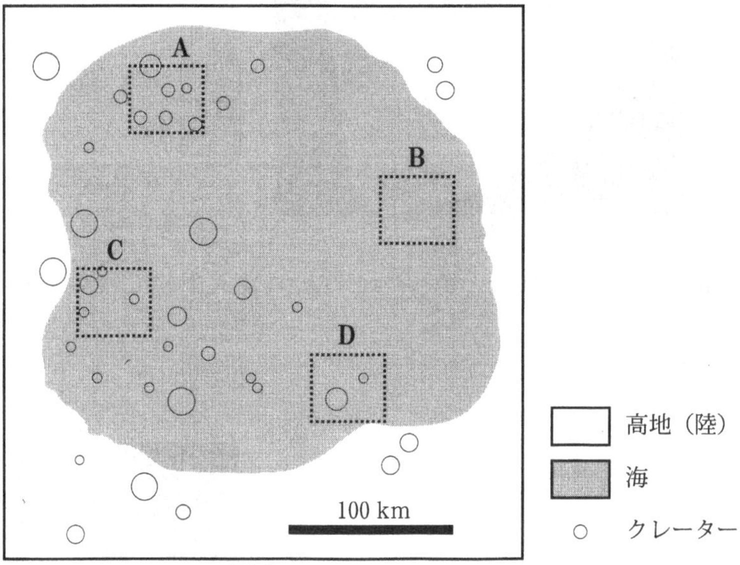

図 3

【社　会】（30分）　＜満点：100点＞

1） 次の文を読んで，あとの問いに答えなさい。

中国地方で瀬戸内海に面した地域は（　**あ**　）と呼ばれます。ここは国の政策もあり，とくに高度経済成長期以降，重化学工業が発展した地域です。臨海部の（　**い**　）地区に石油化学コンビナートがある倉敷市をはじめ，工業が発展している多くの都市があります。人口も多く，40万人以上の都市が４つあります。

一方，①日本海に面した地域は（　**う**　）と呼ばれます。この地域の代表的な都市である松江市と②鳥取市の人口はいずれも20万人程度です。大きな工業都市はありませんが，伝統工業や地場産業を脈々と続けている市町村や③まちおこしで成功した市があります。

東西に走る中国山地はなだらかな山地で，高原では肉牛の飼育や酪《らく》農が盛《さか》んです。この地域では人口の減少が著しく，過疎《そ》に悩《なや》む市町村がたくさんあります。なかには65歳以上の人口が半数を超《こ》えて，これまでのような暮らしを維《い》持することが難しくなっている集落もあります。このようなところを（　**え**　）集落といいます。

1. （**あ**）～（**え**）に当てはまる地名やことばをそれぞれ漢字２字で書きなさい。
2. 下線部①の沖合には隠岐諸島があります。その位置を正しく表しているものを下の地図の**ア～エ**から一つ選んで記号で答えなさい。

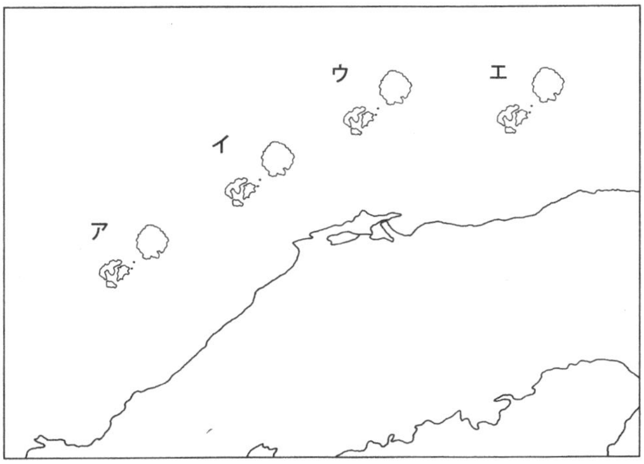

3. 下線部②の雨温図を下の**ア～エ**から一つ選んで記号で答えなさい。

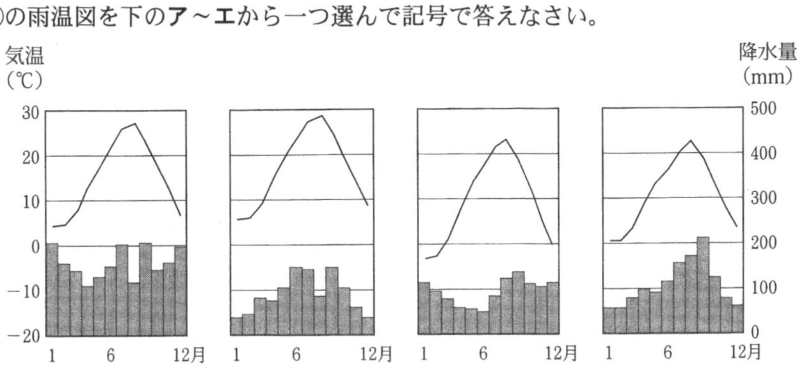

ア　　イ　　ウ　　エ

4. 下線部③の例として，地元で育った漫《まん》画家の記念館や代表的なキャラクターの銅像などを作り，まちおこしをしている市があります。日本有数の漁港をもつこの市の名前を漢字で書きなさい。
5. 解答用紙の地図には，中国地方の主な河川が描《えが》かれています。日本海側と瀬戸内海側の分水嶺《れい》を，この地図の線Aから線Bまで，一つながりの線ではっきりと書き入れなさい。
6. 小売業の収入の減少に悩む市町村が，高速道路の開通や鉄道の高速化を待ち望むことがあります。しかし実際には，それらが実現したことで，かえって小売業の収入が減少した市町村もあります。それらの市町村ではなぜそのようなことが起きたのか説明しなさい。

2） 日本にあるユネスコの世界遺産について説明した次の文を読んで，あとの問いに答えなさい。

昨年，東京都にある国立（ **あ** ）の本館が国内で20件目の世界遺産に登録されました。この建物はスイス出身の建築家ル・コルビュジエによる代表的な建築作品の一つで，他の6か国にある建築作品と同時に登録されました。2013年に①静岡県と山梨県にまたがる富士山が登録されてから，2014年には群馬県にある富岡製糸場と（ **い** ）産業遺産群，2015年には八つの県にまたがる明治日本の産業（ **う** ）遺産と，国内における世界遺産の登録はこれで4年連続となりました。国内20件の世界遺産のうち，②自然遺産として登録されているのは4件で，残りは文化遺産としての登録です。

1. （**あ**）～（**う**）に当てはまることばをそれぞれ漢字で書きなさい。解答用紙の1マスに1字ずつ書くこと。
2. 次のA～Cは下線部①と同じように，登録されているものが二つの都道府県にまたがっている世界遺産です。富士山をDとして，A～Dを東から順番に並べなさい。
   A. 白川郷・五箇《か》山の合掌《しょう》造集落
   B. 二条城・宇治平等院・比叡《えい》山延暦《りゃく》寺など古都の文化財
   C. 白神山地
3. 下の表の**ア**～**カ**は，2. のA～Cの世界遺産がある六つの都道府県のいずれかです。**ア**・**ウ**・**オ**に当たる都道府県名をそれぞれ漢字で書きなさい。

都道府県	人口密度（人／㎢）2015年	農業産出額に占《し》める割合（%）2013年			工業生産出荷額（億円）2013年	代表的な伝統工芸品
		米	果実	畜《ちく》産		
ア	352	61.0	1.0	17.3	64,538	焼物
イ	251	69.4	3.3	14.0	33,510	銅器
ウ	136	17.9	27.2	28.7	15,283	漆《しっ》器
エ	88	59.0	4.0	19.0	11,164	曲《まげ》物
オ	191	22.6	4.3	34.6	48,459	和紙
カ	566	26.6	2.0	19.3	46,227	織物

（「日本国勢図会」および農林水産省・経済産業省資料により作成）

4. 下線部②のうち，最も南に位置しているものの名前を漢字で書きなさい。

3） 次の会話文を読んで，あとの問いに答えなさい。

祖父　去年起きた地震《しん》で（　**あ**　）城が壊《こわ》れた時，慶太はがっかりしていたね。人の被《ひ》害にも胸が痛むけれど，①城のシンボルである高い建物や櫓《やぐら》，石垣《がき》などが大きく傷んで本当に残念だ。

慶太　うん。早く修復されるといいね。お城も有名だけど，つくった大名も有名な人だよ。朝鮮《せん》に出兵を命じた（　**い**　）の家来だったんだって。

祖父　修復するには多くの費用がかかるから，あちこちで募《ぼ》金も行われているんだ。御《ご》三家の一つが置かれた（　**う**　）城でも，募金箱を置いたりイベントを開いたりしているよ。

慶太　そういえば，（　**え**　）城でも400年前の恩返しだといって募金活動をしていたよ。

祖父　恩返しというのは何かな。

慶太　江戸時代に地震の被害があった時，（　**あ**　）の殿《との》様がお見舞《ま》いをしてくれたんだって。

祖父　なるほど。（　**う**　）は②東海道沿いでにぎわった町だし，神奈川県の西部にある（　**え**　）藩《はん》は東海道を行く③旅人を検問する施《し》設を預かっていたし，どちらも幕府にとって重要な場所を守る城だったんだ。

慶太　それなら，（　**お**　）城もすごく重要だよね。

祖父　もちろんだ。この城のある町は，江戸時代には日本の経済の中心地になったからね。城は（　**い**　）の一族が滅《ほろ》んだ時に焼けたし，幕府が再建した後も落雷《らい》や火災などでたびたび焼けたそうだ。

慶太　④幕府の役人だった人が起こした反乱があったよね。その時は大丈《じょう》夫だったのかな。

祖父　大丈夫だったらしいよ。ただし，今そびえているのは1928年にできた建物だ。そうそう，空襲《しゅう》で被害が大きかった（　**う**　）城の建物も，復元する計画が進んでいるね。

慶太　完成したら見に行きたいな。やっぱり日本人にとってお城は今でも大事なものだね。

1. **（あ）**～**（お）**に当てはまることばをそれぞれ書きなさい。（　）の中の記号が同じものには同じことばが入ります。

2. 下線部①と③を何というかそれぞれ漢字で書きなさい。また下線部④は誰《だれ》か，人物名を漢字で書きなさい。

3. 下線部②を舞《ぶ》台に，面白おかしく旅をする人々の姿を描いたことで知られる物語の作者を，次の**ア**～**オ**から一つ選んで記号で答えなさい。

ア．松尾芭蕉　　**イ**．井原西鶴　　**ウ**．歌川広重　　**エ**．十返舎一九　　**オ**．小林一茶

4） 次の**あ**～**き**の文は，それぞれさまざまな時代で船に乗っていた人々について説明したものです。これを読んであとの問いに答えなさい。

あ．船中の人々は，日本では珍《めずら》しい物を携《たずさ》えていました。船は①ある島に到《とう》着し，かれらはこの珍しい物を島の領主に売りました。これはやがて国内でも生産されるようになり，戦いに用いられるようになりました。

い．船中の人は，船の衝突《しょうとつ》事故についての交渉《しょう》を終えて，この船の中でこれからできるであろう新しい政府の方針について，８か条の提案を作りました。この人は，これ以前から②二つの大名家の結びつきを仲立ちするなど，新しい政府の成立に影響《えいきょう》を与えました。

う．船中の人は，ある目的で二度目の外交交渉を行おうとしていました。前の年，翌年にもう一度やってくると宣言してあったためです。その後，外交交渉は成功して，この２つの国が認め合った

ことをまとめた文書が取り交わされました。

え．船中の人は，皇帝《てい》への手紙を持っていました。この後，外交関係を結ぼうとしましたが，持参した手紙を読んだ皇帝は怒《おこ》ったそうです。その帰りは皇帝の使いと一緒《しょ》でした。

お．船中の人は，外交交渉を行うために，③さまざまな国が参加する組織の会議に出席しようとしていました。この後，この会議の場で，④ある国の独立が認められなかったため，この組織を抜《ぬ》けることにしました。

か．船中の人々は，新しい政府の成立を，各国に伝えようとしていました。最初に到着した国で始めた⑤外交交渉の方はあまりうまくいきませんでしたが，２年ほどかけてさまざまな国をまわったことは，船中の人々にとって勉強になりました。

き．船中の人々は，戦うために敵地に上陸しようとしていました。７年前には上陸することができましたが，今回は敵の準備が整っていたので上陸することさえできず，この戦いもうまくいきませんでした。

1. 下線部①の名前を漢字で書きなさい。
2. 下線部②を何というか書きなさい。
3. 下線部③はどこで開かれていたか，その都市名を書きなさい。
4. 下線部④の名前を書きなさい。
5. 下線部⑤は何を目的としたものであったか，漢字４字で書きなさい。
6. **い・う・え**の船中の人は誰かそれぞれ書きなさい。
7. **あ**～**き**を年代の古いものから順に並べ，３番目，６番目に当たるものをそれぞれ記号で答えなさい。
8. 下の絵**A**と**B**のそれぞれと最も関わりのある文を上の**あ**～**き**から一つ選んで記号で答えなさい。

A

B

9. 次の史料**ア**～**エ**は，昔の人が記したものを今のことばで書き直したものです。それぞれと最も関わりのある文を上の**あ**～**き**から一つ選んで記号で答えなさい。

ア

着いた時には午後十一時ころであった。以前からの知り合いだったので，小泉屋という宿に泊《と》まった。まず主人を呼び出し，昨日異国の船がやってきた様子を聞くと，蒸気船の速さといったら人間のわざとは思えず，ことばで言い表すことは出来ないほどであったという。

イ　本年二月二十四日の臨時総会が採択《たく》した報告書は，（中略）九月十八日の事件当時と，その後の日本軍の行為《い》を自衛権の行使ではないと誤って判断し，（中略）東洋における事態の安定の基礎《そ》を破壊《かい》しようとするものである。

ウ　異国に対する警固を行うため，防御《ぎょ》の石塁《るい》を築くことについて，（中略）今月二十日以前に人足をつれて博多の港へ向かい，担当する工事現場を引き受けて工事を開始するように。

エ　その形は，なかは空洞《どう》で外側はまっすぐで，ずっしりと重い。空洞は端《はし》から端まで通じているけれども，片方は厳重にふさがれている。空洞の横に小さな穴が空いている。これは火をつけるためのものである。

5） 次の文を読んで，あとの問いに答えなさい。

日本国憲法には，国民の義務として，普通教育を受けさせる義務，①勤労の義務，そして納税の義務があります。なかでも納税については，その仕組みが私たちの生活の隅《すみ》々に及《およ》んでいます。例えば②働いて得た収入に課されるものや，③肉親の死亡によって引き継《つ》いだ財産に課されるものがあります。物品を買う際に納める税や，買った品物そのものの価格に組み込まれて納める税もあります。また最近では，自分の暮らす地方自治体にではなく，他の任意の自治体に寄付することにより納めることになる「（　　　）制度」と呼ばれるものもあります。

以上のような普段の生活に関わって国民が納める税ではなく，④外国からの輸入品に対して国が課すものもあり，最近この税に関わる⑤取り決めについて，国会などで盛んに議論されてきました。

1. 下線部①について，現在の日本では「同一労働同一賃金」という政府の方針に対して議論が起きています。労働でどのような格差が生じているのか，一つ例を挙げなさい。
2. 下線部②・③・④の税の名前をそれぞれ漢字で書きなさい。
3. （　）に当てはまることばを書きなさい。
4. 下線部⑤は何か書きなさい。

四 次の傍《ぼう》線部を漢字に直しなさい。

1 作品をひひょうする。

2 手厚くかんごする。

3 たわらに米をつめる。

4 商売のそんえき計算をする。

5 文化いさんを大切にする。

6 とてもすっぱいレモン。

7 はなすじの通った美男子。

8 世界有数のこくそう地帯だ。

9 オーケストラのしきをする。

10 ちょちくを心がける。

三　次の文章を読み、問いに答えなさい。

ケーキ、という言葉には、1実物のケーキ以上の何かがある。私はその何かが好きだ。

2ケーキ、という言葉に人がみるもの。それはたぶん実物のケーキよりずっと特別だ。ケーキがあるわよ、とか、一緒にケーキでも食べない、とか言われたときの、あの湧《わ》きあがる喜びは、そうでなきゃ説明がつかない。だって、どんなケーキかもわからないのに嬉《うれ》しいなんて変だもの。

ケーキというのはそもそも非常に多種多様な上、おなじたとえばショートケーキでも、店によって無論ぴんからきりまである。それを全部まとめて「よいもの」「好きなもの」のように扱《あつか》うというのは、考えてみるとひどく強引で乱暴なことだ。

ケーキが好きな場合でも、あの店のあのケーキは好きだけれどどこの店のこれは苦手、とか、生クリームは嫌《きら》い、とか、洋酒のきいたものはいやだ、とか、ババロワは好きだけれどプリンは好きではない、とか、説明すべきことが当然いろいろあるはずなのだ。

でも、たいていの場合、3誰《だれ》もそんなことは訊《き》いちゃいないし、べつに知りたくもないのだ。

私個人について言えば、私は断固ケーキが好きだし、そう言った瞬《しゅん》間に、それを聞いた人がたとえば木いちごのソースのかかったチョコレートケーキ――私はそれが苦手なのだが――を思い浮《う》かべようと、ゼラチンくさいレアチーズケーキ――逃げだしたい――を思い浮かべようと、文句はない。4そのリスクを負う覚悟《ご》の上にしか、人はケーキが好きだと言えないのだと思う。

ケーキ、という言葉の喚《かん》起する、甘《あま》くささやかな幸福のイメージ。大切なのはそれであって、それは、具体的な一個のケーキとは、いっそ無関係といっていい。

何が好きですか、と訊かれて、まよわず、ケーキ、とこたえるような単純さで、私は生きたい。

（江國香織『とるにたらないものもの』より）

問一　1実物のケーキ以上の何か　とありますが、「何か」を具体的に言いかえている部分を本文中から探し、十四字で抜き出しなさい。

問二　2ケーキ、という言葉に人がみるもの　とありますが、この「みる」と同じ意味で使われているものを次の中から選び、記号で答えなさい。

ア　最先端《たん》のロボットに人類の未来をみる。
イ　運ばれてきた患《かん》者の容態をすぐにみる。
ウ　親せきから預かった子供の面倒《どう》をみる。
エ　新幹線の窓からはるか遠くに山をみる。
オ　正直な自分だけが怒《おこ》られてバカをみる。

問三　3誰もそんなことは訊いちゃいない　とありますが、「そんなこと」とは何か、その内容を二十字以内で説明しなさい。

問四　4そのリスク　とありますが、どのようなおそれがあるのでしょうか。次の中から最も適切なものを選び、記号で答えなさい。

ア　好き嫌いが激しい人とみなされてしまうこと。
イ　実はケーキ好きではないと見抜かれてしまうこと。
ウ　ケーキの好みの違いに気づかれてしまうこと。
エ　大ざっぱでいい加減な人だと思われてしまうこと。
オ　自分の嫌いなケーキを想像されてしまうこと。

に、いつまで経《た》ってもなくならない。むしろ増えていく。もう五年も使っているビニール傘が家にはある。

　ある日ひどい強風のなかを歩いていたら、さしていたビニール傘が裏返って骨の部分とビニール部分がばらばらになった。通りがかりの花屋の人に「すいませんが捨ててください」と渡《わた》して百メートルぐらい歩いたら、後ろから大声で呼びながら走ってくる足音がする。はあはあ言いながら「あの、これ」と[3]笑顔で渡されたのは、見事に修復されて元通りになったさっきのビニール傘だった。

　いま、家にはとてもいい傘がある。一見するとコウモリだが、開いて見上げると内側に青空が描《か》いてある。一度でも外に持っていけば間違《ちが》いなく今生の別れになる、それが確信できるほどその傘を私は気に入っている。

　外でさせないので、ときどき家の中でさしてみる。雨の日にさして部屋の中を歩きまわる。床《ゆか》の上に開いて置き、その中にうずくまってみる。青空をバックに記念撮影《さつえい》する。

　蜜《みつ》月ではあるが、それはもう[4]傘ではない別の何かだ。

（岸本佐知子『なんらかの事情』より）

問一　本文中の（①）～（⑤）にあてはまる言葉を後から選び、記号で答えなさい。記号はくり返し使えないものとします。

ア　縫う　　イ　はく　　ウ　しまう

エ　買う　　オ　出かける　　カ　脱《ぬ》ぐ

問二　本文中の□にあてはまるひらがな一字を書きなさい。

問三　[1]もう一生ビニール傘しか持たないと決めた　とありますが、どのような経験を重ねたからですか。それがわかる一文を本文中から探し、最初の五字を抜き出しなさい。

問四　[2]なくなればいい　とありますが、なぜそのように思うのですか。次の中から最も適切なものを選び、記号で答えなさい。

ア　ビニール傘以外の傘運が上向くかもしれないと期待できるから。

イ　ビニール傘を持ち歩くことにしておいてよかったと満足できるから。

ウ　まったく傘運がないという事態から脱け出すことができるから。

エ　置き場所に困っている傘を少しでも処分できたことになるから。

オ　また新しいビニール傘を買って気持ちよく歩くことができるから。

問五　[3]笑顔で渡されたのは、見事に修復されて元通りになったさっきのビニール傘だった　とありますが、この場面の筆者の心情として、一番強いものはどれですか。次の中から最も適切なものを選び、記号で答えなさい。

ア　尊敬　　イ　感謝　　ウ　立腹　　エ　恐縮　　オ　困惑《わく》

問六　[4]傘ではない別の何か　とありますが、それはどのようなものなのでしょうか。次の中から最も適切なものを選び、記号で答えなさい。

ア　傘としての機能は失われているが、愛着があって手放しがたいもの。

イ　なくすことばかりを気にして、本来の傘としての使い道がないもの。

ウ　実用性を無視して、芸術品としての価値を見出そうとするもの。

エ　雨具として使用せず、所有して眺《なが》めたり触《さわ》ったりして楽しむもの。

オ　傘ではなく、一種のアクセサリーとしての役割を果たすもの。

イ　「東京っ子」とはいうものの活発でやや荒《あら》っぽいところもあり、根は野性的である。

ウ　「東京っ子」らしい理詰《づ》めで頭の回転のよい少年だが、子供らしい好奇《き》心も持っている。

エ　「東京っ子」にありがちな賢さと、高飛車で少し傲《ごう》慢な部分とをあわせもっている。

オ　「東京っ子」にしては機転が利《き》き、真っ先に行動する積極的な姿勢を備えている。

二　次の文章を読み、問いに答えなさい。

私はいろんなものの運がない。

たとえばスプレー運がない。ガラスクリーナーであれ香《こう》水であれ靴《くつ》の防水スプレーであれ、何かしら故障が起こるか管が詰《つ》まるかして、中身は相当量入っているのに捨てるはめになることがしょっちゅうだ。

ボタン運もない。買ってきた服のボタンが、必ずといっていいほど初めて着たその日のうちにぶらぶらになって垂れ下がる。安い服ならまだしも、奮発した服にかぎってそうなる。たいてい細い糸でひどくいいかげんに縫《ぬ》いつけてあり、猿がやったのではないかと疑いたくなる。なぜ私が必ず猿がボタンつけをした服を買ってしまうのかわからないが、その同じ猿がしばしば私の買う服の裾《すそ》のまつり縫いも担当しており、だから私には裾運もない。

買ったばかりのズボンやスカートの裾が、一回か二回はいただけでおりる。どんなに気をつけてはいても必ずおりる。縫わなければと思いつつ、（　①　）とついそのまましまって（　②　）ので、次にはこうとしても（　③　）直前で（　④　）時間がない。それが永遠にくり返され、もう二度と（　⑤　）機会は訪《おとず》れない。

そして傘《かさ》運もない。

今までの人生で、気に入った傘、大切な傘はすべて不幸な末路をたどった。

たとえば小学校二年のとき。真っ赤な生《き》地に白いボタンをたくさん縫いつけた傘が宝物だった。ある日それを皆《みんな》の前で自慢げに開いたら、勢いあまって金具をてっぺんまで押《お》しあげてしまい、二度と元に戻らなくなった。閉じなくなった傘は、担任の先生がプロレスみたいに両腕を輪にして抱《かか》えこみ、バキバキと鯖《さば》折りにした。

中学三年のときは、〈わんぱくデニス〉の絵のついた、持ち手が黄色い透《とう》明傘だった。ある日帰ろうとしたら、傘立てにそれがない。ナマハゲの形相で探しまわった結果、傘はなぜか一年生の下駄《た》箱のところに引っかけてあり、「□」の字に曲がっていた。それをすこし離《はな》れたところに固まって「どうしよう……」とひそひそ言いながら青い顔で見ている五、六人の一年生がいて、私と目が合うと「キャーッ」と言いながら散り散りに逃《に》げていった。

傘にまつわる数えきれない悲しい思い出の最後は、誕生日プレゼントにもらった細身の赤い傘だった。初めておろしたその日に地下鉄の駅で公衆電話の横に置き忘れ、すぐに気づいて引き返したらもうなかった。その間およそ十秒。その日を境に、1もう一生ビニール傘しか持たないと決めた。

傘運のない私だが、ビニール傘運だけはある。強力にある。

愛情のかけらだになく、2なくなればいいと思いながら使っているのし、①は四字、②は五字で抜き出しなさい。

▽（ ① ）が少なく、（ ② ）程度の大きさ。

問四 4キヨシに追いつく とありますが、追いつくまでどのくらいの距《きょ》離《り》を走ったと考えられますか。次の中から最も適切なものを選び、記号で答えなさい。

ア 十キロメートル程度　イ 四～五キロメートル程度

ウ 二～三キロメートル程度　エ 一キロメートル程度

オ 〇・一～〇・二キロメートル程度

問五 5オラ家に夕方来い とありますが、なぜ夕方まで待つ必要があるのでしょうか。次の中から最も適切なものを選び、記号で答えなさい。

ア スガリは暗い中だと目が見えにくくなり、刺されにくいから。

イ 暗くなるとスガリはみな巣に戻っていて、都合がよいから。

ウ 暗い方が、巣穴に差し込む煙硝の火がよく見えるから。

エ 暗くなればスガリの警戒《かい》心がうすれ、つかまえやすいから。

オ 体力を使う作業なので、気温の下がる暗い時間帯がいいから。

問六 6直径十五センチほどで四層くらいの巣を掘り出した とありますが、この時の源次さんの気持ちを、彼《かれ》がそう感じた理由もふくめて三十字以内で説明しなさい。

問七 7昏睡したままのスガリも一緒に袋に入れて大切に持ち帰り とありますが、なぜこのようなことをしたのですか。次の中から最も適切なものを選び、記号で答えなさい。

ア 名人としては、巣だけでなく多くのスガリを生け捕《ど》りにしたことも自慢となるから。

イ 陸軍に所属していた源次さんは、小さなスガリにも命の尊さを感じていたから。

ウ スガリをすぐにではなく、さらに育てて大きくしてから食べたいと思ったから。

エ 目覚めたスガリを働かせ、巣を大きくしてからスガリの子を食べるつもりだから。

オ 食用にならない大人のスガリは、持ち帰ってきちんと処分する必要があるから。

問八 キヨシの行動について述べた文として正しいものを次の中から一つ選び、記号で答えなさい。

ア 赤松の周辺では、源次さんやヒコベエらが到《とう》着する前から、スガリの巣のありかを探していた。

イ スガリが降りた赤松のあたりをふみ荒らさないようにして、源次さんたちが来るのを待っていた。

ウ 土手などに勢い余って駆け上がってはいたが、田に入るようなことは決してなかった。

エ スガリを追う任務を源次さんから伝えられていないのに、自らの判断で勝手に飛び出していった。

オ 巣に向かって一直線に飛ぶスガリの真下を、時に見失いながらも猛然と追いかけた。

問九 ヒコベエという人物について述べた文として最も適切なものを選び、記号で答えなさい。

ア 「東京っ子」っぽく言葉数も多く明るいが、落ち着きのない一面も感じさせる。

じゃあ」

言われた通りに晩の六時に源次さんの家に行った。源次さんはすでにこよりによった和紙とマッチを手に持ち待っていた。

「さあ行くじゃあ。巣に着くころにはちょうど暗くなるでいいぞ。暗くなりゃあスガリは巣に戻《もど》るでな」

「その紙は何」

「おう、こりゃあな、煙硝《えんしょう》だ。硝石に硫黄《いおう》や炭を混ぜてすりつぶして和紙でくるんだもんだ。これに火をつけて巣穴に差し込むだ。ほうすりゃあもうもうと煙《けむり》が出るぞ。スガリは一網《もう》打尽《じん》、煙に酔《よ》って気を失っちもうわ。その隙《すき》に巣を取り出すっちゅうこんだ」

巣穴が昼間見た通りの場所にあることをかすかな空の明るみで確かめると、源次さんは軽くほくそ笑んだ。マッチで火をつけると、もうもうと煙が立った。それを巣穴に差し込んで数分たったころ、源次さんは指で穴の方向を探《さぐ》りながら手で掘り進んだ。穴から逆流する煙をよけようと、頭を左右にふりながら奥《おく》へ奥へと腕をつっこみ掘っていた源次さんが、低い声で叫んだ。

「おっ、あったぞ。ここだ」

源次さんは巣のまわりの土を軍手をはめた手でくずすと、[6]直径十五センチほどで四層くらいの巣を掘り出した。

「まあこの時期にゃあこんなもんだ。これを裏庭で一ヵ月も飼やあ、でかくなるわ」

と源次さんが言った。源次さんは巣だけでなく[7]昏睡《こんすい》したままのスガリも一緒に袋《ふくろ》に入れて大切に持ち帰り、裏庭に大きな穴を掘った。穴に巣を入れるとその上に穴の開いた板をのせ、それを土で覆《おお》い最後に芝《しば》をのせた。

「明朝になりゃ蜂も目を覚ましまた活動するだ。九月末にもなりゃあ何倍にもでかくなるが、ほのころにゃあヒコベエの学校も始まっちまうら。食わせられねえのが残念だわ。スガリの子を何層にもなった巣から抜き出し、砂糖醤《じょう》油で煮《に》付けるだ。ほれを炊《た》き込みご飯にするだお、ほりゃあうめえぞ」

「ほんなにうめえだ」

「天皇陛下様が信州を行幸された時に召《め》し上がり、『美味《おい》しい』と仰《おお》せられたそうだ」

六年間も陸軍にいた源次さんは、急に直立不動になるとまじめな表情でそう言った。

（藤原正彦『ヒコベエ』より）

問一 [1]源次さ（さん）はスガリ取りの名人だぞ とありますが、そのように発言した時のヒロスミの気持ちとして最も適切なものを次の中から選び、記号で答えなさい。

ア スガリ取りの恐怖《きょうふ》をごまかそうとする気持ち。

イ 東京の人間を少しばかり見下している気持ち。

ウ 源次さんに気を良くしてもらいたいという気持ち。

エ ヒコベエの不安を和《やわ》らげてやろうという気持ち。

オ 自分が源次さんと親しいことを自慢したい気持ち。

問二 [2]一番の問題 とありますが、源次さんはどのような方法でこの問題を解決したのでしょうか。二十字以内で具体的に書きなさい。

問三 [3]ちょうどのでかさ とありますが、具体的にどのような大きさでしょうか。次の説明の空らん①・②にあてはまる言葉を本文中から探からませた。
「スガリは肉食だ。この肉に食いついたスガリが飛び立ちゃあ、真綿っちゅう目印のおかげでオラー等《ら》から見えるっちゅうこんだ」
　源次さんは自慢《まん》気に言った。ヒコベエがすかさず聞いた。
「ほんじゃあ、よく見えるようにもっとでかくした方がいいじゃねえ」
「ほうしてえ（そうしたい）所だがな。大きくしちめえば風に当たって重くなるでスガリが飛べなくなっちもうだ。ちっく過ぎりゃあ（小さ過ぎると）オラー等から見えねえしでか過ぎりゃあ飛べねえで、3ちょうどのでかさにするが腕《うで》の見せ所だ」
「でも、どうやって食っつかせるだい」
「見てえか。まあついて来い」
　源次さんはそう言うとそっと棒の所まで行き、左手の甲《こう》に小さな肉団子をのせて差し出した。すると間もなく源次さんの手の甲にスガリが止まったのである。体長二センチほどで小柄である。足長蜂に刺されたことのあるヒコベエは、ハッとして後ずさりした。ところが獲《え》物の肉を見つけたスガリは手の甲にかみつくことなど忘れ、肉団子の所まで移動して団子にかみついたのであった。源次さんはその間、あいている右手で絹糸と真綿をスガリの尻《しり》の方へそっと移した。スガリにとって後方は死角だから絹糸はかみ切られることがないのである。
　スガリはしっかり肉団子を口でくわえると、すっと飛び立った。というより少し重そうに飛び立った。真綿に当たる風の抵抗《ていこう》が速度を弱めているのか、普段よりゆっくり飛んでいるように見えた。源次さんが、
「さあキヨシ追っかけろ、どこまでも追っかけろ」
と鋭《するど》く叫《さけ》んだ。源次さんは今回は四年生のキヨシに任せた。田の中を走ることもあり、大人だとかなり荒《あ》らすことになるから遠慮《りょ》したのだ。キヨシはスガリ追いに慣れているのか、源次さんが言うか言わないかのうちにほとんど狩猟《しゅりょう》本能に駆《か》り立てられたように猛《もう》然と追い始めた。スガリは畑を越《こ》え田を越え、一直線に飛んで行った。キヨシはそのほとんど真下をスガリを見失わないようにしながら走った。キャベツ畑をななめに突《つ》っ切り、田の泥《どろ》の中をものともせず、小川があれば水しぶきをあげ、土手があればものすごい勢いで駆け上がった。源次さん、ヒロスミ、ヒコベエの三人は真綿を逃《のが》すまいと目をこらし、方向を定めてから田には入らぬようにしながらキヨシを追った。
　4キヨシに追いつくと、すでに巣を探していた。源次さんが息をはずませて、
「やいキヨシ、どの辺りに降りた」
とたずねた。キヨシは、
「この赤松の前のようだったが」
と言って両手を広げて前の方へ動かした。
　しばらくして源次さんの甲《かん》高い声が響《ひび》いた。
「あった、あったぞ。来てみろ、ここだ。あまり近寄っちゃいけねえぞ」
　三人が駆け寄ると地梨《なし》などの生えた土手に穴があり、スガリが何匹《びき》か出入りしていた。羽音がワーンワーンと聞こえてくる。じっと観察すると、土中から土を運び出すスガリ、落葉樹のヤニなどを運んで来て巣作りをするスガリ、餌《えさ》を持ってくるスガリなどが立ち働いていた。源次さんが満面の笑みで言った。
「通い蜂が多いで巣はでけえかも知れねえぞ。掘ってみねえとこりゃあ分からねえがな。ヒコベエ、5オラ家《え》に夕方来い、一緒《しょ》に掘りへ行く

【国　語】（四〇分）〈満点：一〇〇点〉

【注意】　字数を数える場合は、句読点・かぎかっこ等も一字と数えます。

一　次の文章を読み、問いに答えなさい。

　子供の取る蜂《はち》の巣に大人はほとんど興味を示さなかった。ある日、ヒロスミとその兄貴のキヨシと三人で遊んでいたら、ヒコベエのおばあちゃんの家から百メートルほど上に住む源次さんがやって来た。小柄《がら》で小顔、坊主《ぼうず》頭にキョトンとした眼《め》の源次さんを、ヒコベエは少し猿《さる》に似ていると思った。ヒコベエの母親と上の家の初郎《ろう》さんとこの源次さんはそれぞれ年齢《れい》が三十二、三十四、三十一と近く、たがいにまたいとこである。

「やい、ヒコベエ、これからスガリ取りに行くだが、オメエも来るか。面《おも》白えぞ」

　スガリとはクロスズメバチを指す方言であり、その幼虫はこの辺りでは珍《ちん》味としてすべての人々の大好物である。地中に巣を作る習性があるので、その位置を見つけてから巣ごと掘《ほ》り出すのである。ただし大きい巣は直径五十センチ、重さは四キロ近くになるからとても子供の手に負えない。スズメバチの一種だから下手をすると生命にかかわることさえある。

　三人は源次さんに従った。集落を出て尾《お》根を上ると、そこからは田畑ばかりである。時間の止まったような空間に草いきれが充《じゅう》満している。如《じょ》才のないヒロスミが田んぼの畦《あぜ》道で、

「1源次さ（さん）はスガリ取りの名人だぞ」

　と源次さんにも聞こえるような声でヒコベエに言った。村と山林の境界近くまで歩いて行くと源次さんは土手の上でふと足を止め、十数メートル先の田の畦道に刺《さ》してある細い棒を指差して言った。

「ヒコベエ、あれを見ろ。見えるか。先にひっついてるは蛙《かえる》の肉だぞ。オラーが昨日の夕方、田で蛙を捕《つか》めえてな。その脚《あし》を引っこ抜《ぬ》いて皮をはがしたもんを棒の先に刺しておいただわ。ホラ見ろ。スガリが肉を食いちぎっては巣に運んでるら。飛んで行くのを見ろ、あの後をつけりゃあ巣のありかが分かるっちゅうもんだ」

「でもスガリが遠くまで飛んで行きゃあ後をつけれねえじゃ、スガリは速いで」

　ヒコベエが言うと、源次さんはやさしそうに微笑《ほほえ》んでから、

「おう、ほれがな、ほんなに遠くへは飛んで行かねえだ。まあ一町（百九メートル）か一町半くれえのもんだ」

「でも走りながらじゃあ、小さなスガリを見失いはしねえだけえ」

「なかなか東京っ子は賢《かしこ》いわ。ほれが2一番の問題だぞ。まああわてなんでオラーがどうするか見ていろ」

　源次さんはそう言うと、そろりそろりと高さ一メートル半ほどの棒に近寄って行った。三人も後ろについていった。キヨシは経験があり万事心得ているようだった。あと数メートルの所まで近寄ると源次さんは再び歩を止め、ポケットから新聞紙に包んだ小さな丸い肉をとり出した。

「蛙の肉を細かく切って丸めて団子にしたもんだぞ。これに絹糸をさしこむだ」

　と言うと、二十センチほどの細い絹糸をもう一方のポケットから取り出し、その先を肉の中にそっと埋《う》め込《こ》んだ。何をするのかとヒコベエが見ていると、今度は小さくちぎった真綿を出して絹糸のもう一方の端《はし》に

MEMO

大切なことはメモしておこうネ！

平 成 29 年 度

解　答　と　解　説

《平成29年度の配点は解答用紙に掲載してあります。》

＜算数解答＞《学校からの正答の発表はありません。》

1. ①　300　②　$\frac{1}{6}$　2. 1544　3. （最も大きい数）97　（最も小さい数）49

4. A　45個　B　30個　C　28個

5. ①　時速2km　②　（グラフ）解説参照　11時2分　6. 解説参照　7. 17通り

8. $32cm^2$　9. ①　21か所　②　42　10. $304.8cm^2$

＜算数解説＞

1. （四則計算）

①　$13\times(13\times16-11\times18)+17\times(17\times8-6\times21)=13\times10+17\times10=300$

②　$\square=\left(\frac{5}{8}-\frac{13}{24}\right)\div\left(\frac{10}{7}\times\frac{7}{8}-\frac{3}{4}\right)=\frac{1}{12}\div\frac{1}{2}=\frac{1}{6}$

重要 2. （和差算）

右図において，456(F)＋E＋D＝E＋D＋Cより，C＝456であり，789(K)＋L＋A＝L＋A＋Bより，B＝789である。したがって，A＋DはA×2に等しく{2017－(456＋789)}×2＝1544である。

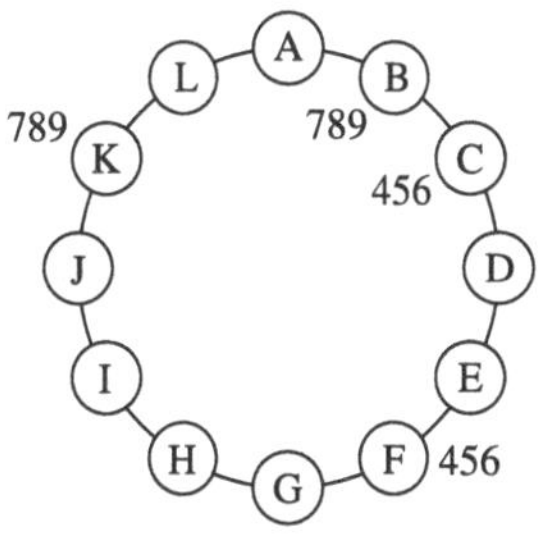

重要 3. （数の性質）

以下のように，最大の数は97，最小の数は49である。

8 ← 18 ← 63 ← 97

18 ← 36 ← 49

やや難 4. （割合と比，消去算）

Cの最後の個数をCで表す。

最後のBの個数がC＋1のとき…その前のBの個数はC＋1＋4＝C＋5であり，このとき，Aの個数はC＋8であるから，C＋8の7倍であるC×7＋56がC＋5の8倍であるC×8＋40に等しくCは56－40＝16，Bは17，Aは24である。→和が100個以上にならない。

最後のBの個数がC－1のとき…その前のBの個数はC－1＋4＝C＋3であり，このとき，Aの個数はC＋8であるから，C＋8の7倍であるC×7＋56がC＋3の8倍であるC×8＋24に等しくCは56－24＝32，Bは31，Aは40である。

したがって，最初のAの個数は40＋5＝45(個)，Bの個数は31＋4－5＝30(個)，Cの個数は32－4＝28(個)である。

5.（流水算，速さの三公式と比，旅人算，グラフ，単位の換算）

基本　①　グラフより，アの下りの時速は4÷0.5＝8(km)，イの上りの時速は4÷1＝4(km)であり，流れの時速は(8－4)÷2＝2(km)

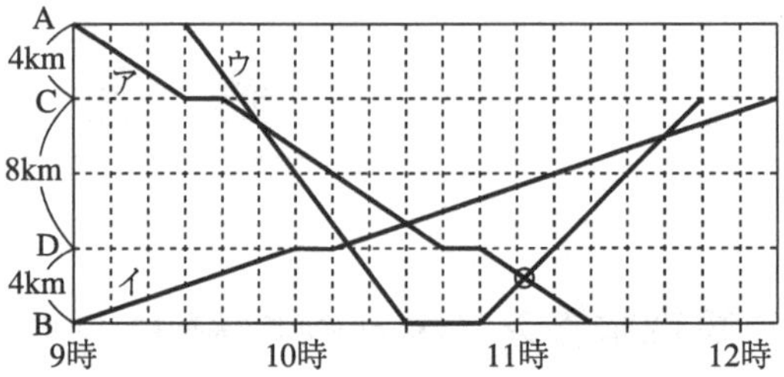

重要　②　①より，ウは16÷(14＋2)＝1(時間後)の10時30分にBに着き，10時50分に出発して(4＋8)÷(14－2)＝1(時間後)にCに着く。右のグラフにおいて，①より，アは，(4＋8)÷8＝1.5(時間)すなわち1時間30分かかってDまで下り，1時間30分＋10分×2＝1時間50分後の10時50分にDから出発する。したがって，ウとアは，4÷(8＋14－2)＝0.2(時間後)すなわち12分後の11時2分に出会う。

重要　6.（立体図形，平面図形）

図1において，辺AB，ACは切られないので図2において，辺ABを共有する正三角形ADB，辺ACを共有する正三角形ACDをもとにして展開図を完成する。

図1

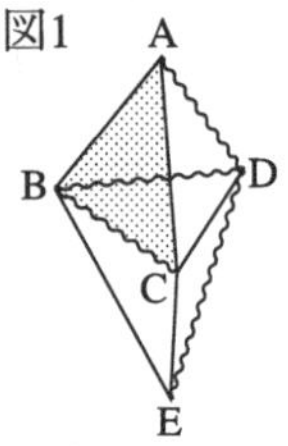

図2

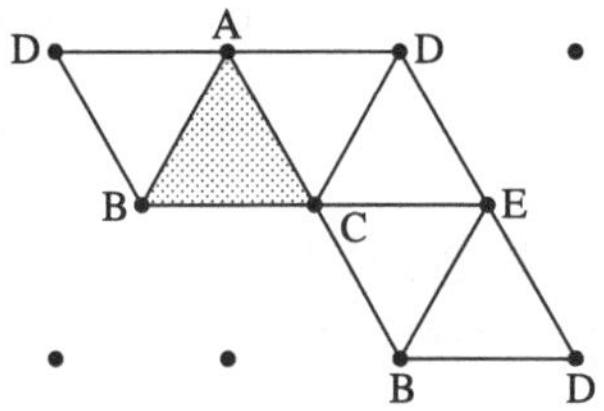

重要　7.（場合の数）

3種類のカード3枚の和…3＋5＋6＝14　3＋5＋8＝16　3＋5＋10＝18　3＋6＋8＝17
3＋6＋10＝19　3＋8＋10＝21　(5＋6＋8＝19)　(5＋6＋10＝21)
5＋8＋10＝23　6＋8＋10＝24　→　5×4÷2－2＝8(通り)

2種類のカード3枚の和…3×2＋5＝11　3×2＋6＝12　5×2＋3＝13　5×2＋10＝20
6×2＋3＝15　6×2＋10＝22　8×2＋10＝26　10×2＋5＝25
10×2＋8＝28　→　9通り

したがって，8＋9＝17(通り)ある。

やや難　8.（平面図形，相似，割合と比）

右図において，三角形ECDの面積は855÷2÷(1＋2)×2＝285(cm^2)，三角形ECGの面積は285÷3＝95(cm^2)である。一方，三角形EHDとCHFは相似であり，EH：HCは{(5＋7)÷(1＋2)×2}：7＝8：7である。他方，三角形EIDとGIJも相似であり，EI：IGは8：(7÷3×2)＝12：7である。したがって，三角形EHIの面積は95÷(8＋7)×8÷(12＋7)×12＝32(cm^2)である。

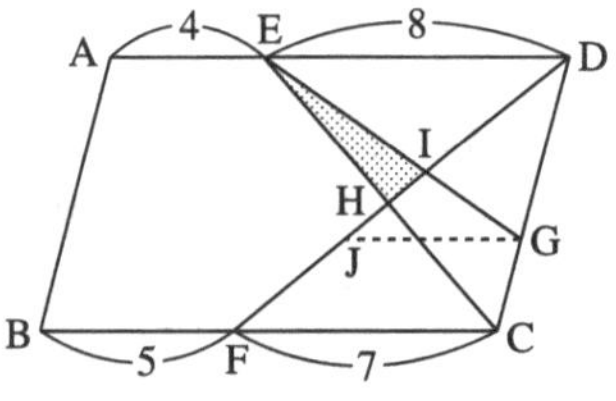

重要　9.（割位と比，数の性質）

①　Aの長さを300にすると，Aの目盛りの間隔は300÷100＝3であり，Bの目盛りの間隔は300×1.5÷90＝5である。したがって，300までで3，5の公倍数は0を含めて300÷15＋1＝21(個)あり，目盛りが合う位置は21か所ある。

②　①より，ヒモの長さは450＋3×20＝510であり，A・Bと並べて測ると(510－300)÷5＝42の目盛りまである

重要　10.（平面図形）

右図において，角AOCは180－30÷2×2＝150(度)であり，斜線部の面積は12×12×3.14÷360×150×2－12×6＝376.8－72＝304.8(cm^2)である。

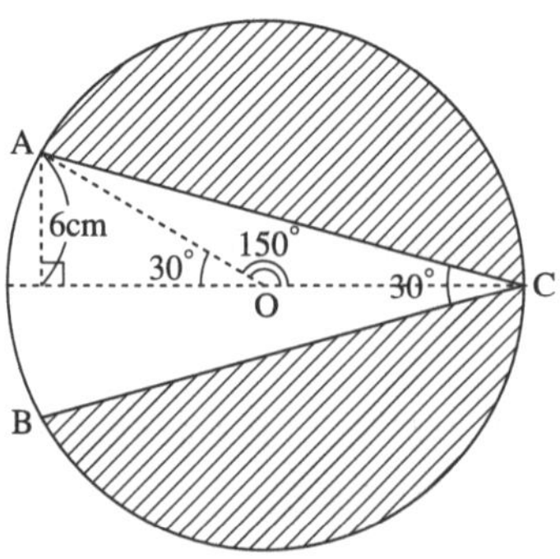

★ワンポイントアドバイス★

難しい問題は 4.「個数の割合と比」であるが，時間がかかりそうな問題は後に回して，速く解ける問題から解いていくこと。9.「物差しの割位と比」は，公倍数の利用に気付くと簡単になる。まず，1.で着実に得点しよう。

＜理科解答＞《学校からの正答の発表はありません。》

問1　1.（ア） A　（イ） E　（ウ） D　（エ） C　（オ） ×

2.（カ） A　（キ） E　（ク） B　（ケ） ×　（コ） E

3.（サ），（タ）　4.　（ニ），（ネ），（ノ）

5.（ハ） ③　（ヒ） ④　（フ） ×　（ヘ） ◎　（ホ） ③

問2　1.（ウ）　2.（キ）　3. 右図　4.（ス）　5. 夏

6.（ツ），（ト），（ニ），（ヌ）　7.（ハ）　8.（ミ），（ム）

9.（ラッカセイは）自家受粉を行うから

（ラッカセイは）実が土中にできるから

問3　1. A　虫　B　樹液　C　ある　D　幼虫　E　ある

F　ない　G　卵　H　虫　2.（イ），（ウ）　3. ②，④

4. えさである昆虫が多いから　5. 右図

6. ・えさが十分にあるから　・休む場所があるから

問4　1.（ウ）　2.（キ）　3.（サ），（セ）　4.（ツ）

5. ①　火山　②　溶岩　6. A（→）C（→）D（→）B

＜理科解説＞

問1 （水溶液の性質，気体の性質―水溶液の判別，気体の発生）

1 （ア） アルコールは引火しやすい。 （イ） 灯油には炭素が多く含まれているので，燃えるときに分解してすす（炭素）を多く出す。 （ウ） 酢酸水は透明な液体だが，食酢には，アミノ酸などのいろいろな成分が含まれているので黄色である。 （エ） 食塩水は固体の食塩が溶けている。（オ） アルコール・食塩水・灯油は中性，過酸化水素水・食酢は酸性である。

2 （カ） アルコールランプには，メチルアルコール（メタノール）やエチルアルコール（エタノール）などが使われている。 （キ） 灯油の沸点は，150～280℃であり，赤色に染めて温度計に使う。なお，メチルアルコールの沸点は約65℃，エチルアルコールの沸点は約78℃と低く，温度計には使えない。 （ク） うすい過酸化水素水（オキシドール）は血にふれると水と酸素に分解する。また，発生した酸素には殺菌作用がある。 （ケ） サイダーやコーラには炭酸水が使われている。（コ） 石油ストーブは，灯油を燃やすことで，暖房に使われている。

3 うすい過酸化水素水に二酸化マンガンを加えると，過酸化水素が水と酸素に分解する。表1で，10gのうすい過酸化水素水から発生する酸素は100mLである。また，40gのうすい過酸化水素水から発生する酸素は400mLである。また，酸素が発生するので，全体の重さが軽くなる。

4 表2で，うすい塩酸10gに対して，0.4gの卵の殻が過不足なく反応して，80mLの二酸化炭素が発生することがわかる。（ナ）～（ノ）において，過不足なく反応したときと比べると，次のようになる。（ナ）$\frac{3.2}{0.4}=8$(倍)の卵の殻に対して，$\frac{20}{10}=2$(倍)の塩酸を加えるので，二酸化炭素は，80×2＝160(mL)発生する。（ニ）$\frac{0.6}{0.4}=1.5$(倍)の卵の殻に対して，$\frac{30}{10}=3$(倍)の塩酸を加えるので，二酸化炭素は，80×1.5＝120(mL)発生する。（ヌ）$\frac{1.2}{0.4}=3$(倍)の卵の殻に対して，$\frac{40}{10}=4$(倍)の塩酸を加えるので，二酸化炭素は，80×3＝240(mL)発生する。（ネ）$\frac{1.6}{0.4}=4$(倍)の卵の殻に対して，$\frac{40}{10}=4$(倍)の塩酸を加えるので，二酸化炭素は，80×4＝320(mL)発生する。（ノ）$\frac{1.6}{0.4}=4$(倍)の卵の殻に対して，$\frac{50}{10}=5$(倍)の塩酸を加えるので，二酸化炭素は，80×4＝320(mL)発生する。

重要 5　③は酸素，④は二酸化炭素である。（ハ）空気中に酸素は21％，ちっ素は78％，二酸化炭素は0.04％含まれている。（ヒ）酸素は水に溶けにくいが，二酸化炭素は水に少し溶ける。（フ）オゾン層を破壊しているのはフロンである。（ヘ）酸素は空気の約1.1倍，二酸化炭素は約1.5倍の重さである。（ホ）燃料電池では，水素と酸素が結びついて水が生じるときに発生するエネルギーを電気に変える。

問2（植物のなかまーマメの仲間）

1　マメの仲間は，花びらとがくが5枚，おしべ10本，めしべ1本である。

2・3　カラスノエンドウは，春になると，赤紫色の花を咲かせる。熟すと実が黒くなる。また，右の図のように，複葉であり，葉の先はまきひげになっている。

カラスノエンドウ

4　豆の大きさは，ソラマメは3cm，ラッカセイは1～2cm，ダイズは0.5～1cmである。

5　エダマメを育てるときは，4～5月に苗を植えつけ，6～7月に収穫する。

6　うどんは小麦，片栗粉はジャガイモ，砂糖はさとうきびやてんさい，食酢やみりんは米，バターは牛乳が原料である。

7　白あんは，インゲンマメまたはアズキからつくる。

8　若い状態で食べるダイズをエダマメといい，若い状態で食べるエンドウをサヤエンドウという。

9　ラッカセイは，自家受粉を行うので，昆虫がこなくても実ができる。また，実は土の中できるので，鳥などに食べられるのを防ぐことができる。なお，日当たりの良い屋上で育てたので，日光や温度，水などの条件も十分にそろっている。

問3（昆虫・動物ー昆虫の判別）

重要 1　①のアカトンボの成虫は生きている昆虫を食べ，②のカブトムシの成虫はクヌギなどの樹液をなめる。また，③のナナホシテントウにはさなぎの時期があり，④のトノサマバッタにはさなぎの時期がない。さらに，⑤のオオカマキリは，幼虫も成虫も生きている昆虫を食べ，⑥のクロゴキブリは家にすみかをつくる。

重要 2　アゲハチョウの成虫は花のみつ，ゲンジボタルの成虫は水を吸う。さらに，ダンゴムシは落ち葉を食べる。

重要 3　アカトンボは水中，ナナホシテントウは葉，オオカマキリは植物の茎，クロゴキブリは家に産卵する。

4　草むらには，アカトンボのえさになる昆虫が多い。また，アカトンボが休んだり，天敵から隠れることができる。

やや難　5　ナナホシテントウの背中には，7つの斑《はん》点がある。

6　クロゴキブリは，エサが多くあり，卵を産んだり，隠れる場所が十分にあり，天敵がいないので，家をすみかにする。

問4　(太陽と月ー月の満ち欠け)

1　天体望遠鏡で見ると，上下左右が反対に見える。

2　下弦の月は，明け方に南中する。

3　月面上のクレーターは，均等には分布していない。また，月を観察するときは，遮光板を使う必要はない。

4　地球にもクレーターはあるが，水の侵食作用などによって，多くは消失している。

5・6　月の海は，地球上の海とは異なり，水はなく，月の内部から出てきた黒色の玄武岩の溶岩が，いん石が衝突したあとをうめたものである。

★ワンポイントアドバイス★

理科の基本的な問題を十分に理解しておくこと。また，物理や生物の応用問題に十分に慣れておくこと。その上で，記述問題や計算問題にも，しっかり取り組んでおく必要があります。

<社会解答>　《学校からの正答の発表はありません。》

1)　1. あ　山陽　　い　水島　　う　山陰　　え　限界　　2. ウ　　3. ア　　4. 境港(市)

5.

6. (例)　高速道路の開通や鉄道の高速化によって，市町村を通過してしまう人が増えたから。

2)　1. あ　西洋美術館　　い　絹　　う　革命　　2. C(→)D(→)A(→)B

3. ア　滋賀県　　ウ　青森県　　オ　　岐阜県　　4. 小笠原諸島

3)　1. あ　熊本　　い　豊臣秀吉　　う　名古屋　　え　小田原　　お　大阪

2. ①　天守閣　　③　関所　　④　大塩平八郎　　3. エ

4)　1. 種子島　　2. 薩長連合[薩長同盟]　　3. ジュネーブ　　4. 満州国　　5. 条約改正

6. い　坂本龍馬　　う　ペリー　　え　小野妹子　　7. (3番目)　あ　　(6番目)　か
8. A　き　　B　か　　9. ア　う　　イ　お　　ウ　き　　エ　あ

5) 1. (例)　正規雇用の労働者と非正規雇用の労働者では，同じように働いても賃金に差がある。　2. ②　所得(税)　　③　相続(税)　　④　関(税)　　3. ふるさと納税
4. TPP[環太平洋経済連携協定]

＜社会解説＞

1) (日本の地理ー中国地方の地誌など)

基本 1. あ　山陽は，山陽地方の略称で，中国山地の南，瀬戸内海側の地域。岡山，広島の両県と山口県の中南部。　い　水島は岡山県倉敷市南部，高梁川河口付近の工業地域。鉄鋼，石油化学のコンビナートが立地している。　う　山陰は，山陰地方の略称で，中国山地の北，日本海側の地域。鳥取，島根の両県と山口県の北部。　え　限界集落とは，人口の半数以上を65歳以上の高齢者が占める集落。冠婚葬祭や日常道路の維持・管理などを集落共同で行うことが困難となる。

2. 隠岐諸島は，島根県北東部，島根半島の北方約45～90kmの日本海にある島群。島前，島後と約180の小島から構成される。

基本 3. 鳥取市は，冬の降水量(降雪量)が多い日本海側の気候を呈する。そのため，雨温図の棒グラフは中央がへこんだ凹型となる。ただし，沖を暖流の対馬海流が流れるため，最寒月でも月平均気温は0℃を下回らない。

やや難 4. 鳥取県の境港市は，「ゲゲゲの鬼太郎」の作者として知られる水木しげるが幼少期を過ごした地。市内には妖怪オブジェが立ち並ぶ「水木しげるロード」があり，観光地として賑わっている。

5. 分水嶺は，降った雨水を異なった水系に分ける山稜。本問では，日本海側に流れる水系と瀬戸内海側に流れる水系の境界である。

6. 高速道路の開通や鉄道の高速化(例えば，新幹線の開通)などによって，今まで地方都市に立ち寄ったり，宿泊していた人々が，地方都市を素通りしてしまうことがある。これでは，かえって小売業の収入は減少してしまう。

2) (日本の地理ー世界遺産を題材とした日本の地理)

1. あ　国立西洋美術館は東京都台東区上野公園にある西洋美術の収集・観覧施設。第二次世界大戦中，フランスに没収された松方コレクションの日本返還を契機に1959年開設された。ル・コルビュジエの設計。　い　2014年に世界文化遺産に登録された富岡製糸場の正式名称は，「富岡製糸場と絹産業遺産群」。富岡製糸場と，製糸業に関連する近代養蚕農家の原型となった「田島弥平旧宅」，養蚕教育機関だった「高山社跡」，蚕の卵の保存に使われた「荒船風穴」の合わせて4つの資産で構成されている。　う　2015年に世界文化遺産に登録された明治日本の産業革命遺産の正式名称は，「明治日本の産業遺産－製鉄・製鋼，造船，石炭産業」。福岡県や長崎県など九州5県に山口県，岩手県，静岡県を加えた8県にまたがる合計23の資産で構成されている。

2. Aは富山県・岐阜県，Bは京都府・滋賀県，Cは青森県・秋田県にそれぞれまたがっている。

やや難 3. ア　工業生産出荷額が多いことなどから滋賀県。焼物は信楽焼をさす。　ウ　農業産出額に占める果実の割合が高いことから青森県。青森県はりんごの生産が日本一である。漆器は津軽塗をさす。　オ　人口密度が比較的低いこと，工業生産出荷額が比較的多いことなどから岐阜県。和紙は美濃和紙をさす。なお，イは富山県，エは秋田県，カは京都府である。

重要 4. 日本の世界自然遺産は，知床(北海道)，白神山地(青森県・秋田県)，屋久島(鹿児島県)，小笠原諸島(東京都)の4件。このうち，最も南に位置しているのは小笠原諸島である。

3)（日本の歴史ー城を題材とした日本の通史）

1. あ　熊本城は，熊本市の中央，茶臼山にある城。1601～07年，加藤清正の築造。1877年の西南戦争で西郷軍に攻められたが，落ちなかった。しかし，2016年4月の熊本地震で大きな被害を受けた。　い　加藤清正は，幼少より豊臣秀吉に仕え，武功が多く，賤ヶ岳の戦いで七本槍の一人に数えられた。　う　御三家は，尾張，紀伊，水戸の徳川氏の総称。このうち，東海道沿いに城をもつのは尾張徳川氏。城は名古屋城。　え　小田原藩は，江戸時代，相模国(神奈川県)足柄下郡小田原地方を領有した藩。東海道で最も重要な関所である箱根の関所を預かっていた。
お　江戸時代，日本の経済の中心地は大阪で，「天下の台所」とよばれた。また，大阪城は，1615年，大阪夏の陣において火に包まれ，豊臣秀吉の一族(豊臣秀頼とその母である淀君ら)が滅亡した地。

重要　2. ①　天守閣は城郭の本丸にある最大の櫓(やぐら)。戦時には司令塔，平時には領主の権勢の象徴となった。織田信長築城の安土城によってその様式が完成したとされる。　③　江戸幕府は，軍事・警察上の理由から，箱根，今切，碓井などに関所を設け，通過には手形を必要とし，特に「入鉄砲，出女」を厳重に取り締まった。　④　大塩平八郎は江戸時代後期の陽明学者。大阪奉行所の与力。天保の飢饉の際，救済策を上申したが受け入れられず，蔵書を売却して，窮民を救済。さらに，幕府批判の兵を挙げたが敗れた。しかし，この行動は幕府に大きな衝撃を与えた。

3. 十返舎一九は江戸時代後期の戯作者。滑稽本を得意とした。代表作である『東海道中膝栗毛』は，弥次郎兵衛と喜多八が失敗や滑稽を演じつつ東海道を旅する旅行記で，この作品の大流行によって滑稽本の全盛期が現出した。

4)（日本の歴史ー船に乗った人々をテーマとした日本の通史）

基本　1. 1543年，中国船に乗ったポルトガル人が種子島に漂着し，日本に初めて鉄砲を伝えた。

2. 薩長連合は，第二次長州討伐にあたり結ばれた薩摩，長州両藩による同盟。1866年，京都で坂本龍馬，中岡慎太郎らの仲介により，薩摩藩の小松帯刀，西郷隆盛，長州藩の木戸孝允が会談。相互援助を約束し，倒幕の主力を形成した。

3. 国際連盟は，第一次世界大戦後，アメリカ合衆国大統領ウィルソンの提唱により，ベルサイユ条約の規定によって成立した，世界平和の確保と国際協力の促進を目的とする国際機関。1920年1月成立。本部はスイスのジュネーブに置かれた。

4. 満州国は，満州事変の結果，日本軍が占領した満州(中国の東北地方)を領域として成立した日本の傀儡(かいらい)国家。清朝最期の皇帝溥儀を執政とし，1932年3月に建国。独立国として承認したのは日本，ドイツ，イタリアなど数か国にとどまる。

5. 江戸幕府が，幕末，欧米諸国と結んだ条約は，外国に治外法権を認め，日本に関税自主権のない，典型的な不平等条約であった。そのため，1871年に横浜を出発した岩倉使節団の最大の目的は，この不平等条約の改正の予備交渉であった。

やや難　6. い　坂本龍馬は，幕末の尊皇攘夷派の志士。倒幕運動に多大な貢献をした。土佐藩郷士の出身。文章中の「8か条の提案」は，「船中八策」とよばれる国家構想で，上下議政局からなる二院制議会と朝廷中心の大名会議が権力を持つ統一国家をめざすとした。　う　ペリーはアメリカ合衆国東インド艦隊司令長官。1853年，黒船を率いて浦賀沖に来航。翌年，再来航し，日米和親条約の締結に成功した。　え　小野妹子は飛鳥時代の官人。607年，聖徳太子に選ばれて遣隋使となり，隋の皇帝である煬帝に国書を提出。隋との対等な関係を望むという内容から，皇帝の怒りをかったが，翌年，隋の裴世清とともに帰国することができた。

重要　7. え(飛鳥時代)→き(鎌倉時代)→あ(室町時代)→う(江戸時代末，1853～54年)→い(江戸時代末，1867年)→か(明治時代)→お(昭和時代)。

8. A　元の襲来(元寇)の際の戦いのようすを描いた「蒙古襲来絵詞」の一部。　B　岩倉使節団の横浜港出発を描いた絵画。

9. アはペリーの来航に関する史料，イはリットン調査団(満州事変に関する国際連盟の調査団)の報告書に対する日本の反対演説，ウは元の襲来に対する防御のため，防塁(石塁)の建設を御家人に命ずる文書，エは鉄砲伝来に関する日本側の史料。

5) **(政治ー日本の税制など)**

1. 欧米では，等質・等量の労働に対して，性別や年齢，雇用形態を区別せず，同じ賃金が支払われる「職能給」制度が基本となっている。一方，日本の従来の雇用慣行は，終身雇用を前提に勤続年数に応じて給与を上げる年功序列型賃金制度が根強く，同じ内容の仕事でも正規雇用者と非正規雇用者の賃金格差が大きい。

重要　2. ②　所得税は，個人の所得に対して課せられる税。国税，直接税に分類される。日本の税体系の中核をなし，累進課税などにより税収の弾力性をもち，景気安定の機能も果たす。　③　相続税は，相続または遺贈により取得した財産に課せられる税。死亡後6カ月以内に申告納税を要するが，年賦延納，物納もできる。　④　関税は，国境を通過する貨物に，通常，輸入国の政府によって課される税。国内産業の保護をおもな目的とする保護関税と，財政収入をおもな目的とする財政関税があるが，日本をはじめ多くの国では前者の見地から課せられている。

3. ふるさと納税は，個人住民税の一部を，納税者が選択する自治体に回せるようにする仕組み。都市と地方の格差是正を目的に創設された。返礼品を用意した自治体に寄付すれば，事実上2千円の自己負担で返礼品を得られることから，返礼品を目的に寄付をする人が増加している。

4. TPP(環太平洋経済連携協定)は，アジア太平洋地域における貿易や投資の自由化を目標として，アジア太平洋自由貿易圏を実現しようとする多国間の経済協定。この協定が結ばれると，加盟国間では，原則，無関税で輸出入が可能になる。ただし，2017年にアメリカ合衆国大統領に就任したトランプはこの協定には反対の立場で，その発効が危ぶまれている。

★ワンポイントアドバイス★

日本にある世界遺産が大問として出題されている。日本にある世界遺産については頻出なので，その位置も含めて正確に理解しておきたい。

＜国語解答＞ 《学校からの正答の発表はありません。》

一　問一　ウ　　問二　エサに目印となる絹糸と真綿を仕込む方法　　問三　①　風の抵抗　②　見失わない　　問四　オ　　問五　イ　　問六　自宅の裏庭で飼い続ければもっと大きくなるので楽しみが増す気持ち　　問七　エ　　問八　ア　　問九　ウ

二　問一　①　カ　　②　ウ　　③　オ　　④　ア　　⑤　イ　　問二　く　　問三　今までの人　　問四　エ　　問五　オ　　問六　エ

三　問一　甘くささやかな幸福のイメージ　　問二　ア　　問三　本来なら説明すべきケーキの具体的な内容　　問四　オ

四　1　批評　　2　看護　　3　俵　　4　損益　　5　遺産　　6　酸　　7　鼻筋　　8　穀倉　　9　指揮　　10　貯蓄

＜国語解説＞

一 （物語－心情・情景，細部の読み取り，空欄補充）

問一 直前の「……如才ない」と，直後の，「と源次さんにも聞こえるように……」に着目する。「如才ない」とは，「気がきいて愛想がよい」という意味の言葉だ。源次さんが誘っているのは「ヒコベエ」だから，言わば自分は連れてきてもらっている立場である。もともと気がきく性格のヒロスミは「源次さんの気をよくしてもらいたい」気持ちなのだ。

やや難 問二 「どのような方法で解決したか」が問われていることだ。「一番の問題」自体を答えるようなミスをしないようにしよう。「一番の問題」とは，「走りながらでは小さなスガリを見失ってしまうのではないか」ということだ。つまり「見失わないようにする」にはどうするかが「解決策」ということになる。源次さんは絹糸と真綿を使って目印になるエサを作り，見失わないようにしたのである。

重要 問三 「ほうしてい所だがな。……」で始まる源次さんの発言から考える。「大きくしちまえば風に当たって重くなるでスガリが飛べなくなる」と教えている。実際に，「スガリはしっかり肉団子を……」で始まる段落に，「すっと飛び立った。というより少し重そうに飛び立った」とあり，その原因を「真綿に当たる『風の抵抗』が速度を弱めているのか，」としている。したがって，大きさの上限である①は，「空気の抵抗」が少ない程度を考えなくてはならないということになる。また，「ちっく過ぎりゃあオラー等から見えねえ……」とある。②には小さすぎない限界ということだから「見失わない」程度である。

問四 「おう，ほれがな，……」で始まる発言に，スガリがそれほど遠くまで飛ばないことを教えている。この発言を計算すると，およそ109メートルから164メートル位ということになるので，オである。

基本 問五 「言われた通りに……」で始まる段落に着目しよう。ヒコベエが行ってみると，「……着くころには暗くなるでいいぞ。暗くなりゃあスガリは巣に戻るでな」と言っているので，イである。

問六 巣を取る目的できているので，巣を発見し掘り出せるのだから「うれしい」気持ちであることはまちがいない。しかし，「まあこの時期に……」と「明朝になりゃ……」の発言にあるように，源次さんはただ取れてうれしい，という今だけの喜びを感じているのではない。自宅の裏庭でもっと大きくして，本当においしいスガリの子を食べられる先の楽しみを思いえがいているのだ。

問七 問六で考えたように，源次さんは巣をもっと大きくしてからスガリの子を食べようと思っている。「明朝になりゃ……」と言っているように昏睡して動けないスガリは明日になれば目覚めて巣を大きくする働きをするから一緒に持ち帰るのだ。ウの「スガリを大きくして食べたい」ではないのでウと混同しないように気をつけよう。

問八 アとイで迷うところだ。状況を確認すると，三人が追いつくと，確かにキヨシは「巣を探していた」とあるのでアも当てはまる。また，源次さんが「どの辺りだ」とたずねると「この赤松の前のようだったが」といいながら「両手を広げて前の方へ動か」す動作をしていることから「ふみ荒らさないように」しているというイも当てはまるが，「ふみ荒らさないように待っていた」では，何もせず到着を待つということなので，「探していた」という記述には当てはまらないのでアを選ぶ。

問九 そもそもヒコベエが「東京っ子」であることがわかるのは「なかなか東京っ子は賢いわ。……」の源次さんの発言だ。この発言は源次さんが感心する質問だったのだから「頭の回転がよい」ということであり，「下手をすると命にかかわる」かもしれないことでも，夕方再び出かけていくような「好奇心のある」子でもあるのでウである。

二 （随筆－心情・情景，細部の読み取り，空欄補充）

重要 問一　ズボンやスカートの折り返しがおりてしまった後，次にはくまでのいきさつを考える。　おりてしまったことに気づいたのだから，縫わなければと思いつつ，①「脱ぐ」とそのままにして②「しまう」ことをしてしまうのだ。だから，次にはこうとしても③「出かける」直前だから④「縫う」時間がないということになる。きっと，その外出にはそのズボンやスカートをはかずに違うものを着用するのだろう。これを繰り返していれば当然⑤「はく」機会がなくなってしまう。

問二　折れて引っかかっていたのだから，引っかかりがある「し」か「く」であるが，傘の素材から考えて曲線に曲がるとは考えにくいので「く」の字に曲がっていたがふさわしい。

問三　お気に入りの傘，大事にしていた傘はことごとくなくしたり，壊したりしているから愛着など持たないビニール傘にすると決意したのだ。「そして傘運もない」で始まる段落に，「今までの人生で，～だとった。」とあらかじめ述べてから，どのような出来事があったのかを書いている構造である。

問四　「傘運が上向くかも」という期待はどこにもないのでアは不適切。ビニール傘を持ち歩いて良かったという経験は述べられていないのでイも不適切。同じように，「また新しいビニール傘を買おう」とは思ってもいないので不適切だ。たとえなくなってもがっかりしない傘であったとしても，傘がなくなるという事実は，「やはり傘運がない」ということだから「傘運がないという事態から抜け出す」ことにはならないのでウも不適切だ。ビニール傘になると，「いつまで経ってもなくならないし，むしろ増えていく」という表現から邪魔な存在ということが読み取れる。なくなれば少しは減らすことができるという気持ちと読み取ってエを選ぶ。

問五　「なくなればいい」とまで思っていたビニール傘なのだから「尊敬・感謝」は誤りだ。しかし，わざわざ修復してくれた店の人に「立腹」するとはあり得ない。エの恐縮は，わざわざ修理して追いかけてくれたことに対して持つ気持ちとしては正しいが，かといって全面的にありがたい気持ちで受け取れないのだから，その両方を兼ねた「困惑」が適当である。

問六　ア　「傘としての機能は失われて」いるわけではない。ただ，自分が傘として使わないだけである。　ウ　「芸術品としての価値」が誤りである。あくまでも傘である認識はしている。同じように「アクセサリー」とも扱っていない。仮にアクセサリーなら，外に持ち出して使うことも考えられる。　イとエで迷うところである。「一度でも外へ持っていけば～気に入っている」の記述から「なくすことを気にしている」ことは確かだ。だが，筆者は，とてもお気に入りなので，家の中でさしたり，傘と記念撮影などをしている。この点は「本来の傘としての使い道がない」とも言えるが，「眺めたり触ったりして楽しんでいる」と読み取るほうがふさわしい。また，アでも考えたように自分の意思で傘として使わないのだから，全体としてエの選択肢が適切だといえる。

三 （随筆－細部の読み取り，指示語の問題，ことばの用法）

問一　「言葉には」「何かがある」ということである。しかも，その「何か」を筆者は好きだと言っている。つまり，「筆者が好む，ケーキという言葉が持っている何か」を考えるということだ。「ケーキ，という言葉の喚起する～大切なのはそれであって」が着目点になり，「それ」が指し示す内容が解答ということになる。「それ」が指し示すのは「甘くささやかな幸福のイメージ」だ。

問二　――線2の「みる」は実際に目で見るの「みる」ではない。「言葉にイメージするもの」という意味だ。アの「ロボットに未来をイメージする」が同じ意味である。イは「診察する」。ウは「世話をする」。エが実際に目で見る。オは「ばかばかしい思いをする」という意味で「ばかな目にあう」という意味である。

やや難 問三　冒頭の「でも」と――線3中の「そんなこと」の両方に着目しよう。直後が「べつに知りたくない」なのだから，「本来なら話題にすべきだろうが」，「ケーキの具体的な内容」などは知りたくなく，ただ「ケーキ」でいいのだということを言いたいのである。

問四　筆者はケーキが好きだが，例えばケーキの一種である「木いちごのかかったチョコレートケーキ」や「ゼラチンくさいレアチーズケーキ」は大の苦手だ。しかし，たがいにただ「ケーキ」と言い合った場合，相手が自分の嫌いなケーキを思い浮かべようと文句は言えないということだ。必ず自分が好きなケーキと共通していることを強要する必要はなく，ただ「ケーキが好き」でくくってしまっていいのだという主張である。したがってオを選択することになる。

四　**（漢字の書き取り）**

1 「比」の部分は左右とも2画で書くが，同形ではない。きちんと違いを示して書こう。　2 「看」は全9画の漢字。1画目は左にはらう。　3　音読みは「ヒョウ」。8画目はおってはらう。　4 「損」は全13画の漢字。最終は「貝」である「月」にしないように気をつけよう。　5 「遺」は全15画の漢字。「遣」ではないので気をつける。　6 「酸性」の「酸」は音読みが「サン」である。

7 「鼻」は全14画の漢字。「白」でなく「自」だ。　8 「穀草」としないように気をつけよう。「穀」は全14画の漢字。3画目は1画目より短く書く。　9 「揮」は全12画の漢字。11画目は長めに書く。

10 「蓄」は小学校未習学の漢字である。

★ワンポイントアドバイス★

かなりのスピード力を求められるが，まぎらわしい選択肢問題を解くためにもしっかり内容を読み取る必要がある。

MEMO

大切なことはメモしておこうネ!

データ対応

収録から外れてしまった年度の
問題・解答解説・解答用紙を弊社ホームページで公開しております。
巻頭ページ＜収録内容＞下方のQRコードからアクセス可。

※都合によりホームページでの公開ができない内容については，
　次ページ以降に収録しております。

問三　2同世代の友人たち　とありますが、だれと同世代の人たちですか。本文中の二重線ア～オから一つ選んで、記号で答えなさい。

問四　3その場その場で事に処する　とありますが、これとほぼ同じ内容を言いかえている部分を本文中から八字で探し、ぬき出しなさい。

問五　次の中から本文の内容に合っているものを二つ選び、記号で答えなさい。

ア　筆者はシリコンバレーに出張した際の自身の疲労について、わかりやすく述べている。

イ　筆者は日本であまりにもいそがしく過ごしているために、アメリカではのんびりと過ごしている。

ウ　筆者は、大まかな約束ですませてしまう若い世代の方が、かえって豊かな発想ができると考えている。

エ　筆者は、ためこんだ膨《ぼう》大な仕事は一つずつ対処していくよう日ごろから心がけている。

オ　筆者は心の中で、携帯電話を気ままに使いこなす若者たちを苦々しく思っている。

カ　筆者は、若者たちの待ち合わせが、携帯電話でのやりとりを前提にしている点に関心をもっている。

キ　筆者は、約束の時間を守るのに苦労しているが、意地でもその姿勢を曲げようとしない。

四

次の傍《ぼう》線部を漢字に直しなさい。

1　大切な書類をふくしゃする。
2　事業のさいさんが合わない。
3　大雨けいほうが発令された。
4　調理場のえいせいに気を配る。
5　さいばん所を見学する。
6　たいきょく的にものを見る。
7　今月のやちんをはらう。
8　むぎちゃを冷やす。
9　新しい学説をとなえる。
10　輸入品をあきなう店。

かっていこうとしている。

ウ　素直でないカービーを毛嫌《ぎら》いしたり、ガソリンスタンドのおじいさんに毒づいたり、とても気難しい性格である。

エ　めんどうくさいことは何もしようとせず、無責任でなにごとも他人におしつけてすませようとしている。

オ　何につけ物事がうまく運ばないみずからの人生をうらめしく思いながら、放り出すこともできずにいる。

カ　言葉づかいも行動も乱暴で、他人に対する思いやりの気持ちに欠ける太ったおばさんである。

キ　自分の子供の万引きを見て見ぬふりをするなど、親としてすべきことをおろそかにするいい加減な母親である。

三　次の文章を読み、問いに答えなさい。

約束の時間に僕《ぼく》は絶対に遅《おく》れない。約束よりかなり早く目的地に着くように予定を立てる。1昨夜こんな夢を見た。母校での講演を依頼《いらい》された僕はいつものように会場に早く着きすぎ、真新しくなったキャンパスや図書館を歩いている。そのうちなぜか人ごみにまぎれ、道に迷い、会場に帰れなくなる。講演の時間が近づきあせり、動悸《き》が激しくなる。周囲を見回し、早歩きしてもどこにもたどり着けず呆《ぼう》然としたところで、大汗《あせ》をかきながら目覚めた。

東京出張中は、一週間に三十以上の打ち合わせをこなさなければならず、朝食から深夜まで予定が入る。それをすべてこなしてシリコンバレーに戻《もど》ると、しばらく自宅で静養しないと身体が元に戻らないほど疲《ひ》労する。物理的疲労もさることながら「約束の時間を絶対に守る」という精神的疲労がかなり大きいことに最近気づいた。

日本で携《けい》帯電話が普及《ふきゅう》し、ア若い世代が「七時三十分□」という約束の仕方をしなくなったと聞いた。「七時ごろに渋谷で」といったアバウトな約束をしておき、あとは「今どこ?」「センター街の○○あたり」「イオレたち今○○の少し先の△△って店にいるから。わかんなかったらまた電話して」という感じで物事が進んでいくらしい。2同世代の友人たちは「こんなことで社会に出てからどうする」とウ若者たちを＊注1シニカルにながめるのだが、新しい＊注2インフラを自然に使ってしなやかに生きるエ彼ら彼女らが、オ僕にはとてもうらやましい。余計なところで精神的に疲労しないほうが創造的に生きられる。

でも僕はもう「約束の時間を絶対に守る」という刷りこみから逃《のが》れられそうもない。短期出張中は無理だがシリコンバレーの日常では、先の約束をなるべくせず、3その場その場で事に処する生き方を意識的に指向している。

（毎日新聞　平成十八年十月十七日夕刊　梅田望夫氏の文章による）

＊注1　シニカル…皮肉をこめた様子。

＊注2　インフラ…ここでは通信手段のこと。

問一　1昨夜こんな夢を見た　とありますが、どのようなことのあらわれとしてこの夢を見たことを紹介《しょうかい》していますか。本文中から三十字でぬき出しなさい。

問二　□にあてはまる最も適切な語句を後から一つ選んで、記号で答えなさい。

ア　渋谷近辺で　　イ　渋谷ハチ公前で　　ウ　渋谷で

エ　渋谷ハチ公付近で　　オ　渋谷ハチ公前あたりで

問八　「8そういう言葉は、みーんな前に聞いたことがあるんですよ」とありますが、バーラさんはこの言葉でどのようなことを示そうとしているのでしょうか。最も適切なものを一つ選んで、記号で答えなさい。

ア　何を言われても気にならないこと。
イ　相手より優位に立とうとすること。
ウ　同じような言葉に飽《あ》き飽きしたこと。
エ　下品な悪態をむしろ懐《なつ》かしがっていること。
オ　これ以上の悪態は許さないということ。

問九　9カービーは、自分の声が小さくて、あわれっぽいのにびっくりした　とありますが、彼《かれ》はなぜ「びっくりした」のでしょうか。最も適切なものを一つ選んで、記号で答えなさい。

ア　実は自分がひどく弱気になっていたことに気づいたから。
イ　本当の気持ちがかくせずについ表に出てしまったから。
ウ　母ちゃんの答えが期待はずれだったことにがっかりしたから。
エ　自分でも意外なほど母ちゃんにすがる気持ちが強かったから。
オ　自分がすなおないい子であることに気がついたから。

問十　「10ずっと下に、小川があるんだ」とありますが、カービーがとつぜんこんなことを言い出したのは、どのようなことをしてみたかったからでしょうか。その内容がわかる一文を本文中から探し、始めの五字を書きなさい。

問十一　11そんなこと、ぜったい声に出していえない　とありますが、なぜでしょうか。最も適切なものを一つ選んで、記号で答えなさい。

ア　子供っぽい感覚の持ち主だと思われるのがくやしいから。
イ　赤土の庭しかない自分の家がきらいなことを知られてしまうから。
ウ　早く新しい学校に行こうとしている母ちゃんに申し訳ないから。
エ　新しい学校の環境を好きだと認めてしまうことになるから。
オ　規律を重んじる学校に行こうとする自分には許されないことだから。

問十二　12思いっきり乱暴に　とありますが、ここからカービーのどのような心情が読み取れますか。最も適切なものを一つ選んで、記号で答えなさい。

ア　自分を無視し続ける母ちゃんにもっと関心を持ってほしいと切なく願った。
イ　大好きな母ちゃんと同じように自分もドアを荒《あら》々しく閉めようと思った。
ウ　車が故障して道も全然わからない不安な気持ちをまぎらわせたかった。
エ　いつもわがままで勝手な母ちゃんへの激しい怒りがおさえられなかった。
オ　母ちゃんとの関係も自分のこともうまくいかずどうにもやりきれなかった。

問十三　本文中にえがかれている「母ちゃん」という人物の説明として適切なものを二つ選んで、記号で答えなさい。

ア　自分のおかれている状況やめぐり合わせに常に不満をもち、いらいらして周囲にあたっている。
イ　逆境にあってもへこたれることなく、前向きに力強く人生に向くてとったわけではありません。そのことがわかる一文を本文中から探し、始めの十字を書きなさい。

問二　2あれは、まだきのうのことだっけ？　とありますが、この表現にはカービーのどのような気持ちが表れていますか。最も適切なものを一つ選んで、記号で答えなさい。

ア　ぬすみをした罪悪感から、すべてをとぼけてしまおうとする気持ち。

イ　新しい世界への期待から、時間がたつのをおそく感じる気持ち。

ウ　バーラさんの思い出が遠ざかっていくのが、悲しくてやりきれない気持ち。

エ　近ごろ腹立たしいことが多く、不真面目でなげやりになった気持ち。

オ　わずかな期間で目まぐるしく変わる状況《きょう》に、自分自身でとまどう気持ち。

問三　3サイドミラーに、自分の顔が映っている　とありますが、カービーは自分の顔を見てどのように考えていますか。最も適切なものを一つ選んで、記号で答えなさい。

ア　自分一人でたちが悪そうだと思いこんでいるだけで、実際にはそうでもない。

イ　頭に来ているふりをしているので、人ににくまれてしまっても仕方ない。

ウ　頭に来ているのが顔に出ているせいで、たちが悪そうに見えてしまう。

エ　たちが悪いとみんなににくまれるので、たちが悪くないふりをしている。

オ　たちが悪いうえに頭にも来ているので、もう自分でも手に負えない。

問四　「4これが、あんたが～最後のチャンスなんだからね」とありますが、「これ」とは具体的にどのようなことをさしていますか。十五字以内で書きなさい。

問五　5あたしも覚悟をきめてるんだよ　とありますが、母親はどのような覚悟を決めているのですか。本文中の言葉を用いて二十字以内で書きなさい。

問六　6母ちゃんが腹を立てるのはわかっているけど、気にしたりしない　とありますが、気にしないのはなぜですか。最も適切なものを一つ選んで、記号で答えなさい。

ア　カービーがヴァージルをきらっていることを母ちゃんに示せるから。

イ　腹を立てることが母ちゃんのカービーに対する愛情の表れであるから。

ウ　結婚相手のせいで苦労していると母ちゃんに認めさせたいから。

エ　自業《ごう》自得で苦しんでいる母ちゃんに愛想がつきているから。

オ　母ちゃんと離《はな》れて暮らすことになるカービーにはもう関係ないから。

問七　7スモーキーマウンテン少年学院に、どんどん近づいていく　とありますが、カービーはこの学校に行くことをどのようなこととして受け止めていますか。それがよくわかる表現を本文中から二十七字で探し、始めと終わりの六字を書きなさい。

――だノサまれ――

どの言葉も、いったとたんにエースがべそをかいて母ちゃんのところに走っていく。

「ちょっとちょっと、ポンコツじいさん」母ちゃんが、ハンドルをげんこつでたたいた。

「いま、止まっちゃだめだったら」

だけど、でっかいポンコツじいさんは、母ちゃんのいうことなんかきかない。

車は、止まってしまった。

プー

ガタガタ

ズン

シューッ

沈黙《ちんもく》。

カービーがなにかいう前に母ちゃんは車からおりて、道路わきをすごいいきおいで歩いていく。やせた両腕《うで》をつっぱり、手をぎゅっとにぎっている。サンダルで小石をけちらかしていくので、土ぼこりが雲みたいに母ちゃんについていく。

カービーは車からおりて、どなった。

「どこ行くんだよ?」

けれども、母ちゃんは返事をしない。止まらない。歩調をゆるめもしない。

「おれの荷物、どうすんだよ?」

やっと、母ちゃんは足を止めた。道ばたの草むらにどさっとすわりこんで、ひざに顔をふせている。

「バッグ、いらないのかよ?」

母ちゃんの肩《かた》がふるえている。泣いているのかもしれないが、泣き声は聞こえない。

カービーの腹の底から怒《いか》りがこみあげてきた。なんで母ちゃんが泣いてんだよ? みんなにゴミみたいにあつかわれてるのは、母ちゃんじゃないだろ? みんなに、もうそばにいるなっていわれて、遠くへやられるのは、母ちゃんじゃないだろ?

カービーは、後部座席に手をつっこんで母ちゃんのバッグをつかむと、しゃがみこんでいるほうへ放りなげた。地面にぶつかってバッグの口が開き、道のまんなかに口紅や、ボールペンや、ガムが転がりだす。母ちゃんはさっと立ちあがると、なにやら悪態をついて散らばったものを集め、バッグにおしこんだ。

それからカービーをにらみつけ、道路っぱたをサンダルで歩いていく。ペタッ、ペタッ、ペタッ、ペタッ。

両方の腕を、大きくふって。

バッグを、大きくゆらして。

カービーは車のドアをあけて、床に置いてあったバーラさんの箱を手にとった。ダッフルバッグに箱をつっこむと、ドアを閉める――12思いっきり乱暴に――その音が、山肌《はだ》にこだました。

それから、母ちゃんについていった。

(バーバラ・オコーナー作　こだまともこ訳『スモーキー山脈からの手紙』より)

問一　1赤いリコリス・キャンディの包みをさっととって、ポケットにつっこんだ　とありますが、カービーはリコリス・キャンディがほして、二人のわきをただよっていく。
　母ちゃんは、ハンドルをこぶしでたたいた。
「あんたのポンコツおやじといっしょで、このポンコツ車はなんの役にも立たないっていったろ」
　カービーにむかってどなる。
「これから、どうすんだよ?」カービーは、きいた。
　母ちゃんは、頭をがっくりシートにもたせかけて目を閉じる。
「カービー、あたしが『きみたちは、これからどうすべきか』って本の作者に見える?」
「見えないよ」
[9]カービーは、自分の声が小さくて、あわれっぽいのにびっくりした。あんな学校に行くのなんか、ぜんぜん気にしていないというふりをいっしょうけんめいにしてたのに。それなのに、自分の声が裏切っている。母ちゃんはどっちみち、そんなことには気がついていないだろうけど。
「どうしたらいいか、あたしにわかるはずないだろ」
　母ちゃんは、車のドアを乱暴にあけて外へ出た。
　車はガタガタいってから、大きなせきのような音を立てた。そして、エンジンが止まった。
　カービーも、車をおりた。はだしでふれた地面はひんやりして、砂っぽい。下の谷間から、水が流れる音がかすかに聞こえてくる。
「[10]ずっと下に、小川があるんだ」カービーは、いった。
　母ちゃんは、車のまわりをまわって、にらみつけている。
「ヒッチハイクしたほうがいいかも」カービーは、道の向こうを見てから、反対方向に目をやった。
　母ちゃんは、車のドアを力まかせにあけて、ダッシュボードをさぐっていた。とりだしたぼろぼろの地図を、ボンネットに広げている。
「いまどこにいるのかも、わかんないんだから」地図をためつすがめつ見ながら、真っ赤なマニキュアをぬった長いつめで、くねくねとうねる線をたどっている。「バーズ川なんて、地図にものってないじゃないか。学校の事務の女の人は、バーズ川の近くの高速道路十五番のところをおりてすぐだっていってたのに」
　カービーは、林のそばまでぶらぶら歩いていった。やわらかい、緑のシダが風にふかれて、さざ波のようにゆれている。木の下に生えているコケのじゅうたんを、足の先でそっとなでてみた。[11]そんなこと、ぜったい声に出していえないけど、こういう山の中ってなんだかいいなと、ついつい思ってしまった。
　すずしくって、しめっていて、緑がいっぱいで。
　暑くて、赤土の庭しかないうちとはおおちがいだ。
「おいで」母ちゃんが呼んだ。さっさと車に乗りこんで、キーをまわしている。エンジンがうなり、ゴトゴト音がして、黒煙がまたもや空気中にまきちらされる。
「さっさと乗りな」母ちゃんが、どなる。「このポンコツが、また死んじゃわないうちに」
　車がくねくねと曲がった山道をゼイゼイとのぼっていくあいだ、カービーは頭の中で「ノサ言葉」（単語の最初の一字のあとに「ノサ」をつける言葉遊び）を練習していた。
　――ばノサかやろう――
　――まノサぬけ――

ああ、そのとおりだよ。カービーは、おなかの中でいいかえす。完ぺきな弟、エース。母ちゃんが目の中に入れてもいたくない子ヒツジのやつめ。

「あんた、知ってんの。お医者さんのロートン先生が、はっきりいってたよ。エースがおねしょするのは、あんたのせいだって」

母ちゃんは、窓からタバコを捨てた。

山道をのぼっていくにつれて、窓からふきこむ空気が、だんだんすずしくなってきた。ときおり、木々のあいまから、下を流れる川が見える。車を停《と》めて、ふたりであの川をバシャバシャわたりたい。さもなければ、ピクニック用のテーブルでソーセージサンドを食べたり、クールエイドを飲んでもいい。

チェッカー・ゲームをするとか。

母ちゃんと、おたがいにやさしくしたい。

けれど、車は止まらなかった。先へ、先へ行くだけだ。家から、遠く、遠くはなれて。7スモーキーマウンテン少年学院に、どんどん近づいていく。

〈悪い子たちの学校〉と、エースは呼んでいた。

〈刑《けい》務所の一歩手前〉と、ヴァージルはいっていた。

〈なによりも規律を重んじる環《かん》境〉と、学校の説明書に書いてあった。

〈美しいグレート・スモーキー山脈のふところにいだかれ、きびしくも、愛にあふれた学び舎《や》〉

カービーが説明書を見せに行ったとき、となりのバーラさんはこういった。

「まあ、カービー。ほんとにすてきなところじゃないの。きっと、あなたも好きになるわよ」

バーラさんは、説明書の中の写真を指さしていた。木工所で、少年たちが鳥小屋を作っている。フットボールをしている。教室にすわっている少年たちは、みんな幸せそうな笑《え》顔を見せている。

「新しい出発になるわね、カービー」

それから、カービーが大好きな、小さな、ほんとにちっちゃなドーナツをお皿に入れて出してくれた。外が暗くなってきても、バーラさんはカービーに家に帰れとはいわなかった。バーラさんは、一度もそういうことをいったことがない。いつもカービーを、ティーポットの模様の壁《かべ》紙を張ったキッチンに通し、ひびの入った合成樹脂《し》のテーブルにつかせてくれ、一度もうちに帰れとはいわなかった。キッチンのいすの下にガムをくっつけたときや、調理台にちっちゃな食塩の山をいくつも作ったときでさえ、いわなかった。バーラさんの目の前で、下品な悪態をついたときだって。

「カービー、わたしはとっても長いあいだ生きてきたのよ」そんなときいつも、バーラさんはいった。「8そういう言葉は、みーんな前に聞いたことがあるんですよ」

ふいにブーンとうなるような音がして、カービーは我にかえった。ガリガリきしんだり、ガチャガチャといったりしながら車がガタンと飛びはね、プシューッという。

母ちゃんが、両手をあげた。

「ああ、まいったねえ。こんなことになるなんて」

シューッ、ガリガリ、ガタガタ。

母ちゃんは、車を道路のわきによせて停めた。排《はい》気管から黒煙《えん》が出

「ああ、ああ。そうだろうね」

母ちゃんはもごもごといいながらドアを閉めると、エンジンをブウブウふかしはじめた。

タイヤで砂と砂《じゃ》利をけちらかしながら、カービーと母ちゃんはガソリンスタンドを出て高速道路にもどった。あけた窓から、暑くて重たい空気がビュウビュウ入り、紙ナプキンやら、タバコの空き箱やらを車の中じゅうにふきとばす。

カービーはドアにもたれて窓から顔をだし、ひたいにたれた前髪《がみ》を風になぶらせた。3サイドミラーに、自分の顔が映っている。

たちが悪そう。

いや、そうじゃないかも。

胸の中で、たちが悪そうな感じがしているだけ。

たちが悪い？　いや、たちが悪くなんかない。

頭に来てる？　そうだ、頭に来てる。

ほんとに頭に来てるし、そういう顔をしてる。

みんなに、にくまれてるのも、むりないな。

母ちゃんが、タバコに火をつけた。

「ダッシュボードから、足をおろしな」

カービーの両足をはらいのける。

「母ちゃん、あと、どのくらい？」

サイドミラーの頭に来てる顔を見たまままきいてみた。

母ちゃんの目が、自分にそそがれているのを感じる。

「やっぱり、わけがわかんないねえ。どうしてこのあたしが、あんたを車でここまで連れてこなきゃいけないんだろ。あんたのしょうもない父ちゃんだって、たまには役に立つことをしてみりゃいいのに」

カービーは、さっきくすねたリコリス・キャンディを、窓から放りなげた。

「わかってんの、カービー」母ちゃんは、つづける。「4これが、あんたが身を正して、ちゃんとした子になれる最後のチャンスなんだからね」

カービーは、サイドミラーに映っている自分の顔をにらみつけた。あんなそばかす、だいっきらいだ。赤毛の髪も、だいっきらいだ。

「これから行く学校で、ちゃんとやれないようだったら、5あたしも覚悟《ご》をきめてるんだよ」母ちゃんのはきだした煙《けむり》が、車の屋根にのぼっていく。「今度、やっかいごとを起こしてごらん。二度とあたしの家の敷居《しき》はまたがせないから」

カービーは、口からガムを出して、サイドミラーにくっつけた。自分の顔のまんなかに。

「ヴァージルなんか、こういうことを、いっさいやらないですんでるんだから」母ちゃんがいう。

母ちゃんが、義理の父親のことをこんなふうにいうたびに、カービーはフンと鼻を鳴らす。そしたら6母ちゃんが腹を立てるのはわかっているけど、気にしたりしない。腹を立てればいいじゃないか。ヴァージルみたいな、病気でしょっちゅう寝《ね》こんでいる年よりと結婚《こん》したのは、母ちゃん自身がやらかした大失敗だ。そのせいで、母ちゃんはふたつの仕事をかけもちして、毎晩くたくたになって帰ってくる。

「それに、エースのこともあるじゃないか」母ちゃんは、まだいっている。「あんたのこと、エースがどう思ってるか、考えたことあるの？　あんたが学校でバカなことをやるたんびに、エースは大恥《はじ》をかいてるんだよ」

みて絶対に無理だろうと疑う気持ち。

イ　せみから指摘《てき》されて初めてこのような人生の難問に直面して、ひどくとまどい混乱する気持ち。

ウ　いつも考え悩《なや》み続けてきた、生きる上での問題の答えをせみにぜひとも教えてほしいと願う気持ち。

エ　実際に殻を脱いで姿を変えるせみとちがって、人間はそう簡単にはいかないと不満をうったえる気持ち。

オ　考えたことはあっても難《むずか》しくてやり過ごしていた課題に、改めて向き合ってみようとする気持ち。

問三　□にあてはまる語として最も適切なものを一つ選んで、記号で答えなさい。

ア　夜　イ　海　ウ　母　エ　空　オ　私

二　次の文章を読み、問いに答えなさい。

カービー・タナーは、レジの横の棚《たな》から1赤いリコリス・キャンディの包みをさっととって、ポケットにつっこんだ。ガラスドアの向こうで、ガソリンスタンドのおじいさんがまだ給油しているのをたしかめてから、カウンターに置いたガラスびんの風船ガムもひとつとる。包み紙をむいて床《ゆか》に捨て、ガムを口に放りこんだ。それから車に歩いていき、母ちゃんを待つことにした。

「あんたら、どっから来たんだい?」

おじいさんが、油のしみた布で手をふきながらきいた。

カービーは、返事をしなかった。車の助手席に乗りこむと、まっすぐ前を見た。

「どっから来たのかってきいてんだよ」

おじいさんは、窓からカービーをのぞきこんだ。

カービーはスニーカーをぬいで、床に放りなげた。ほかにもがらくたが散らばっている。ソーダ水の空き缶《かん》、マクドナルドの包み紙、タバコのすいがら。ひもでしばった、おんぼろの靴《くつ》箱も。バーラ・デイヴィスさんがカービーにくれたものだ。

「新しい物はないけど、あなたが好きかもしれないって思った物をちょっとだけ入れといたわ」

カービーがさよならをいいにいったとき、バーラさんはそういった。

2あれは、まだきのうのことだっけ?

カービーは、短パンのポケットにつっこんだリコリス・キャンディを上からさわってみた。熱い。火のように熱い。うすいコットンの布の下で、燃えているみたいだ。

母ちゃんのサンダルが、アスファルトの上でペタペタ音を立てながらやってくる。カービーは顔をあげた。もしゃもしゃの赤毛を頭の上でピン留めした母ちゃんは、ペーパータオルで首すじをふいている。

「ポンコツで遠出したその日に、エアコンがいかれっちまうとはね」

母ちゃんはそういって、タイヤにキックを入れる。

おじいさんが、クックッと笑った。

「聞こえたよ。ちょっと見てやろうか?」

「タダでやってくれる?」

「そりゃあ、ダメだ。けど、安くしとくよ」

母ちゃんは車のドアを乱暴にあけて乗りこむと、バッグを後部座席に放った。

【国　語】（四〇分）〈満点：一〇〇点〉

【注意】　※字数を数える場合は、句読点・かぎかっこ等も一字と数えます。

一　次の詩を読み、問いに答えなさい。

　けっしん

あけがた　せみが　しずしず　あらわれ
「おまちどうさま」と殻《から》を脱《ぬ》ぎはじめた
眠《ねむ》さもわすれ　見つめると
「この殻はなあ
　生まれ変わるための『じかん』の[1]家さ」
よいしょっと羽を抜《ぬ》き出し　せみ　私をみて
「あんたも生まれ変わりたいのかい?」

……どきっ……

殻をかぶっているのを見破られたか
[2]しかし　どうやったら生まれ変われる?
「決心するんだよ　いっしょうけんめい」
ひとりで行かなくちゃならない道があるのだ
　いま歌わなきゃ　いつ歌う?
　　歌いきったら死にます
と　飛び立ったせみを
□は　しっかり抱《だ》きよせ
見えないところで涙《なみだ》をながした

（工藤直子『なんとなく・青空』より）

問一　[1]家　とはどのような場所のたとえとして用いられていますか。次の中から最も適切なものを一つ選んで、記号で答えなさい。

ア　いつか帰る場所　　イ　安心できる場所
ウ　家族と生活する場所　　エ　楽しく過ごす場所
オ　しつけを受ける場所

問二　[2]しかし　どうやったら生まれ変われる?　という表現について答えなさい。

①　「生まれ変わる」とはどのようなことのたとえですか。次の中から最も適切なものを一つ選んで、記号で答えなさい。

ア　自分が人生でやるべきことのために一歩ふみ出すこと。
イ　深く反省し心を入れかえてまじめに生きていくこと。
ウ　過去の自分を否定してまったく新しい自分になること。
エ　自分一人で生きようとせずに多くの人との交流を始めること。
オ　今まで以上にりっぱな人間になるために努力すること。

②　この表現には「私」のどのような気持ちがこめられていますか。最も適切なものを一つ選んで、記号で答えなさい。

ア　できれば解決したいことではあるけれども、今までの経験から

5　他人のそらに。

6　はいゆうの演技力。

7　じゅんしんな子ども。

8　改札口のはっけん機。

9　時代のちょうりゅうに乗る。

10　首相がそかくする。

ま、なんとなく記号をそこに描いてしまっただけだ。「A」や「B」、あるいは、「卍」を記したのと同じことであり、ただ記号の名前が、「富士山」と名付けられていただけのことである。

（宮沢章夫『よくわからないねじ』より）

問一　1四角い箱に、プラムと記された絵　とありますが、看板にはどのような絵が描かれているのでしょうか。次の中から一つ選び、記号で答えなさい。

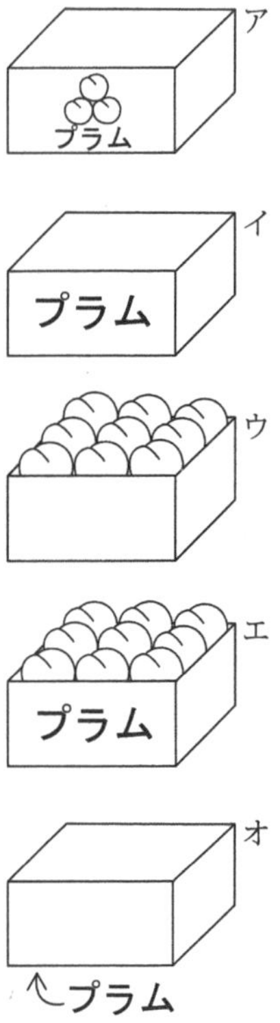

問二　2いよいよいやだ　とありますが、「世田谷区民」という文字しかない方がいよいよいやなのはなぜですか。二十字以内で答えなさい。

問三　3このことから私たちが知るのは、「プラムを絵にするのはむずかしい」ということではない　とありますが、では、私たちが本当に知るべきなのはどのような事実でしょうか。本文中から十字以内でぬき出しなさい。

問四　4リンゴの記号化　とありますが、本文中で「記号化」と対照的な意味で用いられている表現を探し、漢字二字でぬき出しなさい。

問五　5本来の「悲劇」はあるのだ　とありますが、どのような点が「悲劇」なのでしょうか。次の中から最も適切なものを選び、記号で答えなさい。

ア　その記号を知らない人にはリンゴであることが伝わらない点。

イ　ほんとうはリンゴなど誰も描きたいと思っていない点。

ウ　慣例や法則が場合によって都合よく変えられてしまう点。

エ　実際に観察したリンゴを正確に絵画化してはいない点。

オ　描く人にどんなにすぐれた絵画の技術があっても無意味な点。

問六　6何の反省もなく　とありますが、それに近い内容の表現を本文中から六字で探し、ぬき出しなさい。

問七　本文で述べられている内容として正しいものを次の中から一つ選び、記号で答えなさい。

ア　人はみなリンゴやミカンについて、自分が描きやすいように各自で「記号」を作りだしている。

イ　バナナに「記号」がありプラムにないのは、それを描きなれているか描きなれていないかによっている。

ウ　木星の「悲劇」は、丸に木の文字という「記号」があるために本来の姿をきちんと見てもらえないことだ。

エ　土星やスイカのように「記号」ができあがってしまうと、私たちはその「記号」から決してのがれられない。

オ　富士山のように「記号」をもっているものにも、「記号」がないものとは別の「悲劇」がある。

三

次の傍《ぼう》線部を漢字に直しなさい。

1　いきなはからい。

2　意見をことにする。

3　収入のうちわけを記す。

4　ふるかぶのメンバー。

て私は見つけたのだ。

「箱にプラムの文字」

やっぱりそうか。プラムは箱なのか。新しい店になり、看板も新しくなったというのに、プラムはやはり描いてもらえないのだ。これにはどういう意味があるのだろう。なぜ、プラムはそうなのか。そこでためしに、プラムの絵を描いてもらいたい。どうだろう。うまく描けるだろうか。桃《もも》と区別がつかなくなっていないだろうか。あるいは、「なんだかわからないもの」になってはいないだろうか。「なんだかわからないもの」ならまだいいが、どういうわけか、「近所の山田さん」になっているとしたら、ことである。

[3]このことから私たちが知るのは、「プラムを絵にするのはむずかしい」ということではない。

本来なら、リンゴだってむつかしいのだ。ミカンだってむつかしければ、バナナもそうだ。つまり、ものを絵で表現するには技術がいる。だが、リンゴには、「リンゴはこう描けばリンゴらしく見えますよ」という慣例というか、法則のようなものがある。それに従えばいい。

それを「[4]リンゴの記号化」と呼ぼう。

あれは記号だ。「A」と書くようなものだし、地図に寺の位置を示すのに、「卍」を記すようなものだ。「プラム」の悲劇はそこにこそある。

「プラムの記号がない」

もちろんその悲劇はプラムに限られたものではない。「月」や「土星」には記号があるが、その他の惑《わく》星はどうなのか。

「木星」

これはいきなりだ。誰も、「木星」を描こうとは思わないだろう。なにか特別な事情があって、「木星」をやむなく描かなければならなくなったとしよう。いったい人はそのとき、どうするつもりなのか。

「丸に木の文字」

そうだ、それが「木星」だ。そしてそれこそが、「木星」の悲劇の形である。

だが、ほんとうに知らなければならないのはそのことではない。

悲劇はもっと別の場所にあることをこそ、人は知らなければいけない。「記号」の悲劇である。「記号」を「記号」とも知らずに、人が、「リンゴ」を得意げに描いてしまうことにこそ、[5]本来の「悲劇」はあるのだ。その悲劇は、人をして、様々な「記号」を、[6]何の反省もなく描かせてしまう。

「少し間隔《かく》をあけて、縦に二本の線。左右の線はどちらも、まんなか寄りに少しかたむいている。線の上端《たん》を横線で結ぶ。横線から少し下、かたむいた縦の線のあいだに、うねうねとした線を横に一本」

ついつい、そんなものを人は描いてしまうのだった。

富士山である。

いったい、富士山など描いてどうしようというのだろう。だが人は富士山など描こうなどと思ってはいなかったのかもしれない。ただペンを手にしていた。なんとなくそれを動かしているうち、ふと気がつくと、目の前に富士山が出現しているのである。それが出現してはじめてそのことの恐《おそ》ろしさに気がつき、誰だって思わず声を上げるだろう。

「ふ、ふ、富士山だ」

このことから、「富士」という山と、日本人の集団無意識について考えることはなんの意味もない。それはただの記号だ。人は無意識のま次の中から一つ選び、記号で答えなさい。
ア　五対三で陽一のチームがリードしている。
イ　四対三で陽一のチームがリードしている。
ウ　同点である。
エ　三対四で相手チームがリードしている。
オ　三対五で相手チームがリードしている。

問十三　10私の、お母さんの役目は、もう、終わったんだ　とありますが、そのように思えたのはなぜでしょうか。次の中から一つ選び、記号で答えなさい。
ア　ピンチの場面でも笑顔でいる陽一を見られたから。
イ　陽一は友人たちにめぐまれていることがわかったから。
ウ　最後に少しでも陽一のそばで試合を見届けられたから。
エ　親の気持ちでは勝敗が決まらないことに気づいたから。
オ　今までのように陽一が助けを求めてこなかったから。

問十四　本文にはもともと、次の一行がありました。どこに入るのが適切ですか。この一行が入る直前の五字をぬき出しなさい。
　私は、とりつくしまをなくしたのだ。

二　次の文章を読み、問いに答えなさい。

ある果物店の看板の話である。
そこには、大きくリンゴの絵があった。さらに、バナナがあり、ミカンがあったのだが、そこで人はちょっとしたおどろきに出あうだろう。
「1四角い箱に、プラムと記された絵」
看板にそういうものがあったのだ。リンゴはリンゴの絵があり、ミカンもそうだし、バナナだっていかにもバナナらしい絵が描かれている。プラムだけが、箱に、「プラム」の三文字だ。これはちょっと、プラムに失礼ではないかと考えるのは私だけではあるまい。ほかはみんな、ひとつひとつをていねいに表現している。プラムだけ、箱である。箱だけだったら、この店では箱を売っているのかと勘《かん》違いしそうな絵で、仕方なしに、「プラム」と文字を入れ、「この箱の中にはプラムが入っています」と説明しているのだ。
「俺《おれ》たちは、箱の中の、ひとかたまりに過ぎないのか」
プラムが怒《おこ》るのも無理はない。私も箱の中に入れられ、その箱に、「劇作家」と記されて表現されるのはいやだ。「劇作家」ならまだしも、箱の中に入れられ箱にこんなふうに文字があるとしたら2いよいよいやだ。
「世田谷区民」
あるいは、「日本人」とか、「右利《き》き」とか、「ばかものども」など、なんにせよ、箱の中はいやだ。箱の中で一くくりにされてはかなわない。プラムだってそう考えているのにちがいないのである。
果物店はある私鉄の小さな駅の、そのホームから見える場所にあった。しばしばそこに行く機会があり、そのたび、「箱にプラムはないだろう」とホームで考えていたのだが、その店がある日、取りこわされていた。どうやら改装のようだ。工事は半月ほどで終わった。私は期待した。もしかすると、新しい店の看板にはプラムの絵があるのではないか。期待するのは当然だ。それでようやく、プラムにも陽《ひ》の目があたる。
看板が新しくなった。
リンゴがある。ミカンがある。バナナもあれば、スイカもある。そしるんだ、あの子は。

10私の、お母さんの役目は、もう、終わったんだ。ほんの一瞬だったけれど、最後にもう一度一緒にいられて、幸せだった。これでいい。

陽一、ほんとうに、さようなら。

夏空の光の向こうに、ゆくね。

（東直子『とりつくしま』より）

問一　二か所の A に共通して入るひらがな四字の言葉を考えて書きなさい。

問二　1身体のなくなった「自分」　とありますが、このとき自分は何になっているのでしょうか。本文中から探し、一語でぬき出しなさい。

問三　2とりつくものを探している気配をおおいに出しています　とありますが、それは「私」にどのような気持ちがあるからでしょうか。ふさわしい一語を本文中から探し、ぬき出しなさい。

問四　3約束は果たせなかった　とありますが、約束とは何ですか。十字以内で書きなさい。

問五　4私くらいは、がんばらなくてもいいよって、言ってあげてもよかったんじゃないだろうか　とありますが、それは陽一がどのような性格の子どもだからでしょうか。説明している一文を本文中から探し、最初の五字を書きなさい。

問六　5消耗品　とありますが、「私」にとって消耗品が「とりつくしま」としてふさわしいのはなぜでしょうか。次の中から一つ選び、記号で答えなさい。

ア　試合の間は確実に必要となるものだから。

イ　身をけずりながら人の役に立つものだから。

ウ　古びる前になくなってしまうものだから。

エ　見た目が小さくてかわいらしいものだから。

オ　安価で誰にでも手に入れやすいものだから。

問七　B にあてはまる言葉を次の中から一つ選び、記号で答えなさい。

ア　やわらかく

イ　するどく

ウ　重く

エ　小さく

オ　暗く

問八　C にあてはまる適切な語を漢字一字で考えて書きなさい。

問九　6私は、ためいきをついて　とありますが、これはどのような気持ちから出たものですか。次の中から一つ選び、記号で答えなさい。

ア　感心

イ　あきれ

ウ　放心

エ　あきらめ

オ　安心

問十　7私は、強く吹いてきた風に身体をどんどんさらわれながら　という表現を、この時の情景が分かるように二十字以内で書きかえなさい。

問十一　8陽一のさっきの借り　とありますが、どのようなことですか。十五字以内で具体的に書きなさい。

問十二　9このままこの子にヒットを打たれたら、サヨナラ負けになってしまう　とありますが、この時、試合はどのような状況《きょう》でしょうか。

指からボールにかすかにのりうつった私は、キャッチャーミットへとまっすぐにたたきつけられた。ミットにあたった瞬間、意識が空中に霧《む》散した。バッターボックスには、陽一が立っていた。私は陽一のすねに、かすかにふれて、消えた。

マウンドのロージンバッグの中の私は、陽一のバットが空を切るのを見ていた。あの子が振《ふ》っているバットは、黒い、カーボンのバットだ。駅前のミズムラスポーツに一緒に買いにいったっけ。十二歳《さい》の誕生日のお祝いに。あの時から十五センチは身長が伸《の》びたけれど、私がこの世から消えていた間に、また少し大きくなった気がする。

陽一が、打った。きれいな放物線を描きながら、ボールはやんわりと飛び、センターのグラブにすっぽりと収まった。

陽一がうつむきながら去っていくのが遠くに見えた。次にバッターボックスに立ったのは、誰だろう。ああ、あれは、あのガタイは、正春くんだ。まだ中学二年生なのに、百八十センチ近い身長があって、筋肉もほどよくついている。陽一の弱小チームの原動力だ。

正春くん、打って。そして勝って。

7私は、強く吹いてきた風に身体をどんどんさらわれながら、いのった。きれいな金属音がして、白い球が私の目の前の空を横切った。

ホームラン。8陽一のさっきの借りを、正春くんが返してくれた。

その後続いた二人が三振して、マウンドに陽一が戻ってきた。最初に私にふれたときより、手があたたかかった。わたしは、陽一のてのひらの中で、はずんだ。たくさんの私が、空中に飛び散った。

七回裏、相手チームの攻撃《こうげき》。中学校の軟式野球は七回で終わるので、ここを守りぬいたら、陽一のチームの勝ちだ。私は、落ち着いて、大丈《じょう》夫、大丈夫、と陽一の足元でつぶやき続けた。

陽一は、二人のバッターをすんなりと三振にした。拍《はく》手が起こった。次が最後のバッターになるわね、と思ったのに、初球を打たれて、ヒットになった。次の打者は、ツーストライク、スリーボールまで追いこんだところで、ボール球を投げてしまい、フォアボール。次の打者は、なんとデッドボール。陽一は、帽子をぬいで、バッターに頭を下げた。そのバッターが一塁《るい》に進み、満塁になってしまった。バッターボックスには、ゆっくりと次の打者が近づいてくる。黒い鉄の帽子の下の目が、するどく光っている。

9このままこの子にヒットを打たれたら、サヨナラ負けになってしまう。

陽一、落ち着いて。

陽一はまた、泣きそうな顔を、と思ったら、かすかな笑顔を見せていた。キャッチャーの琢磨くんとなにかサインをやりとりし、軽くうなずいた。そして、腰《こし》をかがめて、私を手にとった。気持ちを集中するように目を閉じて、勢いよく私をてのひらに打ちつけた。私は、思いきり空中へはじけた。

あ、と思った瞬間、陽一の襟《えり》足が見え、ユニフォームの赤いベルトが目に入り、まぶしい太陽の光に刺《さ》され、なにも見えなくなった。

ちょっと、ちょっと待って、待ってよ。あと、もう少しなのに。もう少しで試合が終わるのに。

あの子は、勝ったの？　負けたの？

ああ、でも、どっちでもいいな。陽一は、とてもよかった。いい球だった。いい試合だった。これからも、自分で考えて、自分で球を投げ

「これが契《けい》約書になります。これに、息を吹《ふ》きかけてください」

「え、判子とかじゃなくて?」

とりつくしま係の黒い穴が笑った。

「そんなもの、持ってこられないでしょう?」

「そうでした。では」

半透明の紙には、「陽一　ロージン　軟式野球　公式戦」という文字が、光に透《す》けて見えた。私は思いきり空気を吸いこむと、紙の上の文字すべてに息がゆきわたるように、ゆっくりと息を吹きかけた。息を吹きながら、自分がどんどん［B］なっていくのを、感じていた。

気がついたとき、私は炎《えん》天下の土の上にいた。指が、せまってきた。あっ、と思った次の瞬《しゅん》間、陽一のてのひらの上にいた。陽一が、もう一つのてのひらを重ねてきた。

ぽんぽん。

私は、空気に少し飛び散った。

風に散りながら、なつかしい陽一の横顔を見た。泣きそうな顔だった。陽一は、いつもこうだった。緊《きん》張すると、泣きそうな顔になる。ずっとずっと小さなころから。

身体は他の子どもたちより少し大きかったけれど、心はとても緊張しやすかったのを、私は知っている。

陽一は、誰《だれ》よりも速く走れた。誰よりも速い球を投げることができた。だからみんな、がんばれ、と言ってくれた。陽一は、もともとがんばり屋だから、よけいにがんばっていた。だからいつも、いつもいつも、顔が泣きそうだった。

陽一が、私を地面にたたきつけた。スコアボードが見える。六回裏、三対二。ツーアウト。ランナーはいない。

陽一が、投げた。ストレートだ。速い。

と、金属音が響《ひび》いた。

陽一の靴が、私をふんだ。ホームランを打たれたようだ。陽一は立ったまま動かない。三対三にスコアボードが変わったところで、キャッチャーがかけよってきた。陽一に［C］打ちするように話しかけているのは、一番の友達の琢磨《たくま》くんだ。なにを言っているのかは、よく聞こえない。陽一は、なんどか、うん、うん、と小さく言ってうなずいているばかりだ。陽一、なにかもっと、言葉を言って。もっと声が聞きたいよ。

でも、琢磨くんはすぐに、キャッチャーの場所へと戻《もど》っていった。陽一は、私から足を離し、少し土をけると、また、てのひらの上に私を置いた。

さっきまでリードをしていたのに、私がきたとたんホームランを打たれて同点になってしまうなんて。なんてことだろう。だけど、落ち着いて。てのひらの上から声をかけた。陽一は、そっと私を土の上に戻した。

陽一は、次のバッターを三振《しん》におさえた。6私は、ためいきをついて、守備交代の時間、よく晴れた夏の青空を眺め続けた。きれい。空がきれいだ。こんなにきれいだったかなって、びっくりするくらいきれいだ。まぶしい。

私は、今度は相手チームのピッチャーの手にまぶされた。汗のにおいが、陽一とは違《ちが》う。

にしちゃったんだろう。つらさの垂れ流しだった。

もし、「とりつくしま」があるなら。私は思った。陽一のそばに、もう少しだけいてやりたい。見守ってあげたい。まだ、十四歳なんだから。

「陽一に」私は言った。

「陽一に?」とりつくしま係は穴を開いて、くり返した。

「陽一のそばに、いたいです」

「いいですよ。息子さんの、陽一くんですね。陽一くんのそばにあるなにかにとりつきますか? なにがいいですか? 具体的に言ってください」

「そうですね……」

私は、陽一の身のまわりにあるモノを一つひとつ思い出していった。

通学用のかばん、弁当箱、ペンケース、制服、帽《ぼう》子、バット、グローブ、靴《くつ》、靴下……。

あの子の持っているものは、全部黒っぽいものばかりだったな。そしてみんなぼろぼろになるまで使いこんでいる。このぼろぼろの一つにとりついて、ほんとうに使えなくなるまで一緒《いっしょ》にいることができるのだろうか。

でも。

でも、ぼろぼろのグローブや靴は、病気だったころの自分の身体を彷《ほう》彿《ふつ》させる。あんな思いは、死んでいるけど、死んでもいやだ。

「ほんの少し、一緒にいられるだけでいいんです」

私は相談するように言った。

「せめて、中学校最後の軟式野球の公式戦を見届けられるくらいに、一緒にいられれば」

「そうですねえ」

とりつくしま係は、言いながら、二つの黒い目のような穴を開いた。

「それなら、なにか消耗《もう》品がいいんじゃないですか。その、軟式野球とやらの試合の時に使うもので」

5消耗品。私は、その言葉をつぶやきながら、試合の風景を心に描《えが》いた。

「そうだ、あれ、なんていうのかな、あの、ピッチャーがボールを投げるときにぽんぽんって、手につけている、あの白い粉」

「それは、ロージンと呼ばれているモノのことですね」

「そう、それです。そのロージンに、なります」

「ロージンは、布のロージンバッグの中に入っているモノですが、では、あなたはあのロージンバッグの中の白い粉になるんですね。あれは、使っているうちにどんどん飛び散ってしまいますから、中身が半分以上飛び散ったら、とりつくしまではなくなりますよ。つまり、この世から、あなたは完全に、消えてしまいます。二度となにかにとりつくことはできません」

「いいです。その方が、いいんです。あの子にとっても、私にとっても。あまり、長くいない方がいいんです。長くいすぎると、あとできっと、すごくつらくなると思うんです」

「ふむ」とりつくしま係は、二つの穴を閉じた。

「あっさりしていてよろしいですね。では、陽一くんが公式試合で使うロージンを、あなたのとりつくしまに設定いたします」

とりつくしま係は、てのひらをこすりあわせて、その間から一枚の半透《とう》明の紙を出現させた。

「私は、なにをとりしまられるんでしょうか」いどむようにきいた。

「とりしまるって、あなた、これをよく読んでくださいよ」

白いてのひらが、ひらひらと文字の前でゆれた。文字をよく読むところ書いてあった。

『とりつくしま係』。

「あら。とりしまり係じゃなかったの。でも、とりつくしま係?」

「そうです、私はとりつくしま係」

とりつくしま係は、のっぺりとした白い顔に黒い穴をうすく開きながら、そう答えた。

「私は、とりつくしまの希望を聞いてあげているのです。あなた、とりつくしまを探しているでしょう?」

「とりつくしま?」

「そう、とりつくしま。私は〝係〟ですから、一目で、とりつくしまを探している人が分かります。あなたは、2とりつくものを探している気配をおおいに出しています。あなたが、その気配を出しているうちは、この世にあるなにかのモノにとりつくことができるのです」

「この世のモノ?」

「そう、なんでもいいんですよ。思いついたモノを言ってごらんなさい。モノになって、もう一度、この世を体験することができるのです。あなたは、それを望んでいるはずです。ただし、生きているモノはダメですよ。生きているモノにはたましいの先住民がいますからね。まあ、無理にとは言いませんが」

とりつくしま係は、話し終えると、穴を閉じた。

「分かったわ。ちょっと待って、今、考えます」

私は、自分が過ごしてきた家を思った。あの家には、今も夫の信司と息子の陽一が、二人で住んでいるはずだ。三十五年ローンを組んで買った、深緑色の屋根の、小さな家。二階の洋室に陽一が、一階の畳《たたみ》の部屋で私と信司が、眠《ねむ》っては起き、眠っては起き、していた。ずっとずっと、そうするつもりだった。

入院中に、治らない病気だとうすうす気がついてはいた。でも、またあの家で、眠っては起き、眠っては起き、をくり返すのだと、病室から窓を眺《なが》めながら、ぼんやりと思っていた。痛みに身体をゆがませながら、汗《あせ》をかきながら、思っていた、あの家。

信司と陽一は、どうしているだろう。信司は、一人暮らしが長かったので、もともと家事はけっこう得意だった。私の入院中も、なにも心配することはないよ、とずっと言ってくれた。陽一も手伝ってくれるし、と。

陽一。陽一は、いい子だ。そうだ、もうすぐ中学校の軟《なん》式野球部の最後の公式戦があるんじゃなかったかな。どこまで勝ち進んだのかな。試合をきっと見にいくねって、最後まで陽一には、言い続けたんだった。だから、練習、がんばってねって。きっといくからって。

がんばってね、か。

無責任な言葉だった。3約束は果たせなかった。みんなに、エースなんだから、がんばれ、がんばれって言われ続けていたから、4私くらいは、がんばらなくてもいいよって、言ってあげてもよかったんじゃないだろうか。

「子どももいるんだし、がんばりなさい」って、病気の間じゅう、母に言われてあんなにつらかったのに、どうして、同じことを自分の子ども

【国　語】（四〇分）〈満点：一〇〇点〉

※字数を数える場合は、句読点・かぎかっこ等も一字と数えます。

一　次の文章を読み、問いに答えなさい。

ざわざわしている。まわりがよく見えない。でも、まわりにたくさん、いる。なにかいる。とても、いる。ざわざわしている。

これが、そうなの？　こういうかんじなの？

私は死んだ。らしい。それだけは、分かっている。

まさか四十代で人生が終わるなんて思ってもみなかった。未練がないといえばうそになるけれど、運命は受け入れるしかない。自分なりに、ずいぶんがんばったと思う。そして苦しかった。

仕方がない。

それ以外の言葉は、もう、ない。

それにしても、ざわざわしている。早くしずかになりたい。

だんだんまわりの様子が見えてきた。ざわざわしているはずだ。無数の「人だったもの」が、うごめきながらひしめいているのが見える。みんな光りながら、なにかを語っている。私になにか話しかけてくる「人だったもの」もいる。

え？　なんですか？　よく、聞こえない。

指が見える。なにかを示している。指の先になにかある。これを見ろと、私に指示しているようだ。

文字？　文字を、感じる。あれは？

よく読めない。目をこらす。

「とりしまり係」？

いやだ、こんなところに来てまで、とりしまられるの？　私、なにも悪いことしてないわよ。

なにも悪いことしてない。

あ、と思った。また、思ってしまった。何万回思っただろう。そして、何千回、口にしてしまっただろう。

［　A　］、私が病気にならなきゃいけなかったの？

［　A　］、私だけ治らないの？

なにも、なんにも悪いことなんか、してないのに……！

こんな言葉を煮《に》返しては、どれだけ泣いたことだろう。どれだけまわりを泣かせたことか。

だけど、「悪いこと」って、なんだろう。「悪いことなんて、悪いことなんて」とだけ思ってた「悪いこと」って一体なんだろう。「悪」があるかないかなんて、そんなこと、どうでもいいことだったと、ここまで来てしまうと、思えてくる。なんであんなに気持ちが裏へ裏へ、闇《やみ》へ闇へとむかってしまったのだろう。

といって、だからどうしたらよかったのか、分からないし、もう考える気もしない。

とにかく、すんでしまった。私の人生は、すんでしまった。

私は、1身体のなくなった「自分」を、空気にそよがせて、ざわざわから遠く離《はな》れようとした。

とたん、なにかにつかまった。

「ちょっと待ってください」

「とりしまり」の文字が見えた。しまった、とりしまられたの、私。

まあいいや。もう、こわいものはないはず。

ないときも、家にいるときも外を歩いているときも、おそらくは自問自答し続けているのだ。4「これであっているのか」と。

（穂村弘　山田航『世界中が夕焼け　穂村弘の短歌の秘密』より）

問一　1人の目にさらされにくいところ　とありますが、これと同じ内容の部分を本文中から十字以内で探し、ぬき出しなさい。

問二　本文中の A 、 B にあてはまる言葉をそれぞれ漢字二字で本文中から探し、ぬき出しなさい。

問三　2序詞的な役割　とありますが、どのような役割だと考えられますか。それに近い表現を漢字二字で本文中から探し、ぬき出しなさい。

問四　3整然とした機能美　とありますが、これと対照的な内容を述べている表現を本文中から十二字で探し、ぬき出しなさい。

問五　4「これであっているのか」と　とありますが、どのようなことを問いかけていると考えられますか。次の中から一つ選び、記号で答えなさい。

ア　目にふれない部分も多く存在することに気づき、今までの自分の生き方は根本的にまちがっていたのではないかと問いかけている。

イ　舌の裏側のような人の目にさらされにくい箇所や、自分が住む世界そのものに対して、それがよいのかと問いかけている。

ウ　目に見えないものや正体をつかみづらい世界の成り立ちに対して、それが存在すると考えてよいのかと問いかけている。

エ　人間が勝手に作り出した「美」についての意識や理想に対して、自分を容れている世界はこのままでまちがっていないかと問いかけている。

オ　目のとどきづらい自分自身の部分や世界の構造に対して、自分がいだいているイメージが正しいのかと問いかけている。

四　次の傍《ぼう》線部を漢字に直しなさい。

1　はやる心をせいする。
2　天候があやぶまれる。
3　十五夜のおそなえ物。
4　いちょうの調子をととのえる。
5　絶対的エースとしてくんりんする。
6　しょきばらいでかき氷を食べた。
7　あゆのきんりょう期間に入った。
8　あやまちをくり返す。
9　各国の安全ほしょう。
10　研究室のぞうしょを点検する。

エ　内面の揺《ゆ》れ　　オ　思慮《りょ》の浅さ

問六　4一番いいたくない相手　とありますが、なぜいいたくないのですか。次の中から一つ選び、記号で答えなさい。

ア　相手が仕事に誇《ほこ》りを持っており、怒《おこ》らせるかもしれないと思ったから。

イ　全面的に信頼する仲間であり、仕事に疑問を持ちたくはなかったから。

ウ　屋根やが大工の仕事に口出しをすることは、本来禁止されているから。

エ　指摘《てき》した内容が万が一的外れだったら、自分が恥《はじ》をかくから。

オ　棟梁という立場にある人に意見することは、気が引けるから。

問七　5Nさんは答えられない　とありますが、それはなぜですか。次の中から一つ選び、記号で答えなさい。

ア　棟梁は悩《なや》んでいることを知られてはならないから。

イ　説明しても専門外の屋根やには理解できないから。

ウ　口に出すのが恥《は》ずかしいような失敗だから。

エ　自分でも何が原因なのか見当がつかないから。

オ　話せば話すほど負け惜《お》しみに思われてしまうから。

問八　6まるで、屋根に恩恵をほどこされたみたいないいかたです　とありますが、このようないいかたをするのは、Nさんがどのような人だからでしょうか。本文中から二十五字以内で探し、ぬき出しなさい。

三　次の穂村弘氏による短歌および山田航氏による解説文を読み、問いに答えなさい。

裏側を鏡でみたらめちゃくちゃな舌ってこれであっているのか

舌を持ち上げてみてその裏側を鏡でのぞいてみる。するとどうだろう、SF映画に出てくるエイリアンの肌《はだ》のようにグロテスクだ。人間の身体の部分はそのほとんどが機能美にあふれているのに、1人の目にさらされにくいところではこんなにも気持ちのよくないデザインがまかりとおっている。そのことに穂村弘は大きな［A］をいだく。

しかし実のところ「舌の裏側」は導入にしかすぎないのだろう。「めちゃくちゃな舌」の「な」は単なる「舌」にかかる助詞ではなく、「めちゃくちゃな……」という絶句に近い感嘆《たん》が省略された意味合いもふくんでいる。この歌の前半部分は2序詞的な役割を持っているといえる。歌の眼目は「舌」よりもむしろ、「これであっているのか」だ。「あっているのか」どうか不安なのは舌の裏側だけではない。それを容《い》れている自分の身体であり、自分を容れているこの世界そのものである。

「あっている」と表現したとき、その中には「あるべき正しい姿」という［B］のイメージが内包されている。3整然とした機能美を持った「舌の裏側」を想定している。しかしそんな規範《はん》は頭の中で勝手に作り上げてきた幻《げん》想にすぎない。人間は自分たちの想像以上に、わがままに作り出した「美」の規範と理想にしばりつけられながら生きている。

人体の中にひそむグロテスクな箇《か》所から、世界そのものの構造への不安へとつながっていく。石の下の虫の集団のように、目にふれにくい領域がいくらでもある世界への不安。穂村弘は鏡を見ているときも見てい

かあ。

　ぎりぎりの短い言葉、切りつめきった会話です。（私は西の言葉になれていません。この言葉もNさんの話をきいた直後にメモしたのですが、まちがっているかも知れません。ただ、最も短く、そして双方《そう》とも でたった三言のやりとりだ、と、いう点は感動して受取ったつもりなのです）

　こんなみごとな会話があるでしょうか。西の方の言葉は総じて、3角がとれて、なめらかに耳に流れ入ります。それにしても、この最短の言葉にあふれる［B］は、どうでしょう。屋根やにしてみれば、4一番いいたくない相手に、一番いいたくないことを、あえていいにきているのです。あのなあ、という少しためらいのある、そして少し間延びのしている前置きよりほかいい出しようがなく、Nさんの心中をおしはかればはらはらとして、いいんやろか、とそっときくしかなかったでしょう。

　だが5Nさんは答えられない。返事ができるくらいなら苦悩はない。だから直接の返事はできないまま素《す》通りにして、相手の立場の困却《きゃく》を思いやり、自分のどうしてみようもなさを嘆《なげ》き、それゆえにそちらへもめいわくをかけてとわびる気持ちもにじんで、そう思うやろなあ、と自然に一歩ずれた返事になる。屋根やはもともと咎《とが》めがましい気など毛ほどもないし、Nさんの一つずれた返事をきけば、この長年信頼しあってきた仕事仲間に、この上もう何をいうことがあろう。そうかあ、という言葉は表向きの意味は納《なっ》得、ということだろうが、この場合はたぶん、ともに愁《うれ》う気持ち、いたわりの気持ち、でいわれているのではないだろうか。語調にそんな響《ひび》きをきいたのですが、これは私の感じすぎでしょうか。

　そしてもう一つ、話のしまいのほうのNさんの述懐《かい》です。屋根は自分ひとりの力で上がってくれた、というその、くれた、です。上がったのではなくて、上がってくれたのです。6まるで、屋根に恩恵《けい》をほどこされたみたいないいかたです。それだけにNさんの助かったという思いもよくわかるし、軒がだれていた期間中の、Nさんの方策つきた苦悩の重さもよくわかります。仮名でたった三字ですが、みごとな言葉です。Nさんがもしまただれかにこの話をするとき、あるいは話の調子で軒はひとりで上がったと話すこともあるでしょう。しかし私は、上がってくれた、というのがNさんの心の芯《しん》に据《す》えてある言葉だ、と思うのです。

（幸田文『季節のかたみ』より）

問一　1居ても立ってもいられない　とありますが、「居ても」とは本来どのような意味だと考えられますか。五字以内で書きなさい。

問二　［A］きわまりそうな　とありますが、［A］にあてはまる適切な言葉を漢字二字で書きなさい。「勝負」のように、反対の意味を持つ字を組み合わせること。

問三　2静かにもどって行った　とありますが、この行動には屋根やのどのような思いが表われていますか。本文中からひらがな四字でぬき出しなさい。

問四　3角がとれて　とありますが、「角」の読みをひらがなで書きなさい。

問五　本文中の［B］にあてはまる最も適切な表現を、次の中から一つ選び、記号で答えなさい。

ア　感情の鋭《するど》さ　　イ　心情の流れ　　ウ　情感の濃《こ》さ

【国　語】（四〇分）〈満点：一〇〇点〉

※字数を数える場合は、句読点・かぎかっこ等も一字と数えます。

一　※問題に使用された作品の著作権者が二次使用の許可を出していないため、問題を掲載しておりません。

二　次の文章を読み、問いに答えなさい。

このごろ私は奈良斑鳩《いかるが》の、三人の宮大工さんを知り、逢《あ》うたびにいろんな話をきかせてもらう仕合せを得ています。

この三人は九十歳《さい》の父とその息子二人の一家で、もともと法隆《りゅう》寺工匠《しょう》の家系なのだが、これまでずっと、法隆寺の仕事だけをし続けてきたという、まことにめずらしい職歴をもつ。法隆寺の建物は、世界最古といわれる現存木造建築物であり、これを維《い》持保存していくためには、つねにさまざまな修復補強がいるが、これがだれにもできる仕事ではなく、古建築の手法様式をよく知り、しかもなお、より謙遜《けんそん》な気持ちで、古法をうかがい知ろうとする人でなければ手がけられない仕事です。

昭和年代になってからの、五重塔《とう》金堂の解体修復大工事はもちろん、いま九十歳の老人が二十何歳だった昔から、法隆寺で行われてきた大中小幾《いく》多の作事はみな、この三人が手がけてきたそうで、ちょっと他に類のない特殊《しゅ》な、そして貴重な仕事歴をもつ工人たちです。

その弟さんのNさんの話です。五重塔工事で、すでに解体を了《お》え、再建も初層二層三層と進んで、四層目も組上がったとき、どういうものかこの庇《ひさし》のまん中がたるんで、さがってきた。綿密な点検をくり返した。が、手落ちが見いだせない。屋根はちょうど無気力にぽかんとした人の、下唇《くちびる》の形に似てだれている。原因がつかめないのだから、1居ても立ってもいられない焦躁《しょうそう》だが、といって工事は進行させねばならず、手《て》下《か》を休めておくこともできない。[A]きわまりそうな苦悩《のう》だった。

そのとき屋根やがきた。この人は古くからの仕事仲間で、たがいに深い信頼《らい》をおきあい、現に塔の仕事もここまで一緒《しょ》にしてきている。その彼がきていった。あのなあ、この屋根、これでいいんやろか、と。

Nさんはこれ以上なく辛《つら》かったそうです。それで、そう思うやろなあ、とだけしか答えられなかったそうです。すると屋根やさんは、そうかあ、とこれもひと言だけうなずいて、2静かにもどって行ったんだそうです。

そうこうするうちにも日は経《た》って、五層の仕事は順々に進み、もう屋根を葺《ふ》くばかり、やむなく四層の屋根は後まわしにして、五層へ先に瓦《かわら》を置きはじめてみると、いつとなく四層の軒《のき》のだれがこころもち上がってきたようにみえ、ついに五層を葺き終えるころには、軒はだれのあともみせずきりっと締《しま》って、下から見上げれば層々の五重にかさなる軒の端《はし》は、あるべきようにきっちりと、端《たん》正にそろっていたといいます。Nさんは〝自分はなにもできなかった、したのはただ苦しい思いだけだった、そんなものは実際の仕事にはなんの役にも立たない——だがなあ、あの軒はなあ、軒自身の力だけで、ひとりで上がってくれたんや〟と話すのです。

いい話でした。事柄《がら》に迫《はく》力があり、結末に救いがあり、すがすがしい話でした。でもこのすがすがしい話のなかで、私がはっと強く打たれたのは、棟梁《とうりょう》と屋根やさんの会話です。

あのなあ、この屋根、これでいいんやろか——そう思うやろなあ——そう

エ　まるで　　オ　むしろ　　カ　いわゆる

問二　1今までは地名でしかなかったものが、とつぜん風景となったとありますが、その内容を次のような文で説明しました。

〔　Ａ　〕としてその地名を知っていただけのものが、実際に京都で味わった《　ア　》を通して、急に《　イ　》をともなった〔　Ｂ　〕なイメージを抱くようになった、ということ。

①　〔Ａ〕・〔Ｂ〕にあてはまる最も適切なことばをそれぞれ次から選び、記号で答えなさい。

ア　知識　　イ　常識　　ウ　趣《しゅ》味　　エ　空想
オ　学術的　　カ　抽《ちゅう》象的　　キ　現代的　　ク　具体的

②　《ア》・《イ》にあてはまる最も適切な表現を本文中から探し、アは五字、イは二字でぬき出しなさい。

問三　2有名な奥州の旅　とありますが、この旅のことを記した芭蕉の紀行文集をなんとよびますか。

問四　□にはどのようなことばがあてはまるでしょうか。次の中から最も適切なものを選び、記号で答えなさい。

ア　身近な　　イ　迷惑な
ウ　愉《ゆ》快な　　エ　下品な
オ　古風な

問五　3旅情をまとめつづける場所　とありますが、なぜ「まとめる」ではなく、「まとめつづける」と筆者は言っているのですか。その理由として最も適切なものを次の中から選び、記号で答えなさい。

ア　昔から今まで多くの旅人が夜の駅で同じような旅情をまとめてきたから。
イ　旅の思いはさまざまで、たった一夜だけでは旅情をまとめきれないから。
ウ　人生は旅なので、生きている間は旅情をずっとまとめることになるから。
エ　旅の夜は安眠《みん》できず、結局起きて旅情をまとめつづけることになるから。
オ　旅のつづく間、夜をむかえるたびに旅情をまとめていくことになるから。

三

次の傍《ぼう》線部を漢字に直しなさい。

1　ばんしゅうをむかえ、冷えこんできた。
2　きしょう価値のある古い家具。
3　長年のこうせきをたたえる。
4　せいたん百年の記念。
5　主将をつとめる。
6　卒業生がいちどうに会する。
7　議会の解散はひっしとなった。
8　自動車組み立て作業のこうていを見直す。
9　ぼくと彼とはいとこどうしだ。
10　地元の店でくだものを買う。

から広島へ長旅をした時のことだ。（　②　）夜行列車で東京を発《た》った。寝《しん》台車がものめずらしく、最初のうちは喜んでいたが、いつか眠《ねむ》ってしまった。ガタゴトと伝わってくる振《しん》動も、この時には（　③　）快い体感だったと記憶《おく》する。

と、ふと目がさめた。駅に停《と》まっている。そっとカーテンをあけて、小さな窓から外を見ると、まさに眠っている夜の駅があった。（　④　）画《え》のようであった。

今にして思うことだが、わたしが好きなシュールレアリスムの画家、P・デルボーの画と似ている。彼《かれ》も鉄道少年だったといわれるように列車をよく描《えが》いた。

森閑《かん》として、人ひとりいないホームが白々と広がり、あたりを夜の闇《やみ》が包んでいた。どこだろうと思って看板をさがすと「きょうと」とあった。吊《つ》り下げられたホームの時計は、（　⑤　）十二時にふたつの針が重なろうとしていた。

「ああ、きょうとか」と1今までは地名でしかなかったものが、とつぜん風景となった。その印象が強烈《れつ》だったのだろう。何か体が浮くようになった実感を今でも忘れない。

そして、むかしの人の夜の駅はどうだったのだろうと思う。なにしろ駅という馬扁《へん》の字をいまだに使っているように、むかしは交通手段としての馬を置いた所が駅だったのだから、プラットホームもない。風景はまったく別のはずだ。

そんな一筋の線をたどってみると、むかしの夜の駅を、芭蕉《ばしょう》の句から思い起こすことができる。

蚤虱《のみしらみ》　馬の尿《ばり》する　枕《まくら》もと

2有名な奥州《おうしゅう》の旅で芭蕉が国境の役人（封《ほう》人といった）の家に泊《と》めてもらった時のことだというし、尿前《しとまえ》の関を越えた後というから、駅ごとに旅を重ねていった途《と》中の感懐《かい》だとわかる（実際は庄《しょう》屋に泊《とま》ったらしい）。

さあこちらは夜の駅の哀愁《あいしゅう》とは大違い。ノミ・シラミに食われるわ、馬は大きな音をたてて放尿《にょう》するわと、騒々《そうぞう》しい。これより少し時代が後の『東海道中膝栗《くり》毛』でも、馬子《まご》は馬と同居しているから、実際の経験でもあっただろう。

わたしもウィーンの路上で目の前の馬車をひく馬が、大量に放尿して思わず飛びのいたことがある。

それほどに哀愁とはほど遠いが、やはり苦笑《しょう》しながら旅愁をかみしめている作者の姿があるではないか。作者は躍《やっ》起になって□物をかき集めているようで、ほほえましい。

交通手段も変り、風景も一変しているが、ひとしく夜の駅体験が、旅情として流れているように思う。

移動しつづける旅の中で、ほんとうの旅を味わうのは一息ついた夜なのであろう。

夜の駅は、旅路の節目節目で、3旅情をまとめつづける場所ではなかったか。

（中西　進「夜の駅」より）

問一　本文中の（①）～（⑤）にあてはまる適切なことばをそれぞれ次から選び、記号で答えなさい。ただし、同じことばは一度しか使えません。

ア　けっして　　イ　おそらく　　ウ　まさに

オ　甘《あま》えんぼうで周りの人にかまってもらいたがる子。

問六　5ひづる先生は、目をつむったり開けたりして首をかしげた　とありますが、なぜですか。次の中から最も適切なものを選び、記号で答えなさい。

ア　新子が何を言っているのかさっぱり理解できなかったから。
イ　新子の発言があまりにも意外でその意味を考えているから。
ウ　新子に的外れな考えを持ちこまれてあきれ困惑《わく》しているから。
エ　新子のかん違いをどうやって訂《てい》正するかなやんでいるから。
オ　新子がケガ以外の理由で来たことにおどろいてしまったから。

問七　6「うちも、東京に行きたい」とありますが、この時の新子の気持ちとして、最も適切なものを次の中から選び、記号で答えなさい。

ア　自分も東京に行って早く結婚したい、とむじゃきに思っていた。
イ　東京に行ってひづる先生の結婚式を見たい、と思っていた。
ウ　今の家族から逃げてひづる先生と暮らしたい、と思っていた。
エ　都会にあこがれ田舎《いなか》には住みたくない、と前から思っていた。
オ　大好きなひづる先生と別れたくない、とただただ思っていた。

問八　7見ただけじゃわからないことも、たくさんあるの　とありますが、ここではどのようなことを言っているのですか。次の中から最も適切なものを選び、記号で答えなさい。

ア　見るだけでは不十分で、聞いたりさわったり味わったりしなければいけないのだ。
イ　人は見かけによらぬものというように、ただ見ただけでは判断できないことが多い。
ウ　子どもの目ではいくらがんばってみても、この世の中のことの多くはわかりはしないものだ。
エ　人生にはよく見てじっくり考えてみてもこうだと確信できない、難しい問題がよくある。
オ　男の人と女の人とでは物の見方が違っていて、お父さんが気づかないこともたくさんあるのだろう。

問九　ヒバリのヒナを発見したあとの新子は、子どもとしての自分から一歩踏み出し、大人の考え方ができるようになっています。それが最も具体的に表れている一文を探し、始めの十字をぬき出しなさい。

問十　8くちばしの下に目があった　の表現からヒナのどのような姿が想像されますか。十五字以内で書きなさい。

問十一　麦畑に行ってみて、母さんの予想通りだったことと、予想と違っていたことをそれぞれ答えなさい。

問十二　次の①、②は本文中でどのようなことばで表現されていますか。①は一字、②は五字でそれぞれぬき出しなさい。

①風にゆれる麦の葉
②新子がのぞいた麦の下にまっすぐのびる空間

問十三　次の文は本文中の（ア）～（オ）のどこに入れたらよいですか。最も適切なところを選び、記号で答えなさい。

そうっとしゃがんでみた。

二　次の文章を読み、問いに答えなさい。

駅ということばも、（　①　）すべての人にとって、さまざまな思い出を抱《いだ》かせているだろう。

わたしの、そのひとつは子どものころ、父親の転勤にともなって東京ど、ひづる先生が幸せになるなら、それでいいんだ……。
悲しいけれど胸の中が熱くしんとなって……。
新子は、何もかもが初めての気分で、どうしていいかわからなくなった。
（　オ　）笑いたいような泣きたいような。
でも新子は、笑うことも泣くこともしないで、そっとヒバリの巣から離《はな》れた。
麦畑の端《はし》まで来たとき、わっと声が出て涙《なみだ》が流れてきた。
畑に出ていた初江が新子に手をふった。
「どうしたの？　新子、ケガしたの？」
ああまただ。
保健室に入っていくと、ひづる先生は新子に、ケガ？　と聞いた。ケガをしたから保健室に行ったんじゃない。今だって、泣いているのはケガのせいじゃない。
心が、胸の中が、何ていうのか、何ていうのか、ものすごく不思議なかんじで……やっぱり春の病気なのかな。
家に帰って新子は、長子に言った。
「やっぱりヒバリだったよ。ちゃんと自分の目でたしかめたよ。でも、自分の目でたしかめると、春の病気になっちゃうね。うちの目、病気になっちゃった」
新子は赤い目を、ごしごしとこすった。

（高樹のぶ子『マイマイ新子』より）

＊注　マイマイ…つむじの方言（新子にはひたいの上にもつむじがある）。

問一　1この季節　とは具体的にいつでしょうか。漢字一字で書きなさい。

問二　2旅はいつも一人だ。みんなが見送って手をふってくれる　とありますが、この空想は新子がやがてむかえることになる現実を暗示していると考えられます。どのような現実か、次の中から最も適切なものを選び、記号で答えなさい。

ア　いつか結婚して家族と別れ一人で東京に行くこと。
イ　いつか真実を知るために麦畑の中に入っていくこと。
ウ　いつか社会の厳しさに自分一人で立ち向かっていくこと。
エ　いつか大人になって自立した人間として生きていくこと。
オ　いつか友達とそれぞれの道を見つけていくこと。

問三　□にあてはまる最も適切なことばを次の中から選び、記号で答えなさい。

ア　やわらかい　　イ　きびしい　　ウ　まぶしい
エ　あたたかい　　オ　あおい

問四　3ヒバリの巣　とありますが、これと同じものを指している表現を本文中から探し、八字でぬき出しなさい。

問五　4新子が行くとひづる先生はいつも、ケガ？　と聞く　とありますが、このことから、新子が周囲の大人にどういう子だと思われていることがわかりますか。次の中から最も適切なものを選び、記号で答えなさい。

ア　何にでも興味をもち夢中になり過ぎてしまう子。
イ　おっちょこちょいで普段からぼんやりしている子。
ウ　体を動かすことが好きでめったに病気をしない子。
エ　心配性《しょう》で自分の体調を常に気にかけている子。

くて、大きな男の人のお嫁《よめ》さんになるんだ。

そう思うと、ヘビなんかこわくない。この目でヒバリの巣を見つけるもん。そして本当にヒバリの巣なのか、たしかめるもん。石ころが空から落ちるように麦畑の中に入っていったのがヒバリだったら、ひづる先生もきっと大丈《じょう》夫だ。何が大丈夫なのかわからないけどひづる先生は東京に行っても幸せになるような気がする。

ヒバリでなくて、空から落ちてきたのが石ころだったら、きっとうちがへんな夢を見てたのね。ぼんやり麦畑を見ていたうちも、きっとへんなんだ。

新子は願かけみたいに、ヒバリの巣とひづる先生のことを一緒に考えた。だからどうしてもヒバリの巣を見つけなくちゃならなかった。

ええと、うちの家の松と、あの電信柱の真中ぐらいだった……。

畝を二つとび越《こ》えた。

前の松を見てうしろの電信柱を見て、もう二つ畝を越える。

すると、松と電信柱が一直線になった。

空からまっすぐ落ちてきて、この畝のどこかに入りこんだんだ。

（　ウ　）水の中にもぐりこんだように暗くなった。でも、波の下は静かで青いパイプが遠くまで続いている。

新子は這《は》いながら進む。ヘビはいない。やっぱり自分の目で見なくっちゃ。

どんどん這って進んでいくけれど、何もない。手と膝《ひざ》がかわいた土でこすれて痛くなった。

立ち上がろうとしたとき、すぐ近くでピピッ、チチチッ、と小さな声がした。

新子の体は石のように固くなった。となりの畝から聞こえてくる。

麦をそうっとかき分けて顔を出してみた。

すぐ目の前に干し草のかたまりがあった。その中に、千代紙で作ったような三角形のくちばしが三つ。踊《おど》ってるみたいにユラユラ動いている。緑色の水の底の、花びらみたい。

（　エ　）新子は自分がヘビになったような気がして、あわてて麦から手を放した。ヘビでなくて人間だけど、こっそり持っていってしまいたいほどかわいい。

何て小さいの。

もう一度、そうっと麦をかき分けてよく見ると、8くちばしの下に目があった。新子を見て体をゆすっている。

ヒバリだ。母さんが言ってたとおり、ヒバリの巣があった。

息をするのがこわい。胸がどきどきして、本当は、わあっと叫《さけ》び出したい。六つの小さな黒い目は、新子のマイマイを見ている。新子のマイマイは鳥の羽根のように立っているから、きっと母親と間違《ちが》えてるんだ。

そのとき、新子は不思議な気持になった。

自分がヒバリのヒナたちの母親になったような、とろとろと暖かい気分。このヒナたちがヘビに襲《おそ》われたら、ヘビがこわくても絶対に逃《に》げ出さないで、ヘビを追い返してやる!

自分が急に強く大きくなったような、胸のあたりがふくらんでいく気分。

そしてまた、なぜだか説明できないけれど、ひづる先生はきっと、幸せになるだろうと思った。ひづる先生がいなくなるのはさみしいけれ

「あ、きれいな指輪。それ、宝石?」

先生の頬《ほお》が唇《くちびる》と同じくらいピンク色になった。

「これ?　これはダイヤモンド」

「ほんと?　見せて見せて」

新子はひづる先生の手を顔の前に持ってきて指輪を見た。小さくて透《とう》明な宝石がキラキラ光っていた。藤蔓《ふじづる》のハンモックにねそべって千年の川を見ているとき、川の水が細かい光になって散っていくのと、よく似ていると思った。（　ア　）

「……先生、来週の土曜日で学校をやめるのよ」

心臓が止まりそうだった。息まで止まってしまった。

「どうして?」

「結婚《こん》するの」

「いつ?」

「五月だけど、いろいろ準備があるから、学校に来るのは来週までなの。先生方は知ってるけど、みんなには月曜の朝礼のときに校長先生がお話しすることになってるの。青木さんは、指輪のこと気がついたから言ったけど……」

「だれと結婚するんですか?」

「大学のときの知り合い。東京に住んでるから東京に行くの。ラグビーの選手でね、こおんなに大きい体なの」

と両手をお腹の前でぐるぐる回した。

新子は、何を言えばいいのかわからない。ひづる先生が学校からいなくなるのだ。

6「うちも、東京に行きたい」

「大きくなったら行けるわ。遊びにいらっしゃい」

「どうして結婚するの?」

「どうしてかなあ、ずっと迷ってたけど、結婚しようって決めたの」

「迷ったときは、ちゃんと自分の目でたしかめた方がいいんだって。クロレラもヒバリの巣も、自分で見るまでは信じちゃダメなの」

ひづる先生は、またもや目を閉じたり開けたりいそがしく動かした。ため息をついたまま、新子をじっと見ている。

「……だれが青木さんに、そう言ったの?」

「父さん」

「ふうん。えらいお父さんね。でも、7見ただけじゃわからないことも、たくさんあるの。エイヤッて決めなくちゃならないこともね」

その日、新子は、一人で麦畑の中に入っていった。いつも想像するだけで実行しなかったけれど、エイヤッと決めたのだ。

麦の葉は新子の首の高さしかない。これからどんどんのびて穂《ほ》がとび出してくると、頭までかくれてしまうけれど、歩いていると首だけが海に浮《う》かんでいるみたいだ。（　イ　）

畝《うね》がまっすぐなのがわかっているから、足が勝手に動いていく。

前の方から風がくるので、波をかき分けて泳いでいる気分。

ヒバリ、ヒバリ、ヒバリ。

ひづる、ひづる、ひづる。

かわりばんこに、二つの名前が浮かんでくる。

悲しいけれど、ひづる先生はエイヤッと決めたのだ。結婚して東京へ行ってしまったら、もうひづる先生は、別の人になってしまう。おでこに手を当てたり、マイマイを引っぱって笑ったりするひづる先生じゃない」
「じゃあ、たしかめてくる？　ヒバリの巣を見つけても近寄っちゃダメよ。たいてい、ヘビがいるからね」
　ヘビはきらいだ。シゲルをさそって行けば、ヘビ退治はシゲルの役目なのに。
「……ヘビはいつも、ヒバリの卵をねらってるからね」
　父さんは、何事も自分の目でたしかめなさいと言うけれど、大変なことなんだ。ヒバリの巣の探険は、別の日にしよう。
　学校の帰りに、たまたまシゲルと一緒《しょ》になったふりして、ヒバリの巣を知ってる？　と聞いてみよう。知らん、と言うに決ってるから、うちの前の麦畑の中にあるよ、と言えば、シゲルはすぐに探険に行くと言い出すはず。
　ちゃんと計画していたのに、学校に行くとやっぱりぼんやりしてて忘れてしまった。
　シシュンキなのかな。
　シシュンキって、漢字では書けないけど、でも、春という字が入っていた。春の病気にかかってしまったのかな。
　村上ひづる先生に聞いてみよう。
　新子はお昼休みに保健室に行った。
　学校の中で一番の美人なのに、ひづる先生はマスクをしていることが多い。ひづる先生がマスクをしていると、美人が台無しでがっかりだ。
　保健室のガラス戸を開けた。
　ひづる先生は机に向かって何か書いていた。マスクはしていない。二つあるベッドも空いていた。
「先生」
「あら青木さん、どうしたの？　ケガ？」
4　新子が行くとひづる先生はいつも、ケガ？　と聞く。他の子には、お腹でも痛いの？　とか風邪《かぜ》引いたの？　とか言うのに。
「ケガじゃなくって……シシュンキの病気です」
5　ひづる先生は、目をつむったり開けたりして首をかしげた。小さなパールのイヤリングがピンクの口紅に似合っている。お姫《ひめ》さまみたいだと思う。
「シシュンキじゃないと思うけど……」
「でも、目とか鼻とかヘンなの。麦畑見てると、もぞもぞしてくるんです」
「こっちに来てごらんなさい」
　丸い回転椅子《いす》に腰《こし》かけると、ひづる先生のいい匂《にお》いがした。
　新子は口を開けさせられ、目の上まぶたをひっくり返され、首のところを両方からぐりぐりとさわられ、
「どっこも悪くないよ」
と言われた。
　それからコップの水に苦いうがい薬を入れて、うがいさせられ、目薬をさされた。
「さあ、外に行って遊んでもいいよ」
「病気じゃないの？」
「思春期はまだ早い。それにね、思春期は病気じゃないの」
　そう言いながらひづる先生は新子の＊注マイマイを、引っぱった。そのとき、ひづる先生の左手に指輪があるのに気がついた。

【国　語】（四〇分）〈満点：一〇〇点〉

※　字数を数える場合は、句読点・かぎかっこ等も一字とします。

一　次の文章を読み、問いに答えなさい。

青い麦の波が、音たててゆれている。

新子は1この季節になると、麦の波を見ながらぼんやりしていることが多い。

おととしより去年、去年より今年の方が、ぼんやりしている。自分が遠いところへ旅をしている気分になる。

2旅はいつも一人だ。みんなが見送って手をふってくれる。どうして旅に出るのか、どこに行くのかもよくわからない。それでも新子一人が、緑色にゆれる麦の海の中を歩いていく。

もし本当にそんなことをしたら、真先に光子が、うちも行く、と言って困らせるに決っているが、光子もまた、お行儀《ぎょうぎ》良く手をふっているのが、やっぱりおかしい。

ぼんやりしているだけでなく、鼻がむずむずし、目がかゆくなる。お陽《ひ》さまのせいだろうか。

もしかしたら頭の中に、かすみがかかってしまったのかもしれない。

「新子、なにため息ついてるの?」

なんて長子に言われたりする。

「お腹《なか》がすいた。おやつない?」

「アラレならあるよ」

カキモチを細かくくだいて、油で揚《あ》げてお砂糖をまぶしたものが、ノリの入っていた四角い缶《かん》に入っている。

アラレを三つか四つ食べてみるけれど、美味しくない。宿題もしたくないからまた、窓から麦畑を見ている。

なんてきれいなんだろう。

緑色の細い葉が、片方からの風でいっせいにおじぎし、また反対からの風で同じようにおじぎする。おじぎした部分だけ銀色に光る。

麦が［　　］のか、風がやさしいのか。

「あ」

「どうしたの、何見てるの?」

雑誌を読んでいた長子が、首だけを上げた。

「何かが落ちたの」

「落ちた?」

「うん、黒いものが空からまっすぐ」

「ヒバリでしょ」

「石みたいに落ちたのよ」

「ヒバリは自分の巣めがけて、石みたいに落ちるのよ。飛び立つときも、まっすぐ空に上がるの」

「行ってみてもいい?」

「どこに」

「ヒバリかどうかたしかめに。だって父さんは自分の目でたしかめなさいって言ったもん」

長子はちょっとのあいだ、だまっていたが、

「どこに3ヒバリの巣があるかわかるの?」

と言った。

「わかる。うちの松とあっちの電信柱にまっすぐ線を引いた真中ぐら

れてはいるけれど、もともとは貝だったり植物だったり動物の一部だったりしたわけで、生命の宿っていたものである。

そしてもしかしたら――たまたまそうなったのではなく、化石たちは「俺《おれ》の生き方、決めたぜ」とばかり、石のミイラ（？）の道を選んだのかもしれない。4荒唐無稽《こうとうむけい》なことと笑う人もいるかもしれないが、人間のものさしばかりでものを見ていては、つまらない。

（俵　万智『記憶の色』より）

問一　1ちょっとした違和感　の説明として最も適切なものを選び、記号で答えなさい。

ア　ラナンキュラスという花の名前を短歌に詠《よ》んだことへの違和感。

イ　あるはずのない花の気持ちを想像することへの違和感。

ウ　とらえきれないものを無理に表そうとすることへの違和感。

エ　人間の尺度を一方的にあてはめてしまうことへの違和感。

オ　お金を払ったのに所有できないことへの違和感。

問二　[1]　にあてはまる最も適切な言葉を本文中からぬき出しなさい。

問三　2思ふこともなく　とありますが、思わないのは誰ですか。本文中からぬき出しなさい。

問四　3まことに当たり前でいて、けれど普段は忘れがちなこと　とありますが、「ひとで」に関すること以外で、それにあてはまる例を一つ探し、本文中から十七字でぬき出しなさい。

問五　[2]　にあてはまる最も適切な言葉を本文中からぬき出しなさい。

問六　4荒唐無稽　の意味として最も適切なものを選び、記号で答えなさい。

ア　外国にも例をみないとてもめずらしいこと。

イ　でたらめで、まったく現実味がないこと。

ウ　教養や学問が少しも感じられないこと。

エ　短歌に関してあまりにも無知であること。

オ　あたりの様子もかまわず喜びはしゃぐこと。

問七　A・B・Cの短歌のうち、次の条件にあてはまるものをそれぞれ一つ答えなさい。

1　倒《とう》置法を用いている。

2　字余り、字足らずのどちらもない。

三

次の傍《ぼう》線部を漢字に直しなさい。

1　イクラはサケのたまごだ。

2　ひつうな表情をうかべる。

3　新しいてっきん四階建て。

4　パスポートがこうふされた。

5　祖母からのたっぴつな手紙。

6　飛行機のもけいを作る。

7　はちくの勢いで勝ちあがる。

8　自動車しんにゅう禁止の道路。

9　真っ赤にうれた庭のカキ。

10　出発をのばすことにした。

【国　語】（四〇分）〈満点：一〇〇点〉

※字数を数える場合は、句読点・かぎかっこ等も一字と数えます。

一　※問題に使用された作品の著作権者が二次使用の許可を出していないため、問題を掲載しておりません。

二　次の文章を読み、問いに答えなさい。

たとえば、一本四〇〇円出してバラの花を買ったとして、本当にそれが自分のものになったのだろうか、と思うことがある。バラはただ花屋さんから私の部屋へと場所を移しただけで、誰に所有され、どう観賞されているかなんて、気にもしていない様子だ。

A　フリージアもラナンキュラスもひたすらにひたすらに咲《さ》く値札をつけて　　足立　尚彦

植物としての生命を、ひたすら全うしている花たち。その懸《けん》命な姿にそえられた値札というものに、作者は1ちょっとした違《い》和感を覚えたのだろう。生命ではなく商品であることを、その数字は示している。

ラナンキュラスという、あまりなじみのない花の名前（キンポウゲ属の園芸種）がまた、効果的だ。そういえば、花の名前というのも人間がつけたもので、言葉による[1]のようなものだよなあ……そんなことを思わせる。

私たちは、名前や値段を知ることで、その花を把握《はあく》したつもりになりがちだけれど、本当に見なくてはならないのは「ひたすらに咲く」姿そのものではないだろうか。

同じ作者に「スマッシュを打つた《(打った)》つもりのラケットが空切る時の手応へ《(え)》もある」という作品がある。何か、目に見える形や数字や記号だけでは、とらえきれないものに、作者の関心はあるようだ。それが、花のひたすらであり、空切る時の手応えなのだろう。

B　みづ《(ず)》からをひとでと2思ふ《(う)》こともなくひとでは一日《ひとひ》波を浴《あ》みをり《(お)》　　大塚　寅彦

人の手に似ているから「ひとで」なのだろうけど、そんなこと、ひとで（と呼ばれる生物）の知ったことではない。その3まことに当たり前でいて、けれど普段は忘れがちなことを、ふと思い出させるような様子だったのだろう。「名前なんかつけてもらわなくても、私、充分生きていけるんですけど」というような。

「ひとで―ひとで―ひとひ」という言葉の並びが、[2]の規則正しいリズムを感じさせる。単調だけれどゆったりとしたそのリズムに身をまかせ、ただあるがままにある姿。それを、作者はあるがままにとらえた。上の句からは、あわい羨《せん》望をふくんだ気分が、そっと伝わってくる。

C　うん、さう《(そ)》だかう《(こ)》していかう《(こ)》と決めしより化石は全《まった》き眠りに入《い》りき　　藤田　冴

前二首と少しちがって、気持ちなんて持っているはずないだろうと思われる化石の気持ちを、作者が想像している。「石」なんて名前をつけら

解答用紙集

○月×日　△曜日　天気（合格日和）

◆ご利用のみなさまへ

＊解答用紙の公表を行っていない学校につきましては、弊社の責任において、解答用紙を制作いたしました。

＊編集上の理由により一部縮小掲載した解答用紙がございます。

＊編集上の理由により一部実物と異なる形式の解答用紙がございます。

人間の最も偉大な力とは、その一番の弱点を克服したところから生まれてくるものである。——カール・ヒルティ——

東京学参株式会社

※ 172％に拡大していただくと，解答欄は実物大になります。

〔注　意〕　◦答えは**解答用紙**の答のらんに書きなさい。
◦解答用紙に**途《と》中の計算式など**を必ず書きなさい。

1. ①

答（　　　　）

②

答（　　　　）

2.

答（　　：　　：　　）

3.

答（　　　　円）

4.

答（　　　　秒後）

5.

答（　　　　個）

6. ①

答（　　　　m）

②

答（　　　　m）

7. ①

答（　　　　）

②

答（　　　　）

8.

答（　　　　cm）

9.

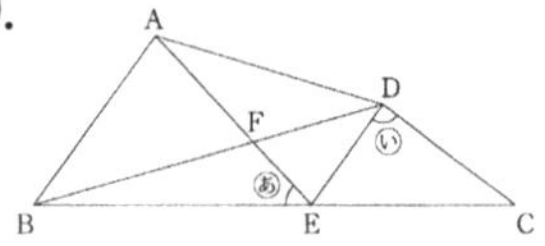

答（あ　　　　度）
（い　　　　度）

慶應義塾普通部　2024年度

◇理科◇

※ 149%に拡大していただくと，解答欄は実物大になります。

問1　1.　　　2.

3.　　倍　4.　　倍　5.　　℃

6.　電熱線の直径が2倍になると、

問2　1.　3月21日　　6月22日　　9月23日　　12月22日

2.　　3.　　4.

問3　1.　　2.　　3.　　4.

5.　　から

6.　　7.　　8.

問4　1.

2.　①

②

③

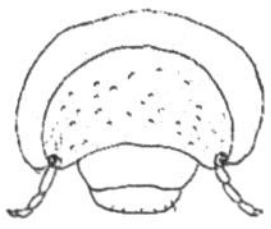

幼虫の口の図

3.　　から

4.

5.　A　　役割　B　　役割　C　　役割

6.　　7.

慶應義塾普通部　2024年度

◇社会◇

※ 169%に拡大していただくと，解答欄は実物大になります。

1）

1 あ　い　う　え

お　2　3

2）

1　2

3 記号　名前　記号　名前

4 A　B

3）

1 A　海峡　B　半島　2

3 あ　い　う　え　4

5 ア　イ　ウ　エ

6

4）

1 あ　い　え　お

2 2番目　5番目　3　時代　4

5　6　7 お　か

5）

1 A　B　C

2 あ　い　う　え　お

3

6）

1 あ　い　う

2　3 ②中国　④ポルトガル　4　世紀

◇国語◇

慶應義塾普通部　２０２４年度

※２００%に拡大していただくと、解答欄は実物大になります。

一

問一　から。

問二

問三

問四

問五

問六

問七

問八

問九

問十　という事実

二

問一

問二

問三

問四

問五

問六

問七

問八

三

1

2　める

3

4　える

5

6

7

8

9

10　った

慶應義塾普通部　2023年度

◇算数◇

※ 172％に拡大していただくと，解答欄は実物大になります。

〔注　意〕。解答用紙に途《と》中の計算式などを必ず書きなさい。

1. ①

答（　　　　　）

②

答（　　　　　）

2. ①

答（　　　　　個）

②

答（　　　　　個）

3. ①

答（　　　列できて　　　個余る）

②

答（　　　　　個）

4.

答（体　積　　　　　cm^3）
（表面積　　　　　cm^2）

5. ①

答（　　　　　cm^2）

②

答（　　　　　cm^2）

6.

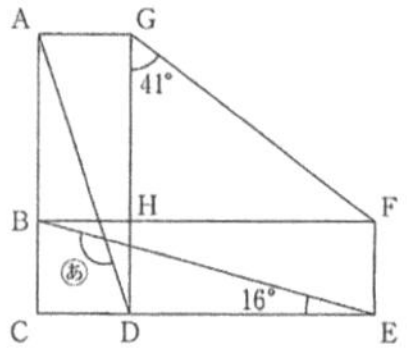

答（　　　　　度）

7. ①

答（分速　　　　m）

②

答（　　　　　m）

8.

答（　　　　　通り）

慶應義塾普通部　2023年度

◇理科◇

※ 149%に拡大していただくと，解答欄は実物大になります。

問1

1.　　　2.

3. 鰓耙で

4. 心臓や肝臓は

5. 腹側　　背側　　6.

7.　　　8.

問2

1.　　　2. 左 ・ 右

3.

4. 周　　5. 分速 m

6. 大きくなる ・ 変わらない ・ 小さくなる　　7.

問3

1. Reduce（リデュース）　Reuse（リユース）　Recycle（リサイクル）

2.

3. PP　PET　PS　PVC　HDPE

4. 物体の密度が　ときに浮かぶ。

5.　　　6.

問4

1.

2.　　　3.　　　4.

5.　　　6.

慶應義塾普通部　2023年度

◇社会◇

※ 169%に拡大していただくと，解答欄は実物大になります。

1）

1 A　B

2 ①　②

3 あ　い　う　え

4 お　か　き

2）

1 あ　い　う　え

2 A 市　B 市　C 市

3

3）

1 あ　い　う　え

お　か

2

3

4）

1 あ　い　う　え

2

乗り物

3 条約

4

5

5）

1 あ　い　う　え

2

3 鉄鉱石　石炭

4

5 天然ガス　石炭　原子力

6）

1

2

3

4

5 A　B

6 揚げ方　記号

◇国語◇

慶應義塾普通部　２０２３年度

※２００％に拡大していただくと，解答欄は実物大になります。

一

問一

問二

問三

問四

問五

問六

友人

問七

問八

問九

問十

問十一

問十二

問十三

問十四

問十五

二

問一

問二

問三

問四

と考えているから。

問五

問六

問七

三

問一　1　2　3　4　5

問二　例　土産（みやげ）　（　）　（　）

問三　1　2　3

慶應義塾普通部　2022年度

◇算数◇

※ 175％に拡大していただくと，解答欄は実物大になります。

◦解答用紙に途《と》中の計算式などを必ず書きなさい。

1. ①

答（　　　　　）

②

答（　　　　　）

2.

答（　　　　個）

3. ①

答（　　　　円）

②

答（　　　　円）

4. ①

答（　　：　　）

②

答（　　　　倍）

5.

答（　　　　秒後）

6.

答（　　　　m）

7.

答（　　　　cm）

8. ①

答（15円のお菓子　　　個，25円のお菓子　　　個）

②

答（　　　　通り）

9.

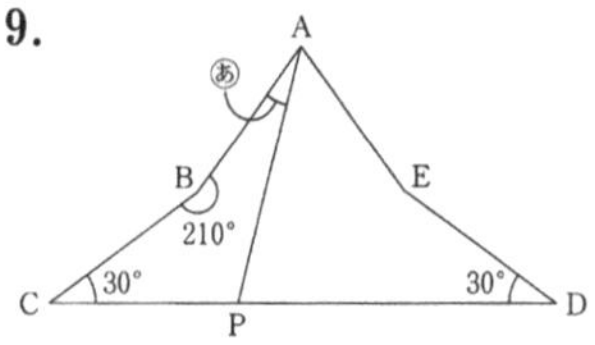

答（　　　　度）

慶應義塾普通部　2022年度

◇理科◇

※ 179%に拡大していただくと，解答欄は実物大になります。

問1　1.　　%　　2.

3.　　4.　　5.

問2　1.　　2.

3.　雨　　雪　　かみなり　　あられ

4.　(1)

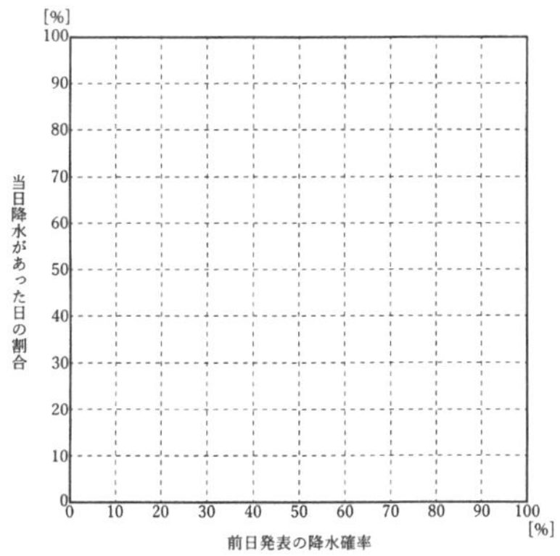

(2)　記号

理由

問3　1．3．7．の問題については、光の道すじの線だけ残すこと。

1.

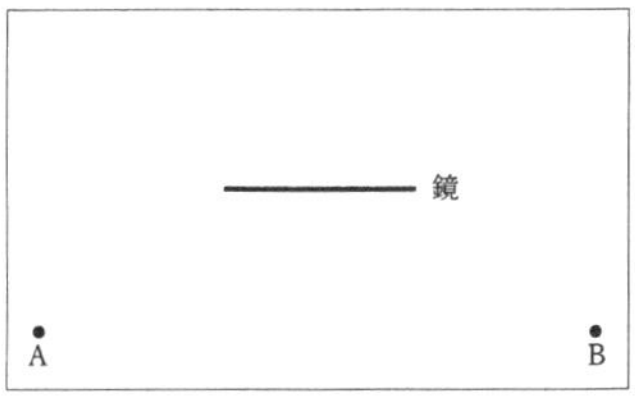

2.　　つ

3.

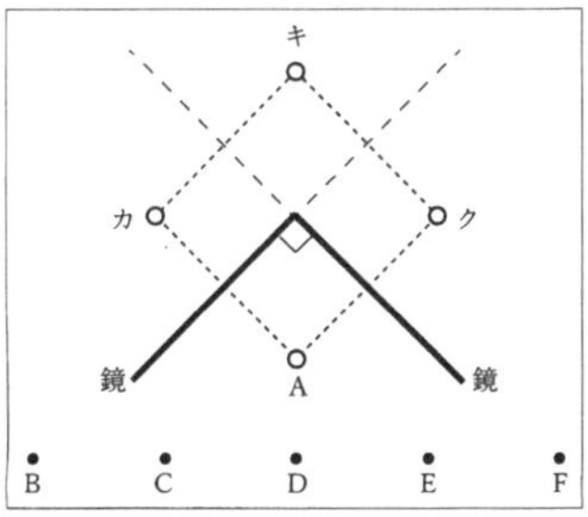

4. カ　　キ　　ク

5.

6.

7.

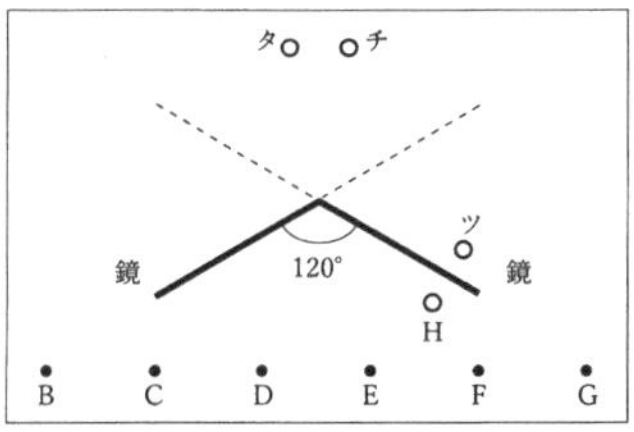

問4　1.　　2.　　3.　　4.

5.　　6.

7. アリが　　8.

9. アリが

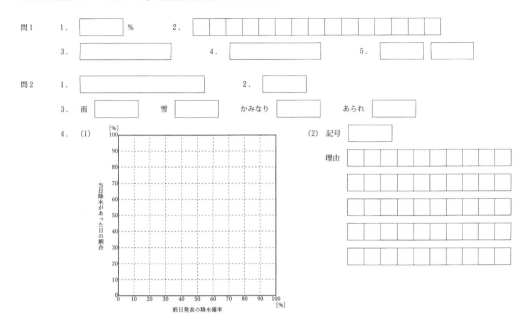

慶應義塾普通部　2022年度

◇社会◇

※ 175%に拡大していただくと，解答欄は実物大になります。

1）

1 |　|　|

2 | A |　| B |　| C |　|

|　はがき |

3

消すことば	
書き換えたあとのことば	

2）

1 |　運河 |　2 |　|　3

4 | 東京港 |　| 横浜港 |　|

3）

1

	A	B	C	D	E
記号					
半島名	半島	半島	半島	半島	半島

2 | あ |　| い |　| う |　|　3 |　|

4 |　|　5 |　|　6 |　|

4）

1 | あ |　| い |　| う |　| え |　|

2 |　|　3 |　|　4 |　|

5 |　|

5）

1 | あ |　| い |　|　2 |　|　|

3 | A |　| B |　|　4 |　|

5 | 御家人 |　| 幕府の高官 |　|

6 | 　→　→　|

オ	武士の身分が他の身分の人々と比べて		ということがわかる
カ	武士の身分が他の身分の人々と比べて		ということがわかる
キ	武士の身分が他の身分の人々と比べて		ということがわかる

6）

1 | あ |　| い |　| う |　| え |　|

2 | A |　| B |　|　3 |　|　4 | 男子 |　| 女子 |　|

5 |　|

◇国語◇

慶應義塾普通部　２０２２年度

※ １６７％に拡大していただくと，解答欄は実物大になります。

一

問一　問二　問三　問四

問五

問六

問七　間宮さんたちの前で

問八　問九　問十　問十一

問十二　問十三

問十四　三崎さんを　と決めつけていたこと。

二

問一

問二　問三　問四

問五

問六

三　次の傍線部を漢字に直しなさい。

1　公園のテツボウで遊ぶ。
2　シンリョクがまぶしい五月。
3　桜の枝がタれる。
4　旅先でボウキョウの念にかられる。
5　改革をテイショウした。
6　役所にツトめてもう三年になる。
7　物事のゲンリュウをたどる。
8　教え子をミチビく。
9　十両ヘンセイの急行電車。
10　先生のチョジュツした論文。

1　2　3 れる　4　5

6 めて　7　8 く　9　10

慶應義塾普通部　2021年度

◇算数◇

※ 173％に拡大していただくと，解答欄は実物大になります。

◦解答用紙に**途《と》中の計算式など**を必ず書きなさい。

1. ①

答（　　　　　）

②

答（　　　　　）

2. ①

答（　　　　度）

②

答（　　　　度）

3.

答（　　　　　円）

4.

答（　　　　個）

5.

答（　　　　人以上　　　　人以下）

6.

答（　　　　　）

7. ①

答（　　：　　）

②

答（　　：　　）

8. ①

答（　　　　km）

②

答（　　　　km）

9.

答（　　：　　：　　）

慶應義塾普通部　2021年度　　◇理科◇

※ 177%に拡大していただくと，解答欄は実物大になります。

問1　1．水　アンモニア水　砂糖水　食塩水

食酢　うすい水酸化ナトリウム水溶液　石灰水　炭酸水

2．　3．　%

4．

5．　6．

問2　1．　2．

3．

4．①　②　③

5．A　B　C　D

6．

7．腹のうろこが大きいと

問3　1．①　②　③　④

⑤　⑥　⑦　⑧

2．(1)

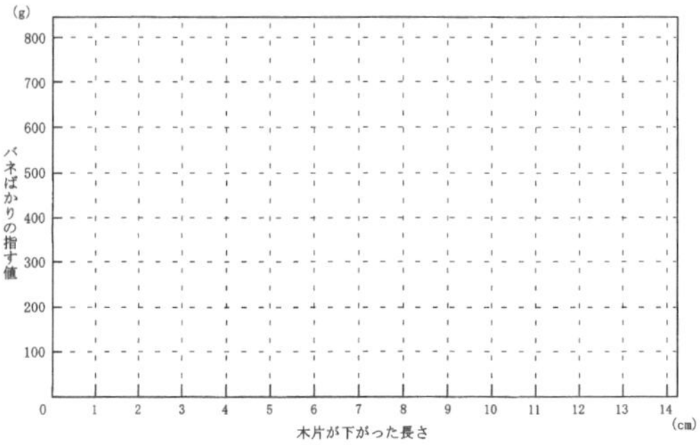

(2)

問4　1．　理由　2．

3．　4．　5．①　②　6．

慶應義塾普通部　2021年度　◇社会◇

※ 172％に拡大していただくと，解答欄は実物大になります。

1）

1

2 A →　→ B →　→

2）

1 X 県 Y

2 あ い　3　4

5

6　7 第１次産業 第２次産業

3）

1 あ い う え

2　3　4

5

	〈1〉	〈2〉	〈3〉	〈4〉
地名				
記号				

4）

1　2 人物名 国名　3

4　5

6

5）

1 ① ②　2　3　4

5　6　7 A B C

6）

1 A B C

2 3番目 5番目　3 い え お　4 と

◇国語◇

慶應義塾普通部　２０２１年度

※１５２％に拡大していただくと、解答欄は実物大になります。

一

問一　問二　問三　問四

問五　問六　問七

問八

問九　問十　問十一

二

問一

問二　問三　問四　問五

問六　問七　C　D　問八

問九

問十

問十一

三

問一　1　2　て　3

4　5　れる　6

問二　1　A　B　2　A　B

慶應義塾普通部　2020年度

◇算数◇

※ 174％に拡大していただくと，解答欄は実物大になります。

◦解答用紙に**途《と》中の計算式など**を必ず書きなさい。

1. ①

答（　　　　　）

②

答（　　　　　）

2.

答（　　　　　人）

3.

答（　　：　　：　　）

4. ①

答（　　　　　分後）

②

答（　　　　　分間）

5.

答（　　　　　）

6. ①

答（　　　　　cm）

②

答（　　　　　cm^2）

7.

答（　　　　　本）

8.

答（　　　　　通り）

9. ①

答（　　　　　通り）

②

答（　　　　　通り）

慶應義塾普通部　2020年度　　◇理科◇

※ 169％に拡大していただくと，解答欄は実物大になります。

問1

1．実験番号

まちがえ方

2．①　②　③　④　⑤

3．

4．

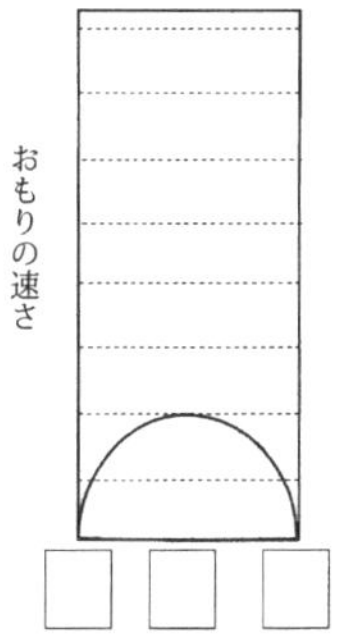

図2

問2

1．A　B　2．

3．　4．

5．▶

▶

問3

1．　g　2．　℃　3．　g

問4

1．①　②　③　④

2．

3．③は

④は

問5

1．　2．　3．　4．

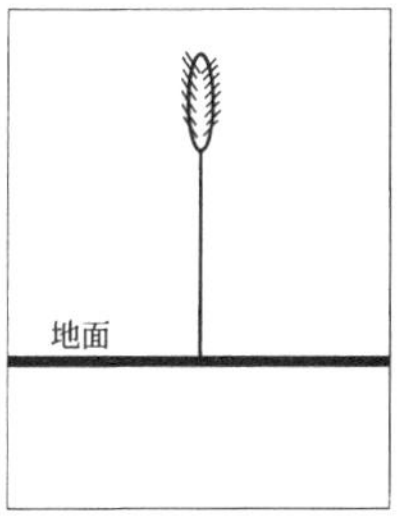

5．　6．

7．　8．

慶應義塾普通部　2020年度

◇社会◇

※ 165％に拡大していただくと，解答欄は実物大になります。

1）

1 　　の方向へ流れている　2 　　3 　　m　4

2）

1 　　2

3 お　　か　　4 い　　お　　5

3）

1 　　2 　　3 国名の組み合わせ　　グラフ

4

5

6 　　7

8 米　　小麦　　とうもろこし

A　　B　　C　　D

4）

1 　　2 　　3 え　　お

4 　　語　　語　　5 ②　　世紀　③　　世紀

6 　　7 　　8

5）

1 　　2 　　3 　　4

6）

1 ア　　イ　　ウ　　エ　　オ

2 　　3

◇国語◇

慶應義塾普通部　２０２０年度

※１５０％に拡大していただくと、解答欄は実物大になります。

一

問一　白黒テレビでは

問二

問三　〜

問四

問五

問六　〜

問七

問八

問九

問十

問十一

二

問一

問二　A　B

問三

問四

問五

問六

問七　〜

問八

三

1

2

3

4

5

6

7

8

9　って

10

慶應義塾普通部　　2019年度

◇算数◇

※この解答用紙は175％に拡大していただくと，実物大になります。

〔注　意〕　◦解答用紙に途《と》中の計算式などを必ず書きなさい。

1. ①

答（　　　　　）

②

答（　　　　　）

2.

答（　　　　　）

3.

答（　　　　％）

4. ①

答（　　時間　　分後）

②

答（時速　　　km）

5.　答えのみでよい

①　答（　　　個）

②　答（　　　個）

6. ①

答（　　　cm）

②

答（　　　cm）

7. ①

答（　　　cm）

②

答（　　　cm^3）

8.

答（　　　通り）

9.　答えのみでよい

答（　　　　　）

慶應義塾普通部　2019年度

◇理科◇

※この解答用紙は179％に拡大していただくと，実物大になります。

問1　1.　　2.　　3.

4.　④　⑤　⑥　⑦　⑧　⑨

5.　④　⑤　⑥

問2　1.　ア　　理由

2.

3.

4.　①　②

5.

問3　1.　　2.　①　②　③　④　⑤　⑥

3.

4.

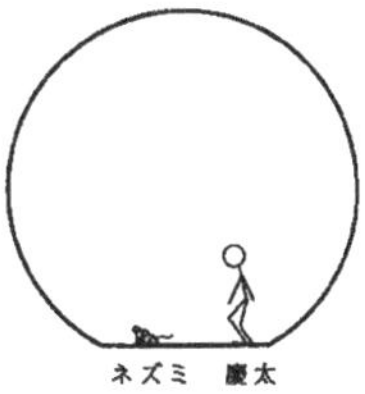

5.　①　②　③　④　⑤

問4　1.　へ

2.　理由①

理由②

3.　　4.　　図

5.

6.

※この解答用紙は173％に拡大していただくと，実物大になります。

1）

ア		イ		ウ		エ	

2）

1

2

緯度	度	経度	度

3

	A	B	C	D	E	F
国名						
場所						

4

輸出国		輸入国	

5

3）

1

	面積が広い →				面積が狭い
記号					
県名	県	県	県	県	県

2

3

→ →

4）

1

①	遺跡	②	古墳	③	古墳

2

3

氏

4

5

5）

1

あ		い		う		え		お	

2

A		B		C	

3

①		②	

4

5

6）

1

ア		イ		ウ	

2

3

4

制度		記号		

◇国語◇

慶應義塾普通部　２０１９年度

※この解答用紙は１４９％に拡大していただくと、実物大になります。

一

問一

問二

問三

問四

問五

問六 〜

問七

問八

問九

問十

問十一

問十二

二

問一 A B C D

問二

問三

問四

問五 こと。

問六 〜

問七 から。

問八

三

1 す

2 む

3

4

5

6

7

8

9

10

慶應義塾普通部　平成30年度

◇算数◇

※この解答用紙は219％に拡大していただくと，実物大になります。

〔注　意〕 ◦解答用紙に途《と》中の計算式などを必ず書きなさい。

1. ①

答（　　　　）

②

答（　　　　）

2.

答（　　　　cm^2）

3.

答（　　　　cm^2）

4.

答（　　　　人）

5.

答（　　　　通り）

6. 答えのみでよい

答（　　　　個）

7.

答（　　　時　　　分）

8. ①　答えのみでよい

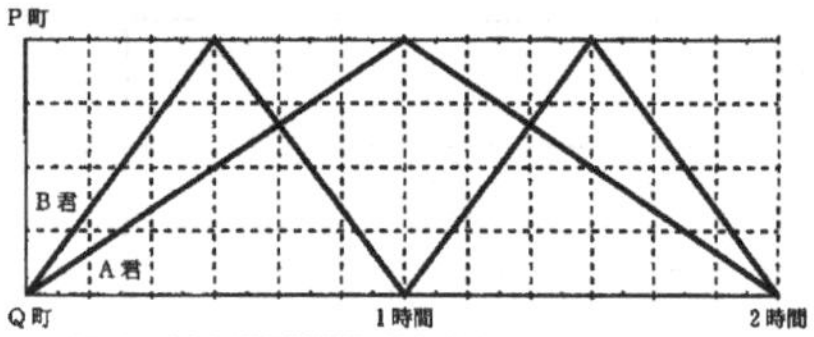

②

答（　　　時間　　　分後）

9.

答（　　　　通り）

10. ①

答（　　　　cm^2）

②

答（　　　　cm^2）

○推定配点○　1.～3.　各7点×4　　他　各8点×9　　　計100点

／100

慶應義塾普通部　平成30年度 ◇理科◇

※この解答用紙は219％に拡大していただくと，実物大になります。

問1　1.　　2.　　3.

問2
1.　→　→　→　→　→
2.　→　→　→　→　→
3.　→　→　→　→　→
4.　→　→　→　→　→

問3
1.　①　②　③　④
2.　A　B　C
3.　①　②　③　④
4.

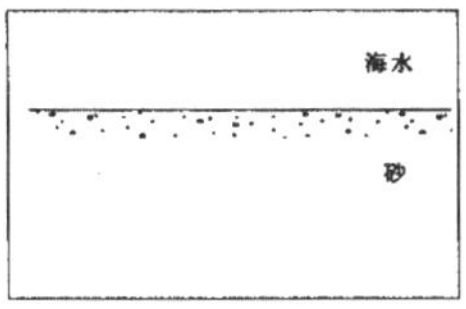

5.
6.　E　F

問4
1.
2.

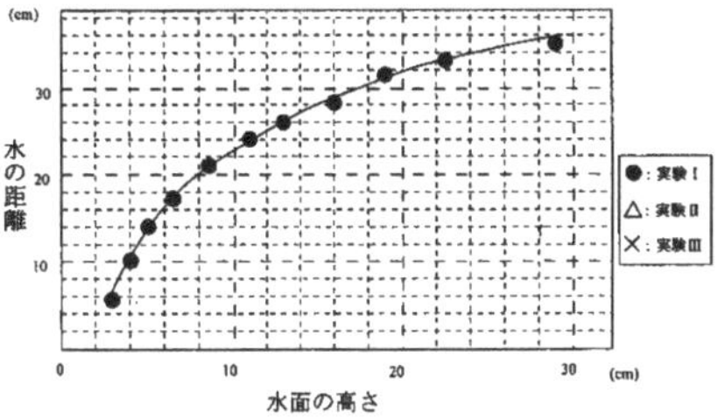

3.　cm
4.
5.

問5
1.　①　②　③　④
2.　　3.
4.

5.
利点　ため、敵を早く見つけられる。
6.　名前
特徴
7.　影響
8.

○推定配点○　問1　各2点×3(2・3各完答)　問2　各3点×4(各完答)
問3　1～3　各1点×11　4・5　各4点×2　6　各2点×2
問4　1・2　各4点×2　3　3点　4・5　各2点×2(5完答)
問5　1～3・5(記号)・6(記号)，(名前)・7(記号)　各2点×10
4・5(利点)・6(特徴)・7(影響)・8　各4点×6(1①～③・2・3・5各完答)
計100点

/100

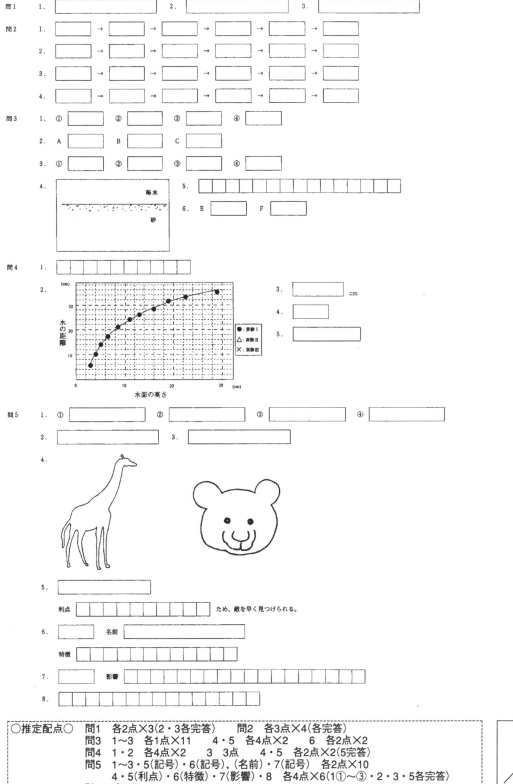

慶應義塾普通部　平成30年度　◇社会◇

※この解答用紙は171％に拡大していただくと，実物大になります。

1）

①　②　③　④　⑤

2）

1　あ　い　う　え　　2

3　　4　　5　　6

7

3）

1　A　B　C　D　　2　A　B　C　D

3　ア　イ　ウ

4）

1　ア　イ　ウ　エ　オ

2　　3　出来事　人名

4

5）

1　い　え　く　　2　あ

3　　4　A　C　D

5　B　　6　①　②　③

7

6）

1　あ　い

2　A　B

3　　4

○推定配点○　1）　各2点×5　2）　各2点×10　3）　3．各2点×3　他　各1点×8
4）　各2点×9　5）　各2点×13（3．と5．は完答）　6）　各2点×6　計100点

／100

◇国語◇

慶應義塾普通部　平成30年度

※この解答用紙は184%に拡大していただくと、実物大になります。

一　問一

問二

問三　わたし　　ハッチ

問四

問五　①　　　　　　　　　　こと。　②

問六　　問七　　問八

二　問一　　問二　　問三

問四

問五

問六　　問七　　問八

三　問一　なぜ

問二　①　　②

③

④

⑤

四　1　2　3　4　5

6　7　8　9　　れ　10　　ろ

○推定配点○　一　問一　5点　問五①　4点　他　各3点×7(問三完答)
二　問一・問二・問四　各4点×3　問五　5点　他　各3点×4(問六完答)
三　問一　5点　問二①・②　各2点×2　③～⑤　各4点×3
四　各2点×10　計100点

/100

慶應義塾普通部　　平成29年度

◇算数◇

※この解答用紙は220％に拡大していただくと，実物大になります。

〔注　意〕　◦解答用紙に途《と》中の計算式などを必ず書きなさい。

1. ①

答（　　　　　）

②

答（　　　　　）

2.

答（　　　　　）

3.

答（最も大きい数　　　　，最も小さい数　　　　）

4.

答（A　　　個，B　　　個，C　　　個）

5. ①

答（時速　　　　km）

②

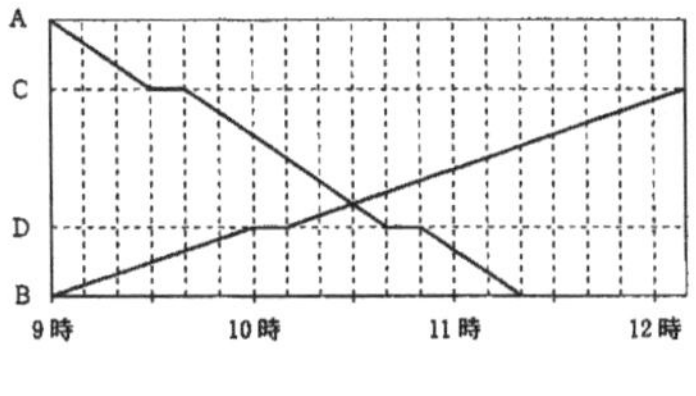

答（　　時　　分）

6. 答えのみでよい

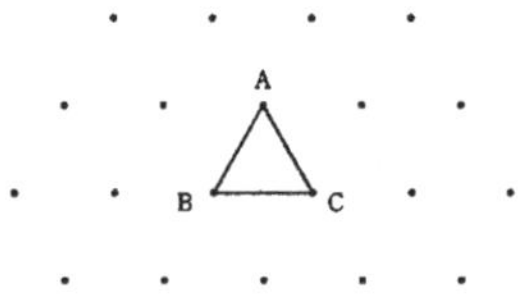

7.

答（　　　　通り）

8.

答（　　　　cm²）

9. ①

答（　　　　か所）

②

答（　　　　　）

10.

答（　　　　cm²）

○推定配点○　1.～3.　各6点×5　　他　各7点×10（4.完答）　　計100点

／100

慶應義塾普通部　平成29年度　◇理科◇

※この解答用紙は196％に拡大していただくと，実物大になります。

問1
1.（ア）（イ）（ウ）（エ）（オ）
2.（カ）（キ）（ク）（ケ）（コ）
3.　4.
5.（ハ）（ヒ）（フ）（ヘ）（ホ）

問2
1.　2.　3.

4.　5.
6.　7.　8.
9. ラッカセイは
ラッカセイは

問3
1. A　B　C　D
E　F　G　H
2.　3.　4.
5.　6. ・
・

問4
1.　2.　3.　4.
5. ①　②　6. →　→　→

○推定配点○　問1　各2点×17（3・4各完答）　問2　3　4点　他　各2点×9（6・8各完答）
問3　5　4点　他　各2点×13（2・3各完答）　問4　各2点×7　計100点

/100

慶應義塾普通部　　平成29年度

◇社会◇

※この解答用紙は167％に拡大していただくと，実物大になります。

1)

1　あ　　い

う　　え

2

3

4　市

5

6

2)

1　あ　　い　　う　　2　→　→　→

3　ア　　ウ　　オ　　4

3)

1　あ　　い　　う　　え　　お

2　①　　③　　④　　3

4)

1　　2　　3　　4

5　　6　い　　う　　え

7　3番目　　6番目　　8　A　　B　　9　ア　　イ　　ウ　　エ

5)

1

2　②　税　③　税　④　税

3　　4

○推定配点○　1)　5.・6.　各4点×2　　他　各2点×7　　2)　各2点×8　　3)　各2点×9
4)　各2点×15(7.は完答)　　5)　1.　4点　　他　各2点×5　　計100点

/100

慶應義塾普通部　平成29年度

◇国語◇

※この解答用紙は171%に拡大していただくと、実物大になります。

一

問一

問二

問三　①　②

問四　問五

問六

問七　問八　問九

二

問一　①　②　③　④　⑤　問二

問三　問四　問五　問六

三

問一

問二

問三

問四

四

1　2　3　4　5

6　7　8　9　10

○推定配点○

一　問二・問六　各5点×2　他　各3点×8　二　各3点×10

三　問一・問三　各5点×2　他　各3点×2　四　各2点×10

計100点

/100

MEMO

大切なことはメモしておこうネ！

T.G

MEMO

大切なことはメモしておこうネ！

東京学参の

中学校別入試過去問題シリーズ

＊出版校は一部変更することがあります。一覧にない学校はお問い合わせください。

東京ラインナップ

あ　青山学院中等部(L04)
麻布中学(K01)
桜蔭中学(K02)
お茶の水女子大附属中学(K07)

か　海城中学(K09)
開成中学(M01)
学習院中等科(M03)
慶應義塾中等部(K04)
啓明学園中学(N29)
晃華学園中学(N13)
攻玉社中学(L11)
国学院大久我山中学
（一般・CC）(N22)
（ＳＴ）(N23)
駒場東邦中学(L01)

さ　芝中学(K16)
芝浦工業大附属中学(M06)
城北中学(M05)
女子学院中学(K03)
巣鴨中学(M02)
成蹊中学(N06)
成城中学(K28)
成城学園中学(L05)
青稜中学(K23)
創価中学(N14)★

た　玉川学園中学部(N17)
中央大附属中学(N08)
筑波大附属中学(K06)
筑波大附属駒場中学(L02)
帝京大中学(N16)
東海大菅生高中等部(N27)
東京学芸大附属竹早中学(K08)
東京都市大付属中学(L13)
桐朋中学(N03)
東洋英和女学院中学部(K15)
豊島岡女子学園中学(M12)

な　日本大第一中学(M14)
日本大第三中学(N19)
日本大第二中学(N10)

は　雙葉中学(K05)
法政大学中学(N11)
本郷中学(M08)

ま　武蔵中学(N01)
明治大付属中野中学(N05)
明治大付属八王子中学(N07)
明治大付属明治中学(K13)

ら　立教池袋中学(M04)

わ　和光中学(N21)
早稲田中学(K10)
早稲田実業学校中等部(K11)
早稲田大高等学院中学部(N12)

神奈川ラインナップ

あ　浅野中学(O04)
栄光学園中学(O06)

か　神奈川大附属中学(O08)
鎌倉女学院中学(O27)
関東学院六浦中学(O31)
慶應義塾湘南藤沢中等部(O07)
慶應義塾普通部(O01)

さ　相模女子大中学部(O32)
サレジオ学院中学(O17)
逗子開成中学(O22)
聖光学院中学(O11)
清泉女学院中学(O20)
洗足学園中学(O18)
捜真女学校中学部(O29)

た　桐蔭学園中等教育学校(O02)
東海大付属相模高中等部(O24)
桐光学園中学(O16)

な　日本大中学(O09)

は　フェリス女学院中学(O03)
法政大第二中学(O19)

や　山手学院中学(O15)
横浜隼人中学(O26)

千・埼・茨・他ラインナップ

あ　市川中学(P01)
浦和明の星女子中学(Q06)

か　海陽中等教育学校
（入試Ⅰ・Ⅱ）(T01)
（特別給費生選抜）(T02)
久留米大附設中学(Y04)

さ　栄東中学(東大・難関大)(Q09)
栄東中学(東大特待)(Q10)
狭山ヶ丘高校付属中学(Q01)
芝浦工業大柏中学(P14)
渋谷教育学園幕張中学(P09)
城北埼玉中学(Q07)
昭和学院秀英中学(P05)
清真学園中学(S01)
西南学院中学(Y02)
西武学園文理中学(Q03)
西武台新座中学(Q02)
専修大松戸中学(P13)

た　筑紫女学園中学(Y03)
千葉日本大第一中学(P07)
千葉明徳中学(P12)
東海大付属浦安高中等部(P06)
東邦大付属東邦中学(P08)
東洋大附属牛久中学(S02)
獨協埼玉中学(Q08)

な　長崎日本大中学(Y01)
成田高校付属中学(P15)

は　函館ラ・サール中学(X01)
日出学園中学(P03)
福岡大附属大濠中学(Y05)
北嶺中学(X03)
細田学園中学(Q04)

や　八千代松陰中学(P10)

ら　ラ・サール中学(Y07)
立命館慶祥中学(X02)
立教新座中学(Q05)

わ　早稲田佐賀中学(Y06)

公立中高一貫校ラインナップ

北海道　市立札幌開成中等教育学校(J22)
宮　城　宮城県仙台二華・古川黎明中学校(J17)
市立仙台青陵中等教育学校(J33)
山　形　県立東桜学館・致道館中学校(J27)
茨　城　茨城県立中学・中等教育学校(J09)
栃　木　県立宇都宮東・佐野・矢板東高校附属中学校(J11)
群　馬　県立中央・市立四ツ葉学園中等教育学校・
市立太田中学校(J10)
埼　玉　市立浦和中学校(J06)
県立伊奈学園中学校(J31)
さいたま市立大宮国際中等教育学校(J32)
川口市立高等学校附属中学校(J35)
千　葉　県立千葉・東葛飾中学校(J07)
市立稲毛国際中等教育学校(J25)
東　京　区立九段中等教育学校(J21)
都立大泉高等学校附属中学校(J28)
都立両国高等学校附属中学校(J01)
都立白鷗高等学校附属中学校(J02)
都立富士高等学校附属中学校(J03)
都立三鷹中等教育学校(J29)
都立南多摩中等教育学校(J30)
都立武蔵高等学校附属中学校(J04)
都立立川国際中等教育学校(J05)
都立小石川中等教育学校(J23)
都立桜修館中等教育学校(J24)
神奈川　川崎市立川崎高等学校附属中学校(J26)
県立平塚・相模原中等教育学校(J08)
横浜市立南高等学校附属中学校(J20)
横浜サイエンスフロンティア高校附属中学校(J34)
広　島　県立広島中学校(J16)
県立三次中学校(J37)
徳　島　県立城ノ内中等教育学校・富岡東・川島中学校(J18)
愛　媛　県立今治東・松山西中等教育学校(J19)
福　岡　福岡県立中学校・中等教育学校(J12)
佐　賀　県立香楠・致遠館・唐津東・武雄青陵中学校(J13)
宮　崎　県立五ヶ瀬中等教育学校・宮崎西・都城泉ヶ丘高校附属中学校(J15)
長　崎　県立長崎東・佐世保北・諫早高校附属中学校(J14)

公立中高一貫校「適性検査対策」問題集シリーズ

総合編　作文問題編　資料問題編　数と図形編　生活と科学編　実力確認テスト編

私立中・高スクールガイド

THE《ザ》 私立

私立中学＆高校の学校生活がわかる！

〈ダウンロードコンテンツについて〉

本問題集のダウンロードコンテンツ、弊社ホームページで配信しております。現在ご利用いただけるのは「2025年度受験用」に対応したもので、**2025年3月末日**までダウンロード可能です。弊社ホームページにアクセスの上、ご利用ください。

※配信期間が終了いたしますと、ご利用いただけませんのでご了承ください。

中学別入試過去問題シリーズ

慶應義塾普通部　2025年度

ISBN978-4-8141-3189-1

[発行所] 東京学参株式会社
〒153-0043　東京都目黒区東山2-6-4

書籍の内容についてのお問い合わせは右のQRコードから ⇒

※書籍の内容についてのお電話でのお問い合わせ、本書の内容を超えたご質問には対応できませんのでご了承ください。

2024年4月17日　初版